Geneviève Joly

W0347139

Précis d'ancien français

Deuxième tirage

ARMAND COLIN

DANGER
LE PHOTOCOPILLAGE TUE LE LIVRE

Ce logo a pour objet d'alerter le lecteur sur la menace que représente pour l'avenir de l'écrit, tout particulièrement dans le domaine universitaire, le développement massif du « photocopillage ». Cette pratique qui s'est généralisée, notamment dans les établissements d'enseignement, provoque une baisse brutale des achats de livres, au point que la possibilité même pour les auteurs de créer des œuvres nouvelles et de les faire éditer correctement est aujourd'hui menacée.
Nous rappelons donc que la reproduction et la vente sans autorisation, ainsi que le recel, sont passibles de poursuites. Les demandes d'autorisation de photocopier doivent être adressées à l'éditeur ou au Centre français d'exploitation du droit de copie : 20, rue des Grands-Augustins, 75006 Paris. Tél. : 01 44 07 47 70.

Tous droits de traduction, d'adaptation et de reproduction par tous procédés, réservés pour tous pays.

Toute reproduction ou représentation intégrale ou partielle, par quelque procédé que ce soit, des pages publiées dans le présent ouvrage, faite sans l'autorisation de l'éditeur, est illicite et constitue une contrefaçon. Seules sont autorisées, d'une part, les reproductions strictement réservées à l'usage privé du copiste et non destinées à une utilisation collective et, d'autre part, les courtes citations justifiées par le caractère scientifique ou d'information de l'œuvre dans laquelle elles sont incorporées (art. L. 122-4, L. 122-5 et L. 335-2 du Code de la propriété intellectuelle).

© Armand Colin, Paris, 1998
Département des Éditions Nathan
ISBN : 2-200-01635-2

Armand Colin – 21, rue du Montparnasse – 75006 Paris

Première partie

Morphologie nominale

Comme le latin, l'ancien français est une langue à déclinaison : substantifs, adjectifs, articles, pronoms prennent des marques particulières (= morphèmes casuels) selon la fonction qu'ils assurent dans la phrase (pour les substantifs et les pronoms) ou selon la fonction du substantif qu'ils accompagnent et déterminent (pour les adjectifs et les articles).

Cette déclinaison est un reste du système latin, plus ou moins simplifié selon les catégories envisagées.

CHAPITRE PREMIER

L'ARTICLE

Prédéterminant du substantif, l'article varie en genre, en cas et en nombre. Les deux séries qu'il comporte, article défini et article indéfini, proviennent de deux classes grammaticales rigoureusement différentes du latin : du démonstratif (*ille*) pour l'article défini, du numéral (*unus*) pour l'article indéfini.

1. Flexion

1.1. L'article défini

	Masculin				Féminin		
CSS	li	CSP	li	Sg.	la	Pl.	les
CRS	le	CRP	les				

■ ***Remarques***

a) La forme la plus ancienne du CRS masculin est *lo*. Elle est encore courante au XIe siècle, mais à partir du XIIe siècle, elle apparaît comme un trait dialectal, même si elle assez largement répandue. On la relève, en effet, à l'Ouest comme à l'Est (bourguignon, lorrain, champenois).

♦ Un diemanche apres mangier
sont alé devant *lo* mostier — *Del Mun.*, 20

♦ Que qu'ele s'aloit dementant,
estes vos .II. serjanz *lo* roi — *Do Mire*, 123

« Alors qu'elle se lamente de la sorte, voici que se présentent deux messagers du roi » [1].

L'anglo-normand connaît une forme *lu*, qui est attestée dans *La Chanson de Roland* :

♦ Vairs ont les oilz et mult fier *lu* visage — 283

« Il avait les yeux clairs et le visage farouche »

et qui se conserve encore au XIIe siècle.

Enfin, on rencontre *lou* dans les textes du Centre :

♦ Povreté fet home despire [...]
et tost aus genz neïs *lou* sen — *Rose, Meun*, 7959

« La pauvreté attire le mépris [...] et ôte aux hommes jusqu'à leur intelligence »

© ARMAND COLIN. La photocopie non autorisée est un délit.

b) En picard, le Sujet féminin singulier apparaît sous la forme *li* et le Régime féminin singulier sous la forme *le* :

- ♦ Verse, Cliquet, si me fai boire;
  Pour poi *li* levre ne me fent *Nic.*, 694
  « Verse, Cliquet, fais-moi donc boire; ma lèvre est sur le point de se fendre »

- ♦ Seigneur, che trouvons en *le* vie
  Del saint dont anuit est la veille *Nic.*, 104
  « Messieurs, tout cela nous le trouvons dans le récit de la vie du saint que nous fêterons demain »

c) La possibilité d'élision.

Les formes *le* (CRS Masculin) et *la* (Sg. Féminin) s'élident devant une initiale vocalique. En revanche, *li* (CSS Masculin) s'élide rarement, du moins dans les textes en prose :

- ♦ [...] et *li* escuiers meismes l'entendi bien *Queste*, 29, 13
  « même le jeune homme l'entendit parfaitement »

Dans les textes en vers, l'usage est variable. On pratique ou non l'élision selon les besoins de la métrique :

- ♦ On li aporte un faudestuef d'or fin,
  Li empereres de France s'i asist *Am. et Am.*, 1836-1837
  « On lui apporte un fauteuil d'or pur et l'empereur de France y prend place »

mais :

- ♦ Dex, dist *l'*evesques, qui onques ne menti
  Biaux tres douz Dex, merveilles puis oïr ! *Am. et Am.*, 2125
  « Dieu, s'exclama l'évêque, toi qui n'as jamais menti, Dieu bien aimé, voilà une déclaration tout à fait extraordinaire ! »

d) La possibilité d'enclise.

— *Le* et *les* sont susceptibles de se combiner avec les prépositions *a, de* et *en*, qui les précèdent, pour ne plus former qu'un seul mot avec celles-ci. Les résultats de l'enclise sont variés.

— *a + le > al, au :*

- ♦ *Al* matin vait en la forest *Guig.*, 79

- ♦ meïsmes la fille *au* seignor
  le sert et porte grant enor *Yv.*, 5404

— *de + le > del, deu, dou, du :*

- ♦ Mes cel jor merveillierent
  del roi qui einçois se leva *Yv.*, 43
  « Mais ce jour-là, ils furent très étonnés de voir le roi se lever si tôt de table »

- ♦ Atant vienent, hideus et noir
  amedui li fil *dou* netun *Yv.*, 5507
  « Arrivent alors, hideux et noirs, les deux fils du démon »

- ♦ Mais a chief de piece un souspir
  Jeta *du* cuer, de mout parfont *J. et B.*, 631
  « Au bout d'un moment, il poussa un profond soupir »

— *en + le > el, eu, ou, u, on :*

♦ Et ele me mena seoir
el plus bel praelet del monde *Yv.*, 237

♦ Bien a donc cist *ou* delaier
et plus est dolz a essaier
uns petiz biens, quant il delaie,
c'uns granz, qui tot adès l'essaie *Yv.*, 2517

« Il est agréable de retarder le plaisir et un plaisir modeste, qui se fait attendre, est plus doux à goûter qu'un bonheur immédiat »

On est cantonné dans les textes de l'Ouest. Il s'agit d'une forme tardive que l'on rencontre encore chez Rabelais :

♦ Bon espoir y gist au fond, comme en la bouteille de Pandora : on desespoir, comme *on* bussart des Danaïdes
Tiers Livre, Préface[2]

Elle ne survit guère au-delà du milieu du XVIe siècle[3].

— *a + les > as, aus* (cette forme est due à l'adjonction d'un *-s à au*) :

♦ Lors se deront et dessire
trestot quanque *as* mains li vient *Yv.*, 1301

« Alors elle se déchire elle-même, lacérant tout ce que ses mains peuvent atteindre »

♦ Des les espaules contre val
furent armé jusqu'*aus* genolz *Yv.*, 5513

— *de + les > des :*

♦ En la compaignie *des* sainz
soit la vostre ame, biax dolz sire *Yv.*, 1298

— *en + les > es :*

♦ Home ne fame n'i troverent
es rues par ou il antrerent *Yv.*, 904

« Ils ne rencontrèrent pas âme qui vive dans les rues qu'ils empruntèrent »

— *Le* ne subit l'enclise que devant un mot à initial consonantique. Il est vraisemblable que [l] était alors vocalisé : [dẹu̯] (comme toujours devant consonne). En revanche, *les* connaît l'enclise indifféremment devant voyelle ou consonne :

♦ *As* oroilles vient la parole,
ausi come li vanz qui vole *Yv.*, 157

« Les mots parviennent aux oreilles comme le vent qui vole »

♦ Chil qui se sent feru a mort, ne se puet tenir *es* arçons, ains vole a tere
Trist., prose, 70, 20-21

« L'autre, qui se sent mortellement blessé, ne peut plus tenir en selle : il est projeté à terre »

♦ *Des* autres parole ne faz
comant ele les conjoï *Yv.*, 2390

« Je ne dirai rien sur l'accueil qu'elle fit aux autres »

© ARMAND COLIN. La photocopie non autorisée est un délit.

— En picard, *le* (féminin) ne subit pas d'enclise :

♦ Honni soient tout li courlieu
Car tous les jours sont il *a le* fuite *Nic.*, 311
« Au diable les courriers ! ils sont toujours prêts à fuir »

♦ Senescal, par Mahom, ne leur faurra mais guerre
S'ierent ou mort ou pris ou cachié *de le* terre ! *Nic.*, 387
« Sénechal, par Mahomet, la guerre, ils l'auront jusqu'à ce qu'ils soient tués, capturés ou chassés de la région »

— L'enclise peut se produire même dans le cas où la préposition ne régit pas l'article d'un syntagme nominal mais un infinitif dont le syntagme nominal est le complément :

♦ et li lyons ot tant de sens
qu'il veilla et fu en espens
del cheval garder *Yv.*, 3477
« mais le lion avait tant de bon sens qu'il resta éveillé, soucieux de garder le cheval »

♦ Canques vous nous verrés faire
Sera essamples sans douter
Del miracle representer *Nic.*, 110
« Tout ce que vous nous verrez faire sera, n'en doutez pas, un essai de représenter fidèlement le miracle »

1.2. L'article indéfini

	Masculin				Féminin		
CSS	uns	CSP	un	Sg.	une	Pl.	unes
CPS	un	CRP	uns				

■ ***Remarque :*** la forme du Féminin singulier *une* s'élide dans la prononciation devant un mot à initiale vocalique. Même si le phénomène n'apparaît pas dans la graphie :

♦ Et li autre ont son cheval pris,
si l'on en *une* estable mis *Yv.*, 4676

il est attesté dans les textes en vers, comme celui-ci, par le compte des syllabes.

2. Explication du système

2.1. L'article défini

Il est issu du démonstratif latin *ille.*

Masculin

li < *ĭllī	li < ĭllī
lo < *ĭllu(m)	les < ĭllos

Féminin

la < ĭlla	les < *ĭllas
la < *ĭlla(m)	les < ĭllas

Utilisé comme prédéterminant d'un substantif, *ille*, dont la place était libre en latin classique, se fixe progressivement en Gaule du Nord devant le substantif. Il devient ainsi proclitique, perdant son accent propre au profit du nom qui le suit, ne formant plus avec celui-ci qu'un seul groupe accentuel.

Les principaux faits à retenir sont :

2.1.1. Au Nom. Sg., le passage de *ĭlle* à **ĭlli,* vraisemblablement sous l'influence du pronom *qui.* Comme on avait le rapport Nom. Pl. *qui* → Nom. Sg. *qui,* on a tendu vers Nom. Pl. *ĭlli* → Nom. Sg. **ĭlli.*

2.1.2. À l'Acc. Sg. masculin et féminin, *-m* désinentiel final s'est effacé dès le latin classique (archaïque même, dans la prononciation). Au féminin, la neutralisation des cas au Sg. est donc effective dès cette époque.

2.1.3. Au Nom. Pl. féminin, en latin impérial, **ĭllas* se substitue à l'ancienne forme en *-ae (ĭllae)*, par analogie de l'Acc.[4]

2.1.4. À toutes les formes, en gallo-roman, aphérèse : ce phénomène, qui consiste en l'effacement de la première syllabe, a touché uniquement des mots atones comportant une géminée.

Masculin	
*ĭlli > lī	ĭlli > lī
ĭllu > lu	ĭllos > los

Féminin	
ĭlla > la	ĭllas > las

2.1.5. Évolution de la voyelle dans les monosyllabes obtenus après l'aphérèse

Aux CSS, CRS et CSP masculin ainsi qu'au Sg. du féminin, en finale absolue, la voyelle a conservé son timbre jusqu'en ancien français > *li, lo* (passage de [ŭ] à [ọ] lors du changement du système vocalique latin dans les trois premiers siècles), *li, la.* L'affaiblissement de *lo* en *le* est un phénomène français.

En revanche, au CRP masculin et au Pl. du féminin, devant *-s*, les voyelles *-o* et *-a* se sont confondues en [ę̣] > *les.*

2.2. L'article indéfini

Il est issu du numéral *unus, -a, -um.*

Masculin	
uns < unus	un < uni[5]
un < unu(m)	uns < unos

© ARMAND COLIN. La photocopie non autorisée est un délit.

Féminin

une < una	unes < *unas
une < una(m)	unes < unas

Un certain nombre de phénomènes ont été abordés à propos de l'article défini. On notera donc brièvement :

2.2.1. À l'Acc. Sg. masculin et féminin, l'effacement du -*m* désinentiel.

2.2.2. Au masculin, l'effacement des voyelles finales -*u* (Nom. Sg., Acc. Sg.), -*i* (Nom. Pl.), -*o* (Acc. Pl.). Au féminin, la conservation du -*a* sous forme affaiblie de [ę̥].

2.2.3. Au Nom. Pl. féminin (comme dans le cas de illae > *illas), l'alignement de *unae* sur *unas* en latin impérial a entraîné une neutralisation des cas au pluriel (elle existait déjà au singulier depuis le latin classique).

Notes du chapitre premier

1. Selon Ph. Ménard, le copiste du *Fabliau* VI serait vraisemblablement champenois; quant au *Fabliau* VII, il présente par ailleurs un certain nombre de traits caractéristiques de l'Ouest (*cf.* p. 148 et 152-153 de l'édition des *Fabliaux français du Moyen Âge*).
2. *Le Tiers Livre*, édition M. A. Screech, T.L.F., Droz, 1995, p. 19-20.
3. *Cf.* G. Gougenheim, *Grammaire de la langue française du XVIe siècle,* I.A.C., Lyon, 1951, p. 164.
4. Sur les raisons et le processus de cette évolution, voir le chapitre sur les substantifs féminins, 1.1.2.2.1.b.
5. Le latin utilisait *unus* au pluriel avec des noms ne possédant pas de singulier ou ayant un sens spécial au pluriel : *una castra* (« un camp »), *unae litterae* (« une lettre », « une missive »).

CHAPITRE II

LE SUBSTANTIF

Des trois genres du latin, l'ancien français ne connaît plus que le masculin et le féminin, les substantifs neutres ayant été progressivement reversés, pendant la période impériale, dans l'une ou l'autre de ces deux catégories.

Dans la classe des noms à référent animé, lorsqu'il s'agit d'êtres humains, le genre grammatical correspond dans presque tous les cas au genre sexuel. Seuls quelques substantifs font exception : *espie* (« espion »), *pape* et le collectif *gent* sont féminins ; *gaite* (« guetteur ») ou *prophète* peuvent avoir l'un ou l'autre genre. En revanche, le genre des noms d'animaux comme celui des noms à référent inanimé est arbitraire. Peu de substantifs ont changé de genre de l'ancien français au français actuel. On peut citer : *amor, art, doute, evangile, mençonge, onor, poison, rien…* qui sont féminins en ancien français ; *afaire, dent, ombre, parenté* qui, à l'inverse, sont masculins ; *eage, espace, essample, comté, image, ordre* qui sont masculins ou féminins.

D'autre part, pour les six cas que le latin classique possédait encore, au moins en théorie (Nominatif, Vocatif, Accusatif, Génitif, Datif et Ablatif), l'ancien français n'a que deux continuateurs : le Cas Sujet (CS) et le Cas Régime (CR), issus respectivement des Nominatif et Accusatif. La répartition de ces deux cas sera étudiée ultérieurement de façon détaillée. Mais on peut préciser dès maintenant que figurent au CS le sujet de la phrase, les substantifs attributs du sujet ou en apposition à celui-ci, ainsi que l'apostrophe. Sont au CR tous les types de compléments.

L'opposition de nombre entre le singulier et le pluriel s'est, quant à elle, conservée.

Dernière simplification par rapport au latin : il ne subsiste plus en ancien français qu'un morphème désinentiel, un *-s* dont la présence ou l'absence à la fin du substantif permettent à elles seules, pour la plupart des mots, de distinguer les deux cas, au singulier et au pluriel. La présence du morphème *-s* peut entraîner des modifications de la base du mot lorsque celle-ci est consonantique.

© ARMAND COLIN. La photocopie non autorisée est un délit.

CHAPITRE III

LES SUBSTANTIFS MASCULINS

Comme nous l'avons noté plus haut, le français médiéval ne connaît plus que deux cas pour les substantifs masculins : Cas Sujet et Cas Régime. La réduction avait d'ailleurs commencé très tôt, avant même l'époque impériale. Ainsi, le latin classique présentait une forme unique pour les Dat. et Abl. Sg. de la deuxième déclinaison (type *dominus*) : *domino*, mais celle-ci résultait déjà de l'évolution phonétique de deux formes distinctes à l'origine : *dominoi* pour le Dat., *dominod* pour l'Abl. De manière plus générale, c'est dès le latin archaïque que les Nom. et Acc. tendent à remplacer les autres cas. Le phénomène, attesté dans les inscriptions de Pompéi, est allé s'amplifiant durant l'Empire (soit les cinq premiers siècles de notre ère).

D'un point de vue pratique, on peut répartir les substantifs masculins en deux grandes catégories, selon qu'ils se fléchissent sur une ou deux bases[1]. C'est le classement qui sera retenu ici.

1. Les substantifs masculins fléchis sur une seule base

Ils sont de deux types, leur CSS pouvant comporter ou non un *-s* de flexion.

1.1. Les substantifs à CSS en -s.

1.1.1. Flexion

CSS Bd	CSP B Ø
CRS B Ø	CRP Bd

B symbolisant la base du substantif, *d* la désinence.

► ***Exemples***

CSS li chevaliers	CSP li chevalier
CRS le chevalier	CRP les chevaliers
CSS li chevaus	CSP li cheval
CRS le cheval	CRP les chevaus

■ ***Remarque :*** l'alternance *cheval/chevaus* montre que la présence d'un *-s* peut s'accompagner d'une modification de la base du mot.

1.1.2. Historique

La présence d'un *-s* ou son absence selon les cas s'explique de la façon suivante.

1.1.2.1. CSS en -s

Cet *-s* provient de façon générale de l'*-s* final du Nom. Sg. latin, mais il ne figurait pas toujours dans le mot dès le latin classique. Il peut donc être étymologique (il était présent dès l'origine) ou dû à l'analogie (il a été ajouté ultérieurement). Ces substantifs sont, en effet, issus de sources diverses, dont on peut donner un aperçu.

1.1.2.1.1. De substantifs latins à Nom. Sg. en *-us*, primaire ou secondaire

a) *-us* est une désinence primaire dans les substantifs de la deuxième déclinaison latine classique ou de la quatrième déclinaison (les noms de ce dernier type sont peu nombreux) : *cheveus* < *capillus, leus* < *locus, amis* < *amicus, chans* (= champs) < *campus, chevaus* < *caballus, anz* (= ans) < *annus*... proviennent de la deuxième flexion classique ; *fruiz* (= fruits) < *fructus, congiez* (= congiés) < *commeatus, ars* (= arcs) < *arcus, chanz* (= chants) < *cantus*... ont pour étymons des substantifs de la quatrième déclinaison.

b) *-us est secondaire.*

— Dans des substantifs qui ont changé de flexion en latin vulgaire : *chiés* (= chiefs) < **capus* (en latin classique, *caput, capitis* appartenait à la troisième déclinaison imparisyllabique. Il a été aligné, par la suite, sur le type *dominus*).

— Dans des substantifs composés en latin impérial à partir de mots simples du latin classique ou de mots d'emprunt : *chevaliers* < **caballarius* (formé sur *caballus*), *soleuz* (= soleils) < **soliculus* (sur *sol, solis*), *oisiaus* < **aucellus* (sur *avis*), *escuiers* < **scutarius* (sur *scutum*, « bouclier »), *domages, lignages, corages, barnages* construits respectivement à l'aide des substantifs latins *damnum* « préjudice », *linea* « fil de lin », *cor* « cœur », et du germanique latinisé **baro* « l'homme libre, le guerrier », auxquels a été ajouté le suffixe *-aticus*, *vaslez* < **vassellittus* (diminutif au second degré du celtique **vassus*).

— Dans des mots d'emprunt latinisés : *hauberz* < **halsbergus* (frq. **halsberg*), *chemins* < **camminus* (celtique), *flans* (= flancs) < **hlanka* (mot francique féminin refait en masculin), *seneschaus* < **siniskalkus* (frq. **siniskalk*), *dras* < **drappus* (gaulois **drappo*), *fiés* (= fiefs) < **fevus* (frq. **fehu* « bétail »).

— Dans des noms neutres de la deuxième déclinaison latine, dont le Nom. Sg. était à l'origine en *-um*. Dès le latin classique, en effet, on note une tendance à l'élimination des neutres. Un certain nombre de substantifs neutres ont alors été alignés sur le masculin, dont ils ont reçu les marques, en particulier *-us* au Nom. Sg. : *prez* (= prés) < **pratus* (cl. *pratum*), *seremenz* < **sacramentus* (cl. *sacramentum*), *chastiaus* < **castellus* (cl. *castellum*), *escuz* < **scutus* (cl. *scutum*), *conseuz* (= conseils) < **consilius* (cl. *consilium*), *pechiez* < **peccatus* (cl. *peccatum*), *cieus* < **caelus* (cl. *caelum*). Les noms issus de neutres latins devraient être indéclinables. C'est par analogie des substantifs du type *dominus* qu'ils comportent la désinence *-s* en ancien français.

© ARMAND COLIN. La photocopie non autorisée est un délit.

1.1.2.1.2. De substantifs latins à Nom. Sg. en *-is*

a) Il peut s'agir de substantifs de la troisième déclinaison parisyllabique, mais les exemples sont rares : *pains < panis, vaus < vallis, chiens < canis.*
b) Le plus souvent, il s'agit d'anciens imparisyllabiques refaits en parisyllabiques, sur le Gén. Dès le latin classique, les imparisyllabiques de la troisième déclinaison ont commencé à connaître des réfections analogiques. Moins nombreux que les parisyllabiques, ils ont subi l'attraction de ces derniers (ce sont d'abord les imparisyllabiques à accent fixe qui ont été touchés) : _rois_ < _*regis_ (cl. _rex_), _piez_ < _*pedis_ (cl. _pes_), _lïons_ < _*leonis_ (cl. _leo_), _arçons_ < _*arcionis_ (cl. _arcio_), _bués_ (= buefs) < _*bovis_ (cl. _bos_), _dus_ (= ducs) < _*ducis_ (cl. _dux_)…

1.1.2.1.3. D'anciens adjectifs ou participes latins, qui ont été substantivés (procédé de dérivation impropre)

grez < _gratus, a, um_ « agréable », « bienvenu » ; _jourz_ < _diurnus, a, um_ « de jour », « quotidien » ; _osteus_ (= ostels) < _hospitalis, is, e_ « hospitalier », « d'hôte » ; _poitrauz_ (= poitrails) < _pectoralis, is, e; serjenz_ < _*servientis_ (cl. _serviens, servientis_)…

Pour tous les substantifs envisagés jusqu'à présent, c'est donc l'*-s* final du latin que nous retrouvons en ancien français. Il faut noter que la conservation générale d'*-s* est un fait de système : elle est phonétique derrière consonne seulement (en position appuyée). Derrière voyelle, on attendrait l'effacement de l'*-s*.

■ ***Remarques***

a) En ancien français, tout infinitif peut se substantiver. Il se fléchit alors comme n'importe quel nom masculin, recevant en particulier la marque *-s* du CSS.

♦ Trop me seroit li *alers* griés
que la voie n'est mie briés
a ce que torz sui de .II. hanches *Ren.*, 10809
« Le voyage me serait très pénible car la route est longue et je boite des deux jambes »

b) Certains substantifs masculins sont apparus tardivement dans la langue, pendant la période de l'ancien français même : ils ont été pourvus des marques morphologiques des mots issus du latin.
— Ils ont parfois été empruntés directement à des langues étrangères (sans être latinisés) : *amiranz/amirans/amirauz* a été emprunté à l'arabe, du moins pour son premier élément : _amir-_ < _*amîr,_ « chef », son suffixe est variable mais, en fonction de sujet singulier, il comporte un *-s. Estors* est le résultat direct du germanique *sturm* « tempête »[2].
— Ils ont pu aussi être obtenus par divers procédés, de manière générale par dérivation : *contes, appiaus (= appel + s), estans (= estanc + s), criz (= cris + s)* sont les dérivés régressifs des verbes *conter, appeler, estanchier* (« arrêter l'eau ») et *crier.* Inversement, *commandement* a été formé par suffixation de la base verbale *command-*.

1.1.2.2. *CRS sans* -s

Le CRS est issu de l'Acc. Sg., qui, en latin archaïque, se terminait dans la presque totalité des mots par la consonne désinentielle *-m* (seuls faisaient exception les neutres de la troisième déclinaison, qui avaient des terminaisons variées, comme *corpus, iter, ver…* ou de la quatrième déclinaison, terminés en *-u*, comme *cornu*).

Or, *-m* final s'est effacé de la prononciation dès le latin archaïque et des inscriptions dès l'époque classique. Il n'a donc laissé aucune trace en français : *cheval < caballu(m), conseil < consiliu(m), pré < pratu(m), fruit < fructu(m), roi < rege(m), pain < pane(m)…*

Les mots apparus ou formés tardivement ou encore d'emprunt n'ont vraisemblablement jamais comporté d'*-m* final : *chief < *capu, chevalier < *caballariu, drap < *drappu, barnage < *barnaticu…*

1.1.2.3. *CSP sans* -s

Le CSP est issu du Nom. Pl. et, de ce fait, trois cas sont à envisager.

a) Celui des substantifs provenant de la 2e déclinaison latine masculine.

L'absence d'*-s* en ancien français découle simplement de l'absence d'*-s* en latin. Le Nom. Pl. des étymons était alors en *-i*, voyelle qui s'est effacée en finale au VIIIe siècle (comme toute voyelle autre que *-a* dans cette position) : *ami < amici, cheval < caballi, an < anni, chevel < capelli, champ < campi…*

Les mots formés ou introduits tardivement se sont alignés, là encore, automatiquement sur la 2e déclinaison masculine : *chief < *capi, chevalier < *caballari(i), soleil < *soliculi, oisel < *aucelli, chemin < *cammini, drap < *drappi…*

b) Celui des substantifs provenant de la 3e déclinaison latine (masculine ou féminine) ou de la 4e déclinaison masculine.

Le latin comportait à l'origine un *-s* final (terminaison *-es* pour la 3e déclinaison, *-us* pour la 4e). Pour expliquer l'absence d'*-s* en français, il faut donc remonter à des formes refaites du latin impérial, formes en *-*i*, qui ont remplacé celles en *-s* : *roi < *regi* (pour *reges*), *parent < *parenti* (pour *parentes*), *arçon < *arcioni* (pour *arciones*), *pié < *pedi* (pour *pedes*), *fruit < *fructi* (pour *fructus*), *congié < *commeati* (pour *commeatus*), *arc < *arci* (pour *arcus*)… Il s'agit là d'une innovation tardive, due vraisemblablement à l'influence des Germains. Elle n'apparaît, en effet, qu'à partir des textes mérovingiens, soit dans la seconde moitié du Ve siècle.

c) Celui des substantifs provenant de neutres latins.

Dès l'époque impériale, les neutres ne subsistent plus qu'au singulier (où ils tendent d'ailleurs à disparaître également). Les neutres pluriel ont pu subir différents traitements et nous verrons dans l'étude sur les substantifs féminins qu'ils ont souvent été alignés sur le féminin. Certains d'entre eux, toutefois, ont été versés dans le masculin. Ils ont reçu les marques de la 2e déclinaison masculine et leur Nom. Pl. a été refait en *-*i : escu < *scuti, pré < *prati, pechié < *peccati, conseil < *consili, chastel < *castelli, mal < *mali, talent < *talenti…*

1.1.2.4. *CRP en* -s.

Le CRP est issu de l'Acc. Pl., toujours terminé, au moins en latin impérial, par un *-s*.

Les neutres, qui seuls offraient une terminaison différente (en *-a*), ont été alignés sur la 2e déclinaison masculine (comme nous l'avons noté dans le § précédent) : *rois < reges, arçons < arciones, parenz < parentes, chevaus < caballos, cheveus < capillos, corages < *coraticos, chevaliers < *caballarios…*

© ARMAND COLIN. La photocopie non autorisée est un délit.

1.2. Les substantifs à CSS sans -s

Cette catégorie regroupe un nombre restreint de substantifs. La plupart sont reconnaissables à leur base terminée par *-re* (plus anciennement et parfois encore en ancien français par *consonne + -re*) : *pere, frere* (antérieurement *pedre, fredre*), *maistre, arbre, ventre, marbre, livre...* sont les plus représentés. À côté de ces noms en *-re*, on rencontre encore quelques mots isolés comme *ermite, prophete* ou *vavassor* (« vassal de vassal »).

1.2.1. Flexion

CSS B Ø	CSP B Ø
CRS B Ø	CRP B d

► ***Exemple***

CSS li pere	CSP li pere
CRS le pere	CRP les peres

1.2.2. Historique

1.2.2.1. CSS sans -s

Les mots de cette classe proviennent, pour leur quasi-totalité, de noms latins dont le Nom. Sg. se terminait en *-er* ou *-or* : *pere* < *pater* (3e décl. masc.), *frere* < *frater* (3e décl. masc.), *ventre* < *venter* (3e décl. masc.), *livre* < *liber* (2e décl. masc.), *maistre* < *magister* (2e décl. masc.), *arbre* < *arbor* (3e décl. masc.), *marbre* < *marmor* (3e décl. masc.).

Les autres sont d'origines diverses : *ermite* est dû à un emprunt au grec ἐρημίτης (par l'intermédiaire de la forme latine *eremita*) ; de même *prophete* est issu du latin *propheta* (grec προφήτης), quant à *vavassor* il provient d'un nom composé d'origine celtique *vassus vassorum*.

L'absence d'*-s* désinentiel en ancien français se justifie donc dans ces substantifs par l'absence d'*-s* en latin.

■ ***Remarque :*** toutefois, par analogie des substantifs du 1er groupe (à CSS en *-s*), beaucoup plus nombreux, un *-s* a pu être ajouté. On relève par exemple :

- Et li rois Boors ses *freres* ki moult li avoit aidié gisoit del mal de la mort — *Lanc.*, VII, 1, 8

  « Le roi Bohort, son frère, qui l'avait beaucoup aidé, était à l'agonie »

- Ne veut pas despendre la tere
  Que ses *peres* tint folement — *J. et B.*, 81

  « Il ne veut pas dissiper inutilement le bien paternel »

L'usage est très variable selon les textes.

1.2.2.2. CRS sans -s

Comme les noms de la 1re flexion, les substantifs du type *pere...* proviennent d'étymons à Acc. Sg. en *-m*. Après la disparition de celui-ci, le cas s'est réduit à la base du mot : *pere* < *patre(m)*, *frere* < *fratre(m)*, *mestre* < *magistru(m)...*

1.2.2.3. CSP sans -s

Il faut faire une distinction entre les substantifs issus de la 2e déclinaison latine et ceux de la 3e.

a) Mots issus de la 2e déclinaison latine.

Les noms masculins avaient un Nom. Pl. en *-i,* ce qui explique l'absence d'*-s* en français : *mestre < magistri, livre < libri.*

Les noms neutres avaient un Nom. Pl. en *-a (marmora).* Que l'on suppose ou non une réfection en *-*i,* de toute façon, le cas ne comportait pas d'*-s* en latin : *marbre < marmora/*marmori (?)*

b) Mots issus de la 3e déclinaison latine.

Le Nom. Pl. était en latin classique en *-es* (*patres, fratres, arbores*) mais il a été refait (vers la fin de l'époque impériale) en *-*i* (**patri, *fratri, *arbori*), comme nous l'avons constaté par ailleurs pour les substantifs à CSS en *-s.* Ce sont ces formes, analogiques du type *domini,* qui expliquent le CSP sans *-s.*

■ ***Remarque :*** dans tous ces mots, *-i* final latin s'est conservé, à la différence de ce qui s'est passé dans les substantifs de la 1re flexion (*caballi > cheval, *caballari > chevalier…*) : il s'est maintenu sous forme affaiblie de [ə̥] de soutien au groupe consonantique antécédent *dr-, tr-, vr-, br-.*

1.2.2.4. CRPen -s

À l'exception de *marbre,* dont l'étymon neutre (*marmora*) ne comportait pas d'*-s* final mais a dû en recevoir un par analogie, les autres substantifs de ce type proviennent de noms latins à Acc. Pl. en *-os* (2e déclinaison) ou en *-es* (3e déclinaison). L'*-s* s'est conservé en français : *mestres < magistros, livres < libros, peres < patres.*

■ ***Remarque :*** *vavassor* a reçu un *-s* analogique. Sa composition aurait dû en faire un mot invariable.

2. Les substantifs masculins fléchis sur deux bases

Dans les substantifs envisagés jusqu'ici, c'est uniquement la présence ou l'absence du morphème *-s* qui permettaient de distinguer les différents cas, la base demeurant identique.

Il en va autrement pour la seconde grande catégorie de substantifs masculins qui, selon les cas, subissent une transformation de leur base (en plus du jeu de la désinence).

2.1. Flexion

CSS B1 Ø	CPS B2 Ø
CRS B2 Ø	CRP B2 d

► ***Exemples :***

CSS li ber	CSP li baron
CRS le baron	CRP les barons

© ARMAND COLIN. La photocopie non autorisée est un délit.

■ ***Remarques sur cette flexion :***

1) Cette déclinaison ne comporte qu'une cinquantaine de noms communs, désignant des êtres animés, ainsi qu'un certain nombre de patronymes, le plus souvent d'origine germanique comme *Charles/Charlon, Haymes/Haymon, Hues/Huon, Hugues/Hugon, Bueves/Bovon*, parfois latine comme *Pierres/Perron*, parfois empruntés à la *Bible* comme *Samses/Samson.*

2) Si l'on s'en tient aux noms communs, on constate qu'en synchronie la relation entre B1 et B2 pouvait être claire ou non.

a) B2 peut apparaître comme le résultat d'un allongement suffixal de B1 :

— en *-on* pour *ber/baron, fel/felon* (« traître »), *compain/compaignon, bric/bricon* (« crétin », « abruti »), *glot/gloton* (« goinfre », puis, comme terme d'injure « vaurien »), *gars/garson, lere/laron* (« voleur »).

— en *-or, -our, -eur* (graphies variant selon les textes et les époques pour [œ̣R]) dans *pastre/pastor, traïtre/traïtor, chantere/chanteor, mentere/menteor, lechiere/lecheor* (« celui qui lèche », donc « gourmand » puis « débauché »), *venere/veneor* (« chasseur »), *harpere/harpeor* (« harpiste »), *pechiere/pecheor* (« pécheur »), *sauvere/sauveor, gratere/grateor...*

Tous les noms en *-ere, eor* signifient l'agent d'une action. Certains sont d'origine latine comme *emperere/empereor* < *imperator, imperatorem* (du verbe *impero, are* « commander »), *venere/veneor* < *venator, venatorem* (de *venor*, « chasser »)... D'autres ont été créés en ancien français, à partir de verbes et sur le modèle du latin, l'opposition *-ere/-eor* reproduisant l'opposition ancienne *-ator/-atorem.* C'est le cas pour *mentere/menteor*, fabriqué sur *mentir, lechiere/lecheor* (sur *lechier*), *gratere/grateor* (sur *grater*), *harpere/harpeor* (sur *harper*, « jouer de la harpe »)...

b) En revanche, le lien entre B2 et B1 est plus difficilement repérable dans des substantifs comme *prestre/prevoire, niés/nevou, enfes/enfant, cuens/conte* (« comte »), *abbes/abbé, ancestre/ancessor, huem/home* (et son composé *preudom/preudome*).

3) Pour tous les substantifs appartenant à cette catégorie, hormis *huem/home* et *cuens/conte*, on relève trois faits.

a) Ce sont des imparisyllabiques, B1 et B2 ne comportant pas un nombre identique de syllabes :

— ber, fel, bric, glot, gars, sire, pastre, niés... (1) / baron, felon, bricon, gloton, garçon, seignor, pastor, nevou... (2).

— compain, traïtre, venere... (2) / compaignon, traïtor, veneor... (3).

— emperere... (3) / empereor... (4).

b) Conséquence de ce premier point, leur accent est mobile : en français, en effet, l'accent tonique porte toujours sur la dernière syllabe non muette (*ber/baron, pastre/pastor, traïtre/ traïtor, prestre/ prevoire...*).

c) Dans un bon nombre de mots, la voyelle accentuée de la base au CSS se transforme aux autres cas, où elle est atone :

b*e*r/b*a*ron	[ẹ] / [a]
comp*ai*n/comp*ai*gnon	[ẽı] / [ã]
ven*e*re/ven*e*or	[ẹ] / [e̥]
s*i*re/s*ei*gnor	[i] / [ẽ]

On désigne par « apophonie » ce phénomène de transformation d'une voyelle radicale sous l'influence du déplacement de l'accent.

2.2. *Historique*

2.2.1. L'alternance de deux bases

2.2.1.1. Les substantifs à accent mobile

À l'exception de *huem/home* et de *cuens/conte*, les substantifs à alternance de deux bases avaient pour étymons des mots latins (ou latinisés) imparisyllabiques, à déplacement d'accent du Nom. Sg. à l'Acc. Sg. (les Nom. et Acc. Pl. étant accentués comme l'Acc. Sg.) : *latro/latronem, *seior/seniorem, nepos/nepotem, imperator/imperatorem, *baro/barone…*

Ce déplacement de l'accent a été déterminant puisque les voyelles latines — de manière générale — ont évolué différemment selon qu'elles étaient toniques ou non. Parmi les noms les plus courants, on citera à titre d'exemple :

a) *niés/nevou.*

— B1 : *niés* < *nĕ́pos*

[ȩ] (< ĕ) tonique libre diphtongue spontanément (IIIe siècle) en [íȩ] pour aboutir à [yẹ] (début XIIIe siècle)

> [nyẹs]

— B2 : *nevou* < *nĕpṓtem*

[ȩ] initial et libre s'affaiblit progressivement : en [ẹ] (Ve siècle) puis en [ə̥] (XIe siècle)

[ọ] (< ō) tonique libre diphtongue spontanément (VIe siècle) en [ọu̯] pour aboutir à [œ̣] (XIIe siècle)

> [nə̥vœ̣]

b) *ber/baron, ler(r)e/lar(r)on*

— B1 : *ber* < **báro, ler(r)e* < *látro*

[a] tonique libre diphtongue spontanément (VIe siècle) en [aȩ] et aboutit aux XIe-XIIe siècle à [ẹ]

> [bẹR], [lẹRə̥]

— B2 : *baron* < **barṓne, lar(r)on* < *latrṓnem*

[a] initial demeure inchangé

[ọ] (< ō) tonique a diphtongué spontanément en [ọu̯] (VIe siècle) puis, son évolution étant conditionnée par la présence de la consonne nasale, il aboutit (milieu du XIIe siècle) à [ọ̃]

> [baRọ̃n] [laRọ̃n]

c) *venere/veneor, emperere/empereor, sauvere/sauveor*

— B1 : *venere* < *venátor, emperere* < *imperátor, sauvere* < *salvátor*

[a] tonique libre diphtongue spontanément > [ẹ] (*cf. ber, ler(r)e*)

> {və̥nẹRə̥], [ãmpə̥RẹRə̥], [sau̯vẹRə̥]

— B2 : *veneor* < *venatorem, empereor* < *imperatorem, sauveor* < *salvatorem*

[a] prétonique s'est affaibli en [ə̥]

© ARMAND COLIN. La photocopie non autorisée est un délit.

[ọ] (< ō) tonique libre diphtongue spontanément > [œ̣] (*cf.* nevou)

> [vẹnẹœ̣R], [ãmpẹRẹœ̣R], [saụvẹœ̣R]

d) *pechiere/pecheor*

— B1 : *pechiere* < *peccátor*

[a] tonique libre et précédé d'une consonne palatale a évolué de façon conditionnée (loi de Bartsch)[3] pour aboutir à [yẹ] (début du XIIIe siècle)

> [pẹšyẹRẹ]

— B2 : *pecheor* < *peccatṓrem*

[a] prétonique s'est affaiblit > [ẹ]

[ọ] (< ō) tonique libre > [œ̣]

> [pẹsẹœ̣R]

e) *compain/compagnon*

— B1 : *compain* < **compánĭo*

[a] tonique est entravé par la consonne palatale [n̮] (issue de [n] + [y]) : il n'a pas diphtongué. Mais, après la chute de la voyelle finale, il s'est développé sur l'avant de [n̮] devenu implosif un [i̯] de transition. Le résultat a été une diphtongue de coalescence [ai̯] qui, après nasalisation en [ãi̯] (XIe siècle), s'est fermée en [ẽi̯] (XIe siècle également)

> [kõmpẽi̯n̮] ([kõmpẽi̯n] dans le courant du XIIe siècle, quand [n̮] régresse)

— B2 : *compagnon* < **companĭṓne*

[a] prétonique conserve son timbre (*cf.* la différence avec *veneor*, *empereor*, *sauveor*) par analogie de la Base 1. Il se nasalise seulement (XIe siècle), d'où [ã]

[ọ] (< ō) tonique libre et suivi d'une consonne nasale > [õ] (*cf. baron, laron*)

> [kõmpãn̮ọ̃n]

f) *sire/seignor*

Ce substantif constitue un cas particulier. En latin classique, il se déclinait selon le modèle :

Nom. Sg.	*sĕ́nior*	Nom. Pl.	*sĕnĭṓres*
Acc. Sg.	*sĕnĭṓrem*	Acc. Pl.	*sĕnĭṓres*

Mais, très tôt, la langue parlée a développé un paradigme « réduit », ne comportant de formes qu'au singulier :

Nom. Sg.	**sĕ́ior*
Acc. Sg.	**sĕiṓrem*

Le paradigme médiéval est issu des deux séries de l'étymon :

• le CSS provient du Nom. Sg. « réduit » **sĕ́ior*

• les trois autres cas proviennent respectivement de l'Acc. Sg., du Nom. Pl. et de l'Acc. Pl. de la série « pleine » *sĕniṓrem, sĕniṓres, sĕniṓres.*

— B1 : *sire* < **sĕ́ior* [sĕ́yyoR]4

[ẹ] (< ĕ) tonique mais suivi d'une consonne palatale a diphtongué de façon conditionnée (fin IVe siècle) et abouti à [i] (Xe siècle)

> [siRẹ]

— B2 : *seignor* < *sĕnĭṓrem*

[ȩ̣] initial entravé par [n̮] s'affaiblit en [ẹ] (Vᵉ siècle) puis se nasalise en [ẹ̃] (XIᵉ siècle), d'où, après ouverture, [ę̃] (XIᵉ-XIIᵉ siècle)

[ọ] tonique libre aboutit à [œ̣] (*cf. nevou, veneor*)

> [sę̃n̮œ̣R]

Les autres formes du paradigme primitif (Nom. Sg. *senior*) et du paradigme réduit (Acc. Sg. **seiorem*) ont eu pour continuateurs respectifs en roman : *sendra*, que l'on ne rencontre guère en dehors des *Serments de Strasbourg*[5], et *sieur*, qui a eu une carrière plus longue (*cf.* son emploi encore actuel dans la langue juridique mais surtout dans le composé *monsieur*)

■ ***Remarque :*** la transformation de la voyelle radicale du CSS aux autres cas ne se produit pas toujours. Par exemple :

— Dans *pástor* > *pastre*, *pastṓrem* > *pastor; ábbas* > *abbes, abbā́tem* > *abbé; *wárkjo* > *gars, *warkjṓne* > *garson*..., [a] entravé évolue de la même façon qu'il soit tonique ou non.

— Dans **tradítor* > *traïtre, *traditṓrem* > *traïtor,* [i] demeure inchangé dans les deux cas.

— Dans *ĭ́nfans* > *enfes* [ãnfẹ̥s], *ĭnfántem* > *enfant* [ãnfãnt], [ẹ] (issu de [ĭ]) entravé et suivi d'une consonne nasale aboutit à [ã] (début du XIIᵉ siècle), qu'il soit accentué ou initial.

— Dans **glútto* > *glot* [glut], **gluttṓne* > *gloton* [glutọ̃n], [o] (< ŭ) entravé aboutit au même résultat [u] qu'il soit tonique ou initial.

2.2.1.2. Deux substantifs à accent fixe

Huem/home et *cuens/conte* présentent une alternance de bases mais celle-ci n'est pas due à un déplacement de l'accent dans l'étymon. *Hómo/hómĭnem* et *cómes/cómĭtem* étaient des imparisyllabiques à accent fixe, la syllabe pénultième de *homĭnem* et de *comĭtem* étant brève (à la différence de tous les substantifs vus précédemment).

L'opposition de deux bases en ancien français provient d'une évolution différente du [ǫ] (< ŏ) tonique et libre au Nom. Sg. (après avoir diphtongué en [úǫ] au IVᵉ siècle, il a évolué jusqu'en [üẹ͡] au XIᵉ siècle), tonique mais entravé par la chute de la voyelle posttonique avant le début du IVᵉ siècle, aux autres cas (dans [ǫ́mnẹ̥] et [kǫ́ntẹ̥], [ǫ́], ne pouvant diphtonguer, s'est simplement fermé, sous l'effet de la consonne nasale, puis nasalisé au XIᵉ siècle) : [üẹ͡m] / [ọ̃mẹ̥]; [küẹ͡ns] / [kọ̃ntẹ̥].

■ ***Remarques***

a) La B1 *huem* s'est très vite alignée sur la B2 > *hom*, la seule différence entre les deux bases consistant en l'absence de *-e* final à B1, sa présence à B2. *Cuens* s'est conservé un peu plus longtemps, jusqu'au début du moyen français.

b) Les dérivés *vescuens, vesconte* et *prodom, prodome* se fléchissent sur le modèle des mots simples.

© ARMAND COLIN. La photocopie non autorisée est un délit.

2.2.2. La présence ou l'absence d'-*s* de flexion

2.2.2.1. CSS sans -s *de flexion*

Les substantifs de la troisième déclinaison latine ne comportaient pas de désinence particulière : ils se réduisaient donc à la seule base : *latro, *traditor, nepos, homo, *seior*... Il en va de même pour les substantifs d'emprunt latinisés : **baro, *warkjo*...

Leurs continuateurs en ancien français sont donc dépourvus de désinence, du moins étymologique.

Certains substantifs comportent un *-s* final radical : *abbes* < *abbas, niés* < *nepos, enfes* < *infans,* < *gars* < **warkjo* (dans ce dernier cas, *-s* provient de l'évolution phonétique du groupe [ky]).

■ ***Remarques***

a) Le CSS des substantifs à alternance de bases a pu recevoir un -s désinentiel analogique (comme ceux du type *pere, frere*...) :

♦ La reïne prist le fruit [...] si en dona a un chevalier qui estoit *compains* de la Table Reonde *Artu,* 62,28

b) Outre l'-s de flexion, le CSS de ces substantifs a pu recevoir la base 2 :

♦ Mes ce covient veoir par droit coment tu es plus durs que pierre, ce est a dire coment tu es plus *pecheors* de toz autres pecheors. *Queste,* 68,11

« Il nous faut voir pourquoi tu es qualifié à juste titre de plus dur que la pierre, c'est-à-dire de plus pécheur que les autres pécheurs »

c) Ces alignements auxquels a procédé l'ancien français (adjonction d'un *-s* au CSS, généralisation de la base 2) ont abouti dans certains cas à la création de deux mots indépendants, ayant chacun sa déclinaison propre. Quelques couples perdurent aujourd'hui : *gars-garçon, pâtre-pasteur, chantre-chanteur, copain-compagnon*... avec des nuances de sens entre les mots ainsi obtenus.

2.2.2.2. CRS sans -s *de flexion*

Tous les mots concernés avaient un étymon à Acc. Sg. en *-m* (*hominem, seniorem, latronem, imperatorem*...) ou en Ø (lorsqu'il s'agit de mots introduits dans la langue après l'époque classique : **barone, *companione, *warkjone*...).

2.2.2.3. CSP sans -s *de flexion*

Les noms masculins de la troisième déclinaison latine avaient un Nom. Pl. en *-es* (*homines, seniores, latrones*...). C'est donc à des formes impériales en *-*i* que sont dues les formes sans *-s* de l'ancien français : **homini, *seniori, *latroni*...[6]

2.2.2.4. CRP avec -s *de flexion*

Tous les noms de ce type avaient un étymon à Acc. Pl. en *-es* (*homines, seniores, *barones, *companiones*...). On retrouve l'*-s* final en français.

Notes du chapitre III

1. La base (ou « radical ») est le morphème lexical du mot, c'est-à-dire son élément constitutif essentiel, auquel peuvent s'ajouter des morphèmes grammaticaux (l'-*s* désinentiel, par exemple, pour les substantifs).
2. *Cf.* l'article de G. Zink, « Dérivation nominale et adjectivale dans Aliscans », *Information grammaticale* n° 59, octobre 1993.
3. *Cf.* G. Joly, *Précis de phonétique historique,* en particulier les chap. VII, p. 86 et s., et XI, p. 182 et s.
4. À l'intervocalique, les graphèmes *i* et *j* servaient à noter la constrictive médiopalatale sonore [y], géminée dans cette position.
5. *Cf.* « Si Lodhuvigs sagrament, que son fradre Karlo jurat, conservat, et Karlus meos *sendra* de suo part non lo suon tenit... » cité par R.L. Wagner, *L'Ancien français*, Larousse, 1974.
6. Le même fait a été relevé concernant les substantifs sans alternance de bases issus de la troisième déclinaison latine (*cf.* 1.1.2.3. b et 1.2.2.3. b).

© ARMAND COLIN. La photocopie non autorisée est un délit.

CHAPITRE IV

LES SUBSTANTIFS FEMININS

La flexion des substantifs féminins marque — par rapport au système latin — une simplification encore plus nette que celle des substantifs masculins : il n'existe plus d'opposition de cas au pluriel et pour un très grand nombre de substantifs féminins, la neutralisation des cas est acquise également au singulier.

On distinguera deux grands types de substantifs féminins : ceux qui se fléchissent sur une seule base et ceux qui se fléchissent sur deux bases.

1. Les substantifs féminins fléchis sur une seule base

Ils se répartissent en deux catégories selon que leur base se termine ou non par -e.

1.1. Les substantifs à base terminée par **-e**

1.1.1. Schéma de flexion

Sg.	Pl.
B Ø	B d

C'est déjà là le système moderne. Nous n'avons plus à proprement parler de « déclinaison ».

1.1.2. Explication

1.1.2.1. *Origine de ces substantifs*

a) La plupart de ces substantifs sont issus de substantifs latins à Nom. Sg. en *-a*, qu'ils appartiennent à la 1re déclinaison classique ou qu'il s'agisse de mots formés, refaits ou empruntés et latinisés pendant la période impériale.

► ***Exemples***

— Issus de la première déclinaison classique : *dame < domina, fame < femina, reïne < regina, chose < causa, parole < paraula, chambre < camera, cure < cura, eure < hora, vie < vita, peine < poena...*

— Issus de mots formés ou empruntés plus tardivement : *damoisele < *dominicella* (sur *domina*, avec l'adjonction d'un suffixe diminutif), *bataille < *batt(u)alia* (sur le verbe **battere < battuere*), *mençonge < *mentionica* (réfection du latin classique *mentio,-onis* « action de mentionner, de rappeler »), *honte* < **haunita* (emprunté au francique **haunitha*), *robe* < **rauba* (emprunté au germanique)…

b) Quelques substantifs proviennent de substantifs latins neutres pluriel, qui ont été versés dans la catégorie des féminins.

joie < *gaudia* (plur. du nom neutre *gaudium*), *fuelle* < *folia* (pluriel de *folium*), *arme* < *arma* (nom neutre toujours pluriel), *uevre* < *opera* (plur. de *opus, operis*)…

Les formes du neutre pluriel en *-a* ont été souvent ressenties comme des collectifs, donc proches du singulier (*folia* = « les feuilles » mais aussi « le feuillage »). C'est pourquoi elles ont subi facilement l'attraction des féminins du type en *-a*.

c) Certains substantifs proviennent encore d'anciens adjectifs qualificatifs ou de participes passés (au neutre pluriel le plus souvent) qui ont été sustantivés.

force < *fortia* (neutre plur. de *fortis, is, e*), *merveille* < *mirabilia* (*mirabilis, is, e*) *messe* < *missa* (ancien participe de *mittere* « envoyer »), *fontaine* < *fontana* (féminin de *fontanus, a, um,* à partir de l'expression *fontana aqua* « eau de source », d'où « source »), *feste* < *festa* (féminin de l'adjectif *festus, a, um* utilisé dans *festa dies* « jour de fête »), *dette* < *debita* (neutre plur. de *debitus, a, um*, participe passé de *debere*, « dû »)…

d) Pendant la période impériale, la 5e déclinaison a disparu, s'alignant la plupart du temps sur le type en *-a* (à part quelques exceptions comme *fidem* ou *rem*).

face < **facia* (latin classique *facies*).

e) Les autres substantifs ont des origines diverses.

aventure < **adventura* (participe futur, neutre plur. de *advenire*), *viande* < **vivanda* (adjectif verbal, neutre plur. de *vivere* « destiné à faire vivre », d'où « nourriture »), *erre* dérivé régressif de *errer (< *iterare), faille* dérivé régressif de *fallir*, créé au XIe siècle.

Tous les substantifs féminins énumérés jusqu'ici, quelle que soit leur origine exacte, avaient donc un étymon caractérisé par un *-a* final.

■ ***Remarque :*** quelques noms proviennent d'étymons en *-e*. C'est le cas, par exemple, de *mere* < *mater* ou de *cendre* < *cinere*. Le -[ə̣] du français est alors une voyelle de soutien au groupe consonne + *r*.

© ARMAND COLIN. La photocopie non autorisée est un délit.

1.1.2.2. *Évolution du latin classique à l'ancien français*

Paradigme en latin classique :

Nom. Sg.	-a	Nom. Pl.	-ae
Acc. Sg.	-am	Acc. Pl.	-as

1.1.2.2.1. En latin classique et impérial

a) Au singulier

— À l'Acc., la désinence *-m* s'efface dès le latin classique. Le cas se confond dès lors avec le Nom. (> **a*) et l'on n'a plus qu'une seule forme.

— Ultérieurement, au VIe siècle, *-a* final s'affaiblit en -[ə̣], d'où, en ancien français, une forme unique en *-e*.

b) Au pluriel.

— Le Nom. Pl. est refait sur l'Acc. en **-as*. La réfection s'est déroulée en latin impérial, en deux étapes :

• Dès le Ier siècle la diphtongue -[ae] se réduit de manière générale en [ę]. La forme du Nom. Pl. se trouve alors isolée dans un paradigme caractérisé par *-a* final.

• Étant donné que le singulier ne comportait plus qu'une forme, par souci d'unification on tend à ne plus avoir qu'une forme également au pluriel. La terminaison -[as] de l'Acc. se substitue à [ę] (elle comporte le *-a* caractéristique du féminin ; de plus l'Acc. est beaucoup plus employé que le Nom.).

Vers la fin du latin impérial (IVe-Ve siècle) un nouveau paradigme est donc constitué :

-a	-*as
-*a	-as

La neutralisation des deux cas est acquise dès cette époque.

1.1.2.2.2. Ultérieurement

-[a] final s'affaiblit mais se conserve sous forme de [e̥].

-[s] final du pluriel se maintient (fait de système).

Le résultat obtenu en ancien français est donc :

Sg.	-[e̥]	Pl.	-[e̥s]

1.2. Les substantifs féminins à terminaison masculine

1.2.1. Schéma de flexion

CSS	Bd/B Ø	CSP	Bd
CRS	BØ	CRP	Bd

1.2.2. Explication

1.2.2.1. Origine de ces substantifs

a) De façon générale, les substantifs de cette classe proviennent de la troisième déclinaison latine, le plus souvent imparisyllabique, parfois parisyllabique.

▸ ***Exemples***

— Issus d'imparisyllabiques : *cort* < **cors, cortis, gent* < *gens, gentis, fleur* < *flos, floris, nuit* < *nox, noctis, vertu* < *virtus, virtutis, dolor* < *dolor, doloris, maison* < *mansio, mansionis, raison* < *ratio, rationis, amor* < *amor, amoris, biauté* < *bellitas, bellitatis, santé* < *sanitas, sanitatis, honor* < *honos, honoris, merci* < *merces, mercedis...*

— Issus de parisyllabiques : *nef* < *navis, navis, tour* < *turris, turris, fin* < *finis, finis, char* < *caro, carnis, clef* < *clavis, clavis...*

b) Quelques mots sont issus d'autres déclinaisons latines.

rien < *res, rei* (cinquième déclinaison), *foi* < *fides, fidei* (cinquième déclinaison), *main* < *manus, manus* (quatrième déclinaison).

1.2.2.2. *Évolution en latin classique et impérial*

Soit l'exemple de *dolor* < *dolor, doloris.*

Paradigme en latin classique :

Nom. Sg.	dólor	Nom. Pl.	dolṓres
Acc. Sg.	dolṓrem	Acc. Pl.	dolṓres

Il s'agissait d'un imparisyllabique, à accent mobile, comme c'est le cas le plus fréquent. Toutefois, les « faux imparisyllabiques » avaient, eux, un accent fixe (*cf. mors, mortis — nox, noctis — gens, gentis*...). Deux transformations sont intervenues.

a) À l'Acc., effacement du *-m* final.

dolorem > *dolore* (latin classique)

b) Réfection du Nom. Sg. sur le Gén. Sg. Il s'agit d'un phénomène général qui a déjà été abordé (*cf.* Les substantifs masculins, 1.1.2.1.2.b).

— Les imparisyllabiques sont refaits en *parisyllabiques : dolor* > **doloris.* De même, *gens* > **gentis, merces* > **mercedis, ratio* > **rationis, *bellitas* > **bellitatis*...

— Dans les parisyllabiques, le Nom. Sg. est également refait sur le Gén., mais sans allongement de la forme : *caro* > **carnis, mare* > **maris*...

— Lorsque Nom. Sg. et Gén. Sg. étaient identiques, il n'y a pas eu de modification : *navis, turris, finis, clavis, manus*...

■ ***Remarques***

1) *Foi.*

Fides n'a pas été refaite sur le Gén., qui, à la cinquième déclinaison, ne comportait pas d'*-s* final et ne pourrait donc pas expliquer la forme de l'ancien français.

2) *Rien*

Ni le Nom. Sg. *res*, ni le Gén. Sg. *rei* ne peuvent expliquer le CSS *riens.* Celui-ci est dû vraisemblablement à une réfection sur l'Acc. *rem*, qui donne phonétiquement *rien.* On aurait pourvu ensuite cette forme de l'*-s* habituel du Nom. Sg. de ces noms en bas latin.

Avant la fin du latin impérial, ces mots se déclinent sur le modèle :

Nom. Sg.	*dolóris	Nom. Pl.	dolóres
Acc. Sg.	*dolóre	Acc. Pl.	dolóres

1.2.2.3. *Evolution jusqu'en ancien français*

a) Le CRS, le CSP et le CRP

À partir de **dolore* et *dolores* :

— effacement de la voyelle finale [e] (VIIe-VIIIe siècle)

— conservation de l'*-s* désinentiel aux deux cas du pluriel.

D'où : CRS *dolor* CSP et CRP *dolors.*

© ARMAND COLIN. La photocopie non autorisée est un délit.

b) Le CSS

C'est le seul cas qui pose un problème. En latin impérial, en effet, l'ancien Nom. Sg. *dolor* était devenu, par alignement sur le Gén., **doloris.* Or, dès les premiers textes français, deux formes sont en concurrence, l'une en *-s*, l'autre sans. Deux hypothèses sont proposées traditionnellement, à partir de la forme vulgaire en *-*is.*

— Première hypothèse : la voyelle finale *-i* s'efface (fin VIIe siècle) et la consonne désinentielle *-s* se maintient. Le résultat est *dolors.* La forme en *-s* serait alors étymologique. Mais, par analogie des substantifs féminins de la première classe (à terminaison *-e*), et dans un souci d'unification, on aurait refait *dolors* et les mots du même type en supprimant l'*-s* final. *Dolor* serait la forme analogique.

— Seconde hypothèse : avant la fin du Ve siècle, la déclinaison des substantifs féminins aurait été unifiée sur le modèle de la première classe par réfection de la forme en *-s* sur l'Acc. :

**doloris* > **dolore*

Après la chute de la voyelle finale (VIIIe siècle) on obtiendrait alors une forme primitive sans *-s* : *dolor.* Mais, par la suite, ces mots ayant une forme masculine (absence de *-e* final), on leur aurait attribué le *-s* caractéristique du CSS masculin. *Dolors* serait donc la forme analogique.

■ ***Remarques***

1) *Amour*

On note pour ce mot une extension possible de l'*-s*, normal au CSS, au CRS. Très tôt, l'*-s* a été attribué à *Amor* même au CRS pour caractériser grammaticalement et lexicalement la divinité (majuscule) ou la personnification. L'extension a pu se faire ensuite au nom commun, à condition qu'il ne soit pas précédé d'un article quel qu'il soit.

2) *Rien*

Ce mot peut également comporter un *-s* au CRS. La plupart du temps, *riens* se trouve alors en corrélation avec l'adverbe de négation *ne (ne... riens* ou *riens... ne)* : il devait dans ce cas prendre une valeur indéfinie et être assimilé à un adverbe dont il recevait l'*-s* caractéristique. Il ne s'agit donc pas d'un *-s* « casuel » mais d'un *-s* « adverbial ». Lorsque *riens* est précédé de la préposition *de,* il constitue avec celle-ci une locution adverbiale et l'*-s* peut se justifier de la même façon que dans le cas de *ne... riens.*

2. Les substantifs féminins fléchis sur deux bases

2.1. Schéma de flexion

CSS	B1 Ø	CSP	B2 d
CRS	B2 Ø	CRP	B2 d

Cette flexion est très peu représentée : elle comporte cinq noms communs : *suer, seror; ante, antain; nonne, nonnain; pute, putain; taie, taiain* et un certain nombre de noms propres de femmes (*Morgue, Morgain; Berte, Bertain; Eve, Evain; Pinte, Pintain...*), de rivières (*Loue, Louain; Orne, Ornain; Dive, Divain...*), de villes (*Chartres, Chartrain...*).

2.2. Explication

Si l'on met à part *taie, taiain*, formé tardivement (XIIe siècle) et d'origine onomatopéique, les étymons de ces substantifs étaient des imparisyllabiques à déplacement d'accent :

— du latin classique pour *suer, seror* issu de *sóror, sorṓrem.*

— du bas latin pour *ante, antain, nonne, nonnain* et *pute, putain* issus respectivement de *ámita, *amitā́ne, nónna, *nonnā́ne, *pútta, *puttā́ne* dûs à l'extension du type masculin en *-o, -onem* (*latro, latronem; Nero, Neronem*, noms communs désignant des personnes ou noms propres) à quelques noms féminins (*cf.* le latin classique *amita, amitam; nonna, nonnam*).

■ ***Remarque :*** **putta* pose un problème particulier dans la mesure où il appartient au paradigme morphologique du verbe putere («être pourri», «puer»), qui ne comporte qu'un *-t-* et non deux comme **putta.* Le redoublement de la consonne s'explique vraisemblablement par un souci d'expressivité[1].

2.2.1. La mise en place de deux bases

a) *Suer/seror < sŏ́ror/sŏrṓrem*

— B1 : [ǫ] (< ŏ) tonique et libre a diphtongué spontanément (IVe siècle) pour aboutir à [ẅœ̣] (début XIIIe siècle)

> [sẅœ̣R] *suer*

— B2 : [ǫ] initial s'est affaibli mais par dissimilation avec la voyelle tonique cet affaiblissement s'est fait en [e̥] (et non en [u]).

[ọ́] tonique et libre a diphtongué spontanément (VIe siècle) pour aboutir à [œ̣] (dès le XIIe siècle)

> [se̥Rœ̣R] *seror*

b) *ante/antain < ámĭta/*amitā́ne; nonne/nonnain < nónna/*nonnā́ne; pute/putain < *pŭ́tta/*puttā́ne.*

— B1 : la voyelle tonique est entravée, dès l'origine dans *nónna* et **pútta*, à la suite de la chute de la voyelle posttonique dans *ám(i)ta.* [a] et [o] ont seulement subi la nasalisation. [u] s'est antériorisé en [ü] (VIIIe siècle)

> [ãnte̥], [nõne̥], [püte̥]

— B2 : [a], [o], [u] initiaux et entravés évoluent comme en position tonique > [ã], [õ], [ü].

[a] (< a) tonique libre et suivi d'une consonne nasale subit une évolution contionnée (diphtongaison suivie d'une nasalisation) jusqu'en [ẽ̢ĩ̯] (XIIe siècle)

> [ãntẽ̢ĩ̯n], [nõnẽ̢ĩ̯n], [pütẽ̢ĩ̯n]

© ARMAND COLIN. La photocopie non autorisée est un délit.

2.2.2. Les désinences

a) Au singulier

*soror, amita, *putta, sororem, *amitane, *puttane* ne comportaient pas d'-*s* désinentiel. Donc, pas d'-*s* en ancien français.

b) Au pluriel

L'-*s* de *sorores, *amitanes, *puttanes* se retrouve en ancien français.

Note du chapitre IV

1. *Cf.* Veiko Väänänen, *Introduction au latin vulgaire* : « Un certain nombre de mots à valeur affective présentent une gémination spontanée, coexistant souvent avec une forme à consonne simple. Il s'agit surtout de termes d'interpellation, de qualificatifs populaires, d'adjectifs indiquant des difformités ou des défauts. » (p. 59-60).

CHAPITRE V

LES ADJECTIFS QUALIFICATIFS

En ancien français, comme en latin, les adjectifs ne possèdent pas de flexion propre : leur déclinaison est calquée sur celle des substantifs.

L'ancien français connaît deux grands types d'adjectifs :

— le premier se caractérise par l'existence de formes distinctes pour le masculin et le féminin. Ce sont des adjectifs « variables en genre » ou « biformes ». Plus précisément, le féminin est marqué par la présence d'un *-e* final (absent du masculin) ;

— le second ne discrimine pas masculin et féminin. Ce sont les adjectifs « invariables en genre » ou « épicènes ».

La déclinaison des adjectifs en ancien français est issue de celle du latin. Comme pour les substantifs, il s'agit d'un système simplifié (deux cas et un seul morphème désinentiel), mais l'ancien français a conservé les trois genres du latin : masculin, féminin et neutre, même si ce dernier est assez peu représenté puisqu'il ne se rencontre qu'en fonction d'attribut d'un sujet neutre singulier (« ce/il m'est *bel*) ou en emploi adverbial (« *mieuz* vueill ge morir en chevauchant qu'en languissant » *Artu*, 41, 32).

1. Les adjectifs variables en genre

Ils présentent une opposition entre une forme de masculin sans *-e* final et une forme de féminin en *-e*.

Cette catégorie inclut les participes passés employés comme adjectifs ainsi que les indéfinis comme *tot, nul, maint, tant, certain*..., l'interrogatif *quant* (« combien »), *un* et ses composés (*aucun, chascun, cheün, neün, nesun*). Tous ces mots seront abordés plus en détail dans les chapitres correspondant à leur nature grammaticale.

1.1. Schéma de flexion

Masculin

CSS	B d	CSP	B Ø
CRS	B Ø	CRP	B d

► ***Exemple***

CSS	bons	CSP	bon
CRS	bon	CRP	bons

Féminin

Sg.	B + e	Pl.	B + e d

© ARMAND COLIN. La photocopie non autorisée est un délit.

► ***Exemple***

Sg. bone Pl. bones

Neutre

B Ø

► ***Exemple***

bon

■ ***Remarque :*** au masculin, la flexion est identique à celle des substantifs masculins du premier type (à CSS en *-s*). De même, au féminin, la flexion est semblable à celle des substantifs féminins en *-e* (avec neutralisation des cas au singulier comme au pluriel).

1.2. Explication

Ces adjectifs proviennent d'adjectifs latins de la première classe, qui opposaient déjà masculin et féminin : *bonus* vs *bona.*

Les participes passés se fléchissaient sur ce modèle : *-atus* vs *-ata* ou *-sus* vs *-sa.*

1.2.1. Masculin

Paradigme en latin classique :

Nom. Sg.	-us	Nom. Pl.	-i
Acc. Sg.	-um	Acc. Pl.	-os

L'évolution phonétique a donné en ancien français :

— un CSS en *-s :* conservation systématique de l'-s désinentiel latin;

— un CRS sans *-s :* -m désinentiel latin a disparu dès l'époque classique;

— un CSP sans *-s* : le Nom. Pl. ne comportait pas d'*-s;*

— un CRP en *-s* : conservation, systématique là aussi, de la consonne désinentielle. Par ailleurs, dans tous les cas, la voyelle finale latine (≠ *a*), s'est amuïe, d'où l'absence de *-e* en français.

■ ***Remarque :*** lorsque la base de l'adjectif se termine par [s] ou [ts], le mot est invariable au masculin : *las, gras, englois, cortois, douz...*

1.2.2. Féminin

Paradigme en latin classique :

Nom. Sg.	-a	Nom. Pl.	-ae
Acc. Sg.	-am	Acc. Pl.	-as

D'où en ancien français :

— au singulier, une forme unique en -[ẹ̥] : [a] final latin s'étant affaibli en [ẹ̥] (VIᵉ siècle) et l'*-m* de l'Acc. s'étant effacé dès le latin classique;

— au pluriel, une forme unique également, en -[ẹ̥s] : il y a eu généralisation, à l'époque impériale, de la forme de l'Acc. en *-as.*[1]

■ ***Remarque :*** le féminin — en raison de son *-e* final — offre pour certains adjectifs une base différente de celle du masculin.

— Lorsque la base du masculin se termine par une consonne sourde, cette dernière est souvent sonorisée au féminin :

• chaitif, pensif, vif, antif, sauf vs chaitive, pensive, vive, antive, sauve.

• lait, coart, ort (= « dégoûtant »), vuit vs laide, coarde, orde, vuide.

• doloreus, merveilleus, mauvais, cortois, françois (avec [s] final) vs doloreuse, merveilleuse, mauvaise, cortoise, françoise (avec [z] devant [ẹ̥]).

— Quelques cas particuliers d'opposition proviennent d'une évolution de la consonne, différente devant voyelle vélaire au masculin et devant voyelle palatale au féminin.

Ainsi *sec, blanc, franc* vs *seche, blanche, franche* s'expliquent par le traitement subi par [k] devant *-o/-u* (il se conserve inchangé) au masculin et devant *-a* (il se palatalise pour aboutir à [tš]) au féminin.

Prin vs *prime* s'explique par la dentalisation de la consonne labiale [m] en [n] lorsqu'elle est devenue finale au masculin alors que, devant le *-e* du féminin, elle s'est conservée inchangée.

Quant au féminin *longue* [lõngẹ̥] à côté de *lonc* [lõnk] pour le masculin, il n'est pas phonétique, le résultat attendu de [g] devant [a] étant [dž][2] .

1.2.3. Au neutre

En latin, la terminaison étant *-um*, l'évolution a été semblable à celle du CRS masculin (*cf.* 1.2.1.).

2. Les adjectifs invariables en genre ou « épicènes »

Ils ne comportent pas d'opposition masculin/féminin. Cette catégorie se subdivise en quatre types différents :

— les adjectifs à féminin sans *-e* final,

— les adjectifs à masculin en *-re*,

— les adjectifs à masculin en *-e*,

— les adjectifs à alternance de bases.

2.1. Les adjectifs à féminin sans **-e** *final*

2.1.1. Schéma de flexion

	Masculin		
CSS	B d	CSP	B Ø
CRS	B Ø	CRP	B d

© ARMAND COLIN. La photocopie non autorisée est un délit.

▸ ***Exemple***

CSS	forz (= fort+s)	CSP	fort
CRS	fort	CRP	forz

Féminin

CSS	Bd/BØ		
CRS	B Ø	Pl.	B d

▸ ***Exemple***

CSS	forz/fort	
CRS	fort	Pl. forz

Neutre

B Ø

▸ ***Exemple***

fort

■ ***Remarques***

a) Les adjectifs de cette catégorie ont une base terminée par :

— une dentale [t] ou [d] : *grant, fort, vert, prod*… et tous les participes en *-ant* (*pesant, luisant, vivant, creant*…). En ancien français, en effet, il n'existe pas de différence entre le participe présent et l'adjectif verbal sur le plan morphologique; tous deux se déclinent en cas et en nombre;

— la liquide -l : *feal, leal, charnel, mortel, vil, esperitel, tel, quel*[3], *gentil*… ;

— la labiodentale *-f* : *soef, brief*…

b) Se rattachent à cette classe quelques adjectifs archaïques en *-or*; issus du Gén. Pl. de substantifs, ils signifient l'origine ou la qualité : *paienor* (« des païens »), *Francor* (« des Francs »), *ancienor* (« du temps ancien », « antique »), *fraror* (« des frères »), *misaldor* (« de grand prix »), *pascor* (« de Pâques »)… Ces adjectifs, qui devraient, en théorie, êtres indéclinables, s'accordent couramment au pluriel, prenant alors un *-s*.

2.1.2. Explication

Les adjectifs de cette catégorie proviennent de la deuxième classe des adjectifs latins, qui ne discriminaient déjà plus les genres masculin et féminin; seul le neutre présentait une désinence différente : *cf.* masculin *fortis*/ féminin *fortis*/ neutre *forte*.

2.1.2.1. Masculin

Paradigme en latin classique :

Nom. Sg.	fortis	Nom. Pl.	fortes
Acc. Sg.	fortem	Acc. Pl.	fortes

D'où en ancien français :

a) Un CSS en *-s* : la voyelle latine finale *-i* s'est effacée et l'*-s* désinentiel s'est conservé.

b) Un CRS sans *-s* : la voyelle latine finale *-e* s'est effacée de même que le *-m* désinentiel.

c) Un CSP sans *-s* : il remonte à une forme impériale en *-*i : *forti, *grandi, *gentili...* résultat de la réfection générale de la forme classique en *-es* (analogie des adjectifs du premier type et donc indirectement de la deuxième déclinaison des noms).

d) Un CRP en *-s* : la voyelle finale s'est effacée et l'*-s* désinentiel s'est conservé.

■ ***Remarque :*** les participes présents avaient à l'origine un Nom. Sg. en *-ans* (*amans*) ou *-ens* (*monens, legens, capiens, audiens*) et leur paradigme était imparisyllabique (Gén. : *amantis, monentis...* et donc Acc. : *amantem, monentem...*). En latin impérial, lorsque les substantifs imparisyllabiques ont été (pour la plupart) refaits en parisyllabiques sur le Gén., le phénomène s'est produit aussi pour les participes : ans > *antis / ens > *entis.

Parallèlement, il y a eu généralisation de la terminaison des verbes du premier groupe, **-antis*, à tous les verbes : lucens > *lucentis > *lucantis (> *luisanz*).

Au Nom. Pl. les formes primitives en *-antes/-entes* ont cédé la place à *-*anti* (> *ant*).

2.1.2.2. *Féminin*

Paradigme en latin classique :

Nom. Sg.	fortis	Nom. Pl.	fortes
Acc. Sg.	fortem	Acc. Pl.	fortes

L'évolution a été semblable à celle constatée au masculin, à l'exception du Nom. Pl. qui, n'ayant subi aucune réfection particulière, a abouti à une forme en *-s.*

■ ***Remarque :*** si le CSS féminin est phonétiquement en *-s*, comme celui du masculin, il a pu, toutefois, être aligné sur la première déclinaison féminine : l'*-s* est alors omis. L'usage est très fluctuant dans les textes littéraires.

2.1.2.3. *Neutre*

Il est issu d'une forme en *-e* (*forte, grande, amante...*). La voyelle s'est effacée.

■ ***Remarque :*** ces adjectifs ont été progressivement alignés sur le type variable en genre. Dès les premiers textes, on relève des occurrences de féminins analogiques en -[ə̣] :

♦ Ne sai vus dire cum lur ledece est *grande* — *Vie de saint Alexis,* 610
« je ne saurais vous dire combien leur joie est grande »

♦ De sun col getet ses *grandes* pels de martre — *Rol.,* 281
« Il arrache de son cou ses grandes fourrures de martre »

♦ Bataille avrum e *forte* et aduree — *Ibid.,* 1460
« nous aurons une bataille âpre et dure »

© ARMAND COLIN. La photocopie non autorisée est un délit.

♦ Si l'ad ferut sur l'escut de Tulette
Que mort l'abat desur le herbe *verte* *Ibid.*,1612

« Il l'a frappé si violemment sur son écu de Tolède qu'il l'a abattu raide mort sur l'herbe verte »

Aux XIIe et XIIIe siècle, l'usage varie selon les textes, mais de manière générale, en dehors de *tel* et *quel*, les autres adjectifs prennent rarement un *-e*.

Par exemple, dans *Yvain*, on ne relève aucune occurrence de *grande* (alors que l'adjectif est employé cent quinze fois en relation avec un substantif féminin), pas plus que de *forte*. *Vaillant, vert, brief, leal, desleal, mortel* n'apparaissent que sous cette forme. En revanche, on recense quatre fois *tele* (mais à côté d'une trentaine de *tel*), un fois *quele* (à côté de dix-sept *quel*)[4].

La généralisation du *-e* final n'aura lieu que vers le milieu du XVIe siècle[5].

Les participes présents ont reçu de la même façon un *-e* final[6].

2.2. *Les adjectifs à masculin en* -re

2.2.1. Schéma de flexion

Masculin

CRS	B Ø	CSP	B Ø
CRS	B Ø	CRP	B d

► ***Exemple***

CSS povre	CSP povre
CRS povre	CRP povres

Féminin

Sg.	B Ø	Pl.	B d

► ***Exemple***

Sg.	povre	Pl.	povres

Neutre

B Ø

► ***Exemple***

povre

2.2.2. Explication

— Ces adjectifs proviennent pour la plupart d'adjectifs latins de la première classe à Nom. Sg. masculin en *-er*, qui opposait masculin et féminin : *autre < alter, altera; destre < dexter, dextra (dextera); tendre < tener, tenera; megre < macer, macra; delivre < (de)liber, libera...*

— Quelques adjectifs sont issus de la deuxième classe des adjectifs latins (fléchis sur la troisième déclinaison des noms) : *aigre < acer, acris...*

2.2.2.1. *Les adjectifs issus de la première classe latine*

a) Masculin

Paradigme en latin classique :

Nom. Sg.	-er	Nom. Pl.	-i
Acc. Sg.	-um	Acc. Pl.	-os

D'où en ancien français :

— une absence d'*-s* désinentiel aux CSS, CRS, CSP ;

— un *-s* au seul CRP ;

— un *-e* final (voyelle de soutien au groupe consonantique conjoint *-tr-, -dr-, -gr-, -vr-*) à toutes les formes.

■ ***Remarque :*** comme les substantifs masculins en *-re* (*pere, frere*...), ces adjectifs ont pu recevoir un *-s* analogique au CSS.

b) Féminin

Paradigme en latin classique :

Nom. Sg.	-a	Nom. Pl.	-ae
Acc. Sg.	-am	Acc. Pl.	-as

L'évolution a donc été semblable à celle des féminins du type *bona, bonam, bonae, bonas* (*cf.* 1.2.2.).

c) Neutre

L'étymon est en *-um* (*alterum, dextrum, tenerum*...). Le résultat en -[ẹ̥] de l'ancien français s'explique comme au CRS masculin.

2.2.2.2. *Les adjectifs issus de la deuxième classe latine*

a) Masculin

Paradigme en latin classique :

Nom. Sg.	-er	Nom. Pl.	-es
Acc. Sg.	-em	Acc. Pl.	-es

— Les CSS, CRS et CSP ne comportent pas d'*-s* en ancien français : les Nom. Sg. et Acc. Sg. n'en comportaient pas dès le latin classique ; le Nom. Pl. a été refait en latin impérial en **-i*.

— Le CRP a conservé l'*-s* de l'Acc. Pl. latin.

— La voyelle finale *-e* soutient le groupe consonantique antécédent à tous les cas.

b) Féminin

Paradigme en latin classique :

Nom. Sg.	-is	Nom. Pl.	-es
Acc. Sg.	-em	Acc. Pl.	-es

— On attendrait une forme en *-s* pour le CSS, mais la désinence a été supprimée par analogie des féminins sans *-s*.

— Le CRS ne comporte pas d'*-s*.

— Le pluriel ne présente qu'une forme, pourvue d'*-s*.

— Aux quatre cas, la voyelle finale latine s'est conservée comme voyelle de soutien au groupe consonantique antécédent.

© ARMAND COLIN. La photocopie non autorisée est un délit.

2.3. *Les adjectifs à masculin en* -e

2.3.1. Schéma de flexion

Ces adjectifs se déclinent sur le modèle de *bon, bonne* :

Masculin

CSS	Bd	CSP	B Ø
CRS	B Ø	CRP	B d

▶ ***Exemple***

CSS	riches	CSP	riche
CRS	riche	CRP	riches

Féminin

Sg.	B Ø	Pl.	B d

▶ ***Exemple***

Sg.	riche	Pl.	riches

Neutre

B Ø

▶ ***Exemple***

riche

2.3.2. Explication

Ces adjectifs ont des origines diverses : adjectifs latins de la première classe (*rouge < rubeu, estrange < extraneu, tiede < tepidu, sauvage < *salvaticu, sage < *sabiu, simple < simplu, malade < *malabitus*) ou de la deuxième classe (*graisle < gracilis, juene < juvenis, orrible < horribilis, foible < flebilis);* adjectifs d'emprunt latinisés pendant la période impériale (*riche < *riki).*

2.3.2.1. Conservation de la voyelle finale

Tous ces mots ont conservé leur voyelle finale (affaiblie en [ẹ̥]) mais pour des raisons différentes selon les cas.

▶ ***Quelques exemples***

— *Rouge, sage, sauvage, estrange, simple, graisle, orrible.*

Les voyelles latines *u, i, o, e,* se sont maintenues sous forme de [ẹ̥] de soutien aux groupes consonne + [dž] (*rouge, sage, sauvage, estrange*), ou consonne + liquide (*simple, graisle, orrible, foible*).

— *Tiede, juene, malade.*

Ces adjectifs ont pour étymons des mots latins (*tepidu, juvenis, *malabitus*) encore proparoxytons au milieu du IIIe siècle : leur voyelle finale s'est alors affaiblie en -[ẹ̥], qui a survécu ensuite à la chute générale des voyelles finales (VIIIe siècle).

— *Riche*

L'étymon germanique de cet adjectif **rîki* a été traité comme un mot latin : la voyelle finale s'est conservée pour soutenir la mi-occlusive [tš] (issue de la palatalisation tardive de [k] devant voyelle antérieure).

2.3.2.2. *Présence/absence de l'-*s *désinentiel*

a) Adjectifs ayant pour étymon un adjectif de la première classe latine (en *us, a, um*).

C'est la cas pour *rouge, sage, sauvage, estrange, simple, tiede*. L'évolution a été identique à celle des adjectifs du type *bon, bone* (*cf.* 1.2.).

b) Adjectifs ayant pour étymon un adjectif de la deuxième classe latine (en *-is, -is, -e*).

C'est le cas pour *graisle, juene, orrible* ou *foible*.

Masculin

Nom. Sg.	-is	Nom. Pl.	-es
Acc. Sg.	-em	Acc. Pl.	-es

— Les CSP et CRP ont conservé l'*-s* des Nom. Sg. et Acc. Pl. latins.

— Les CRS et CSP ne comportent pas d'*-s* : l'Acc. Sg. n'en a jamais présenté et le Nom. Pl., là encore, a été refait en *-*i* à basse époque.

Féminin

Nom. Sg.	-is	Nom. Pl.	-es
Acc. Sg.	-em	Acc. Pl.	-es

— L'*-s* étymologique du CSS a été supprimé par analogie des féminins sans *-s*.

— Le CRS ne comporte pas d'*-s*.

— Le pluriel présente une forme unique, en *-s* [7].

c) Adjectifs d'emprunt.

C'est le cas de *riche*.

La désinence leur a été attribuée selon le modèle commun, aux CSS et CRP pour le masculin, au pluriel pour le féminin.

2.4. Les adjectifs à alternance de bases

Cette catégorie comprend un petit nombre d'adjectifs. En dehors du substantif *fel, felon*, souvent adjectivé et dont le féminin admet deux formes : *felenesse* (la plus usuelle) et *felone*, ce sont surtout des comparatifs synthétiques issus directement du latin, qui constituent ce groupe.

2.4.1. Schéma de flexion

Ces adjectifs comportent une alternance de deux ou trois bases.

Masculin

CSS	B1 Ø	CSP	B2 Ø
CRS	B2 Ø	CRP	B2 d

© ARMAND COLIN. La photocopie non autorisée est un délit.

	Féminin		
CSS	B1 Ø	Pl.	B2 d
CRS	B2 Ø		
	Neutre (lorsqu'il existe encore)		
	B3		

► ***Exemple***

Masculin	
CSS mieudre	CSP meillor
CRS meillor	CRP meillors

Féminin	
CSS mieudre	pl. meillors
CRS meillor	
Neutre	
mieuz	

Se déclinent sur ce modèle :

B1	B2	B3
graindre («plus grand»)	*graignor*	
meindre («plus petit»)	*menor*	*meins, moins*
pire («plus mauvais»)	*peior*	*pis*
maire («plus grand»)	*maior*	
joindre («plus jeune»)	*joignor*	

■ ***Remarque :*** quelques adjectifs de ce type ne sont attestés que sous leur B2 : *bellezour* («plus belle»), *halçor* («plus haut»), *sordoior* («pire»), *gençor* («plus beau»)[8].

Ces adjectifs sont des imparisyllabiques, à déplacement d'accent (*graindre/graignor*) et à apophonie.

2.4.2. Explication

2.4.2.1. L'alternance de bases

Ces adjectifs ont tous pour étymon des imparisyllabiques latins à accent mobile : *mieudre / meillor / mieuz < mĕ́lior / meliṓre / mĕ́lius. graindre /graignor < grándior / grandiṓre. meindre / menor / meins < mĭ́nor / minṓre / mĭ́nus. pire / peior / pis < pĕ́jor / pejṓre / pĕ́jus...*

La voyelle de la base a évolué de façons différentes selon qu'elle portait ou non l'accent.

► ***Exemple 1 : meindre/menor/meins***

a) B1

meindre < mĭ́nor

[ẹ] (< ĭ) tonique libre + consonne nasale a diphtongué au VIe siècle en [ẹi̯] ; son évolution ultérieure étant conditionnée par la nasale, il aboutit à [ẽ̜i̯] (avant le XIIe siècle).

> [mẹ̃ i̯ndRẹ] *meindre (mendre)*

b) B2

menor < mĭnṓre

[ẹ] (< ĭ) initial et libre s'affaiblit en se centralisant au XIe siècle en [ə].

[ọ] (< ō) tonique et libre diphtongue au VIe siècle en [ọ́u̯] pour aboutir au XIIe siècle à [œ̣].

> [mənœ̣R] *menor*

c) B3

meins < mĭ́nus

L'évolution de la voyelle tonique a été identique à ce que nous avons vu dans *mĭ́nor > meindre.*

> [mẹ̃ i̯ns] *meins*

► ***Exemple 2 : mieudre/meillor/mieuz***

a) B1

mieudre < mĕ́lĭor

[ę] (< ĕ) tonique entravé par la palatale [l̮] a diphtongué de façon conditionnée en [íę] (fin IVe siècle), d'où, en ancien français, en tenant compte de l'action du [l̮] subséquent devenu implosif, [yœ̣] (début XIIIe siècle).

> [myœ̣dRə] *mieudre*

b) B2

meillor < melĭṓre

[ę] initial s'est affaibli en [ẹ] (Ve siècle), mais l'entrave assurée par [l̮] a empêché la centralisation de la voyelle au XIe siècle et même entrainé sa réouverture en [ę].

[ọ] (< ō) tonique et libre a évolué jusqu'en [œ̣] (*cf.* mot précédent).

> [męl̮œ̣R] *meillor*

c) B3

mieuz < mĕ́lĭŭs

L'évolution de [ę] tonique entravé par [l̮] a été semblable à celle décrite dans *melior > mieudre.*

> [myœ̣s] (début XIIIe siècle) *mieuz/mieus*

2.4.2.2. *Les désinences*

a) Le CSS masculin et féminin

Il ne comporte pas d'-*s* désinentiel puisque le Nom. Sg. latin n'en était pas pourvu. Toutefois, un -*s* analogique a pu être ajouté au masculin :

♦ Mout le voit grant et hidex et corssu ;
De lui fu *greindres* le chief desus le bu *Alis.*, 1604

« [Guillaume] voit combien il [le païen] est grand, hideux et colossal. Il est plus grand que lui d'une tête »

b) Le CRS masculin et féminin

Conformément à son étymon, il est dépourvu d'-*s*.

© ARMAND COLIN. La photocopie non autorisée est un délit.

c) Le CSP

— Au masculin, on note l'absence d'-*s*, la forme remontant à une forme vulgaire en -**i* qui a remplacé celle en -*es*. Par exemple : **meliori* > *meillor.*

— Au féminin, l'-*s* est présent, la forme étant issue directement du latin classique en -*es*.

d) Le CRP masculin et féminin

Il conserve l'-*s* désinentiel de l'Acc. Pl. latin.

■ ***Remarque :*** comme les adjectifs épicènes à féminin sans -*e*, la base 2 des adjectifs à alternance de bases a pu recevoir un -*e* au féminin : *meilleure* mais aussi — avant de disparaître — *greigneure.* Il n'y a apparemment pas d'exemple de *meneur* ou de *peieur* avec -*e*[9].

Notes du chapitre V

1. *Cf.* les substantifs féminins 1.1.2.2. B.
2. On attendrait donc *longe* [lõndže̥].
3. *Tel* et *quel* seront évoqués de nouveau plus précisément dans le chapitre sur les indéfinis et les relatifs interrogatifs.
4. *Cf.* Pascal Bonnefois et Marie-Louise Ollier, *Yvain ou le Chevalier au Lion, Concordance*, collection ERA 624, UFRI, 1981.
5. Sur la situation en moyen français, *cf.* Ch. Marchello-Nizia, *Histoire de la langue française aux XIVe et XVe siècles*, p. 100-106.
6. Les exemples de participes présents terminés par -*e* sont encore nombreux au XVIe siècle. Par exemple, *Gargantua*, VIII : «une chaisne d'or *pesante* vingt et cinq mille soixante et trois marcs d'or» ou *Les Tragiques*, VI, v. 467 : «Les voix... *bramantes* en tous lieux». On en rencontre encore dans la langue classique mais les grammairiens s'élèvent contre la forme du pluriel (-*antes*) qui devient très rare. C'est en 1679 que l'Académie décide que les participes actifs ne se déclineraient plus. Dès lors s'instaure la distinction moderne entre le participe (forme verbale) invariable et l'adjectif verbal, qui prend les marques du genre et du nombre.
7. L'évolution a été identique à celle des adjectifs issus de la deuxième classe latine à Nom. Sg. en -*er* (*cf.* 2.2.2.2. b.).
8. *Cf.* les degrés de comparaison de l'adjectif 1.
9. *Cf.* Ch. Marchello-Nizia, *Histoire de la langue française des XIVe et XVe siècles,* p. 106 et s.

CHAPITRE VI

LES TRANSFORMATIONS DE LA BASE AUX CAS EN -*S* DES SUBSTANTIFS ET DES ADJECTIFS

La mise en contact de l'-*s* désinentiel et de la base du mot (lors de la chute des voyelles latines finales autres que -*a* vers la fin du VIIe siècle) a pu n'entraîner aucune modification notable de cette dernière.

C'est le cas lorsque la base était terminée par :

— une voyelle quelconque :

• rois, leus (= lieu), maistres, domages, traïtres... dames, joies, armes..., belles, bonnes, graindres, tendres, megres...

— un -*r* ou un -*n* non appuyé :

• chevaliers, escuiers, cuers..., amors, dolors, onors..., legiers...

• arçons, païens, cousins, matins... raisons, maisons..., sains, vilains...

En dehors de ces cas, la base (consonantique) subit des transformations au contact de l'-*s*. Les modifications sont de deux types, selon qu'il y a ou non compatibilité entre la consonne finale de la base et l'-*s*. Dans la première hypothèse, il y a combinaison de la consonne et de l'-*s*. Dans la seconde, la consonne est totalement assimilée par la désinence.

© ARMAND COLIN. La photocopie non autorisée est un délit.

1. Combinaison de la consonne finale de la base et de l'-*s*

1.1. La consonne est une dentale

[t], [d], [n] appuyé, [n̯]+[s] aboutissent à la mi-occlusive [ts] orthographiée -*z* dans les manuscrits.

1.1.1. [t] + [s], [d] + [s]

serjant/serjanz, essart/essarz, talent/talenz, plait/plaiz, mont/monz (= mont ou monde), *fruit/fruiz... jument/jumenz... grant/granz, fort/forz, tot/toz...*

La consonne dentale finale de la base — encore présente dans les textes les plus anciens — a souvent disparu par la suite aux cas sans -*s*. D'où des oppositions *pié/*

piez, escu/escuz, cri/criz, pré/prez, congié/congiez, biauté/biautez, vertu/vertuz, merci/merciz, lié/liez (= joyeux), *amé/amez, loé/loez, hardi/hardiz, saisi/saisiz, chenu, chenuz* (= « blanc, aux cheveux blancs »)...

Cette différence s'explique aisément. Soit *pié/piez :*

— Aux cas sans *-s* :

Au début du VIIIe siècle, *pede(m)* et **pedi* avaient abouti respectivement à [píẹδe] et [píẹδi]. La chute de la voyelle finale place la consonne dentale en finale absolue : elle s'assourdit alors en [θ] mais surtout, étant derrière voyelle, donc non appuyée, elle s'efface dès la fin du IXe siècle[1], d'où [píẹ] *pié.*

— Aux cas en *-s* :

Avant la chute de la voyelle finale (fin du VIIe siècle), on avait [píẹδis] (CSS) et [píẹδes] (CRP). Lorsque *i* et *e* s'amuïssent, la constrictive dentale sonore s'assimile partiellement en sourde au contact de l'*-s* mais redevient occlusive pour se combiner avec celui-ci en [ts]. Cette fusion la protège de l'effacement, d'où [píẹts] *piez.*

■ ***Remarque :*** d'un point de vue pratique, il faut donc recourir à l'étymon pour retrouver la dentale susceptible de se combiner en [ts] avec l'*-s* de flexion.

Ainsi, escuz < *scu*t*us, prez < pra*t*us, congiez < commea*t*us, liez < lae*t*us, chenuz < canu*t*us...

Les substantifs féminins à valeur abstraite en *-é* ont tous des étymons en **-atis/-ate* : *biautez* < **bellitatis*, *volentez* < **voluntatis*, *bontez* < **bonitatis*... de même *vertuz* < **virtutis*, *merciz* < **mercedis*.

Enfin, les anciens participes passés en *-atus, -itus, -utus* aboutissent normalement à des formes en *-ez, -iz, -uz : amez < amatus, loez < laudatus, hardiz* < **harditus* (du verbe *hardir,* « durcir », d'origine germanique), *vestuz* < **vestutus* (pour *vestitus* en latin classique), *menuz* < *minutus*...

1.1.2. [n] appuyé + [s]

an/anz, jor/jorz, char/charz.

Si l'on rencontre encore à date ancienne *jorn* ou *charn*, de manière générale, le *-n* a disparu aux cas sans *-s* (dans *an, -n* est la consonne appuyante et non la consonne appuyée : a*n*nus).

► ***Exemple : jor/jorz.***

Avant la chute de la voyelle finale, on avait aux cas sans *-s* [džọRno] (< *diurnu* ou *diurni),* aux cas en *-s* [džọRnos] (< *diurnus* ou *diurnos*) ; après l'effacement de la voyelle, [džọRn] et [džọRns] :

— aux cas sans *-s*, la consonne nasale en finale absolue s'affaiblit et disparaît > [džọR], *jor* ;

— aux cas en *-s*, dans le groupe [n] appuyé + [s] un phénomène d'épenthèse fait apparaître l'occlusive dentale sourde [t] > [nts]. Dès lors, en position faible entre [R] et [ts], la nasale s'amuït, d'où [džọRts], *jorz.*

L'évolution a été identique pour *an* < *annus/anz* < *annus*, *char* < *carne/charz* < **carnis*.

1.1.3. [n̮] + [s]

coing/coinz, poing/poinz, baing/bainz...

Le processus est en grande partie semblable à celui de l'évolution de [n] + [s] mais il n'est pas nécessaire que [n̮] soit appuyé.

▸ ***Exemple : coing/coinz***

Après la chute de la voyelle finale, on avait aux cas sans *-s* [kọ́i̯n̮o] (< *cuneu, cunei*), aux cas en *-s* [kọ́i̯n̮s] (< *cuneus, cuneos*) :

— aux cas sans *-s*, [n̮] devenu final se maintient inchangé jusqu'au XIIe siècle, régressant alors en [n] > [kọ́i̯n̮] > [kọ́i̯n], *coing* > *coin;*

— aux cas en *-s*, le contact entre la nasale palatale et l'*-s* provoque une épenthèse en [t̮] > [n̮t̮s]. Par assimilation, [t̮] régresse au contact d'*-s* en [t] > [n̮ts]. Là encore, [n̮] régresse en [n] dans le courant du XIIe siècle, d'où [kọ́i̯nts], *coinz*. Une fois dépalatalisé, [n] se conserve, contrairement à ce qui se passait pour [n] primaire.

Lorsqu'un mot ne comportait pas d'*-s* final étymologique mais qu'il en a reçu un, analogique[2], les lois phonétiques habituelles ont joué : [kõmpę́i̯n̮ + s], *compaing + s* aboutit normalement à [kõmpę́i̯n̮ts], *compainz*.

■ ***Remarque :*** la mi-occlusive [ts] se simplifiant en [s] vers 1200, *-z* peut dès lors céder la place à *-s* dans la graphie. On relève ainsi dans *Aliscans : pons* (2164), *escus* (1023), *maris* (2281); dans *La Mort Artu : erremens* (4, 15), *compains* (62, 28)...

1.2. La consonne est [l] ou [l̮]

Dans les deux cas, la liquide se vocalise devant *-s*. Toutefois, l'évolution présente quelques différences selon que la consonne est ou non palatale.

1.2.1. Cas de [l]

Il se vocalise en [u], qui forme, avec la voyelle antécédente, une diphtongue ou une triphtongue de coalescence > [-u̯s], qui peut être graphié *-us*, plus souvent *-x* (*chevaus/chevax*).

— Exemples de mots avec diphtongue : *cheval/chevaus, val/vaus, mal/maus, senescal/senescaus, chevel/cheveus, ciel/cieus, ostel/osteus, col/cous, sol/sous* (substantifs masculins); *leal/leaus, feal/feaus, mortel/morteus, cruel/crueus, charnel/charneus, tel/teus, quel/queus* (adjectifs).

■ ***Remarque :*** *teus* et *queus* sont les formes relevées habituellement en francien. En effet, avant la chute de la voyelle finale et donc la vocalisation du [l], [a] de *talis* et *qualis* avait diphtongué (VIe siècle) en [ę] long, fermé par la suite en [ẹ] avec lequel [u] vient former une diphtongue de coalescence [ẹu̯].

Dialectalement (essentiellement dans le Nord), l'effet ouvrant du [ɯ] sur l'arrière du [ẹ] a pu provoquer, par contrecoup, une fermeture de la voyelle sur le début de son émission et donc une nouvelle segmentation qui aboutit à la triphtongue [iẹu̯] : *cf. tieus, quieus,* formes qui concurrencent *teus, queus*.

© ARMAND COLIN. La photocopie non autorisée est un délit.

— Exemples de mots avec triphtongue (*-iau* ou *-ieu*) : *chastel/chastiaus, appel/appiaus, oisel/oisiaus, prael/praiaus, bœl/boiaus* (substantifs masculins) ; *pel/piaus* (substantifs féminins) ; *bel/biaus, novel/noviaus* (adjectifs qualificatifs) ; *duel/dieus, ciel/cieus.*

■ ***Remarques***

1) On obtient la triphtongue [iau̯] chaque fois que la voyelle antécédente est [ę]. En effet, à l'étape [ɯ] de la vocalisation du [l], entre [ę] et [ɯ], il s'est développé un phonème de passage [a], d'abord à peine audible > [ę́ᵃ ɯ], mais qui va progressivement constituer le segment médian accentué d'une triphtongue [ęau̯] : devenu atone, [ę] s'est alors fermé en [ẹ] et dialectalement (Île-de-France, Champagne, Picardie, Lorraine) en [i] et même [y].[3]

2) On obtient [ieu̯] à partir d'une séquence [ǫ] + [l] + s dans *dieus* < *dolus*. En effet, après la vocalisation, [u] forme une triphtongue avec la diphtongue [úẹ] (issue de [úọ] résultat de la diphtongaison de [ǫ́] au IVᵉ siècle) > [úẹu̯]. Derrière consonne non labiale, le premier segment de la triphtongue s'est différencié du [u̯] en s'antériorisant progressivement jusqu'en [i].

1.2.2. Cas de [l̮]

Avant la vocalisation de la consonne, il s'est produit une épenthèse qui a donné naissance à une occlusive dentale palatale [t̮], d'où -[l̮t̮s]. [t̮] et [l̮] régressent successivement, [t̮] au contact de [s] puis [l̮] au contact de [t] > -[lts]. [l] se vocalise alors normalement mais le résultat est -[u̯ts] (et non plus -[u̯s]), noté *-uz* : *travail/travauz, poitrail/poitrauz, conseil/conseuz, soleil/soleuz, œil* [œ̨l̮]/*ieuz* [iœu̯ts] ou [iœts], *genoil/genouz... vieil/vieuz.*

Là encore, après 1200, la simplification de [ts] en [s] peut se traduire par le remplacement de *-z* par *-s* (*cf. Mort Artu* 19,52 : *poitraus*).

■ ***Remarques***

— Derrière [ü], [l] en cours de vocalisation a été entièrement assimilé par la voyelle : *nul/nus, seul/seus.*

— Derrière [i] de même : *vil/vis, gentil/gentis, fil* [fil̮]/*fiz.* Cependant, dialectalement, (Nord et Nord-Est), la vocalisation a été complète, d'où [iu̯] (*vius, gentius, fiuz*) et à partir de là, [iu̯] a pu passer à [ięu̯] (*vieus, gentieus, fieuz*). Selon P. Fouché, [i] se serait segmenté, développant devant [u] un phonème de passage.[4]

On peut résumer ainsi les résultats acquis à partir des différentes voyelles suivies de [l] / [l̮] + [s] :

[a] + l + s > aus	chevaus < caballus
[ẹ] + l + s > eus	cheveus < capillus
[ę] + l + s > iaus (eaus)	oisiaus (oiseaus) < *aucellus
[ọ] + l + s > ous	cous < *collus
[ǫ] + l + s > ieus	dieus < *dolus
[a] +l̮ + s > auz	travauz < *tripalius
[ẹ] +l̮ + s > euz	conseuz < *consilius
[ę] +l̮ + s > ieuz	vieuz < *veclus

[ọ] +l̯ + s > ouz	genouz < genuculus
[ǫ] +l̯ + s > ieuz	ieuz < oculus

2. Effacement de la consonne finale de la base

S'il y a incompatibilité entre l'*-s* et la consonne, celle-ci, en position implosive, est totalement assimilée par la désinence (soit directement, soit après une assimilation partielle).

C'est le cas pour :

2.1. Les labiales [p], [b], [m] appuyé

*Coup (< *colpu)/cous, drap (< *drappu)/dras, gab* (déverbal de *gaber,* verbe d'origine scandinave*)/gas, verm (< verme)/vers, ferm (< firmu)/fers...*

■ ***Remarque :*** la chute de la consonne finale de la base devant *-s* peut provoquer des phénomènes annexes. Ainsi *champ + s > chans* : lorsque la nasale labiale [m] se trouve en contact avec [s] alvéolaire, son point d'articulation est partiellement assimilé ; il recule jusque dans la zone alvéodentale, d'où *-ns*.

2.2. Les labiodentales [f] et [v]

*Chief (< *capu)/chiés, cerf (< cervum)/cers, serf (< servum)/sers, buef (< bovem)/ bués, uef (< ovum)/ués, nef (< navem)/nés, clef (< clavem)/clés, tref (< trabem)/ trés, sœf (< suavem)/soés, brief (< brevem)/briés, vif (< vivum)/vis, pensif* (dérivé de *penser* au XI[e] siècle)/*pensis, hastif* (dérivé de *haste* au XIe siècle)/*hastis...*

Dans les mots issus du latin, à l'époque où l'*-s* s'est trouvé en contact avec la consonne finale de la base, il s'agissait toujours de la labiodentale sonore [v], résultat de l'évolution phonétique d'un ancien [w] *(cervum, servum, bovem, ovum, navem, clavem, suavem, brevem, vivum*) ou d'un ancien [p] intervocalique (**capu*) ou encore d'un ancien [b] intervocalique (*trabem*). On peut poser [tsę́Rvos], [sę́Rvos], [búọvis], [úovos], [nę́ves], [klę́ves], [tRę́ve̥s] [sọę́ves], [bRíẹves], [vívos].

Sous l'influence du [s] (sourd), la sonore [v] s'est d'abord assourdie en [f] (assimilation partielle) > [tsęRfs], [sęRfs], [búọfs]... avant d'être complètement assimilée > [tsęRs], [sęRs], [búọs]...

Les mots formés tardivement par dérivation suffixale (*pensif, hastif...*) ont été traités sur ce modèle, *-f* finale s'effaçant devant *-s*.

2.3. Les dorso-vélaires [k] et [g]

porc(< porcu)/pors, duc (< duce)/dus, clerc (< clericu)/clers, flanc (< germ. **hlanc)/flans, estanc* (déverbal de *estanchier « arrêter », « empêcher »)/estans,*

© ARMAND COLIN. La photocopie non autorisée est un délit.

blanc (< germ. latinisé **blancu)/blans, franc* (< germ. latinisé **francu)/frans... borg* (< germ. latinisé **burgu)/bors, sang (< sanguis)/sans...*

Là encore, avant d'être assimilée complètement, la dorso-vélaire sonore l'est partiellement : elle s'assourdit en [k] puis s'efface.

Notes du chapitre VI

1. Seuls le Nord et l'Est ont prononcé plus longtemps le [θ] et dans la graphie *-t* apparaît encore au XIIIe siècle.
2. *Cf.* les substantifs masculins 2.2.2.1. Remarque 1.
3. *Cf.* G. Joly, *Précis de phonétique historique du français*, p. 226-227.
4. *Phonétique historique du français,* volume II, les voyelles, p. 316 et 330.

CHAPITRE VII

LES DEGRÉS DE COMPARAISON DE L'ADJECTIF

De manière générale, dès l'origine, l'ancien français exprime le degré de comparaison de l'adjectif à l'aide d'un adverbe antéposé à l'adjectif, au comparatif et au superlatif relatif, de l'adverbe *plus* (< *plus*), au superlatif absolu de *molt* (< *multu*), *tres* (< *trans*) et de *par* (< *per*). Il s'agit donc d'un procédé analytique et la question ne relève que modestement de la morphologie.

Quelques comparatifs et superlatifs synthétiques subsistent cependant, issus directement du latin.

1. Les comparatifs sythétiques

Les principaux survivants ont été relevés dans le paragraphe consacré aux adjectifs invariables en genre et à alternance de bases (*cf.* les adjectifs qualificatifs 2.4.) : *mieudre, meillor, mieuz; graindre, graignor; pire, peior, pis; joindre, joignor; maire, maior,* respectivement comparatifs de *bon, grand, mauvais, jeune, grand* « par l'importance ».

Tous les cas de figure sont alors possibles.

a) L'adjectif a conservé trois bases :

noaudre, noalor, noauz « pire » (< **nugalior, *nugaliore, *nugalius* formés vraisemblablement sur le substantif pluriel *nugae,arum* « balivernes », « sottises »).

b) Seules subsistent les bases 1 et 2 :

fortre, forçor, « plus fort » (< *fortior, fortiore*).

c) Seules subsistent les bases 2 et 3 :

sordoior, sordois, « pire » (< **sordidiore, *sordidius* de l'adjectif *sordidus* « sale », « crasseux »).

d) Seule subsiste la base 2 :

halçor « plus haut » (< *altiore*), *gençor* « plus beau » (< *genitiore*).

e) Seule subsiste le pluriel (base 2) :

plusor (CSP masculin), *plusors* (CRP masculin et pluriel féminin) < **plusiori, *plusiores* du bas latin, résultant de l'altération du latin classique *plusiores*.

© ARMAND COLIN. La photocopie non autorisée est un délit.

2. Les superlatifs synthétiques

Ils sont encore moins nombreux que les comparatifs du même type.

— On relève essentiellement : *pesmes* « très mauvais » (< *péssĭmus*) ; *maismes* « très grand » (< *máxĭmus*), seulement attesté dans l'adverbe de manière correspondant *maismement*; *mermes* « très petit » (< *mínĭmus*), à peu près cantonné au syntagme *doi mime* « petit doigt » ; *proismes* « très proche » (< *próximus*) qualifiant un « proche parent » ou désignant « le prochain » ; *grandesmes* « très grand » (< *grandíssĭmus).*

Dans tous ces superlatifs, la voyelle finale *-e* du masculin s'explique par leur qualité d'anciens proparoxytons. Au féminin, elle provient de l'affaiblissement habituel du *-a* final latin.

— Quelques formes en *-isme* : *altisme, grandisme, saintisme* sont savantes. Elles sont des calques du latin écrit.

CHAPITRE VIII

LA FORMATION DES ADVERBES DE MANIÈRE EN *-MENT*

Cette question a logiquement sa place à la suite de l'étude des adjectifs qualificatifs.

En effet, c'est très tôt que le latin a créé, à côté de ses adverbes héréditaires, une catégorie particulière d'adverbes de manière en associant un adjectif qualificatif à l'Abl. féminin singulier à *mente*, Abl. singulier du substantif féminin *mens, mentis* « l'esprit ». La locution ainsi obtenue avait le sens de « dans un esprit... » (par exemple : *iniqua mente*, « dans un esprit injuste ».

Cette construction apparaît dès le latin classique (*cf. minitanti mente* chez Lucrèce). Mais c'est le latin impérial qui l'a étendue de façon décisive et surtout qui l'a transformée en syntagme à valeur adverbiale. Ce syntagme est devenu usuel à partir de la fin du IIIe siècle seulement. Quant à la soudure des deux élément, il est difficile de la dater, mais elle n'a pas dû avoir lieu avant le milieu du VIe siècle : la diphtongaison du [a] dans *cla´ra mente* > *clerement* implique que la voyelle était tonique à cette date, et non initiale, ce qui aurait été le cas si la soudure s'était déjà produite.[1]

En protofrançais, le substantif *mente* a pris la valeur plus vague de « manière ». Parallèlement, il a perdu sa nature grammaticale de substantif pour devenir un suffixe adverbial (*-ment*) susceptible de s'ajouter à autre chose que des adjectifs ; par exemple à :

— des adverbes (*ensiment/ensement* « ainsi » est sans doute le résultat de *ensi* + *-ment*, *comment* celui de *come* + *-ment*) ;

— des locutions (*si fait* + *-ment* > *sifaitement* « de cette façon ») ;

— des participes présents (*errant* + *-ment* > *erranment*[2] ; *suivant* + *-ment* > *suivanment*...) ;

— des indéfinis (*aucunement, autrement, meesmement*...).

En ancien français, l'adverbe se présente donc de manière générale sous la forme : adjectif qualificatif au féminin + *-ment*. Dans la pratique, trois cas sont à envisager.

1. Les adverbes formés sur des adjectifs biformes

Le suffixe s'accole simplement derrière la forme du féminin de l'adjectif.

Bonement, belement, hautement, hastivement, angoisseusement...

© ARMAND COLIN. La photocopie non autorisée est un délit.

Lorsque l'adjectif a une base à finale vocalique, le *-e* en hiatus se conserve ; jusqu'au XVe siècle au moins, il compte dans la mesure du vers : *veraiement, outreement, lieement, joliement...*

2. Les adverbes formés sur des adjectifs épicènes à masculin en *-e* (*-re* ou *-e*)

Le suffixe s'ajoute à la forme en *-e* commune aux deux genres : *asprement, tendrement, povrement, richement, sagement, foiblement...*

Dans ces deux premiers cas, l'adjonction du suffixe n'entraîne aucune transformation pour la base de l'adjectif, la présence du *-e* empêchant tout contact entre celle-ci et *-ment.*

3. Les adverbes formés sur des adjectifs épicènes à féminin sans *-e*

La base de ces adjectifs est toujours terminée par une consonne : la dentale *-t* (*fort, grant, avenant...*), la liquide *-l* (*leal, mortel, gentil...*), la labiodentale *-f* (*soef, brief, grief...*)[3].

3.1. -[t] et -[f] s'effacent au contact de la consonne initiale du suffixe

-grant > granment, fort > forment, avenant > avenanment, errant > erranment...
-soef > soement, brief > briement, grief > griement...

3.2. Dans le cas de [l], l'usage est plus fluctuant

-al + ment > -aument : leal > leaument, egal > egaument.

-il + ment > -iment : gentil > gentiment, soutil > soutiment.

Nous retrouvons là l'effacement du *-l* antéconsonantique constaté derrière la voyelle *-i.*[4]

-el +ment > -elment ou -eument : mortel > mortelment/morteument, charnel > charnelment/charneument...

■ ***Remarque :*** le type *loiaument* a pu exercer une influence analogique sur les adverbes en -anment, conduisant à des formes *avenaument, erraument...* Le phénomène a sans doute été favorisé par une tendance à dissimiler *an*men*t* et *au*men*t* (c'est-à-dire [ã]-[ã] > [ọ]-[ã]). Il faut noter par ailleurs que les manuscrits confondent souvent les graphèmes *u* et *n* et qu'il est difficile, dès lors, de savoir en présence de laquelle des deux formes *-an* ou *-au* on se trouve exactement.

3.3. Réfection des adverbes construits sur des adjectifs épicènes à féminin sans -e *final*

Dès les premiers textes, on note une tendance à pourvoir d'un *-e* final le féminin des adjectifs qui n'en comportaient pas étymologiquement[5] (*forte, grande, cruele, tele, vile...*).

La réfection de l'adjectif a entraîné à peu près automatiquement l'alignement de l'adverbe correspondant : *forment* > *fortement, granment* > *grandement, cruelment* > *cruelement/cruellement, telment* > *telement/tellement...*

Le processus, assez lent, ne s'est achevé qu'au XVe siècle.

Toutefois, le type en *-amment* ou *-emment* (ce dernier s'est développé largement en moyen français sur des adjectifs d'emprunt, comme *prudent, violent, décent...*) a échappé à la réfection : *cf.* aujourd'hui *méchamment, puissamment, savamment, élégamment, prudemment, ardemment.* Des occurrences de formes en *-antement, -entement* (*ardentement, prudentement, vaillantement*) apparaissent bien ici et là jusqu'au XVIIe siècle, mais à cette époque, les grammairiens fixent définitivement l'usage, n'adoptant que *présentement* et *véhémentement.*

© ARMAND COLIN. La photocopie non autorisée est un délit.

Notes du chapitre VIII

1. On peut se reporter aux arguments avancés par F. de la Chaussée pour justifier la datation qu'il propose dans son *Initiation à la morphologie historique de l'ancien français*, p. 314 et s.
2. Le participe présent de *errer* « faire route », « voyager », « se conduire », a lui-même été utilisé comme adverbe au sens de « rapidement », « aussitôt ».
3. *Cf.* les adjectifs qualificatifs 2.1.1. Remarque a.
4. *Cf.* les transformations de la base aux cas en *-s* 1.2.2. Remarque.
5. *Cf.* les adjectifs qualificatifs 2.1.2.3. Remarque.

CHAPITRE IX

LES PRONOMS PERSONNELS

Les pronoms personnels français proviennent de deux catégories grammaticales différentes du latin : soit des pronoms personnels soit du démonstratif *ille*.

Il est commode de distinguer les pronoms sujets d'une part, les pronoms régimes de l'autre.

1. Les pronoms sujets

1.1. Paradigme

	Atone				Tonique	
	masc.		fém.	neutre	masc.	fém.
P1		jo, je				gié
P2		tu				
P3	il		ele	el		
P4		nos (nous)				
P5		vos (vous)				
P6	il		eles			

■ ***Remarques***

a) Seules la P1 possède deux formes, l'une atone, l'autre tonique. Seule la P3 comporte une forme de neutre. Seules les P3 et P6 présentent une opposition de genre.

b) Selon les aires dialectales, les pronoms sujets peuvent prendre diverses formes.

— Au Nord, au Nord-Est et à l'Est :

• la P1 est *jou* en picard, *ju* en wallon, *jeu* en lorrain.

• la P2 peut apparaître sous la forme *te*, éventuellement élidée en *t'* en picard.

♦ Je croi bien qu'il te puist venquir
Et faire te loi relenquir,
Dont *te* dois estre a faus tenus — *Nic.*, 1428

« Je suis sûr qu'il peut te vaincre et te faire abjurer cette foi qui témoigne de ta déraison »

Te s'explique sans doute par le rapport CR *me*-CS *je* / CR *te* > CS *te*.

• à la P3 et à la P6, *il* peut être utilisé comme féminin dans le Nord et le Nord-Est.

— À l'Ouest :

• la P1 est *jeo, jo* en anglo-normand et en normand :

> ♦ Par fei, fet ele, mal m'esteit,
> *Jo* sui cheüe en malvés pleit !
> *Jeo* eim le novel soudeier — *Elid.*, 338-339
>
> *« Par ma foi, dit-elle, cela va mal pour moi ! Me voilà dans une fâcheuse situation ! Je suis amoureuse du nouveau capitaine »*

• à la P3, *ele* peut céder la place à *el*, de même qu'à la P6, on rencontre *els, eus* (avec la vocalisation du *-l* devant consonne) :

> ♦ *El* fu en une sorquenie
> Qui ne fu mie de boraz — *Rose*, Lorris, 1208

• dans les textes plus marqués dialectalement, l'ouverture de *-e* en *-a* donne naissance à des formes *-al, -aus* et même *-as.*

> ♦ an est venue a lui Pallas,
> qui est deesse de bataille [...]
> et *al* li donra hardemant — *Ené.*, 150
>
> *« Pallas, la déesse de la guerre, est venue le trouver [...] elle lui donnera de la vaillance »*

> ♦ Suer, voiz les nes, ou *as* s'en vont — *Ené.*, 1887
>
> *« Ma sœur, regarde les navires : ils s'en vont » (as < als < els < eles)*

> ♦ Ses nes fait garnir en enblé
> de quant que *aus* etoit mestier — *Ené.*, 1659
>
> *« En toute hâte il fait charger ses navires de tout ce dont ils pouvaient avoir besoin » (aus < als < els)*

• à la P6, comme dans le Nord, *il* peut remplacer *eles* pour le féminin :

> ♦ Car s'*il* [les bestes] eüssent parleüre
> et reson pour eus antr'antandre,
> qu'*il* s'antre peüssent aprandre,
> mal fust aus homes avenu. — *Rose,* Meun, 17766 et 17768
>
> *« si elles possédaient la parole et l'intelligence pour se comprendre et qu'elles puissent se connaître entre elles, c'en serait fait des hommes »*

• aux P4 et P5, la graphie courante est *nus, vus.*

c) Les formes *nous, vous* sont secondaires par rapport à *nos, vos.* Elles se développent dans le courant du XIIIe siècle.

1.2. Explication

Les pronoms sujets des P. 1, 2, 4, 5 sont issus de la flexion des pronoms personnels latins.

jo, je / gié < ĕgo

tu < tū

nos < nōs

vos < vōs

© ARMAND COLIN. La photocopie non autorisée est un délit.

Les pronoms des P. 3 et 6 proviennent du démonstratif *ille :*

il < *ílli   ele < ílla

il < ílli   eles < íllas

■ ***Remarque :*** *tu* peut représenter aussi bien tu atone que tonique. Les pronoms *jo-je, nos, vos* sont le résultat de formes atones. *Il, ele* de la P3, comme *il, eles* de la P6 sont en revanche l'aboutissement de formes toniques.

1.2.1. La personne 1

Elle offre une opposition *jo, je* atone / *gié* tonique.

a) La forme *jo, je*

Elle ne pose pas de problème particulier, remontant à une forme réduite de *ĕgo : *ĕo*. Cette réduction s'est produite tôt, bien avant la date habituelle de l'effacement de [g] intervocalique devant voyelle vélaire, puisque [ĕ] a évolué en [y], preuve qu'il se trouvait en hiatus devant une autre voyelle dès le latin classique. Le [y] obtenu s'est renforcé, à l'initiale, en [d̬] (IIIe siècle), qui s'est assibilé en [dž] (avant la fin du même siècle).

La forme primitive obtenue en ancien français est donc [dẓọ] (*jo*), fermée vers la fin du XIe siècle en [džu]. C'est un affaiblissement du vocalisme qui détermine alors le passage à [džə] (*je*).

b) La forme *gié*

L'évolution est moins claire. *Gié* remonte vraisemblablement à **ĕ́o* tonique. Au IIIe siècle, [ę́] libre aurait diphtongué en [íęo] ([íẹo] au VIIe siècle par assimilation d'aperture)[1]. Après la chute de la voyelle finale un croisement entre [íẹ] et [džọ] aurait abouti à [džíẹ] (*gié*).

Gié a survécu jusqu'en moyen français et cédé alors la place au seul *je*.

1.2.2. La personne 2

Tu est le continuateur direct de *tu* latin : [ū], qu'il soit tonique ou non, s'antériorise simplement en [ü] (VIIIe siècle).

1.2.3. Les personnes 4 et 5

[nus] et [vus] sont le résultat de *nōs* et *vōs* atones.

En position tonique [nọ́s] et [vọ́s] auraient abouti à des formes diphtonguées *[nœ̨u̯s], *[vœ̨u̯s], jamais attestées. [nọs] et [vọs] se sont conservées sans changement jusqu'à la fin du XIe siècle, puis [ọ] s'est fermé en [u].

1.2.4. Les personnes 3 et 6

Contrairement aux P1 et 2 (du singulier comme du pluriel), qui ne différencient pas le genre, aux P3 et 6 on relève une opposition masculin/féminin.

1.2.4.1. La P3

a) Le masculin

Il est issu de **ílli*. À l'origine, le Nom. Sg. masculin était *ille*. Il s'est produit un phénomène que l'on retrouve dans l'évolution du démonstratif *iste*, à savoir la fermeture du [e] final en [i], et qui est dû vraisemblablement à la corrélation fréquente, même usuelle, avec le relatif *qui*. Dans *ílle quī*, il se serait produit une première dilation (positive)[2] sous l'influence du [ī] du relatif > **ílli quī*. Le parallélisme avec le Nom. Pl. n'a pu que favoriser cette évolution.

Par la suite, **ílli* est passé à *il*. La forme étant tonique, elle n'était pas susceptible de subir l'aphérèse qu'ont connue l'article défini[3] ou le pronom régime[4]. Quant au *-ĭ* tonique, il a conservé son timbre [i], sans s'ouvrir en [ẹ] comme le fait normalement un [i̯], sous l'effet d'une seconde dilation (conservatrice dans ce cas) due au [ī] final (**íllī*). La voyelle finale s'est effacée.

b) Le féminin

Ele est issue de *ílla*. [í] s'est ouvert en [ẹ] (bouleversement du système vocalique des trois premiers siècles). [a] final s'est affaibli en [ə] au VIe siècle. [ẹ́] entravé s'est maintenu sans changement.

1.2.4.2. La P6

a) Le masculin

Il remonte au Nom. Pl. classique *ílli*. Comme au singulier, *-ĭ* tonique a conservé son timbre par métaphonie. Le *-i* final s'est amuï.

■ ***Remarque :*** ce n'est qu'à partir du XIVe siècle que l'on note l'adjonction d'un *-s* final analogique (*ils*).

b) Le féminin

Eles provient de *[ẹ́llas], forme unique du pluriel en latin impérial, qui s'est substituée au Nom. Pl. classique *íllae*[5]. Ensuite, [ẹ́] entravé s'est conservé tel quel et [a] final s'est affaibli en [ə]. L'[s] désinentiel s'est maintenu de façon systématique.

2. Les pronoms régimes

Comme les pronoms sujets, ils sont issus soit de pronoms personnels latins, soit du démonstratif *ille*. On peut, à partir de là, distinguer les pronoms des P. 1, 2, 3 réfléchie, 4, 5 et ceux des P. 3 et 6.

2.1. Personnes 1, 2, 3 réfléchie, 4, 5

2.1.1. Paradigme

	Atone	Tonique
P1	me/m'	mei > moi
P2	te/t'	tei > toi

© ARMAND COLIN. La photocopie non autorisée est un délit.

P3	réfléchie	se/s′	sei > soi
P4	nos (nous)		
P5	vos (vous)		

■ ***Remarques***

a) Les pronoms des P1, 2, 3 réfléchie ne comportent pas de distinction de genre. Ils ne discriminent pas non plus les fonctions d'objet direct/objet indirect. Seule existe une opposition entre des formes atones et des formes toniques.

Les pronoms des P4 et 5 ne présentent, quant à eux, aucune distinction du tout. Ces formes régimes sont par ailleurs identiques à celles du sujet (*cf.* 1.1. et 1.2.3.).

b) *Me, te, se* s'élident régulièrement devant une initiale vocalique.

c) Quelques variantes dialectales :

— *Mei, tei, sei* se sont conservés dans les dialectes de l'Ouest nettement plus longtemps qu'ailleurs.

♦ Ne vodreie pur nule rien
Que de *mei* i ait acheisun
Mescreance u suspesçun *Yon.*, 147

« Pour rien au monde je ne voudrais que l'on m'accuse, qu'on se défie de moi ou qu'on me soupçonne. »

Ces régions n'ont pas pratiqué la différenciation de [ẹi] en [ọi] du début du XIIe siècle. En revanche [ẹi] s'y est dissimilée en [ę̨i] avec une possible simplification de la diphtongue en [ę̨].

— Le picard offre, à côté de *moi, toi, soi*, un paradigme *mi, ti, si.*

♦ Seigneur, vous l'avés mis seur *mi* *Nic.*, 939

« Messieurs, vous vous en êtes remis à moi »

Mi serait issu de *mihi* et *ti* et *si* analogiques de *mi.*[6]

2.1.2. Explication

2.1.2.1. Personnes 1, 2, 3

Me, te, se / mei, tei, sei proviennent des pronoms personnels latins *me, te, se* en position atone ou au contraire tonique. Lorsque *me, te, se* étaient atones, leur voyelle [ẹ] a connu l'évolution d'un [ẹ] initial : elle s'est affaiblie en [ə] (XIe siècle). Lorsqu'ils étaient sous l'accent, [ẹ́] libre a diphtongué spontanément en [ẹ́i̯] (VIe siècle). Au début du XIIe siècle, la diphtongue a subi la différenciation habituelle en [ọ́i̯] et, de la fin du XIIe siècle au milieu du XIIIe siècle, elle a évolué jusqu'en [wę̨].

2.1.2.2. Personnes 4 et 5

Nos et *vos* sont les résultats de *nōs* et *vōs* en position atone. On peut se reporter à l'étude des pronoms sujets (1.2.3.).

2.2. Les pronoms des P3 et 6

2.2.1. Paradigme

P3

	masc	fém	neutre
CR dir. atone	lo, le/l'	la/l'	lo, le/l'
CR ind. atone	li	li	
CR tonique (unique)	lui	li	

P6

	masc	fém
CR dir. atone	les	les
CR ind. atone	lor (leur)	lor (leur)
CR tonique (unique)	els/eus	eles

■ ***Remarques***

a) La P3 comme la P6 opposent les genres (on note même l'existence d'un neutre à la P3 dans la série directe atone), la fonction de régime direct à celle de régime indirect, enfin des formes atones à des formes toniques.

b) La forme la plus ancienne du CR direct atone masculin (et neutre) est *lo*. Elle a été remplacée plus ou moins vite selon les régions par *le*. Les dialectes périphériques la conservent assez longtemps sous des graphies variables : *lo, lu* à l'Ouest, *lou* en lorrain.

♦ Juno vit Enéas an mer; [...]
set anz toz plains lo travailla,
par plusors mers lo demena *Ené.*, 185-186

c) *Le* et *la* s'élident automatiquement devant une initiale vocalique. *Li* ne le fait guère que devant les pronoms adverbiaux *en* et *i*.

♦ Et quant Lancelos vit devant lui a genouz si bele damoisele [...], si *l'* en pesa moult durement *Artu*, 14, 7

« Lorsque Lancelot vit à genoux devant lui une si belle jeune fille, [...] il en fut extrêmement contrarié »

Et encore, l'élision n'est pas une obligation :

♦ Si se blasme de ce que il ne creï Galaad, car il *li* en est ja mescheü *Queste*, 42, 14

« Il se reproche alors de n'avoir pas écouté Galaad car il a déjà eu à en souffrir »

d) À la P3, à partir de la fin du XIIe siècle, on relève de fréquentes confusions entre les formes du CR tonique masculin *lui* et celles du féminin *li*.

♦ Et quant ele vit qu'il estoient au movoir et qu'il ne pooient plus delaier, si comença a fere trop grant duel ausint come se ele veïst devant *lui* morz toz ses amis *Queste*, 24, 2

« Voyant qu'ils étaient prêts et que leur départ ne pouvait plus tarder, elle [la reine] éclata en lamentations comme si elle voyait tous ses proches morts devant elle ».

© ARMAND COLIN. La photocopie non autorisée est un délit.

e) Quelques traits dialectaux :

— À la P3, le CR direct atone féminin *la* cède la place à *le* en picard. Cependant, à la différence de *le* masculin, *le* féminin n'est pas susceptible de s'élider, au moins graphiquement.

♦ Rasoir, ains te sue li mains,
Frote *le* un petit a le pourre — *Nic.*, 1086

« Mais non, Rasoir, c'est ta main qui transpire. Frotte-la avec un peu de poussière »

On aboutit dès lors à une confusion à peu près complète des deux genres avec un CR direct atone *le* et un CR indirect atone *li* à la P3, un CR direct *les* et un CR indirect *lor* à la P6.

— À la P3, le CR tonique féminin *li* se réalise également sous les formes *lei* à l'Est et au Nord-Est, *lié* à l'Ouest. *Lei* comme *lié* sont dûs à une réduction seulement partielle de l'ancienne triphtongue [iei] (< *illaei),* soit en [ei], soit en [ie].

♦ Vostre dame me salüez [...] Totes ferai ses volentez Por *lié* serai entalentez — *Trist.*, Béroul, 3544

« Présentez à votre dame mes salutations [...]. Je ferai tout ce qu'elle désirera. Je serai tout à sa dévotion »

— À la P6, le CR tonique masculin *els/eus* apparaît dans certains dialectes périphériques, aussi bien au Nord, qu'à l'Est ou à l'Ouest, sous la forme *als/aus* (due à l'ouverture de *-e* en *-a* lors de la vocalisation du *-l*).

♦ sanz ce que nul d'*als* l'oïst dire,
connoissoient trestuit lo roi — *Ené.*, 715

« sans même l'avoir entendu nommer, tous reconnaissaient le roi ».

♦ il en furent mout durement desconforté, car il ne veoient pas comment il peüssent a force delivrer le roi ne *aus* meïsmes jeter de laiens — *Trist.*, prose, 136, 11

« ils se laissèrent aller au désespoir car ils ne voyaient pas comment ils pourraient être assez forts pour délivrer le roi et se libérer eux-mêmes »

2.2.2. Explication

Les pronoms régimes des P3 et 6 sont issus d'un paradigme impérial du démonstratif *ille.*

P3

	Atone		Tonique	
	masc.	fém.	masc.	fém.
CRD	ĭllu(m)	ĭlla(m)	*ĭllúi	*ĭllei
CRI	ĭlli	ĭlli	*ĭllúi	*ĭllei

P6

	Atone		Tonique	
	masc.	fém.	masc.	fém.
CRD	ĭllos	ĭllas	ĭllos	ĭllas
CRI	ĭllṓru(m)	*ĭllṓru(m)	ĭllos	iĭllas

2.2.2.1. *Les formes toniques de la P3 en latin impérial (masculin *ĭllúi, féminin *ĭlléi)*

En latin classique, masculin et féminin présentaient une forme commune de Datif singulier : *illi*. C'est d'elle qu'il faut partir.

— Au féminin singulier, *ĭlli* est concurrencé très tôt (attesté dès les IIe-Ier siècles avant J.-C.) par une forme **ĭllæ̅* (analogique de *rosae*, c'est-à-dire des substantifs de la premièr déclinaison, qui étaient, pour la plupart, du féminin).

— Un peu plus tard, au masculin singulier, par analogie du relatif *cūi*, *ĭlli* cède la place à **ĭllúi*.

— Enfin, **ĭllúi* entraîne, au féminin, la réfection de **ĭllæ̅* en **illæ̅i* : la réduction normale de la diphtongue [*a*e] au Ier siècle de notre ère a donné naissance à la forme **ĭlléi* [ĭllẹ́i].

2.2.2.2. *Illṓrum*

Illṓrum est une forme du Génitif et non du Datif, qu'elle a remplacé sans doute à partir de la construction avec l'impersonnel *interest* : *illorum interest* « il est de l'intérêt de... », d'où « il importe à... ». C'est le sémantisme du verbe qui a fait ressentir *illorum* comme ayant valeur de Datif.

Au féminin, **illoru(m)* s'est substitué à la forme primitive *illarum*.

2.2.2.3. *Évolution générale à partir du latin impérial.*

a) En position proclitique, les formes inaccentuées *-ĭllu(m), ĭlli, ĭlla(m), ĭllos, ĭllas-* ont subi une aphérèse, d'où *lu, li, la, los, las.*

Il est plus problématique que *ĭllui*, **illéi* et *ĭllṓru(m)*, toniques, aient connu aussi ce phénomène (> *lúi, léi, lṓr*). Toutefois, ces formes étant accentuées sur la dernière syllabe, leur *ĭ-* initial était atone comme celui des formes proclitiques et l'analogie de ces dernières a pu s'exercer aisément.

■ ***Remarque :*** l'aphérèse a eu lieu vraisemblablement avant le deuxième tiers du IIIe siècle puisqu'elle est inconnue du roumain (séparation de la Dacie de l'Empire romain en 271).

b) La forme [lẹ́i] (< *ĭlléi*) étant réalisée au début du IIIe siècle, [ẹ] tonique et libre a diphtongué en [lĭẹi̯], simplifié par la suite en [li].

c) Dans les formes toniques accentuées sur la première syllabe (qui n'ont donc pas subi d'aphérèse), c'est-à-dire *ĭ́llos* et *ĭ́llas* de la P6, [ĭ] est passé à [ẹ] lors du changement du système vocalique latin, puis s'est conservé tel quel jusqu'en français.

d) Le traitement des voyelles finales.

— À la P3, les voyelles en finale absolue se sont maintenues sans modification jusqu'en ancien français dans les formes atones :

.(il)lu > [lọ] (c'est seulement au Moyen Âge que [ọ] s'affaiblit en [ə̥] > *le*, et encore, à des vitesses différentes selon les dialectes — comme nous l'avons noté plus haut).

.(il)li > *li*

.(il)la > *la*

© ARMAND COLIN. La photocopie non autorisée est un délit.

■ ***Remarque :*** le problème des formes toniques ne se pose pas, la voyelle étant alors « tonique » et non « finale ».

— À la P6, au CRD atone, devant l'*-s* désinentiel, *-a* et *-o* de *(il)las, (il)los* se confondent en un [ẹ] difficilement explicable[7] > *les.* Au CRI atone et dans les formes toniques, *-a* s'affaiblit normalement en [ə] : *ĭllas* > *eles* tandis que les autres voyelles s'effacent : *(il)lōru* > *lor (leur), ĭllos* > *els/eus.*

■ ***Remarques sur l'évolution du système***

— La confusion possible entre *lui* et *li* à partir de la fin du XIIe siècle (*cf.* 2.2.1. Remarque d.) menaçait l'opposition des genres au CRI tonique. Dès la seconde moitié du XIIIe siècle une forme *ele* -sans doute analogique du pluriel *eles*- tend à se substituer à *li/lui* féminin. Elle s'est imposée en moyen français.

— C'est également en moyen français que *li* (CRI atone) laisse définitivement la place à *lui*, faisant disparaître la distinction forme atone/forme tonique au masculin.

Notes du chapitre IX

1. *Cf.* G. Joly, *Précis de phonétique historique du français*, p. 51-52.
2. Les termes de dilation ou de métaphonie désignent, en français, l'influence fermante d'un [i] long final sur la voyelle antécédente. Il s'agit d'une assimilation d'aperture. La dilation est « positive » lorsque la voyelle antécédente se ferme; « conservatrice » lorsque la voyelle garde son timbre, sans s'ouvrir.
3. *Cf.* chapitre sur l'article, 2.1.4. La remarque vaut également pour les formes du féminin singulier (*ĭlla*), du masculin pluriel (*ĭlli*) et du féminin pluriel (**éllas*).
4. *Cf.* 2.2.
5. *Cf.* les substantifs féminins, 1.1.2.2.
6. *Cf.* G. Moignet, *Grammaire de l'ancien français*, p. 38.
7. La même remarque a été faite à propos des mots possessifs. *Cf.* 2.1.1.2.

CHAPITRE X

LES MOTS POSSESSIFS

Les formes du possessif constituent en ancien français un système complexe.

D'une part, il établit des relations entre le possesseur (singulier ou pluriel) de la 1re, 2e ou 3e personne et l'objet possédé, qui peut être lui-même du masculin ou du féminin, du singulier ou du pluriel.

D'autre part, il comporte une distinction entre des formes atones et des formes toniques.

Enfin, le masculin présente une flexion à deux cas (CS vs CR).

Un certain nombre de transformations apparaissent dans le système dès l'ancien français.

1. Le système primitif en ancien français

On peut distinguer deux séries de mots : l'une atone, l'autre tonique[1].

1.1. La série atone

1.1.1. Possessif de la singularité (= un seul possesseur)

Masculin

P1	CSS mes	CSP mi
	CRS mon	CRP mes
P2	CSS tes	CSP ti
	CRS ton	CRP tes
P3	CSS ses	CSP si
	CRS son	CRP ses

Féminin

	Singulier	Pluriel
P1	ma/m'	mes
P2	ta/t'	tes
P3	sa/s'	ses

© ARMAND COLIN. La photocopie non autorisée est un délit.

■ ***Remarques***

1) Il y a, pour le féminin, neutralisation des cas au singulier comme au pluriel.

2) Devant une initiale vocalique, *ma, ta, sa* s'élident (comme l'article défini *la*) : *s'enferté* (« sa maladie »), *s'amie, s'entente, s'espouse*…

1.1.2. Possessif de la pluralité (= plusieurs possesseurs)

Masculin

P4	CSS nostre(s) CRS nostre	CSP nostre CRP nostres/ noz, nos
P5	CSS vostre(s) CRS vostre	CSP vostre CRP vostre(s)/ voz, vos
P6	lor, leur	

Féminin

	Singulier	Pluriel
P4	nostre	nostres/ noz, nos
P5	vostre	vostres/ voz, vos
P6	lor, leur	

■ ***Remarques***

1) Genres, nombres et cas se trouvent neutralisés à la P6.

2) Un *-s* analogique peut apparaître au CSS du masculin des P4 et 5 (latin *noster, *voster*).

1.2. La série tonique

1.2.1. Possessif de la singularité

Masculin

P1	CSS miens CRS mien	CSP mien CRP miens
P2	CSS tuens CRS tuen	CSP tuen CRP tuens
P3	CSS suens CRS suen	CSP suen CRP suens

Féminin

	Singulier	Pluriel
P1	meie (moie)	meies (moies)
P2	toue	toues
P3	soue	soues

1.2.2. Possessif de la pluralité

Masculin

P4	CSS nostre(s) CRS nostre	CSP nostre CRP nostres
P5	CSS vostre(s) CRS vostre	CSP vostre CRP vostres
P6	lor, leur	

Féminin

	Singulier	Pluriel
P4	nostre	nostres
P5	vostre	vostres
P6	lor, leur	

■ ***Remarque :*** à côté de ces paradigmes communs, on relève un certain nombre de formes dialectales, tant pour la série atone que pour la série tonique. On peut retenir les plus courantes :

1) Série atone

a) Picard

— Possessif de la singularité :

Masculin CRS : *men, ten, sen.*

♦ Se vous aviés *men* pere mort,
N'averiés vous mais de moi garde — *Nic.*, 203

« Même si vous aviez tué mon père, vous n'auriez plus rien à craindre de moi »

Féminin singulier : *me, te, se.*

♦ Ja sont espars par *me* terre ample — *Nic.*, 174

« Ils sont déjà répandus dans mon vaste royaume »

— Possessif de la pluralité :

Masculin CSS : *nos, vos* — CSP : *no,vo*
CRS : *no, vo* — CRP : *nos, vos*

♦ Car en *no* païs n'a monnoie
Autres que pierres de moelin — *Nic.*, 376

« Dans notre pays nous n'avons pas d'autre monnaie que des pierres de moulin »

♦ Rasoirs, vous avommes tant but
Que *no* drapel en demouront — *Nic.*, 744

« Rasoir, nous avons tant bu que nos vêtements vont y rester »

♦ Asseür rechevrons *nos* anemis mortés — *Nic.*, 427

« C'est de pied ferme que nous attendrons nos ennemis mortels »

Féminin Singulier : *no, vo*
Pluriel : *nos, vos*

© ARMAND COLIN. La photocopie non autorisée est un délit.

♦ Et toute *no* maisnie veille
Pour vo gieu, aval *no* maison *Nic.*, 891-892
« Tout le personnel reste debout dans la maison à cause de votre jeu »

♦ S'estes ore seur *vos* gaveles *Nic.*, 766
« Vous voilà bien installé sur vos gerbes »

b) Dialectes de l'Ouest (normand, anglo-normand)

Masculin CSS : *mis, tis, sis*
CRS : *mun, tun, sun*

♦ Mes Amur l'ot feru al vif;
Ja ert *sis* quors en grant estrif *Guig.*, 380
« Mais l'amour l'a piqué au vif et un grand combat se livre en son cœur »

♦ Tut est a *sun* comandement *Lanv.*, 218

2) Série tonique

a) Picard

— Possessif de la singularité : Féminin : *mi(e)ue, ti(e)ue, si(e)ue* (d'après un masculin non attesté avant la fin du XIIIe siècle : *siu*)

♦ Ceste est bien au moy de la *tieue* *Nic.*, 1065
« Voilà une part qui vaut bien la tienne »

— Possessif de la pluralité :

Masculin CSS : *noes, voes* CSP : *noe, voe*
CRS : *noe, voe* CRP : *noes, voes*

♦ Ja des *voes* [=les dés] n'en venra un ! *Nic.*, 827
« Des vôtres, je n'en veux pas ! »

Féminin Singulier : *noe, voe*
Pluriel : *noes, voes*

b) Dialectes de l'Ouest

— Pour le possessif de la singularité :

Masculin P1	CSS *mens*	CSP *men*
	CRS *men*	CRP *mens*
P2	CSS *teons, tons, tuns*	CSP *teon, ton, tun*
	CRS *teon, ton, tun*	CRP *teons, tons, tuns*

idem pour P3 : *seons, seon…*

Féminin	P2	Singulier	*tue*
		Pluriel	*tues*
	P3	Singulier	*sue*
		Pluriel	*sues*

♦ Tel seit la *tue* destinee *Guig.*, 108

2. Explication du système

L'opposition entre des formes atones et des formes toniques est propre au français. Elle était inconnue du latin, où le possessif était normalement accentué sur la première syllabe puisque toutes les formes étaient dissyllabiques. Toutefois, le possessif pouvait être placé devant ou derrière le substantif : généralement, en l'absence de recherche de mise en valeur du possessif, celui-ci était postposé au substantif et enclitique. Éventuellement, selon un procédé d'emphase, il était antéposé au nom, conservant alors son accent.

Son emploi en position clitique a entraîné, en latin impérial, la formation d'une série monosyllabique (signalée par les grammairiens et attestée dans les inscriptions).

2.1. Le possessif de la singularité

Paradigme en latin classique :

P1 :

Masculin

Nom. Sg.	mĕ́us	Nom. Pl.	mĕ́i
Acc. Sg.	mĕ́um	Acc. Pl.	mĕ́os

Féminin

Nom. Sg.	mĕ́a	Nom. Pl.	mĕ́ae
Acc. Sg.	mĕ́am	Acc. Pl.	mĕ́as

P2 :

Masculin

tŭ́us	tŭ́i
tŭ́um	tŭ́os

Féminin

tŭ́a	tŭ́ae
tŭ́am	tŭ́as

P3 :

Masculin

sŭ́us	sŭ́i
sŭ́um	sŭ́os

Féminin

sŭ́a	sŭ́ae
sŭ́am	sŭ́as

À partir de là, on obtient deux séries en ancien français.

2.1.1. Les formes atones (clitiques en latin)

Elles proviennent de la réduction des formes classiques, qui, dès le latin impérial, dans cette position, se sont monophtonguées.

© ARMAND COLIN. La photocopie non autorisée est un délit.

2.1.1.1. Évolution en latin impérial

a) Les formes des P2 et 3

Ce sont ces formes qui ont déterminé, par analogie, l'évolution de la P1.

— Au masculin :

• Singulier : dans *tŭus, tŭum - sŭus, sŭum,* dès le Ier siècle (les inscriptions de Pompéi l'attestent), la séquence *-ŭu-* inaccentuée s'est réduite à *-ŭ-* > **tŭs, *tŭm - *sŭs, *sŭm.*

• Pluriel : dans *tŭi, tŭos - sŭi, sŭos,* la fermeture du *-ŭ* en hiatus en [w] en latin classique aboutit à *[twi], *[twos] - *[swi], *[swos].

D'autre part, à l'Accusatif, devant voyelle vélaire, [w] s'est effacé, d'où **tos -*sos.*

Par analogie, le Nominatif s'est réduit également, d'où **ti - *si.*

— Au féminin :

• Singulier : dans *tŭa, tŭam - sŭa, sŭam*, *-ŭ* en hiatus s'est fermé en [w] > *[twa], *[twa(m)] - * [swa], *[swa(m)].

La chute du *-m* désinentiel qui a lieu parallèlement fait qu'il n'y a plus qu'une seule forme au féminin singulier.

• Pluriel : *-ŭ* en hiatus se ferme également en [w]. De plus, la forme de l'Accusatif se généralise[2], d'où *[twas] - *[swas].

• Singulier et pluriel : l'analogie du masculin entraîne la réduction :

*[twa] > *[ta] - *[swa] > *[sa]

*[twas] > *[tas] - *[swas] > * [sas].

b) Les formes de la P1

— Seule l'évolution du Nom. Pl. *mĕi > mi* s'explique aisément : *-ĕ* en hiatus se fermant en [y], *[myi] se réduit automatiquement en *mi.*

— Dans les autres formes (*mĕus, mĕum, mĕos, mĕa, mĕam, mĕae, mĕas*), la voyelle en hiatus était aussi *-ĕ-;* son affaiblissement ne pouvait donc se faire qu'en [y]. Il a peut-être existé en Gaule du Nord des formes du type **myus, *myum..., *mya...* Mais, de toute façon, elles ont dû disparaître avant la fin du IIIe siècle (époque de l'évolution des groupes consonne labiale + yod, évolution qui ne s'est pas produite ici). Elles ont été remplacées, par analogie de **mi*, par **mus, *mum, *mos* (au masculin) et par **ma, *mas* (au féminin).

■ ***Remarque :*** un problème se pose, celui du maintien du *-m* final à l'Acc. Sg. du masculin alors qu'au féminin il a disparu tout à fait normalement, comme en témoigne l'opposition *mon, ton, son* vs *ma, ta, sa.* On peut retenir l'explication que propose François de la Chaussée[3] : *-m* final s'étant conservé plus longtemps derrière -u que derrière toute autre voyelle, il a dû persister plus longtemps à l'Acc. Sg. masculin (suivi de *-u*) qu'à l'Acc. Sg. féminin (suivi de *-a*), et sans doute jusqu'après la réduction de ces formes en monosyllabes, c'est-à-dire jusqu'après le passage de *mĕum, tŭum, sŭum* à **mum, *tum, *sum.* Or, on sait que *-m* final s'est généralement maintenu dans les monosyllabes (cf. *rem > rien*).

À la fin du latin impérial, on avait donc vraisemblablement le paradigme suivant pour les formes atones :

Masculin

P1	Nom. Sg.	*mos	Nom. Pl.	*mi
	Acc. Sg.	*mom	Acc. Pl.	*mos
P2	Nom. Sg.	*tos	Nom. Pl.	*ti
	Acc. Sg.	*tom	Acc. Pl.	*tos
P3	Nom. Sg.	*sos	Nom. Pl.	*si
	Acc. Sg.	*som	Acc. Pl.	*sos

Féminin

P1	*ma	*mas
P2	*ta	*tas
P3	*sa	*sas

2.1.1.2. *Évolution jusqu'en ancien français*

Les remarques essentielles portent sur le vocalisme des formes obtenues.
a) En position de finale absolue ou devant *-m* final : les voyelles ont conservé leur timbre.

— Féminin singulier : *ma, ta, sa.*
— Masculin régime singulier : *mon,ton, son.*
— Masculin sujet pluriel : *mi, ti, si.*

b) Devant *-s* final : les voyelles se sont confondues en [ę].

— Masculin sujet singulier et régime pluriel : **mos, *tos, *sos > mes, tes, ses.*
— Féminin pluriel : **mas, *tas, *sas > mes, tes, ses.*

Il s'agit, dans les deux cas, d'un affaiblissement de la voyelle. Toutefois, si l'on peut admettre qu'un [a] qui s'affaiblit se ferme en [ę], il est plus difficile d'expliquer le passage de [ọ] à [ę] (un [ọ] s'affaiblit habituellement en [u]). Quoi qu'il en soit, les formes du masculin régime pluriel se confondent dès lors avec celles du féminin pluriel.

2.1.2. Les formes toniques

Elles sont issues du paradigme du latin classique sans réduction. Avant de voir en détail l'évolution de ces formes toniques, il faut noter deux points :

a) Les Nom. Sg. *mĕus, tŭus, sŭus* et Pl. *mĕi, tŭi, sŭi* n'ont pas de continuateurs en ancien français. A date prélittéraire, ils ont été refaits sur l'Acc. Sg. (présence de la consonne nasale finale dans les formes françaises) en *miens, tuens, suens* avec l'*-s* caractéristique du CSS ; ou en *mien, tuen, suen* sans *-s* puisque le CSP n'en comporte pas.

De même l'Acc. Pl. *mĕos, tŭos, *sŭos* n'a pas survécu : sous l'influence de l'Acc. Sg., ces formes ont laissé la place (à date prélittéraire encore une fois) à *miens, tuens, suens.*

b) *-m* final s'est maintenu au masculin et non au féminin (comme dans les formes atones) : *mien, tuen, suen* vs *meie, toue, soue.*

C'est donc l'Acc. Sg. qui a conditionné l'évolution de l'ensemble du paradigme. C'est ce cas qu'il faut commenter.

© ARMAND COLIN. La photocopie non autorisée est un délit.

2.1.2.1. *Les P2 et 3*

Les formes françaises du masculin (*tuen, suen*) offrent un vocalisme différent de celles du féminin (*toue, soue*), alors qu'en latin classique la voyelle était identique : *-ŭ- (tŭum, sŭum, tŭa, sŭa).*

L'évolution, au féminin, a été tout à fait normale : [ọ] (< ŭ) a diphtongué en [ọu̯]; En revanche, la diphtongue *-ue-* du masculin ne peut provenir que d'un [ǫ́] (et non d'un [ọ́]).

Pour expliquer cette divergence, il faut admettre que l'hiatus d'origine dans *tŭum, sŭum, tŭam, sŭam* a été conservé plus longtemps que dans le cas général. Lors du changement du système vocalique latin (trois permiers siècles) [ŭ] se serait donc ouvert en [ọ] :

— devant *-u* final au masculin

> *[tọ́um], *[sọ́um]

— devant *-a* final au féminin

> *[tọ́a], *[sọ́a]

— Au masculin, la proximité entre [ọ] et [u] aurait provoqué une différenciation de [ọ] en [ǫ] (favorisée par le fait que la voyelle était tonique : une voyelle renforcée tend à s'ouvrir) > *[tǫ́um], *[sǫ́um]

L'évolution aurait été normale ensuite, [ǫ́] diphtonguant en [úọ]... [úẹ].

— Au féminin, l'écart entre [ọ] et [a] était suffisant pour ne pas nécessiter de différenciation : [ọ́] est donc resté fermé et a diphtongué en [ọ́u̯]... [ę́u̯].

2.1.2.2. *La P1*

En latin, les formes du masculin (*mĕum*) et du féminin (*mĕa*) comportaient une voyelle identique. Or, les résultats en français, là aussi, divergent : *mien* vs *meie.*

— Au masculin, l'évolution a été normale, [ę́] diphtonguant en [íę].

— Au féminin, c'est sans doute l'influence des P2 et 3 qui a joué. *[tọ́a], *[sọ́a] avec une voyelle fermée ont entraîné la fermeture de [ę] en [ẹ] à la P1. La diphtongaison s'est fait ensuite en [ę́i̯]... [ọ́i̯].

2.2. *Le possessif de la pluralité*

Le fait d'être accentuées ou non a eu peu de conséquences pour l'évolution des formes.

2.2.1. Les P4 et 5

Noster a imposé très tôt son vocalisme à la P5 où *vester > *voster.*

2.2.1.1. *Nom. Sg. et Acc. Sg. masculin, féminin singulier, Nom. Pl. masculin*

— Nom. Sg. et Acc. Sg. masculin :

Nom. noster, *voster

Acc. nostru(m), *vostru(m)

— Fém. Sg. (une seule forme dès le latin classique) :
nostra, *vostra
— Nom. Pl. masculin :
nostri, *vostri

Toutes ces formes aboutissent à *nostre, vostre* :
— dans *nostra, *vostra*, le [a] final se maintient affaibli.
— dans les autres formes, [ẹ] final est une voyelle de soutien au groupe consonantique conjoint *tr-*.
— quant à la voyelle tonique [ǫ] (< ŏ), qu'elle soit restée tonique ou non, elle est entravée et se conserve donc sans changement.

2.2.1.2. Acc. Pl. masculin et féminin

*Nostros, *vostros, nostras, *vostras* ont bien comme continuateurs en ancien français *nostres, vostres* (attendus phonétiquement).

Mais, dès les premiers textes, on rencontre également des formes atones *noz, voz*, aussi bien pour le masculin que pour le féminin.

Pour les expliquer, il faut partir du masculin et admettre la chute de la voyelle finale, qui aurait donné naissance à un groupe consonantique complexe imprononçable *-strs-*, dans lequel *-r-* se serait effacé > *-sts-*, groupe bien connu, qui se serait réduit normalement à [ts], noté *-z*.

Le féminin serait purement analogique[4].

2.2.2. La P6

Suus étant réservé à la P3, c'est *illṓrum*, Gén. Pl. du démonstratif *ille*, qui a servi de possessif pour la P6 (*leur* = « d'eux », « à eux »).

Illṓrum s'est réduit par aphérèse à **lṓru*[5] puis [ọ́] libre a diphtongué en [ọ́u̯]… [ẹ́u̯], d'où *lor, leur* (graphies possibles).

3. Les transformations du système en ancien français

Elles sont dues le plus souvent à des influences analogiques, essentiellement celles de la P1 et du masculin.

3.1. Transformations des formes toniques

3.1.1. À la P1 du féminin

— Apparition, à partir du XIIIe siècle, des formes *mienne, miennes* (analogiques du masculin *mien* sur lequel elles ont été construites par adjonction du *-e* final caractéristique du féminin)
— Elles concurrencent *moie*, *moies* mais l'évolution est peu rapide. Au début du XVe siècle on hésite encore entre *moie* et *mienne*[6].

© ARMAND COLIN. La photocopie non autorisée est un délit.

3.1.2. Aux P2 et 3 du masculin

À partir du début du XIIIe siècle, apparaissent *tiens* (CSS) et *tien* (CRS) / *siens* et *sien*.

Ces formes sont analogiques de la P1 *miens, mien*. Elles se sont imposées rapidement : dès le XIIIe siècle elles concurrencent nettement *tuens, tuen / suens, suen*.

3.1.3. Aux P2 et 3 du féminin

a) À partir du début du XIIIe siècle, *toue, toues / soue, soues* sont concurrencées par *toie, toies / soie, soies* (analogiques de la P1 *moie*)

b) Dans le courant du XIIIe siècle, *toie, toies / soie, soies* sont à leur tour supplantées par *tienne, tiennes / sienne, siennes* (analogie de la P1, où nous avons noté le remplacement progressif de *moie* par *mienne* et aussi vraisemblablement du masculin). *Tienne, tiennes / sienne, siennes* s'imposent plus rapidement que *mienne* à P1. Leur emploi est général avant le XVe siècle.

3.2. Transformation des formes atones

Seules les formes du féminin singulier sont concernées. Nous avons noté l'élision de *ma, ta, sa* devant une initiale vocalique : *m', t', s'*.

Peu à peu ces formes sont remplacées par les formes corrrespondantes du masculin : *mon, ton, son*. On rencontre ces dernières dès le XIIe siècle dans certaines régions (Picardie, Lorraine) mais l'évolution n'est achevée de manière générale que dans le premier tiers du XVe siècle.

3.3. Transformations communes aux séries atone et tonique

3.3.1. Disparition des formes du CS masculin au singulier comme au pluriel

Elle correspond à l'abandon général de la déclinaison.

a) Possessif de la singularité

— C'est à partir du XIIIe siècle que les formes du CR tendent à se généraliser. Mais l'adoption d'une forme unique *mon, ton, son* n'est achevée qu'au XVe siècle.

— L'élimination de *mi, ti, si* par *mes, tes, ses* a été plus rapide (achevée dans le courant du XIVe siècle)

— Dans la série tonique, le remplacement des formes du CS par celles du CR est à peu près complet dès le XIVe siècle également (singulier : *mien, tien, sien*; pluriel : *miens, tiens, siens).*

b) Possessif de la pluralité

— Dans la série atone : généralisation de *nos, vos* au masculin et au féminin pluriel. Ces deux formes sont issues phonétiquement de *noz, voz* dans lesquelles, vers 1200, [ts] s'est simplifié en [s].

— Dans la série tonique : généralisation de *nostre, vostre* (singulier), de *nostres, vostres* (pluriel)[7].

3.3.2. Adjonction et généralisation d'un *-s* final à la forme *leur* de la P6 des deux séries atone et tonique, dans le cas d'un objet possédé pluriel

Il apparaît dès le XIIIe siècle mais ce n'est qu'au XVe siècle que la forme en *-s* sera à peu près constante.

Notes du chapitre X

1. Les premiers fonctionnent comme « prédéterminants » ou « articles », les seconds comme « adjectifs ». La question sera reprise en syntaxe.
2. C'est un phénomène général dans les féminins. Il a déjà été relevé dans les substantifs, les déterminants (articles défini et indéfini) et les adjectifs qualificatifs.
3. *Cf.* François de la Chaussée, *Initiation à la morphologie historique de l'ancien français*, p. 80 et ss.
4. Cette explication fait cependant difficulté : on ne voit pas bien pourquoi il n'y a pas eu le développement d'un -[e] de soutien plutôt que l'effacement du *-r*.
5. *Cf.* l'article, 2.1.4.
6. *Cf.* C. Marchello-Nizia, *Histoire de la langue française des XIVe et XVe siècles*, p. 139-140.
7. L'inconvénient que présentait le système au singulier, à savoir une forme identique *nostre, vostre* pour les deux séries (atone et tonique) a été surmonté à partir du XVIIe siècle : dans la série tonique, la trace de l'*-s* interne a été conservée par l'adjonction d'un accent sur la voyelle tonique et par un allongement-fermeture de la voyelle (*nôtre, vôtre*), dans la série atone, la voyelle est restée brève et ouverte (*notre*, *votre*).

© ARMAND COLIN. La photocopie non autorisée est un délit.

CHAPITRE XI

LES MOTS DÉMONSTRATIFS

Le système des mots démonstratifs comporte, en ancien français, deux séries, *cist* et *cil* (qui peuvent fonctionner aussi bien comme déterminants du substantif que comme pronoms)[1], auxquelles s'ajoute un indéclinable neutre *ço, ce / c'*.

1. Paradigmes

Masculin

	cist	cil		
	Sg.	Pl.	Sg.	Pl.
CS	(i)cist	(i)cist	(i)cil	(i)cil
CR1	(i)cest	(i)cez	(i)cel	(i)cels/ceus
CR2	(i)cestui	(i)celui		

Féminin

	Sg.	Pl.	Sg.	Pl.
CS	(i)ceste	(i)cestes	(i)cele	(i)celes
CR1	(i)ceste	(i)cestes	(i)cele	(i)celes
CR2	(i)cesti	(i)celi		

Neutre

CSS		CSS	
CRS1	(i)cest	CRS1	(i)cel
CRS2		CRS2	

ce

■ ***Remarques***

1) À l'origine, la forme de CRS1 apparaissait en fonction d'objet direct, le CRS2 étant réservé à l'objet indirect. Mais rapidement, cette seconde forme s'est spécialisée dans les emplois toniques.

2) Toutes les formes du démonstratif sont susceptibles d'être renforcées par *i-* initial : *icist, icest, icil, icel, ice…* Cette adjonction, épisodique en ancien français, devient plus fréquente en moyen français, avant d'être abandonnée dans la langue courante dès le XVIe siècle. On explique cet élément *i-* comme une extension analogique à partir de *ici*, doublet de *ci* (< **hīc ecce hīc*). Les formes en *i-* ne présentent en fait aucune valeur particulière par rapport aux formes simples.

3) Les neutre *cest* et *cel* se sont très tôt confondus en *ce*. On rencontre encore *cel* au XIIe siècle :

♦ et desor *cel* une autre avoit
qui plus de cele s'eslesot *Ené.*, 7622

« au-dessus [de cela], il s'en trouvait une autre, qui s'élargissait plus que la précédente »

Mais il survit essentiellement dans la construction *puet cel estre*, qui prend la valeur adverbiale de « peut-être », « c'est possible » :

♦ Nel receut il pur druërie ?
Poet *cel* estre, jeo sui traïe ! *Elid.*, 432

« N'y a-t-il pas vu un gage d'amour ? C'est possible : alors me voilà trahie dans mon espoir ! »

4) Il faut ajouter à ce tableau deux formes, qui n'appartiennent en propre ni à l'une ni à l'autre des séries *cist* et *cil* :

— *Ce* CRS masculin, attesté à partir du XIIIe siècle comme déterminant. *Cest* et *cel* ont évolué vers cette forme unique sans doute sous l'influence de l'article défini.

Au CS *li* correspond *cil* - *cist* → Au CR *le* correspond *ce*

— *Ces*, qui apparaît dès la fin du XIIe siècle comme déterminant ou comme pronom et qui est commun au féminin pluriel (il supplante *cestes* et *celes*), au CRP masculin de la série *cist* (il provient de la simplification de la mi-occlusive [tš] en [š] dans l'ancien *cez*) et au CRP masculin de la série *cil* (il est dû à la chute de *-l* devant le *-s*).

Ce et *ces* neutralisent donc l'opposition entre les séries *cist* et *cil*.

5) Quelques formes dialectales

a) En picard

Certains faits relèvent à proprement parler de la morphologie ; d'autres d'évolutions phonétiques particulières au picard. Les deux peuvent se combiner.

— Toutes les formes du démonstratif peuvent présenter un *ch-* initial, notant le phonème [ts] puis [s] résultat de l'évolution de [k] + [i] : *chist, chil, che…*[2]

— Le picard ajoute au CSS masculin des deux séries un *-s* analogique des substantifs (*cist + s, cil + s*), avec pour conséquence :

• la simplification de **cists* en *cis (chis)* :

♦ Signeur, u sommes nus arrivé ? Conment a a non *cis* païs u nous sommes ? *Trist.*, prose, 90, 29

« Messieurs, où sommes-nous arrivés ? Comment s'appelle ce pays ? »

• la vocalisation du [l] devant le [s] dans *cil + s,* d'où les formes *cius (chius)* ou *cieus*[3] *(chieus)* qui peuvent se réduire à *cis (chis) :*

♦ « Tenés dis livres que j'ai chi
Pour le damage de l'atente. »
Cieus les prent, cui il atalente *J. et B.*, 2458

« Prenez ces dix livres que j'ai là, en dédommagement de l'attente. » L'autre les prend sans se faire prier »

♦ Si tost com *chis* voit Lancelot, ki ja estoit outre passé…
Trist., prose, 10, 8

« Dès que celui-ci aperçoit Lancelot, qui s'était déjà éloigné… »

© ARMAND COLIN. La photocopie non autorisée est un délit.

Le picard neutralise ainsi l'opposition morphologique des deux démonstratifs au CSS masculin.

— Au CRP masculin, à côté du francien *ceus*, le picard présente *ciaus (chiaus)* dû à un traitement particulier de la séquence [ẹ] + [l] + consonne. Dans le Nord, en effet, [ẹ] s'est ouvert en [ę], l'évolution rejoignant alors celle de [ę] + [l] + consonne de la langue commune : il s'est développé entre la voyelle et le [l] en partie vocalisé un phonème de passage [a] ; dans la triphtongue [ę́ au̯] obtenue, le premier segment s'est fermé en [i], voire en [y] > [iau̯] / [yau̯][4].

♦ Et estes vous de *chiaus*, fet Palamidés, ki encontre moi se voellent combatre pour la parole que je ai dite de ces deus dames ?

Trist. prose, 108, 8

« Êtes-vous de ceux qui veulent se battre contre moi à cause de ce que j'ai dit sur ces deux dames ? lui demande Palamède. »

— Le pronom neutre apparaît sous les formes *che* et, plus fréquemment, *chou*.

♦ Mout l'ont durement merciié
De *chou* qu'il our ot envoiié — *J. et B.*, 5410

« Ils le remercient très vivement de ce qu'il leur a offert »

b) Dans les dialectes de l'Ouest.

— *Cels / ceus* peut représenter le féminin pluriel (de la même manière que nous avons vu le pronom personnel *els / eus* prendre la place de *eles*).

— L'ouverture de *-e* en *-a* donne par ailleurs, pour le CRP masculin et éventuellement pour le féminin pluriel, une forme *çaus*[5] :

♦ Donc a Enéas asanblé
çaus qui o lui sont arivé — *Ené.*, 306

« Alors Enéas a rassemblé tous ceux qui étaient arrivés avec lui »

— Le pronom neutre *ce* est orthographié *ceo* mais il ne semble pas que la prononciation ait été différente de celle du francien :

♦ De *ceo* l'ad li reis mercïé
E bonement cungié doné — *Elid.*, 641

« Le roi le remercie de son offre et lui donne congé de bonne grâce »

On relève également une forme nasalisée propre au normand : *cen*.

♦ asez avez *cen* oï tuit — *Ené.*, 875

« Vous avez beaucoup entendu parler de cela »

2. Explications

Le système médiéval des démonstratifs s'explique à partir de formes gallo-romanes.

2.1. Les formes latines ayant des continuateurs en ancien français

Le latin possédait trois séries de démonstratifs : *hic-haec-hoc, iste-ista-istud, ille-illa-illud.* Mais un certain nombre seulement des formes de ces paradigmes ont servi à la formation de notre système.

— Dans la première série *(hic, haec, hoc),* seul le neutre *hoc* a un descendant direct en ancien français (*o,* « cela », qui entre dans la particule de réponse positive *oïl);* renforcé par *ecce,* il est également à l'origine du pronom *ço* > *ce.*

— Dans les deux autres :

• Très tôt le Nom./Acc. singulier neutre a été refait sur l'Acc. singulier masculin : *illud* en **illum, istud* en **istum.*

• Au féminin pluriel, l'Acc. s'est substitué au Nom., **illas* et **istas* remplaçant *illae* et *istae* (évolution générale des féminins).

Les formes latines ayant des continuateurs en ancien français sont donc :

2.1.1. Pour *iste*

Masculin

Nom. Sg.	ĭ́ste	Nom. Pl.	ĭ́sti
Acc. Sg.	ĭ́stu(m)	Acc. Pl.	ĭ́stos
Dat. Sg.	ĭ́stī		

Féminin

Nom. Sg.	ĭ́sta	Nom. Pl.	*ĭ́stas
Acc. Sg.	ĭ́sta(m)	Acc. Pl.	ĭ́stas
Dat. Sg.	ĭ́stī		

2.1.2. Pour *ille*

Masculin

Nom. Sg.	ĭ́lle	Nom. Pl.	ĭ́lli
Acc. Sg.	ĭ́llu(m)	Acc. Pl.	ĭ́llos
Dat. Sg.	ĭ́llī		

Féminin

Nom. Sg.	ĭ́lla	Nom. Pl.	*ĭ́llas
Acc. Sg.	ĭ́lla(m)	Acc. Pl.	ĭ́llas
Dat. Sg.	ĭ́llī		

2.2. Le renforcement des mots démonstratifs latins

Dès l'époque classique, le latin parlé a eu tendance à renforcer les formes primitives du démonstratif par la particule épidictique *ecce,* « voici ». D'où *ecce ĭlle, ecce ĭlla... ecce ĭste, ecce ĭsta... ecce hoc...*

Devant voyelle, le *-e* final de la particule s'est normalement élidé, d'où **eccĭ́lle, *eccĭ́lla...*

Enfin, la soudure des deux mots s'est accompagnée de l'aphérèse de *ec-* (habituelle en cas de géminée)[6] > **cĭ́lli, *cĭ́lla... *cĭ́sti, *cĭ́sta... *coc...*

© ARMAND COLIN. La photocopie non autorisée est un délit.

2.3. Évolution générale

2.3.1. Le CSS masculin

En dehors des phénomènes généraux déjà relevés, au Nom. Sg. masculin, *ílle* et *íste* sont devenus **ílli* et **ísti*, évolution due à la corrélation avec le relatif *quī* (*ĭlle quī, ĭste quī*) et à la dilation qui s'en est suivie[7] > **íllī quī, *ístī quī*, et favorisée par l'analogie du Nom. Pl. *ílli, ísti.*

La conséquence de cette fermeture du *-e* final en *-i* a été une seconde dilation : -*í* de *ílli, ísti* a conservé son timbre [i] sous l'action du *ī* long final.

Le gallo-roman présente donc pour le Nom. Sg. masculin les formes **cílli, *císti.*

À partir de là, un seul point est à noter : la chute de la voyelle finale au VIIIe siècle, d'où *cil, cist.*

2.3.2. Le CSP masculin

Le -*í* du Nom. Pl. latin *ílli, ísti* a conservé son timbre, là encore par métaphonie.

Après la soudre avec la particule *ecce* et l'aphérèse, on a donc en latin impérial **cílli, *císti.*

Comme au CSS, l'effacement de la voyelle finale permet d'aboutir aux formes *cil* et *cist* en ancien français.

2.3.3. Le CRS1 et le CRP masculins et féminins + le CSP féminin

Ces cas remontent au paradigme impérial :

— pour la série *ille :*

Acc. Sg.	masc.	*císllu
	fém.	*cílla
Acc. Pl.	masc.	*cíllos
	fém.	*cíllas

— pour la série *iste* :

Acc. Sg.	masc.	*cístu
	fém.	*císta
Acc. Pl.	masc.	*cístos
	fém.	cístas

Les principales transformations à noter sont :

a) Pour toutes les formes

L'ouverture du *i* en [ẹ] lors du changement du système vocalique.

b) Au masculin

— La chute de la voyelle finale.

— Après cette chute, dans la série *cist,* la formation d'un groupe consonantique final complexe (**cests*), réduit, par assimilation complète du *-s* implosif devant *-ts*, à [ts] : *cez;* dans la série *cil*, la vocalisation du *-l* devenu antéconsonantique (**cels*) et la formation d'une diphtongue de coalescence : *ceus.*

c) Au féminin

L'affaiblissement mais la conservation du *-a* final sous forme de [ə̣] : *cele-celes, ceste-cestes.*

2.3.4. Le CRS2 masculin et féminin

Celui, cestui, celi, celui sont issus du Dat. Sg. latin, cas ne présentant à l'origine aucune opposition de genre : *ĭ́lli, ĭ́sti* étaient communs au masculin et au féminin.

Cependant cette opposition a été introduite à la suite d'une double réfection :

— du masculin, d'une part : d'après le relatif *cūi, ĭ́lli et ĭ́sti* ont été refaits en **illū́i* et **istū́i*. D'où, après la soudure avec *ecce* et l'aphérèse : **cillū́i, *cistū́i.*

— du féminin, d'autre part :

• dès le IIe siècle avant notre ère, **ĭ́llae* et *ĭ́stae* commencent à remplacer *ĭ́lli* et *ĭ́sti* par analogie des substantifs de la première déclinaison.

• un peu plus tard, le masculin ayant été refait en **ĭllui, *ĭstui*, le féminin s'aligne en **ĭllā́ei, *ĭstā́ei*, cela avant la réduction de la diphtongue [ae] à [ẹ] (Ier siècle)[8]. Après le renforcement par *ecce*, on obtient donc **cĭllāei, *cĭstāei* et, après la réduction de la diphtongue, **cĭllḗi, *cĭstḗi.*

Pour les deux genres, l'évolution ultérieure est purement phonétique.

a) Au féminin

— [ĭ] s'ouvre en [ẹ]. Initiale et libre dans [tsẹli], la voyelle s'affaiblira au XIe siècle en se centralisant en [ə] > [tsəli], *celi.* Initiale mais entravée dans [tsẹsti], elle va se trouver renforcée, donc s'ouvrir au XIIe siècle en [ę] > [tsęsti], *cesti.*

— [ẹ] tonique et libre a diphtongué (IIIe siècle) en [ĭẹ], qui, avec le *i* final, forme une triphtongue de coalescence [íẹi̯], simplifiée ultérieurement en [i].

b) Au masculin

— L'évolution du [ĭ] initial a été identique à ce qui s'est passé au féminin.

— [u] tonique s'est conservé sans changement jusqu'à son antériorisation en [ü] (VIIIe siècle) et le [i] en finale derrière la voyelle tonique s'est maintenu comme second élément de diphtongue > *celui, cestui.*

2.3.5. Le neutre

**coc* obtenu après le renforcement de *hoc* par *ecce (*eccehoc)* et l'aphérèse a subi une évolution de forme proclitique : la voyelle [ọ] n'étant pas susceptible de diphtonguer, elle s'est conservée jusqu'en ancien français, d'où le premier résultat attesté *ço* [tsọ]. C'est au Moyen Âge que [ọ] s'est affaibli en [ə] > [tsə] / [sə], *ce.*

3. Évolution du système

On notera simplement ici les faits survenus avant la fin de l'ancien français ou au début du moyen français.

© ARMAND COLIN. La photocopie non autorisée est un délit.

3.1. Effacement de [s] implosif dans les formes du type **cest, ceste...**

Ce phénomène se produit vers la fin du XIIe siècle (au contact d'une consonne sourde). L'orthographe va supprimer progressivement le graphème -s > *cet, cete* (*cette*).

3.2. Au féminin

À partir du XIIIe siècle, les formes de CRS2 (*celi, cesti*) diparaissent.

3.3. Au masculin

— L'abandon des formes de CSS et CSP, *cist et cil,* accompagne celui des formes de CS dans la flexion nominale. *Cist* disparaît plus vite que *cil* (dès le début du XIVe siècle), encore attesté au XVIIe siècle (par exemple chez Scarron, *Virgile travesti*, IV, ou Régnier, *Satires,* VI).
— Les formes de CRS2, *celui et cestui*, tendent à se généraliser (*cel* > Ø). La généralisation n'a été que temporaire pour *cestui/cettui*, qui n'est plus guère employé après le XVIe siècle, sinon dans des textes archaïsants comme les *Contes* de La Fontaine (*cf.* « Cettui Richard étoit juge dans Pise », *Contes,* II, 8, 23). En revanche, *celui* s'est imposé dès le XIVe siècle comme forme unique du masculin singulier en emploi pronominal[9].
— Parallèlement à l'extension de *celui* en emploi pronominal, *cest/cet* alternant avec *ce* se généralise au singulier, comme déterminant.
— Au pluriel, les formes du CR se généralisent : *ceux* dans la série pronominale, *ces* dans celle des déterminants.

Notes du chapitre XI

1. La répartition des emplois des deux séries démonstratives sera abordée ultérieurement, dans la partie Syntaxe.
2. *Cf.* N. Andrieux-Reix, *Ancien et moyen français. Exercices de phonétique*, p. 95, ainsi que C.T. Gossen, *Grammaire de l'ancien picard*, p. 91 et s.
3. *Cf.* chapitre sur les transformations de la base aux cas en *-s*, 1.2.2. Remarque.
4. *Cf. idem*, 1.2.1. Remarque 1.
5. Sur ces deux derniers points, *cf.* chapitre sur les pronoms personnels, 1.1. Remarque b.
6. *Cf.* chapitre sur l'article, 2.1.4.
7. Le même phénomène se retrouve dans l'évolution des pronoms personnels, *cf.* 1.2.2.4.1. a.
8. *Cf.* chapitre sur les pronoms personnels, 2.2.2.1.
9. Comme déterminant *celui* a survécu jusque dans la langue classique. Dans sa *Syntaxe française du XVIIe siècle,* p. 43, A. Haase note que cet emploi est devenu rare. Il en cite cependant un exemple chez Malherbe : « Au pied d'une requête présentée par celui loup à M. le lieutenant d'Aix ».

CHAPITRE XII

LES PRONOMS RELATIFS ET INTERROGATIFS

1. Le pronom relatif-interrogatif *qui*

1.1. Paradigme

	Masculin-Féminin	Neutre
CS	qui	que, qui
CR atone	que	que
tonique	cui, qui	coi, quoi

L'ancien français ne présente pas de différence formelle entre les pronoms relatifs et les interrogatifs. Le latin classique ne distinguait d'ailleurs déjà plus les deux classes qu'au Nom. masculin Sg. (*qui* relatif/*quis* interrogatif) et au Nom.-Acc. neutre (*quod/quid*). Le latin vulgaire, en généralisant *qui* et en confondant *quid* et *quod,* a aboli ces dernières oppositions.

Le paradigme de *qui* ne comporte en ancien français ni distinction de genre, ni distinction de nombre. La seule discrimination notable se fait entre l'animé et l'inanimé et elle n'est même pas absolue. Ainsi, à côté de *que*, CS neutre, on rencontre *qui* :

♦ s'avra ma suer ce *que* li siet — *Yv.*, 6428
« ma sœur aura ce qui lui revient de droit »

♦ […] « Biax sire, comander
me pœz ce *qui* boen vos iert — *Yv.*, 2559
« Cher seigneur, vous pouvez m'ordonner ce que bon vous semblera »

De même, *quoi* réfère à l'occasion à un animé :

♦ Li fel de *coi* nos nos pleignons
s'en alast come desconfiz — *Yv.*, 3236[1]
« Le traître dont nous nous plaignons se retirerait en déroute »

■ ***Remarques***

a) On relève des formes à initiale *k-* au lieu de *qu-* en normand, en anglo-normand et en picard :

♦ Cil *ki* l'enfant eurent porté
En lur païs sunt returné — *Mil.*, 119
« Ceux qui avaient amené là l'enfant sont retournés dans leur région »

© ARMAND COLIN. La photocopie non autorisée est un délit.

♦ Mais pour le mal *k'*eü avés,
Mien ensïant, tres bien savés
Quels biens chou est de paradys — *Nic.*, 470

« Mais en échange de la souffrance que vous avez endurée, vous savez bien, j'en suis sûr, quel bien est le paradis »

b) On peut rencontrer *que* pour le relatif au CS masculin et féminin surtout en anglo-normand et dans les parlers de l'Est.

♦ Et dist mex veut estre penduz
qu'il ne prenge de ceus venjance
que li ont fait tel avilance — *Trist.*, Béroul, 1956

« Il se dit qu'il préfère être pendu plutôt que de ne pas se venger de ceux qui l'ont déshonoré de la sorte »

♦ [...] Je sui Yvains,`
que plus vos aim c'ome del monde — *Yv.*, 6279

c) La forme primitive du CR tonique *cui* tend à se réduire à partir du XIIe siècle : [küí] > [kwí] > [ki]. *Qui* peut apparaître dès lors en fonction de complément prépositionnel : *par qui, a qui, de qui...* Les formes de CR tonique et de CS se trouvent confondues :

♦ Li sire a *ki* li chastels fu
Aveit a nun Merïadu — *Guig.*, 691

« Le seigneur à qui appartenait le château s'appelait Mériaduc »

♦ Douce dame de *cui* me vient
La vie qui mon cuer soustient — *J. et B.*, 1829

« Ma douce dame, vous qui me dispensez la vie qui soutient mon cœur »

d) Un certain nombre d'élisions sont possibles.

— Le CR atone *que* s'élide régulièrement devant initiale vocalique en *qu', k', c'* :

♦ Home *qu'*an ne puet chastïer
devroit en au mostier lïer — *Yv.*, 627

« Celui qu'on ne peut corriger, on devrait le lier dans l'église »

— Le CS *qui* s'élide également mais plus rarement :

♦ cent foiz cuidai estre morz
des foudres *qu'*antor moi cheoient — *Yv.*, 447

« cent fois je faillis être tué par la foudre qui tombait autour de moi »

— Le CR tonique *quoi* se réduit parfois à *qu', c'* ou *k'* :

♦ le cheval sor *qu'*ele seoit — *Yv.*, 4846

« le cheval sur lequel elle se trouvait »

1.2. Origine du paradigme **qui**

1.2.1. Le CS remonte au latin *quī*, forme du seul masculin au départ, mais étendu au féminin (il remplace le classique *quae*) dès le IIe siècle. *Quod* subsistant pour le neutre, c'est une opposition animé/non animé qui se crée alors et qui s'est conservée — nous l'avons noté — jusqu'en ancien français.

1.2.2. Le CR atone *que* du masculin-féminin provient du bas latin **que(m)*. Comme au Nom. Sg., la forme classique du féminin, *quam*, a été éliminée. Le seul véritable problème posé par *que* est la disparition du *-m* final alors que le mot était monosyllabique (*cf.* la différence avec *rem* > *rien*). Aucune explication sûre n'en a été proposée jusqu'à ce jour[2]. Le vocalisme [ȩ̥] se justifie par la position atone de la voyelle étymologique [ẹ] qui s'est simplement affaiblie.

1.2.3. Les formes de CR tonique sont issues, pour le masculin-féminin du Dat. latin *cui*, pour le neutre de *quid* tonique.

2. Les adjectifs interrogatifs *quel* et *quant*

Ils se déclinent sur le modèle des adjectifs qualificatifs.

2.1. Quel

Il s'agit d'un épicène à féminin sans *-e*.

Masculin

CSS	queus, quieus	CSP	quel
CRS	quel	CRP	queus, quieus

Féminin

CSS	queus, quieus
CRS	quel Pl queus, quieus

Neutre

quel

Ce paradigme remonte au latin *qualis, is, e*.

Masculin-Féminin

Nom. Sg.	qualis	Nom. Pl.	quales
Acc. Sg.	qualem	Acc. Pl.	quales

Neutre

quale

À partir de là, l'ancien français présente :

— au féminin, un CSS en *-s*, un CRS sans *-s* et une seule forme, en *-s*, pour le pluriel.

— au masculin, un CSS en *-s*, un CRS sans *-s*, un CRP en *-s*. Le CSP ne comporte pas d'*-s* final puisqu'il provient d'une forme impériale en **-i* (**quali*), qui a remplacé la forme classique en *-es*[3].

■ ***Remarques***

a) La forme habituelle en francien est *queus* mais on rencontre également *quieus*, dû à un traitement dialectal de l'étymon : au cours de la vocalisation du [l] antéconsonantique, il s'est produit à l'étape [ɯ] une ouverture du [ẹ][4] (< á libre) sur

© ARMAND COLIN. La photocopie non autorisée est un délit.

la fin de son émission, d'où [kẹ́ę̨ɯs] et, par contrecoup, une fermeture du premier segment de la diphtongue ainsi constituée > [kíę̨ɯs] > [kíę̨u̯s] après la vocalisation complète. *Quieus* a survécu jusqu'au XVIe siècle.

Le picard présente aussi une forme *quiaus*. Le groupe [ẹ] + [l] + consonne y a vraisemblablement évolué sur le modèle de [ę] + [l] + consonne[5].

b) Au féminin, outre la suppression possible de l'-*s* au CSS, on note pour l'ensemble du paradigme l'adjonction précoce d'un -*e* final. L'interrogatif suit en cela l'ensemble des adjectifs épicènes à féminin sans -*e*[6].

c) À partir de l'adjectif *quel*, qu'il a substantivé, l'ancien français a formé un nouveau pronom interrogatif-relatif, *lequel*. Son emploi comme interrogatif est attesté dès le début du XIIe siècle. Comme relatif il n'apparaît qu'un peu plus tard (fin du XIIe siècle) et ne se développe vraiment qu'au XIVe siècle.

2.2. Quant

La flexion de *quant* « combien grand » au singulier, « combien nombreux » au pluriel, suit celle des adjectifs qualificatifs variables en genre.

	Masculin		
CSS	quanz	CSP	quant
CRS	quant	CRP	quanz
	Féminin		
Sg.	quante	Pl.	quantes
	Neutre		
	quant		

Elle provient du paradigme de *quantus, a, um* :

	Masculin		
Nom. Sg.	quantus	Nom. Pl.	quanti
Acc. Sg.	quantum	Acc. Pl.	quantos
	Féminin		
Nom. Sg.	quanta	Nom. Pl.	quantae
Acc. Sg.	quantam	Acc. Pl.	quantas
	Neutre		
	quantu		

L'évolution a donc été identique à celle de *bonus, a, um* (adjectifs qualificatifs 1.2.1. et 1.2.2.).

Quant possède un dérivé : *alquant (auquant)* « quelqu'un », utilisé surtout au pluriel, « quelques uns », et issu de *aliquantus*.

3. Les adverbes interrogatifs-relatifs

À la liste des mots relevés ci-dessus, on peut ajouter :
— *ont* < *unde*
— *dont* < bas latin **dunde*, issu de la fusion de la préposition *de* et de *unde*
— *ou* < *ubi*

© ARMAND COLIN. La photocopie non autorisée est un délit.

Notes du chapitre XII

1. Les emplois des différentes formes du paradigme seront envisagés de façon détaillée dans la partie Syntaxe de cet ouvrage.
2. F. de la Chaussée fait le point sur la question dans son *Initiation à la morphologie...*, p. 87.
3. Ce phénomène a déjà été évoqué plusieurs fois à propos des substantifs masculins (*cf.* par exemple 1.1.2.3.b. ou 1.2.2.3.b.) et des adjectifs qualificatifs (*cf.* 2.1.2.1.c).
4. On rencontre un phénomène d'ouverture identique dans l'évolution de [ọ] + [l] anté-consonantique avec pour résultat une diphtongue [ǫ̣u̯] (et non [ọu̯]). *Cf.* G. Joly, *Précis de phonétique*, p. 225.
5. *Cf.* le chapitre sur les transformations de la base aux cas en *-s*, 1.2.1. Remarque 1.
6. Pour l'historique plus détaillé de cette évolution, on peut se reporter au chapitre sur les adjectifs qualificatifs, 2.2.2.1.

CHAPITRE XIII

LES MOTS INDÉFINIS

Du point de vue morphologique, les mots indéfinis ne présentent guère d'unité. Ils peuvent fonctionner comme adjectifs ou comme pronoms. Ne possédant pas de déclinaison propre, ils se fléchissent sur le modèle des adjectifs qualificatifs et donc, indirectement, sur celui des substantifs.

On peut les classer selon le type de déclinaison auquel ils se rattachent.

1. Les indéfinis variables en genre

1.1. Un *et ses composés*

La flexion de *un* indéfini est identique à celle de *un* article, et pour cause : dans les deux cas, l'étymon est l'indéfini latin *unus*.

	Masculin				Féminin		
CSS	uns	CSP	un	Sg.	une	Pl.	unes
CRS	un	CRP	uns				

Neutre

un

Pour l'explication de ce paradigme, nous renvoyons au chapitre sur l'article (2.2.)

Plusieurs composés de *un* se fléchissent sur ce modèle :

— alcun (aucun) : « quelque », « quelqu'un ». Il a pour origine le latin tardif **alicunu*, formé de *aliquis* + *unu*.

Une forme de CR2 (tonique) *alcunui (aucunui)* est attestée mais très rare.

— *cheün* : « chaque », « chacun ». Il est issu de **catunu*, fabriqué en latin vulgaire à l'aide de *unu* et d'une préposition à valeur distributive empruntée au grec, *cata*, élidée devant une voyelle : *cata* + *unu* > **cat'unu*.

— *chascun* : « chaque », « chacun ». Il résulte d'un **cascunu*, qui fait supposer un croisement de *quisque* + *unu* et de **catunu*, à date ancienne (avant le début du IIIe siècle)[1].

La forme d'adjectif *chasque*, attestée dès le XIIe siècle, ne se répand qu'au XVIe siècle.

— *neün* : « aucun ». Il apparaît également sous la forme *negun*, occitanisante, due à un traitement particulier de [g] (issu de la sonorisation de [k] intervocalique) devant voyelle vélaire. Tandis qu'en langue commune [g] s'est affaibli en [ɣ] puis effacé (Ve siècle), dans le Sud, en revanche, il s'est conservé.

— *nesun, nisun* : « aucun », « pas même un ». Il provient vraisemblablement d'une combinaison de *ne ipse + unu*[2].

1.2. Certain

Il remonte à **certanus*, forme vulgaire due au renforcement par un suffixe de l'ancien *certus*, qui avait concurrencé de bonne heure — déjà chez Cicéron — puis éliminé le classique *quidam*.

Certain se décline sur le modèle des adjectifs variables en genre.

	Masculin				Féminin		
CSS	certains	CSP	certain	Sg.	certaine	Pl.	certaines
CRS	certain	CRP	certains				
	Neutre						
	certain						

Ce paradigme est issu régulièrement de **certanus, *certana, *certanu*. (*cf.* chapitre sur les adjectifs qualificatifs 1.2.1. et 1.2.2.).

1.3. Nul

Il se fléchit en partie sur le modèle des adjectifs variables en genre.

	Masculin				Féminin		
CSS	nus	CSP	nul	CSS	nule	Pl	nules
CRS1	nul	CRP	nus	CRS1			
CRS2	nului			CRS2	nuli		
	Neutre						
	nul						

En dehors des CRS2 *nului* et *nuli*, issu de formes de datif du latin vulgaire **nullui* et **nullei* (qui ont remplacé l'ancien *nullius*), le reste du paradigme s'explique normalement à partir de la déclinaison classique de *nullus, a, um*.

■ ***Remarque :*** aux cas en *-s* du masculin, [l] antéconsonantique s'est effacé complètement derrière [ü], d'où *nus*[3].

Sur le modèle de *nul*, l'ancien français possède *neül (niul)*, provenant de *nec-úllus*. Mais *neül* n'a pas de forme particulière de CRS2 en *-ui* et *-i*.

1.4. Maint

	Masculin				Féminin		
CSS	mainz	CSP	maint	Sg.	mainte	Pl.	maintes
CRS	maint	CRP	mainz				
	Neutre						
	maint						

© ARMAND COLIN. La photocopie non autorisée est un délit.

Il s'agit d'un adjectif (pronom) variable en genre. Mais son étymologie est discutée : un hypothétique gaulois **mantî*, un croisement de *magnus* et de *tantus*, un étymon germanique **manigda* (« grande quantité ») sont les possibilités envisagées traditionnellement[4].

1.5. Tant, quant

— L'interrogatif *quant* peut avoir des emplois d'indéfini en ancien français. Nous renvoyons à l'étude qui en a été faite dans le chapitre sur les pronoms interrogatifs et relatifs, 2.2.
— *Tant*, « si grand » au singulier, « si nombreux » au pluriel, se décline selon le schéma suivant :

	Masculin				Féminin		
CSS	tanz	CSP	tant	Sg.	tante	Pl.	tantes
CRS	tant	CRP	tanz				
	Neutre						
	tant						

Ce paradigme est issu régulièrement du latin *tantus, a, um*.

■ ***Remarque :*** *tant* possède deux dérivés : *altant* (*autant*) avec un premier élément issu de *alius*, et *altretant* (*autretant*) avec pour premier élément *autre* ; ainsi qu'une forme renforcée, *itant*, construite sur le modèle des démonstratifs (*cist/icist, cest/icest, cil/icil*...)[5].

1.6. Tot (tout)

	Masculin				Féminin		
CSS	toz	CSP	tuit	Sg.	tote	Pl.	totes
CRS	tot	CRP	toz				
	Neutre						
	tot						

Le paradigme est issu de **tottus, a, um* (substitut à redoublement expressif du latin classique *totus*).

Seul le CSP pose un problème. *Tuit* reste en effet mal expliqué, la certitude étant qu'il y a eu métaphonie (influence de *i* final sur la voyelle tonique antécédente) de **totti* en **tutti*, dans le courant du IIIe siècle[6].

Au XIIIe siècle, *tuit* est concurrencé par *tot/tout*, avant la généralisation au pluriel de *touz, tous* (moyen français).

■ ***Remarque :*** les formes relevées en anglo-normand : *tuz, tut, tute*... témoignent simplement de la graphie habituelle du phonème [u] par *-u* dans ce dialecte, alors que la langue commune continue à utiliser le graphème *-o* même après la fermeture de [ọ] en [u] aux XIe-XIIe siècles (*toz, tot, tote*...).

1.7. Molt

	Masculin				Féminin		
CSS	molz	CSP	molt	Sg	molte	Pl.	moltes
CRS	molt	CRP	molz				

Neutre
molt

Ils proviennent régulièrement du paradigme latin *multus, a, um.*

2. Les indéfinis invariables en genre

2.1. Les indéfinis à féminin sans **-e** *final*

Ils se déclinent sur le modèle des adjectifs qualificatifs épicènes du type *grant, fort...*

2.1.1. Tel

	Masculin		
CSS	teus, tieus	CSP	tel
CRS	tel	CRP	teus, tieus

	Féminin		
CSS	teus, tieus/tel		
CRS	tel	Pl.	teus, tieus

Neutre
tel

Il a pour étymon le latin *talis, is, e* :

	Masculin-Féminin		
Nom. Sg.	talis	Nom. Pl.	tales
Acc. Sg.	talem	Acc. Pl.	tales

Neutre
tale

À partir de là, on attend en ancien français un paradigme unique pour les genres masculin et féminin. C'est à peu de choses près ce que l'on obtient puisque seul le Nom. Pl. masculin a été refait en latin impérial en **tali*, ce qui explique la forme sans *-s* du CSP.

■ ***Remarques***

a) Il existe, à côté de *teus*, une forme *tieus* dialectale[7]. Autre avatar dialectal, caractéristique du Nord et du Nord-Est (wallon, lorrain et champenois), des formes en *-s* du type *tes*.

© ARMAND COLIN. La photocopie non autorisée est un délit.

b) Comme pour n'importe quel épicène à féminin sans *-e*, le CSS a pu perdre son *-s* étymologique sous l'influence des adjectifs variables en genre (> *tel*).

c) *Tel* peut être renforcé par *-i* : *itel* (de la même façon que *tant*). Il possède par ailleurs deux dérivés : *altel (autel)* et *altretel (autretel)* dans lesquels se reconnaissent le résultat de *alius* (dans *altel*) et de l'indéfini *altre* (dans *altretel*).

d) Au féminin, *tel* a été pourvu progressivement d'un *-e* final[8].

2.1.2. Quel

Mot interrogatif-relatif, *quel* peut avoir des emplois d'indéfini (comme antécédent du relatif *que* dans des constructions créées en ancien français : *queus que ce soit, de quel maniere que ce soit...*). Il est seulement rappelé ici pour mémoire puisqu'il a été étudié dans le chapitre sur les pronoms relatifs et interrogatifs (2.1.).

2.2. Un indéfini à masculin en **-re** *:* **altre (autre)**

Il se fléchit sur le modèle des adjectifs qualificatifs à masculin en *-re* (*cf. tendre, povre, destre...*).

Masculin				Féminin			
CSS	autre	CSP	autre	Sg.	autre	Pl.	autres
CRS	autre	CRP	autres				

Neutre
autre

Ce paradigme est issu de *alter, altera, alterum*.

Au masculin, on note l'absence d'*-s* désinentiel aux CSS, CRS et CSP. Cependant, un *-s* analogique a pu être attribué au CSS selon le modèle courant[9].

3. Divers

L'ancien français possède toute une série de mots indéfinis à déclinaison incomplète ou invariables.

3.1. Les indéfinis à déclinaison défective

3.1.1. Meesme, meïsme

Il remonte à une forme du latin tardif **metipsimus*, construite à partir de *ipse* et de la particule inséparable *-met* qui servait à renforcer les pronoms personnels : *egomet/egomet ipse* (avec un double renforcement), « moi-même » ; *-met* ayant fini par se souder à *ipse*[10].

Sa déclinaison est la suivante :

	Masculin				Féminin		
CSS	meesmes	CSP	meesme	Sg.	meesme	Pl.	meesmes
CRS	meesme	CRP	meesmes				

Neutre
meesme

■ ***Remarque :*** *meesme* se fléchit comme les adjectifs qualificatifs à masculin en *-e* (*riche, sage, foible...*)[11].

3.1.2. Neient, noient

Neient, « rien », est issu de *ne gente* (à l'origine, donc, « personne »), ce qui explique qu'il ne discrimine pas le genre.

Il admet un CSS *neienz*, un CRS *neient,* un CSP *neient* et un CRP *neienz.*

3.1.3. Pluisor, pluiseur

Cet indéfini signifiant « nombreux » ne comporte logiquement que des formes de pluriel (CSP *pluisor*, CRP *pluisors*) et ne présente pas d'opposition de genre.

Il remonte au latin tardif **plusiori, *plusiores* dû à la réfection de *pluriori, pluriores* sous l'influence de *plus* dont il paraissait être un dérivé.

3.2. Les indéfinis invariables

— *Po, pou, peu, poi* : « peu de ».

Po, pou, peu sont trois variantes issues de *paucu,* adjectif neutre utilisé comme adverbe. *Poi*, en revanche, fait problème. Il pourrait être dû à une réfection sur un féminin *poie*, attesté par exemple dans le *Roman de Thèbes* :

♦ Nostre desfense iert puis mout *poie* 3094

« Notre résistance serait alors bien légère »

Mais ce n'est là qu'une hypothèse[12].

— *Alques (auques)* : « quelque », « un peu », « quelques », « quelques-uns ». Presque toujours utilisé comme adverbe, il est le résultat direct de *ắlĭquid* : la voyelle posttonique s'est effacée avant la fin du IVe siècle, [k] n'étant plus intervocalique à cette date, comme l'atteste sa non-sonorisation ; la voyelle finale [ẹ] (< ĭ) s'est conservée comme voyelle de soutien au groupe consonantique [lk] sous forme de [ə̣].

L'ancien français ne connaît que la forme *alques (auques)* pourvue d'un *-s* analogique (= *-s* dit « adverbial »)[13].

— *El* : « autre chose », essentiellement pronom neutre, est issu du bas latin **alid* dû à une réduction de la forme classique *aliud.*

© ARMAND COLIN. La photocopie non autorisée est un délit.

Notes du chapitre XIII

1. *Cf.* à ce propos F. de la Chaussée, *Initiation à la mophologie...*, p. 94.
2. Sur l'impossibilité d'un étymon *nec ipse (+unu)*, *cf.* F. de la Chaussée, *Initiation à la morphologie...*, p. 93.
3. *Cf.* Les transformations de la base aux cas en *-s*, 1.2.2. Remarque.
4. À ce propos, *cf.* F. de la Chaussée, *Initiation à la morphologie...*, p. 93, ainsi que G. Moignet, *Grammaire de l'ancien français*, p. 47.
5. *Cf.* le chapitre sur les mots démonstratifs, 1. Remarque 2.
6. *Cf.* F. de la Chaussée, *Initiation à la morphologie...*, p. 94-95.
7. *Cf.* l'étude de *queus, quieus* dans le chapitre sur les pronoms relatifs et interrogatifs, 2.1. Remarque a.
8. Pour l'historique de cette évolution, *cf.* le chapitre sur les adjectifs qualificatifs, 2.2.2.1.
9. Pour le détail de l'évolution, on se reportera au chapitre sur les adjectifs qualificatifs, 2.2.2.1.
10. *Cf.* Veiko Väänänen, *Introduction au latin vulgaire*, p. 123.
11. *Cf.* chapitre sur les adjectifs qualificatifs, 2.3.2.
12. C'est celle que retient G. Moignet, *Grammaire de l'ancien français*, p. 48. Pour les autres, on pourra se reporter à F. de la Chaussée, *Initiation à la morphologie...*, p. 325.
13. Un nombre important d'adverbes comportaient un *-s* ou un *-z* final étymologique : *certes (< certas), mais (< magis), plus (< plus), sus (< sussum), ainz (< *antius), soz (< subtus)...* Considéré comme marque caractéristique de la classe adverbe, cet *-s* a pu être attribué, par analogie, à des adverbes qui n'en comportaient pas à l'origine : *ores, encores, donques, aveques, onques...*

Deuxième partie

Morphologie verbale

La morphologie verbale sera étudiée dans la double perspective synchronique (description du système de l'ancien français tel qu'il apparaît dans les textes littéraires des XIIe et XIIIe siècles essentiellement) et diachronique (explication de la mise en place de ce système à partir du latin à travers l'évolution phonétique et les phénomènes divers d'analogie).

Pour chaque tiroir verbal abordé, il sera rendu compte de la forme de la base et de celle des morphèmes verbaux pour un certain nombre de verbes choisis parmi les plus représentatifs et les plus représentés.

CHAPITRE XIV

PRÉSENTS DE L'INDICATIF ET DU SUBJONCTIF

Présent de l'indicatif et présent du subjonctif sont deux tiroirs verbaux dont la morphologie se confond souvent. C'est ce qui justifie qu'on en lie ici les deux études.

A. LES PRÉSENTS DE L'INDICATIF ET DU SUBJONCTIF - LES DÉSINENCES

1. Étude synchronique

Si l'on considère le système désinentiel des présents en ancien français, la seule distinction pertinente que l'on puisse relever est celle qui oppose les verbes du premier groupe, à infinitif en *-er* ou *-ier (chanter/cuidier)* à tous les autres verbes :

— deuxième groupe, à infinitif en *-ir* et infixe en *-iss (fenir)*;

— troisième groupe, à infinitif en *-ir* sans infixe (*dormir*),

à infinitif en *-oir (veoir)*,

à infinitif en *-re (croire)*;

— « atypiques » (*avoir, aller*).

1.1. Présent de l'indicatif

1.1.1. Verbes du premier groupe

P1	-Ø	aim, jur, sauf, port, salu, cuit, pris, pri
P2	-e-s	aimes, jures, sauves, portes, salues, cuides, prises, pries
P3	-e-Ø	aime, jure, sauve, porte, salue, cuide, prise, prie
P4	-ons	amons, jurons, sauvons, portons, saluons, cuidons, proisons, proions
P5	-ez/-iez	amez, jurez, sauvez, portez, saluez/cuidiez, proisiez, proiiez
P6	-e-nt	aiment, jurent, sauvent, portent, saluent, cuident, prisent, prient

© ARMAND COLIN. La photocopie non autorisée est un délit.

1.1.2. Autres verbes

P1	-Ø	doi, boif, sai, entent, dorm, quier, plaing, fenis
P2	-s	dois, bois, sais, entenz, dors, quiers, plainz, fenis
P3	-t	doit, boit, sait, entent, dort, quiert, plaint, fenist
P4	-ons + -mes pour quatre verbes	devons, bevons, savons, entendons, dormons, querons, plagnons, fenissons + sommes, dimes, faimes, *traimes[1]
P5	-ez/-iez + -tes pour quatre verbes	devez, bevez, savez, entendez, dormez, querez, plagnez/fenissiez + estes, dites, faites, *traites
P6	-e-nt	doivent, boivent, saivent, entendent, dorment, quierent, plaignent, fenissent

1.2. Présent du subjonctif

1.2.1. Verbes du premier groupe

P1	-Ø	aim, tourn, sauf, gart, pri, travail
P2	-s	ains, tourz, saus, garz, pris, travauz
P3	-t	aint, tourt, saut, gart, prit, travaut
P4	-ons	amons, tournons, sauvons, gardons, proions, travaillons
P5	-ez/iez	amez, tournez, sauvez, gardez/proiiez, travailliez
P6	-e-nt	aiment, tournent, sauvent, gardent, prient, travaillent

1.2.2. Autres verbes

P1	-e-Ø	quiere, dorme, face, voie, viegne, vaille
P2	-e-s	quieres, dormes, faces, voies, viegnes, vailles
P3	-e-Ø	quiere, dorme, face, voie, viegne, vaille
P4	-ons/-iens	querons, dormons/faciens, voiiens, vegniens,vailliens
P5	-ez/-iez	querez, dormez/faciez, voiiez, vegniez, vailliez
P6	-ent	quierent, dorment, facent, voient, viegnent, vaillent

1.3. Commentaire

Les tableaux précédents permettent quelques constatations[2].

1.3.1. Sur les marques de personnes

a) Certaines marques apparaissent dans les deux temps (on les retrouve d'ailleurs dans l'ensemble du système verbal)

— à la P2 : *-s* auquel se substitue *-z* (notant la mi-occlusive [ts]) en l'absence du morphème *-e*, c'est-à-dire à l'indicatif présent de verbes n'appartenant pas au premier groupe (*voiz, croiz, entenz...*) et au subjonctif présent de verbes du premier groupe *(tourz, travauz, garz...)*;

— à la P3 : *-t*, qui alterne avec Ø;

— à la P6 : *-nt*.

b) D'autres marques, en revanche, sont variables : ce sont celles de P4 et P5.

— Pour quatre verbes (*estre, dire, faire, traire*), les deux séries de marques, atone et tonique, se partagent l'indicatif présent et le subjonctif présent avec :

• la série atone *-mes, -tes* à l'indicatif (*sommes, dimes, faimes - estes, dites, faites, *traites*);

• la série tonique *-ons/-iens, -iez* au subjonctif (*soions/soiiens, dions/diiens, faciens, traions/traiiens - soiiez, diiez, faciiez, traiiez*).

■ ***Remarque :*** la série atone tend à disparaître à partir du XIIe siècle, remplacée par les formes correspondantes de la série tonique. Toutefois, la substitution est demeurée incomplète puisque seules *faimes* > *faisons* et *dimes* > *dions*, puis, *disons*.

— Pour tous les autres verbes, les marques de P4 et P5 sont toniques dans les deux temps : indicatif *-ons, -ez/-iez* et subjonctif *-ons/-iens, -ez/-iez*.

— La répartition de ces marques dans les deux temps a varié selon l'époque.

• Jusque vers la fin du XIIIe siècle, on peut rencontrer à l'indicatif comme au subjonctif *-ons, -ez*.

À la P4, seul le subjonctif offre une possibilité d'alternance *-ons/-iens*.

À la P5, l'indicatif et le subjonctif connaissent l'alternance *-ez/-iez*. Nous y reviendrons plus complètement dans l'étude diachronique, mais nous pouvons préciser dès maintenant que la marque *-iez* apparaît derrière les bases à consonne palatale : *amez* vs *proisiez*. Le cas de l'opposition *-ons/-iens* est plus complexe (*cf.* 2.2.3.1.).

À partir de la fin du XIIIe siècle, le couple *-iens* pour P4, *-iez* pour P5 tend à se généraliser à tous les verbes au subjonctif présent (sans éliminer cependant la série primitive). Il s'agit là d'un fait de système qui va à l'encontre de l'évolution phonétique générale puisqu'à cette même époque [yẹ] se réduit à [ẹ], ce qui se produit d'ailleurs à la P5 du présent de l'indicatif des verbes à infinitif en *-ier* et des verbes inchoatifs (*mangiez* > *mangez, fenissiez* > *fenissez*). La conservation de [yẹ] au subjonctif alors qu'il se simplifiait à l'indicatif présentait l'avantage de lever la confusion entre les deux temps. [yẹ] devient clairement la marque du subjonctif pour tous les verbes, [ẹ] celle de l'indicatif pour tous les verbes également.

Quant à *-iens*, c'est en moyen français (XIVe-XVe siècle) qu'il cède la place à *-ions*.

1.3.2. Sur l'élément démarcateur *-e*

Il est présent ou absent dans la syllabe finale des P2 et 3 :

cf.	P3	indicatif	subjonctif
		aoure	aourt
		crie	crit
		vient	viegne
		quiert	quiere

© ARMAND COLIN. La photocopie non autorisée est un délit.

L'élément *-e* permet d'opposer :

— pour un verbe donné, le présent de l'indicatif au présent du subjonctif. Ou bien l'indicatif est en *-e* et le subjonctif sans *-e (aoure* vs *aourt*), ou bien l'indicatif est sans *-e* et le subjonctif en *-e (quiert* vs *quiere)*;

— les verbes du premier groupe à ceux de tous les autres groupes. Pour les verbes du premier groupe, l'indicatif est en *-e,* le subjonctif sans *-e*; pour les autres verbes, l'indicatif est sans *-e*, le subjonctif en *-e*.

Cet *-e* atone, lorsqu'il apparaît, fonctionne donc comme morphème démarquant à la fois la classe de verbe et le mode : il est la marque de l'indicatif présent des verbes du premier groupe, celle du subjonctif présent des autres verbes.

2. Étude diachronique : origine et évolution

Morphologiquement, les présents de l'indicatif et du subjonctif français sont issus des présents de l'indicatif et du subjonctif latins.

C'est de ces paradigmes qu'il faut partir.

Pour chacun des deux tiroirs, nous étudierons les personnes les unes après les autres, en ménageant — chaque fois que cela s'impose — une distinction entre les verbes du premier groupe et les autres.

2.1. Le présent de l'indicatif

Les paradigmes latins se répartissent en deux grandes catégories :

— verbes du premier groupe :	-o	-ámus
	-as	-átis
	-at	-ant
— verbes des autres groupes :	-o	-émus/-ímus
	-es/-is	-étis/-ítis
	-et/-it	-ent/-unt

cf. amo, amas, amat, amámus, amátis, amant

debeo, debes, debet, debémus, debétis, debent

venio, venis, venit, venímus, venítis, veniunt

2.1.1. La P1

Qu'il s'agisse des verbes du premier groupe ou des autres, la désinence latine est *-o : amo, maneo, lego, audio, capio…*

Comme toutes les voyelles autres que [a], [o] s'est effacé en finale au VIIIe siècle Cette disparition entraine une absence de marque désinentielle pour la P1, qui se réduit à la base verbale : *aim, chant, lais, pri, doi, maing, pert, boif…*

D'autre part, dans le cas d'une base consonantique, la consonne finale de celle-ci, dès lors qu'elle est en finale absolue, a pu subir des transformations phonétiques : on obtient une variante combinatoire de la base[3]. Principalement, lorsque cette consonne est sonore, elle s'assourdit.

a) La dentale [d] > [t]

cuidier → cuit, commander → commant, demander → demant, garder → gart, aerdre (« s'attacher à ») → *aert, perdre → pert, rendre → rent, semondre → semont, amender → ament...*

b) L'alvéolaire [z] > [s]

oser [ọzẹR] → *os* [ọs], *peser* [pẹzẹR] → *peis* > *pois* [pẹi̯s] > [pwẹs]

De la même façon la mi-occlusice [dz] > [ts] :

preisier [pRẹi̯dzíẹR] → *priz* [pRits], *plaisir* [plai̯dziR] → *plaz* [plats]

Après la simplification de la mi-occlusive [dz] en [z] (fin du XIIe-début du XIIIe siècle), nous retrouvons l'opposition [z] / [s] :

proisier [pRwẹzyẹR] *pris* [pRis], *plaisir* [plęziR] *plais* [plęs]

c) La labio-dentale [v] > [f]

laver → lef, lever → lief, crever → crief, reçoivre → reçoif, boivre → boif, grever → grief, servir → serf, sauver → sauf, vivre → vif...

d) La dorso-vélaire [g] > [k]

surgo > sorc[4], *plango > planc*[5]

■ ***Remarques***

1) Certains verbes comportaient, dès les origines du français, un *-e* final.

a) Les verbes à base terminée par un groupe consonantique conjoint.

La voyelle finale latine s'est conservée comme soutien au groupe consonantique, affaiblie en [ẹ] :

*entrer : entre (íntro), covrir : cuevre (*cópĕro), sembler : semble (símŭlo),* trembler : *tremble (*trémŭlo)...*

b) Les verbes à base terminée par un groupe consonne + [dž]

Il s'agit là aussi d'une voyelle de soutien :

changier : change (cámbĭo), songier : songe (sómnĭo).

Soit *change*, issu de *cámbĭo* : au début du VIIIe siècle, le mot est parvenu à l'étape [tšandžọ]. Le groupe consonne nasale + [dž] nécessitant l'appui d'une voyelle subséquente, [ọ] final s'affaiblit mais se conserve, devenant [ẹ] > [tšandžẹ].

c) Les verbes qui ont pour étymons d'anciens proparoxytons non encore réduits au milieu du IIIe siècle.

Lorsqu'un proparoxyton n'a pas perdu sa voyelle posttonique au milieu du IIIe siècle, la voyelle finale s'affaiblit dès cette époque en un [ẹ] qui survivra ensuite jusqu'en français[6] :

conter : conte (cómpŭto), doter : dote (dúbito)...

À partir du XIIIe siècle, on a commencé à étendre cet *-e* à toutes les P1 de l'indicatif présent des verbes du premier groupe. Outre l'influence des verbes dont nous venons de parler, le phénomène a été favorisé par la présence d'un *-e* final aux P2 et 3 des verbes du premier groupe. Cette adjonction permettait de remédier — en partie — à l'inconvénient que présentait l'absence de marque de

© ARMAND COLIN. La photocopie non autorisée est un délit.

personne. La réfection a touché d'abord les verbes à base consonantique : elle protégeait la consonne finale qui, à cette époque, tendait précisément à s'amuïr. Rapide pour ces verbes, elle est générale dès le début du XVe siècle Plus hésitante en revanche pour les verbes à base vocalique, elle n'est définitive qu'au début du XVIe siècle, y compris pour les verbes à radical terminé par *-i : pri(e), suppli(e), remerci(e)*..., qui ont été les plus résistants.

2) Certains verbes comportaient dès les origines du français un *-s* final. Cet *-s* pouvait provenir de l'évolution phonétique de l'étymon. C'est le cas dans les verbes inchoatifs (*mortris, fenis*), dans les verbes à présent latin en *-sco (connois* < **conosco*), en *-xo (lais* < *laxo*), ou à base sigmatique *(puis* < **possio*).

Il pouvait être dû à l'analogie.

-truis : phonétiquement **tropo* > *truef*, forme qui n'est pas inconnue de l'ancien français mais qui, dès les premiers textes, a cédé la place à *truis*, analogique de *ruis (rover*), lui-même analogique de *puis*.

-gis : phonétiquement *jacio* > **jaz* [džats] mais dès l'époque prélittéraire, cette forme a été remplacée par *gis* [džis].

-vois (aller) : il ne peut s'agir du continuateur direct de *vado*, celui-ci ne pouvant aboutir qu'à **vao, *vo*. Il semble que cette dernière forme ait été refaite, sous l'influence de **ayyo (< habeo*)[7] en **voyyo*. Parallèlement à **ayyo > ai, *voyyo* aurait évolué en **voi*. Analysé en gallo-roman comme une base à désinence zéro, **voi* aurait alors reçu un *-s* (il est difficile de préciser sous quelle influence : celle de la P2? celle du type inchoatif?)

Dès le XIIe siècle, on commence à ajouter un *-s* final à la P1 des verbes n'appartenant pas au premier groupe. Le phénomène s'accélère au XIIIe siècle Il est favorisé par la simplification de [ts] en [s] (vers 1200) qui multiplie les terminaisons en *-s (faz* [fats] > *fais, plaz* [plats] > *plais, pris* [pRits] > [pRis]...). Mais il n'est général pour l'ensemble des verbes n'appartenant pas au premier groupe et à base consonantique qu'au XVIe siècle.

Les verbes à radical vocalique ont résisté, là encore, plus longtemps, jusqu'en français moderne en fait, puisqu'au XVIIIe siècle, on peut écrire *say, dy, croy*... et qu'aujourd'hui la P1de *avoir* est toujours dépourvue d'*-s*.

3) Les dialectes du Nord présentent une P1 en *-c, -ç, -ch*. Cette terminaison, notant à l'origine un [tš], était phonétique dans *fach (< facio), tach (< taceo), plach (< placeo), manch (< mentio), parch (< partio)*...[8] Elle a pu être étendue à n'importe quel verbe et pas seulement dans le Nord :

- « Dame, fet il, joe meor*c* pur vus ! » — *Guig.*, 501
- Jeol tien*c* a curteis e a sage — *Elid.*, 423

Sa prononciation devient alors problématique mais elle se réduisait sans doute souvent [s].

2.1.2. Les P2 et 3

2.1.2.1. Du latin à l'ancien français

Il faut distinguer les verbes du premier groupe de l'ensemble des autres verbes.

2.1.2.1.1. Les verbes du premier groupe

Les désinences en latin étaient *-as/-at*. [a] final latin s'est affaibli mais conservé sous forme de [ẹ̥].

— À la P2, cet [ẹ̥] est suivi de la consonne désinentielle *-s*, dont la conservation relève d'un fait de système[9].

► **Exemples :** *pries < precas, prises < pretias, aimes < amas, poises < *pesas, cuides < *cogitas...*

— À la P3, [ẹ̥] est d'abord suivi de [t] final, mais celui-ci, comme chaque fois qu'il était précédé d'une voyelle, s'est effacé vers la fin du IXe siècle, après s'être affaibli (spirantisé) en [θ] aux VIIe-VIIIe siècles : [ẹ̥t] > [ẹ̥θ] > [ẹ̥].

■ ***Remarque :*** les textes les plus anciens notent encore le *-t* et les dialectes de l'Ouest ont pu le conserver jusqu'au XIIIe siècle :

♦ Ele cumence*t* a plurer — *Elid.*, 1029

La consonne a dû s'y prononcer plus longtemps qu'ailleurs, sous sa forme affaiblie [θ].

2.1.2.1.2. Les verbes des autres groupes

En latin, les désinences étaient *-es/-et ou -is/-it (tenes/tenet, venis/venit)*. Les voyelles *-e* et *-i* se sont effacées normalement en finale vers la fin du VIIe siècle, mettant en contact la consonne finale de la base et l'*-s* ou le *-t* désinentiels. La consonne finale de la base a pu alors subir des transformations phonétiques.

On peut résumer les principaux cas :

a) La consonne finale de la base est une dentale

— devant *-s* :

• la dentale sourde [t] se combine avec l'[s] en [ts] : *sentir → senz, mentir → menz, batre → baz*

• la dentale sonore [d] (occlusive) ou [δ] (fricative) est assimilée partiellement (elle s'assourdit) avant de se combiner avec l'[s] en [ts] : *rendre → renz, prendre → prenz, descendre → descenz, respondre → responz...*

■ ***Remarque :*** la dentale finale de la base peut avoir disparu de l'infinitif alors qu'elle s'est conservée au présent de l'indicatif : *pooir → puez* (base [púọδ-]), *croire → croiz* (base [kRẹi̯δ-]), *veoir → voiz* (base [vẹi̯δ-]).

— devant *-t* :

Que la dentale soit sourde ou sonore, elle est totalement assimilée par le *-t* désinentiel : *sent, ment, bat, rent, prent, descent, respont, puet, croit, voit...*

b) La consonne finale de la base est la labiale [m]

— derrière voyelle, [m] est assimilé partiellement en [n] par *-s* comme par *-t*[10] : *cremir → criens/crient (< *cremis/*cremit)*.

— derrière consonne, [m] est assimilé complètement par *-s* ou *-t* : *dormir → dors, dort (< dormis, dormit)*.

© ARMAND COLIN. La photocopie non autorisée est un délit.

c) La consonne finale de la base est la nasale palatale [n̮]

— devant *-s* :

Il se développe un phonème épenthétique [t̮] au sein du groupe [n̮s], d'où [n̮t̮s]. La nasale s'est ensuite dépalatalisée, dans le courant du XIIe siècle : *plaindre plainz* [plai̯nts] (au XIIe siècle [plẽi̯nts]), f*eindre* → *feinz, ceindre* → *ceinz* (< *plangis, fingis, cingis*)...

— devant *-t* :

Rien de particulier à signaler : *plaindre* → *plaint, feindre* → *feint, ceindre* → *ceint*...

d) La consonne finale de la base est la labiodentale [v]

Elle est complètement assimilée par *-s* ou par *-t*, après s'être assourdie en [f] (= assimilation partielle) : *servir* → *sers/sert, movoir* → *mues/muet, vivre* → *vis/vit, devoir* → *dois/doit, recevoir* → *reçois/reçoit,* → *savoir* →*ses/set*...

■ ***Remarque :*** [v] est l'aboutissement de plusieurs consonnes latines :

-[p] : *ses/set* < *sapis/sapit, reçois/reçoit* < *recipis/recipit*

-[b] : *dois/doit* < *debes/debet*

-[w] : *sers/sert* < *servis/servit, mués/muet* < *moves/movet, vis/vit* < *vivis/vivit.*

e) La consonne finale de la base est la liquide [l] ou [l̮]

— devant *-s* comme devant *-t*, [l] se vocalise en [u̯] qui forme une diphtongue de coalescence avec la voyelle antécédente : *valoir* → *vaus/vaut* (< *vales/valet*), *salir* → *saus/saut* (< *salis/salit*), *fallir* → *faus/faut* (< *fallis/fallit*).

— dans le cas de [l̮], avant la vocalisation, il s'est produit devant *-s* une épenthèse : *coillir* (*cueldre*) [kuẹl̮s] > [kuẹl̮t̮s], d'où, après les dépalatalisations successives de [t̮] puis de [l̮], [kuẹlts] (*cuelz*).

— lorsque [l] (primaire ou issu de [l̮]) était précédé d'une diphtongue, la vocalisation a donné naissance à une triphtongue : *voloir* → **vueus/*vueut, doloir* → **dueus/ *dueut, moudre* → **mueus/*mueut, soloir* → *sueus/sueut, coillir* → *cueus/cueut*[11].

L'évolution a alors été différente selon la nature de la consonne antécédente.

• derrière [v] ou [m], le premier segment de la triphtongue a été totalement assimilé, d'où [vẹu̯s]/[vẹu̯t] (et dès le courant du XIIe siècle [vœ̣s] :[vœ̣t]); [mẹu̯s]/ [mẹu̯t] > [mœ̣s]/[mœ̣t].

• derrière [d] ou [s], le premier segment s'est progressivement dissimilé du [u̯] final en [i] (atone, il s'est fermé en [y]), d'où [dyẹu̯s]/[dyẹu̯t], [syẹu̯s]/[syẹu̯t] (après l'évolution de [ẹu̯] en [œ̣] > [dyœ̣s]/[dyœ̣t], [syœ̣s]/[syœ̣t]).

■ ***Remarque :*** [y] a pu s'affaiblir encore et s'effacer. On rencontre alors, en concurrence avec *dieus/dieut, sieus/sieut,* les formes *deus/deut, seus/seut.*

• derrière [k], le processus a été identique, d'où [kœ̣ts]/[kœ̣t], *cueuz/cueut.* On relève toutefois pour ces verbes des formes ayant conservé le [l] : *cueilz, cueilt.*

2.1.2.1.3. Cas des verbes *avoir* et *aller*

a) La désinence *-s*

Elle s'est conservée derrière [a] dans *habes* > *as*; derrière [a] ou [ai̯] dans *vadis* > *vas/vais.*

b) La désinence *-t*
Elle s'est effacée dans *habet* > **at* > *a*.

■ ***Remarque :*** dans les dialectes de l'Ouest, le *-t* final a pu être conservé jusqu'au XIIIe siècle :

♦ Dit en lui n'a*t* mesavenant — *Elid.*, 304
« Elle se dit qu'il n'y a rien en lui de déplaisant »

Il alterne avec *-d*, qui semble rappeler la prononciation [θ] :

♦ Li reis le vit, grant poüir a*d* — *Biscl.*, 149
« En l'apercevant, le roi est saisi par la peur »

2.1.2.2. Évolution ultérieure

Aux deux personnes, les verbes du premier groupe ont conservé leur *-e* final, du moins dans la graphie. En fait il ne se prononce plus guère puisque [ẹ̥] est devenu caduc (instable) en moyen français : tu [ęm]/ il [ęm] *(tu aimes, il aime)*.
a) À la P2
-s final s'est conservé à l'écrit à titre de morphogramme. Il ne s'articule plus qu'en cas de liaison devant une initiale vocalique.
b) À la P3
On a prononcé relativement tard le [t] final des verbes n'appartenant pas au premier groupe. Au XVIe siècle encore, on le fait entendre à la pause et devant une voyelle. Aujourd'hui, il n'apparaît plus qu'en cas de liaison (sauf lorsqu'il est précédé d'un *-r* : *elle tient~un livre à la main* vs *elle part à la campagne, il perd à tous les coups*).

■ ***Remarque :*** en moyen français, le *-t* a été remplacé par *-d* dans un certain nombre de verbes à infinitif en *-dre* : *prendre → prend, vendre → vend, pondre → pond…* Comme *-t*, ce *-d* est essentiellement un morphogramme.

2.1.3. La P4

Trois séries de verbes sont à distinguer : les verbes du premier groupe, ceux qui n'appartiennent pas au premier groupe et quatre verbes à désinence atone *-mes* : *estre, faire, dire, traire.*

2.1.3.1. Les verbes du premier groupe

La désinence *-ons*, seule attestée dès les plus anciens textes, ne peut provenir directement de la désinence latine *-ámus*, les deux résultats possibles pour *-ámus* étant *-*eins* derrière base non palatale, *-*iens* derrière base palatale[12].

Parmi les diverses hypothèses qui ont tenté d'expliquer cette « anomalie »[13], on peut faire une place particulière à celle de F. de la Chaussée qui considère que de *-amus* à *-ons* il y a bien eu une évolution phonétique mais qu'elle a d'abord été dialectale (typique de l'Ouest) avant de se généraliser : le [a] latin, palatal[14], se serait vélarisé dans les régions de l'Ouest, avant le VIe siècle[15] et sa diphtongaison aurait abouti à [aǫ], l'influence de la consonne nasale [m] entraînant le passage de [ǫ] à [ọ] puis [u], d'où [au][16]. Après la chute de la voyelle finale (fin du VIIe siècle) et l'assimilation partielle de [m] en [n] qui a dû s'en suivre, on obtient *-ons* ; résultat qui s'est étendu aux autres régions[17].

© ARMAND COLIN. La photocopie non autorisée est un délit.

2.1.3.2. *Les verbes n'appartenant pas au premier groupe*

Les désinences *-ẹ́mus* et *-ímus* n'ont pas de continuateurs directs en ancien français (-**eins* et -**ins* ne sont pas attestés).

Là encore, on ne rencontre que *-ons*, terminaison empruntée aux verbes du premier groupe.

2.1.3.3. *Cas de estre, faire, dire et traire*

À la différence des autres, cas quatre verbes présentent une désinence atone *-mes* : *som(m)es, faimes, dimes, *traimes.*

La conservation de la voyelle finale latine sous forme de *-e* s'explique sans trop de mal dans *fácímus, dícĭmus et trágĭmus*, qui devaient être encore proparoxytons au milieu du IIIᵉ siècle Le maintien de la voyelle finale dans *sumus* > *som(m)es* se justific difficilement (*sumus* n'étant pas un proparoxyton). Peut-être s'agit-il d'un phénomène de phonétique syntactique : dans les syntagmes comportant le verbe *esse* suivi d'un participe à initiale consonantique (par exemple *sumus venuti*) le [u] désinentiel de l'auxiliaire devient prétonique entravé et comme toute voyelle de ce type, il s'affaiblit en [ə̣] mais se conserve.

■ ***Remarque :*** dès l'ancien français *faimes, dimes* et *traimes* ont été supplantés rapidement par *faisons, disons* (d'abord *dions*), *traions.*

2.1.3.4. *Formes dialectales*

— Dans l'Ouest (normand et anglo-normand), on relève *-ums* et *-um* :

- ♦ Si nus ici les *atendums* — *Elid.*, 169
- ♦ Si nus *poüm* rien gaainier — *Elid.*, 198

La réduction de *-ums* à *-um* est sans doute due au sentiment qu'*-s* était caractéristique de la P2 (au singulier et au pluriel). Cependant, la forme en *-s* gagne du terrain à la fin du XIIIᵉ siècle et devient prédominante au XIVᵉ siècle.

— Dans le Nord (picard et wallon), on rencontre *-om(m)es* :

- ♦ Nous *volommes* parler anui
De Saint Nicolai le confés — *Nic.*, 4

Il s'agit vraisemblablement d'un croisement opéré entre les désinences tonique *-ons* et atone *-mes*. L'influence du verbe *estre (sommes)* aurait été déterminante dans ce changement.

La désinence *-om(m)es* s'est répandue de bonne heure dans d'autres régions : en Champagne, en Bourgogne, dans le Centre et même dans l'Ouest :

- ♦ si n'*avomes* ne soif se fain — *Perc.*, 2408
- ♦ Nos *disomes* antre nos ci
Qu'il ne devroit pas estre issi — *Ené.*, 6693

2.1.4. La P5

On distinguera ici encore trois séries de verbes : ceux du premier groupe, ceux qui n'appartiennent pas au premier groupe et les verbes *estre, faire, dire* et *traire.*

2.1.4.1. Les verbes du premier groupe

La désinence latine *-átis* a évolué normalement en [ẹts], *-ez*. Lorsque la base était palatalisée, le traitement conditionné du [á] libre a abouti à [íẹ] ([yẹ] au début du XIIIe siècle). Ainsi *amez* (< *amatis*), *celez* (< *celatis*), *dotez* (< *dubitatis*)... s'opposent à *proiiez* (< *precatis*), *cuidiez* (< *cogitatis*), *proisiez* (< *pretiatis*), *laissiez* (< *laxatis*)...

2.1.4.2. Les verbes n'appartenant pas au premier groupe

Les désinences latines *-etis* et *-itis* aboutissent phonétiquement à *-eiz, -iz*. Ces formes ne sont pas inconnues de l'ancien français mais restent cantonnées dans l'Est. Dans les autres régions, c'est à date prélittéraire que *-ez/-iez* (analogique des verbes du premier groupe) s'est imposé.

2.1.4.3. Les verbes estre, faire, dire, traire [18]

Comme à la P4, ces verbes offrent à la P5 une désinence atone *-tes : estes, faites, dites, *traites.*

Pour *faire*, *dire* et *traire*, le maintien de la voyelle latine finale s'explique comme à la P4 (*fácĭtis, dicĭtis et trágĭtis* étaient des proparoxytons).

Pour *estre*, se pose le même problème qu'à la P4. *Estis* étant paroxyton, sa voyelle finale aurait dû s'amuïr. Si elle s'est conservée, c'est sans doute par analogie de *faire* et *dire*. En effet, au milieu du IIIe siècle, *facitis, dicitis* sont devenus — par affaiblissement du *-i* final — [fákẹtẹ̥s], [díkẹtẹ̥s]. Après l'évolution de **facetes, *dicetes* en [fáytẹ̥s], [díytẹ̥s] (effacement de la voyelle posttonique et « fausse palatalisation » de [k] implosif dans le groupe [kt]), les verbes *estre, faire* et *dire* étaient les seuls à présenter à la P5 une séquence *-yt/-st*, à savoir consonne + *t*. *Estis* serait alors devenu [ẹstẹ̥s] par analogie avec l'[ẹ̥] final des proparoxytons [19], qui se conserve jusqu'en français.

■ ***Remarque :*** seul *traire* a été aligné sur l'ensemble des verbes à désinence tonique (*traiez*). *Estre, faire* et *dire* ont conservé leur P5 étymologique : *estes* (aujourd'hui *êtes*), *faites, dites.*

2.1.4.4. Formes dialectales

Le picard ayant simplifié plus vite que les autres dialectes la mi-occlusive [ts] en [s] (cela dès le XIIe siècle), la terminaison [ẹts]/[íẹts] s'est réduite à [ẹs]/[íẹs], graphiée *-és/ -iés.*

♦ Vos le *devés* molt bien avoir
Tant *avés* biauté et savoir — *B.I.*, 1703-1704

■ ***Remarque :*** ce n'est qu'à partir du milieu du XIIIe siècle et surtout au XIVe siècle que *-z* devient plus fréquent en Picardie et encore, seulement au sud de la région.

2.1.4.4.1. Évolution ultérieure

Le fait essentiel est la simplification au XIIIe siècle de la désinence [yẹts]/[yẹs] par effacement de la semi-consonne : *cuidez, priez, prisez, commencez, laissez...* La

© ARMAND COLIN. La photocopie non autorisée est un délit.

P5 n'a plus -en dehors de *estre, faire* et *dire*- qu'une marque : [ẹ] graphiée *-ez*, l'ancien *-z* étant conservé comme morphogramme.

2.1.5. La P6

On distingue trois types de verbes : ceux du premier groupe, ceux des autres groupes et cinq verbes à terminaison tonique *-ont*.

2.1.5.1. Les verbes du premier groupe

La désinence latine *-ant* a abouti à *-ent* -[ə̣nt] ; évolution phonétique pour [a] qui s'affaiblit en -[ə̣], systématique pour le groupe consonantique qui se conserve comme morphème de P6. On a donc en ancien français une désinence atone : *gardent, aiment, jurent, sauvent…*

2.1.5.2. Les verbes des autres groupes

En latin, la marque de personne *-nt* était précédée de *-e* ou de *-u (tenent/*venunt)*, dont on attendrait l'effacement. Toutefois, la chute de la voyelle aurait entraîné la formation d'un groupe consonantique complexe et sans doute la disparition — au moins l'altération — du morphème *-nt* : *-e* et *-u* se sont donc conservés, sous forme de *-e* de soutien : *doivent, boivent, pueent, entendent…*

2.1.5.3. Les verbes à terminaison tonique -ont

Cinq verbes sont concernés : *avoir, estre, aller, faire* et *ester (ont, sont, vont, font, estont)*. Ces formes s'expliquent à partir de cas particuliers de la finale latine *-unt*.

***a)** Avoir*

En latin classique, la P6 de *habere* était *habent*, mais après la spirantisation de [b] en [β] (fin du Iᵉʳ-début du IIᵉ siècle), la finale *-ent* a été refaite en *-unt* sous l'influence de *sunt* > [aβunt]. Lorsque la constrictive s'est effacée, la voyelle finale *-u* s'est maintenue comme second élément de diphtongue, d'où [aunt]. La diphtongue s'est simplifiée normalement en [ǫ]. La voyelle ainsi obtenue ne peut plus être considérée comme « finale » : elle est constituant et même unique constituant vocalique de la forme verbale. Il n'est donc pas question qu'elle s'efface.

***b)** Aller* et *faire*

Là encore, il y a eu formation d'une diphtongue [au] après la chute de la consonne intervocalique, [δ] (< [d]) dans *vadunt*, [γ] (< [g] < [k]) dans **facunt*. Le [ǫ] issu de la simplification de [au] s'est conservé > *vont, font*.

■ ***Remarque :*** l'évolution de *ester* (< *stare*) a été analogique de celle du verbe *aller*. En effet, *estont* ne peut être phonétique à partir de *stabant*.

***c)** Estre*

La P6 de *esse* étant *sunt,* forme monosyllabique, la voyelle tonique [ŭ] entravée est simplement passée à [ọ] (changement du système vocalique latin) puis s'est conservée inchangée jusqu'en français.

2.2. *Le présent du subjonctif*

Les paradigmes latins se répartissent en deux grandes catégories :

— verbes du premier groupe :	-em	-émus
	-es	-étis
	-et	-ent
— verbes des autres groupes :	-am	-ámus
	-as	-átis
	-at	-ant

cf. *ámem, ámes, ámet, amémus, amétis, áment* vs *débĕam, débĕas, débĕat, debĕámus, debĕátis, débĕant.*

■ ***Remarque sur le cas du verbe estre :*** le paradigme du latin classique : *sim, sis, sit, simus, sitis, sint,* s'est vite trouvé isolé. À l'époque impériale, *si-* a été pris pour base et on lui a ajouté le *-a* caractéristique du subjonctif présent, d'où : *sia(m), sias, siat, siamus, siatis, siant.*

2.2.1. Les P1, 2 et 3 des verbes du premier groupe

La voyelle [e] s'est effacée normalement en finale aux trois personnes. La désinence se réduit donc en ancien français à -Ø, *-s*, *-t* avec des transformations possibles de la consonne finale de la base.

2.2.1.1. *À la P1*

Comme à l'indicatif, la consonne finale de la base se trouve en finale absolue. Lorsqu'elle était sonore, elle s'est généralement assourdie[20] : *cuit* (*cuidier*), *commant* (*commander*), *gart* (*garder*), *os* [ọs] (*oser*), *priz* [pRits] (*proisier*), *lef* (*laver*), *sauf* (*sauver*)…

2.2.1.2. *Aux P2 et 3*

Devant les morphèmes *-s* et *-t* certaines consonnes subissent des modifications qui donnent naissance à des variantes combinatoires de la base.

a) La consonne finale de la base est une dentale

— La dentale sourde [t]. Elle se combine directement avec *-s* en mi-occlusive [ts] : *chant + s* : *chanz*. Elle est totalement assimilée par *-t* : *chant + t* : *chant*.

— La dentale sonore [d]. Elle s'assourdit devant *-s* comme devant *-t* (assimilation partielle). Ensuite, elle se combine avec l'*-s* en [ts] : *demand + s* : *demanz*, *gard + s* : *garz*, ou bien elle est complètement assimilée par le *-t* : *demand + t* : *demant*, *gard + t* : *gart*…

— La dentale nasale [n] en position appuyée. Devant *-s*, il se produit une épenthèse par dénasalisation partielle ; le développement d'un *-t* dans le groupe *-ns-* donne naissance à la mi-occlusive [ts] ; la nasale est alors complètement assimilée : *tourn + s* : *tourz* [tuRts]. Devant *-t*, l'assimilation totale du *-n* se fait directement : *tourn + t* : *tourt*.

© ARMAND COLIN. La photocopie non autorisée est un délit.

b) La consonne finale de la base est la labio-dentale [v]

Devant *-s* comme devant *-t*, [v] est assimilé d'abord partiellement (assourdissement) en [f] puis totalement : *sauf* + *s* : *saufs* : *saus*, *sauv* + *t* : *sauft* : *saut*.

c) La consonne finale de la base est l'alvéolaire [z] ou la mi-occlusive [dz]

-[z] s'assourdit et est assimilée par *-s* : *os* [ọz] + *s* : *os* [ọs]. Elle s'assourdit et se conserve devant *-t* : *os* [ọz] + *t* : *ost* [ọst].

-[dz] s'assourdit devant *-s* et le groupe [tss] obtenu se simplifie par assimilation de l'*-s* médian, d'où [ts] : *pris* [pRidz] + *s* : *priz* [pRits]. Il en va de même devant *-t* : *pris* [pRidz] + *t* : *prist*.

■ ***Remarque :*** la réfection a été très rapide pour ces deux formes, qui ont reçu un *-e* final (*prises, prise*).

d) La consonne finale de la base est la labiale [m]

Devant *-s* comme devant *-t*, elle est partiellement assimilée en [n] : *aim* + *s* : *ains, aim* + *t* : *aint*; *claim* + *s* : *clains, claim* + *t* : *claint.*

e) La consonne finale de la base est la liquide [l] ou [l̮]

— Devant *-s* comme devant *-t*, [l] se vocalise en [u̯] qui forme avec la voyelle antécédente une diphtongue ou une triphtongue de coalescence : *apel* [apę̨l] + *s* : *apiaus, apel* + *t* : *apiaut*[21].

— Dans le cas de [l̮], il s'est produit devant *-s,* avant la vocalisation, une épenthèse en [t̮] : travail [tRaval̮] + *s* : *travauz, conseil* [konsẹl̮] + *s* : *conseuz.* Devant *-t*, l'épenthèse a dû se produire également mais le segment consonantique développé s'est assimilé au *-t* désinentiel : *travail* + *t* : *travaut, conseil* + *t* : *conseut.*

2.2.1.3. *Évolution ultérieure*

Dès le XIIᵉ siècle, on tend à ajouter un *-e* final à ces trois personnes. Le processus a touché d'abord la P2 dans laquelle la mi-occlusive [ts] a commencé de bonne heure à se réduire à [s], ce qui menaçait l'intégrité de la base verbale. L'adjonction d'un *-e* était un moyen d'empêcher cette altération. À la fin du XIIᵉ siècle, les formes en *-e* deviennent plus fréquentes également pour les P1 et 3. Cependant on trouve encore au XIVᵉ siècle, pour la P3, les deux types de formes, en *-e* et en *-t*. Ces dernières se sont même conservées au XVIᵉ siècle et jusqu'au XVIIᵉ siècle pour des verbes comme *donner* ou *garder* dans des formules figées (de souhait) :

♦ Dieu vous *doint* ce que vostre noble cuer desire	*Pantagruel*, XVI
♦ Dieu vous *gard'* mon frère	*Femmes Savantes*, II,1
♦ Dieu nous *gard'* de plus grand'fortune	La Fontaine, *Contes,* IV, 9-55

2.2.2. Les P1, 2 et 3 des verbes n'appartenant pas au premier groupe

La voyelle latine [a] s'est conservée normalement affaiblie en [ə̣].

a) En finale absolue à la P1

*dorme, quiere, face, viegne, voie... < dormiam, *queram, faciam, videam...*

b) Devant *-s* ou *-t* aux P2 et 3

Deux remarques sont à faire toutefois à propos de la P3 :

— de façon générale le [t] final a disparu vers la fin du IXe siècle après s'être affaibli en [θ] (VIIe-VIIIe siècles), d'où *dormiat > dorme, *querat > quiere, faciat > face, videat > voie…*
— L'[ẹ] issu du [a] latin a pu s'amuïr de bonne heure (avant la fin du IXe siècle obligatoirement) lorsque la base verbale se terminait par *s, r,* [y] ou *n*. Ainsi les formes courantes de la P3 pour les verbes *aller, pooir, trover, rover, avoir, estre et donner* sont *voist, puist, truist, ruist, ait, soit, doinst.* L'effacement du *-e* s'explique différemment selon les cas : ou bien il se trouvait entre deux consonnes d'articulations voisines (d'un côté [t] alvéodental, de l'autre [s], [l] ou [R] alvéolaires); on sait que toute voyelle atone tend à disparaître dans cette situation. Ou bien l'effet fermant, donc affaiblissant, du [y] s'est conjugué avec celui de la consonne finale.

■ ***Remarques***

1) En général, le *-e* final a été rétabli à la P3 lorsqu'il s'était effacé (*puisse*)[22]. Seuls *être* et *avoir* ont échappé à la réfection. Au XVIe siècle encore, on hésite entre forme en *-t* et forme en *-e*. Aujourd'hui la forme en *-t* s'est imposée définitivement.

2) Pour *être*, à la P1, au XIVe siècle, et encore au XVe siècle, *soie* est à peu près la seule forme relevée mais c'est à cette époque qu'apparaît *sois* (pas encore généralisée au XVIe siècle). À la P2, *soies* est toujours la forme courante au XVe siècle, à côté de *sois* que l'on commence à enregistrer.

3) Les formes dialectales.

On rencontre deux terminaisons particulières.

a) *C(h)e*, caractéristique des dialectes du Nord et de l'Est. La prononciation exacte de *-c(h)* fait problème (comme au présent de l'indicatif); on peut hésiter entre [ts] et [tš]. Cette terminaison est phonétique dans *plache* (< *placeam*), *fache* (< f*aciam*) ou *hache* (< **hatiam*), en vertu de l'évolution des groupes [ky] et [ty] dans ces régions. Elle a pu être étendue à tout autre verbe; on relève ainsi *porche* (*porter*), *kieche* (*cheoir*), *demeurche* (*demorer*), *doiche* (*devoir*), *oche* (*oïr*)…

♦ Ne voeil c'autres de moi l'en *porche* *Nic.*, 1011
« Je ne veux pas que quelqu'un d'autre que moi l'emporte »

b) *Ge*, largement répandue dans l'Ouest (surtout en Normandie mais aussi en Bretagne, en Anjou et dans le Maine), et le Sud-Ouest, connue également dans une partie de la Picardie et jusque dans les régions de Namur et de Tournay. *-Ge* est phonétique dans les formes du type *sorge* (< *surgam*), *plage* (< *plangam*) dans lesquelles [g] s'est palatalisé en position forte devant [a]. Elle a pu être attibuée à d'autres verbes (du premier groupe ou non) : *paroge (parler), torge (torner), renge (rendre), perge (perdre), responge (respondre), meurge (morir), doige (devoir), quierge (querre), remainge (remanoir)…*

2.2.3. La P4

Deux désinences coexistent dès les plus anciens textes : *-ons* et *-iens*.

2.2.3.1. *Les verbes n'appartenant pas au premier groupe*

La désinence latin étant *-ámus*, la forme *-ons* du français peut s'expliquer comme au présent de l'indicatif par un traitement particulier, d'abord dialectal puis généralisé,

© ARMAND COLIN. La photocopie non autorisée est un délit.

de cette désinence (*cf.* 2.1.3.1.). Elle peut être due plus simplement à l'analogie du présent de l'indicatif.

En revanche, *-ámus* derrière palatale aboutit normalement à *-iens*, par la diphtongaison conditionnée de son [a] tonique libre.

Le seul problème, c'est que la distribution de *-iens* en ancien français ne correspond pas à celle de *-ámus* derrière palatale. En francien, que la base soit palatalisée ou non, on ne trouve que *-ons* et les réfections y ont été relativement tardives (XIIIe siècle de façon générale). À l'inverse, dans l'Est, *-iens* apparaît dès les premiers textes et tend ensuite à se généraliser.

En définitive, aucune des deux désinences n'est parvenue à s'imposer. Ce n'est qu'en moyen français que *-ions* (résultat de la combinaison des deux) s'est développée. Son extension a été alors assez rapide puisque dans la seconde moitié du XVIe siècle, on ne rencontre plus guère *-ons* que chez les écrivains gascons (*cf.* la première rédaction des *Commentaires* de Monluc, 1571).

***2.2.3.2.** Les verbes du premier groupe*

La désinence latine *-émus* n'a pas de continuateur phonétique en ancien français : on ne relève en effet pour ces verbes que *-ons* ou *-iens*, selon les régions. Ces deux formes sont dues à l'analogie des verbes n'appartenant pas au premier groupe et leur concurrence a été identique à ce que nous avons vu dans le paragraphe précédent.

2.2.4. La P5

***2.2.4.1.** Les verbes n'appartenant pas au premier groupe*

La désinence latine *-átis* a évolué normalement en [ẹts], *-ez* derrière une base non palatale : **querátis > querez, *partátis > partez*, en [íets], *-iez* derrière une base palatalisée : *venĭátis > vegniez, vidĕátis > voiiez, *possiátis > puissiez…*

***2.2.4.2.** Les verbes du premier groupe*

La seule désinence relevée pour ces verbes en ancien français est *-ez* (et sa variante *-iez*) : elle n'est pas phonétique, *-étis* aboutissant à **-eiz*. Elle est analogique des verbes n'appartenant pas au premier groupe.

■ ***Remarque :*** la réduction phonétique de [yẹ] à [ẹ] au XIIIe siècle a fait que *-ez* a pu apparaitre même dans des verbes à base palatalisée. Mais de façon générale, la tendance a plutôt été d'étendre la désinence *-iez* à tous les verbes quel qu'en soit le groupe et que la base soit palatalisée ou non. Cela permettait — nous l'avons souligné plus haut (*cf.* 1.3.1.a. Remarque) — d'opposer l'indicatif et le subjonctif. À la fin du XVe siècle, les deux désinences coexistent encore, avec une prédominance de *-iez*. Au XVIe siècle, *-iez* se généralise (comme *-ions* : *-ez* ne subsiste guère que chez les auteurs gascons).

2.2.5. La P6

Pour tous les verbes, le français offre une désinence commune : *-ent*.

B. LES PRÉSENTS DE L'INDICATIF ET DU SUBJONCTIF - LES BASES

1. Le présent de l'indicatif

1.1. Étude synchronique

Les présents de l'indicatif peuvent être classés selon deux critères principaux : le nombre de base(s) que possède le verbe dans ce tiroir et leur structure accentuelle, l'accent pouvant être mobile (c'est le cas pour la quasi totalité des verbes) ou fixe (seuls sont concernés quelques verbes comme *estre*, *faire* et *dire*).

1.1.1. Les verbes à une seule base

Ils sont nombreux, l'absence d'alternance s'expliquant par l'évolution phonétique. Il n'est pas question de donner ici la liste exhaustive des verbes à une base. On citera seulement les plus fréquents.

1.1.1.1. *Les verbes appartenant au premier groupe*[23]

a) Infinitif en *-er*

Acoler, ambler, chanter, commander, conforter, conter, demander, doter, entrer, eschaper, esgarder, esperoner, encontrer, finer, garder, gueter, hurter, oser, pasmer, passer, penser, porter, regreter, resembler, sauver, trobler...

b) Infinitif en *-ier*

Baisier, baissier, brisier, chacier, chargier, chevauchier, commencier, couchier, cuidier, embracier, empirier, enseignier, enforcier, eslessier, menacier, merveillier, otroiier, percier, tranchier, trebuschier...

Pour tous ces verbes, on a une structure accentuelle mixte :

		infinitif en *-er*	infinitif en *-ier*
B1	+	-Ø	-Ø
B1	+	*-es*	*-es*
B1	+	*-e*	*-e*
B1	+	*-ons*	*-ons*
B1	+	*-ez*	*-iez*
B1	+	*-ent*	*-ent*

1.1.1.2. *Verbes n'appartenant pas au premier groupe*

Batre, combatre, connoistre, descendre, deffendre, entendre, estordre, gesir, fuir, fendre, henir, guerpir, pendre, prendre, porfendre, respondre, rendre, sentir, saisir...

Pour tous ces verbes, la structure accentuelle est mixte :

B1	+	-Ø
B1	+	*-s*
B1	+	*-t*

© ARMAND COLIN. La photocopie non autorisée est un délit.

B1 + *-ons*
B1 + *-ez* (*-iez* pour les verbes inchoatifs et apparentés)
B1 + *-ent*

■ ***Remarque sur le cas du verbe dire :*** à l'origine, c'est un verbe à une seule base : *di, dis, dit, dimes, dites, dient,* avec une structure accentuelle fixe. Puis, dès le XIIe siècle, la désinence atone *-mes* de la P4 est refaite sur le modèle de la désinence tonique *-ons* > *dions* puis *disons*. La structure devient mixte mais avec une répartition particulière :

formes fortes pour les P1, 2, 3, 5, 6
forme faible pour la P4

Le paradigme devient alors à deux bases : *-i-* pour les P1, 2, 3, 5, *-is-* pour les P4 et 6.

1.1.2. Verbes à deux bases

— B1 : base des formes faibles (P4 et 5) ; c'est aussi la base de l'infinitif et celle qui engendre le plus de tiroirs d'un même verbe[24].
— B2 : base des formes fortes (P1, 2, 3, 6).

Ici encore, le relevé n'est pas exhaustif ; il comporte les verbes les mieux représentés dans les textes littéraires.

L'alternance peut être vocalique (la plupart des cas) ou syllabique (pour un petit nombre de verbes).

Nous prendrons toujours comme exemple de forme forte la P3, comme exemple de forme faible la P4.

1.1.2.1. Alternance vocalique

	B2	B1
	[ẹ]	[a]
baer	bee	baons
	[ẽi̯]	[ã]
amer	aime	amons
clamer	claime	clamons
reclamer	reclaime	reclamons
	[ę]	[e̥]
apeler	apele	apelons
chanceler	chancele	chancelons
chadeler	chadele	chadelons
renoveler	renovele	renovelons
	[yę]	[e̥]
ferir	fiert	ferons
(re)querre	(re)quiert	(re)querons
lever	lieve	levons
(as)seoir	(as)siet	(as)seons
cheoir	chiet	cheons

	[yẽ]	[ẹ̥]
cremir (criembre)	crient	cremons
	[i]	[wẹ]
proiier	prie	proions
proisier	prise	proisons
	[wẹ]	[ẹ̥]
croire	croit	creons
devoir	doit	devons
veoir	voit	veons
peser	poise	pesons
-cevoir	-çoit	-cevons
celer	çoile	celons
(en)teser	(en)toise	(en)tesons
boivre	boit	bevons
	[ẽ̜ɪ̯̃]	[ẹ̥]
mener	meine	menons
	[ẅœ̣]	[u]
(des)covrir	(des)cuevre	(des)covrons
sofrir	suefre	sofrons
ovrer	uevre	ovrons
ovrir	uevre	ovrons
movoir	muet	movons
	[œ̣]	[u]
plorer	pleure	plorons
demorer	demeure	demorons
	[ẅi]	[wẹ]
annoiier	annuie	annoions

1.1.2.2. *Alternance syllabique*

	B2	B1
aidier	aiue	aidons
aresnier	aresone	aresnons
mangier	mangue [mãnžüẹ̥]	mangeons [mãnžõns]
parler	parole	parlons
desjuner (disner)	desjune	disnons

La structure des verbes à deux bases relevés ci-dessus est la suivante :

	verbes à infinitif en *-er/-ier*	autres verbes
P1	B2 + -Ø	B2 + -Ø
P2	B2 + -es	B2 + -s
P3	B2 + -e	B2 + -t

© ARMAND COLIN. La photocopie non autorisée est un délit.

P4	B2 + -ons	B2 + -ons
P5	B2 + -ez/-iez	B2 + -ez
P6	B2 + -ent	B2 + -ent

1.1.2.3. Cas particulier des verbes dont seule la P1 s'oppose au reste du paradigme

Nous noterons B3 cette base propre à la P1.

	B3		B1	
oïr	[ǫi̯]	oi	[ǫ]	P2 oz
				P3 ot
				P4 oons
				P5 oez
				P6 oent
donner	[dǫ̃i̯n̮]	doing	[ǫ̃]	P2 donnes
	/[dǫi̯ns]	doins		P3 donne
				P4 donnons
				P5 donnez
				P6 donnent
plaisir	[plats]	plaz	[ai̯]	P2 plaiz
				P3 plaist
				P4 plaisons
				P5 plaisez
				P6 plaisent
valoir	[val̮]	vail	[al]	vaus/faus/saus
salir	[sal̮]	sail		vaut/faut/saut
fallir	[fal̮]	fail		valons/falons/salons
				valez/falez/salez
				valent/falent/salent

■ ***Remarque :*** *vau-, fau-, sau-* ne constituent pas une base différente de la base *val-, fal-, sal-* mais une variante combinatoire de celle-ci (vocalisation de [l] devant la consonne désintentielle *-s* ou *-t*).

1.1.3. Verbes à trois bases

Par rapport aux verbes à deux bases, ceux-ci offrent à la P1 une base différente de celle des autres formes fortes : B3.

	B3	B2	B1
		[ẹ]	[a]
savoir	[sai̯] sai	set	savons
paroir	[pai̯R] pair	pert	parons
haïr	[ats] haz	het	haons
	[yẽn̮]	[yẽn]	[ẹ̥]
venir	vieng	vient	venons
tenir	tieng	tient	tenons

	[ẅi]	[ẅœ̣]	[u]
pooir	puis	puet	poons
rover	ruis	rueve	rovons
trover	truis	trueve	trovons
morir	muir	muert	morons
	[œ̣l̯]	[œ̣l]	[u]
voloir	vueil,	voil	veutvolons
	[œ̣l̯]	[yœ̣]	[u]
doloir	dueil	dieut	dolons
soloir	sueil	sieut	solons

La structure des verbes à trois bases est la suivante :

	verbes à infinitif en *-er*	autres verbes
P1	B3 + -Ø	B3 + -Ø
P2	B2 + *-es*	B2 + *-s*
P3	B2 + *-e*	B2 + *-t*
P4	B1 + *-ons*	B1 + *-ons*
P5	B1 + *-ez*	B1 + *-ez*
P6	B2 + *-ent*	B2 + *-ent*

1.1.4. Verbes « atypiques »

1.1.4.1. Estre

Il comporte trois bases.

	sui	*es-*	*so-*
P1	sui		
P2		es	
P3		est	
P4			som(m)es
P5		estes	
P6			sont

1.1.4.2. Faire

Il comporte trois bases également.

	[fats] *faz*	*fai-*	*fo-*
P1	faz		
P2		faiz	
P3		fait	
P4		faimes	
P5		faites	
P6			font

© ARMAND COLIN. La photocopie non autorisée est un délit.

1.1.4.3. *Avoir*

Il comporte quatre bases.

	ai	*a-*	*av-*	*o-*
P1	ai			
P2		as		
P3		a		
P4			avons	
P5			avez	
P6				ont

1.1.4.4. *Aller*

Il comporte quatre bases.

	vois	*va-/vai-*	*al-*	*vo-*
P1	vois			
P2		vas/vais		
P3		va/vait		
P4			alons	
P5			alez	
P6				vont

■ ***Remarque sur la structure accentuelle de ces verbes***

— *Estre* a un accent fixe.

— *Avoir* et *aller* ont un accent mixte : sur la base aux P1, 2, 3, 6, sur la désinence aux P4 et 5.

— *Faire* a eu, dans un premier temps, une accentuation fixe ; puis, lors de la substitution de *faisons* à *faimes*, une accentuation variable, avec une opposition P1, 2, 3, 5, 6 vs P4.

1.2. Étude diachronique

Il s'agit d'expliquer ici comment, à partir du paradigme latin du verbe, se sont mises en places deux ou trois bases.

En latin classique, la plupart des verbes possédaient un présent de l'indicatif à accent mobile, ce dernier portant sur :

— la base aux P1, 2, 3, 6.

— la désinence aux P4, 5.

ámo, ámas, ámat, ámant vs *amámus, amátis.*

On avait donc une opposition entre des formes fortes (accentuées sur la base) et des formes faibles (accentuées sur la désinence).

Ce système présentait quelques exceptions :

— les verbes à infinitif en -ĕre (*vendere, prendere, facere, sapere…*)

— le verbe *esse*

Pour ces verbes, toutes les personnes étaient accentuées sur la base, soit parce que les P4 et 5 comportaient une pénultième brève (*véndĭmus, véndĭtis; fácĭmus, fácĭtis; sápĭmus, sápĭtis*), soit parce qu'elles étaient dissyllabiques (*súmus, éstis*).

Cependant, cette disparité a été réduite de bonne heure. Après le passage de [i] à [ẹ], l'accent s'est déplacé sur le [ẹ] : **vendémus, *vendétis; *sapémus, *sapétis.* Seuls *facere* et *dicere* ont résisté à la réfection.

Cette structure accentuelle du latin s'est conservée jusqu'en ancien français. Or, ce déplacement de l'accent en latin a eu une importance considérable puisque — nous l'avons déjà noté à plusieurs reprises — les voyelles latines ont évolué différemment selon qu'elles étaient toniques ou non[25].

On peut, pour rendre compte des alternances de bases en français, adopter un plan « étymologique » c'est-à-dire à partir des différentes voyelles latines.

Il faut savoir également que les caractères articulatoires des voyelles et la place de l'accent n'expliquent pas toujours à eux seuls les résultats obtenus en français : l'entourage consonantique de la voyelle est à prendre en compte dans un certain nombre de cas.

1.2.1. Verbes latins à voyelle radicale [a]

1.2.1.1. Cas général

► ***Exemples :*** *savoir, paroir, baer, haïr.*

Baer comporte deux bases, *savoir, paroir* et *haïr* trois.

a) B2

En latin : *sápit, páret, bátat, *hátit* (forme germanique latinisée).

[a] tonique et libre a diphtongué spontanément pour aboutir en ancien français à [ẹ] : [sẹt], [pẹrt], [bẹe], [ẹt].

■ ***Remarque :*** [ẹ] est généralement orthographié *-e : set, pert, bee, het;* toutefois, par analogie de la P1, pour *savoir, paroir* et *haïr* on peut rencontrer les graphies *-ai* ou *-ei : sait/seit, pairt/peirt, hait/heit.*

b) B1

En latin : **sapémus, parémus, batámus, *hatímus.*

[a] inaccentué, initial s'est conservé inchangé, d'où *savons, parons, baons, haons.*

c) B3

— *Savoir* : [a] tonique s'est trouvé devant [y], qui s'est vocalisé et a formé, avec la voyelle, une diphtongue de coalescence [ai̯] : [sai̯].

— *Paroir* : [a] tonique s'est trouvé devant un [i̯] de transition développé sur l'avant d'une demi-palatale, d'où, là aussi, une diphtongue de coalescence [ai̯] : [pai̯R].

La diphtongue [ai̯] a évolué normalement en [ę i̯] (XIe siècle) puis s'est simplifiée en [ę] (XIIe siècle), d'où [sę], [pęR].

L'orthographe étymologique est donc pour ces verbes *-ai (sai, pair).* La réduction de la diphtongue explique aussi une graphie courante *-é.*

— *Haïr* : l'évolution n'a pas été phonétique mais analogique à celle de *faire.* En effet, [átyo], traité comme [fákyo], a abouti à [ats] (noté *haz*) et non à [ai̯ts]. La réfection s'est produite à date prélittéraire.

© ARMAND COLIN. La photocopie non autorisée est un délit.

■ ***Remarques***

— *Savoir* a conservé une alternance radicale jusqu'en français moderne mais le vocalisme de la P6 a été aligné sur celui des P4 et 5 : [sav(ə)].

— *Béer* ne s'emploie plus guère au présent de l'indicatif qu'à la P3. Il a perdu son alternance au profit de la base forte.

— *Haïr* : d'une part, lorsque *faz (faire)* a laissé la place à *fais* (XIIIe siècle), le verbe *haïr* a subi une évolution identique : *haz hais.*

D'autre part, ce verbe a été en partie contaminé par la conjugaison inchoative : *haons, haez, heent* ont été remplacés définitivement par *haïssons, haïssez* et *haïssent.*

— *Paroir* a disparu totalement. Il ne survit que dans son dérivé *apparoir* et encore... seulement à la P3 (verbe unipersonnel) : *il appert*, dans la langue juridique.

1.2.1.2. [a] + consonne nasale

► ***Exemples :*** *amer, clamer, manoir (remanoir).*

Amer et *clamer* comportent deux bases, *manoir* en comporte trois.

a) B2

En latin : *ámat, clámat, mánet.*

[a] tonique libre a diphtongué au VIe siècle, puis l'évolution a été conditionnée par la présence de la nasale, d'où en ancien français [ẽ̜i̯] : [ẽ̜i̯me̥], [klẽ̜i̯me̥], [mẽ̜i̯nt].

■ ***Remarque :*** [ẽ̜i̯] peut être orthographié *-ei* ou *-ai* (cette graphie correspondant à une étape plus ancienne de la diphtongue).

b) B1

En latin : *amámus, clamámus, manémus.*

[a] inaccentué est initial : il se conserve inchangé (il subit seulement la nasalisation), d'où [ã] : [ãmõns], [klãmõns], [mãnõns].

c) B3 pour *manoir*

En latin : *máněo.*

[a] tonique s'est trouvé devant un [n̮] (palatalisation, au IIe siècle, de la nasale par [y] issu de la fermeture de [ĕ] en hiatus); entravé, il n'a donc pas diphtongué. Mais, après la chute de la voyelle finale, il s'est développé devant [n̮] (en finale absolue) un [i̯] de transition, qui a formé avec le [a] une diphtongue de coalescence [ai̯]. Le vocalisme de P1 est donc en ancien français semblable à celui des P2.3.6. : [ẽ̜i̯]; en revanche, la consonne finale est différente, palatale (jusqu'au XIIe siècle) à P1, non palatale aux autres personnes : [mẽ̜i̯n̮] vs [mẽ̜i̯n].

■ ***Remarques sur l'évolution ultérieure :***

— *Aimer* : généralisation de la B2 (acquise de façon définitive seulement au début du XVIe siècle).

— *Clamer* : à l'inverse, généralisation de la B1.

— *Manoir* : la conjugaison de ce verbe a disparu totalement avant la fin du XVIe siècle.

1.2.1.3. [a] + [l]

► ***Exemples :*** *valoir, fallir, salir.*

Ils comportent deux bases, mais seule la P1 s'oppose à l'ensemble des autres personnes (*cf.* Étude synchronique 1.1.2.3.). De plus, l'alternance ne provient pas d'un déplacement de l'accent.

a) B1 (P2.3.4.5.6.)

— *Valoir* et *salir*

En latin : *váles, válet, valémus, valétis; válent; sális, sálit, salímus, salítis, *sálunt.*

Aux P2, 3 et 6, [a] tonique et libre devrait diphtonguer et aboutir à [ẹ] : **vel-*, **sel-*. Mais, dès les premiers textes, on ne rencontre que *val-* et *sal-*, qui attestent une réfection sur les autres formes de ces verbes (à vocalisme majoritaire [a]), d'où [vau̯s], [vau̯t], [valẹnt]; [sau̯s], [sau̯t], [salẹ̥nt].

Aux P4 et 5, [a] atone est initial. Il se conserve inchangé et de ce fait, on a la même base qu'aux P2, 3 et 6 : [valõns], [valẹts]; [salõns], [salẹts].

— *Fallir*

En latin : *fállis, fállit, fallímus, fallítis, *fállunt.*

[a] étant entravé à toutes les personnes, qu'il soit tonique ou initial, il s'est conservé sans changement, d'où *fal- :* [fau̯s], [fau̯t], [falõns], [falẹts], [falẹ̥nt].

c) B3

En latin : *válĕo, *fállĭo, sálĭo.*

[a] tonique s'est trouvé entravé par [l̮] (palatalisation du [l] au IIe siècle par un [y] issu de la fermeture de [ĕ] ou de [ĭ] en hiatus). Il s'est maintenu inchangé jusqu'en français, d'où une base palatalisée [val̮], [fal̮], [sal̮].

■ ***Remarque sur l'évolution ultérieure :***

— *Valoir* : la P1 a été refaite au XVIe siècle, par analogie des autres formes, en *vaus* [vọ(s)].

— *Faillir* et *saillir* : le traitement a été plus complexe. Dès l'ancien français, à côté des infinitifs *fallir* et *salir*, apparaissent *faillir* et *saillir*, avec une base palatalisée (la même que celle de la P1); dès le Moyen Âge également, la palatalisation atteint les personnes du pluriel du présent : *faillons, faillez* [fal̮õns], [fal̮ẹs], *saillons, saillez* [sal̮õns], [sal̮ẹs]. Quant aux personnes du singulier, elles ont reçu un [ẹ̥] final (avec, en plus, pour les P2 et 3, une base palatalisée, d'où *faille, failles, faille* [fal̮ẹ̥], [fal̮ẹ̥s], [fal̮ẹ̥] (*idem* pour *saillir*). Ces formes étaient encore en usage au XVIIe siècle.

1.2.1.4. *[a] + [n̮]*

► ***Exemple :*** *plaindre. Ce verbe comporte trois bases.*

a) B2 (P2 et 3)

En latin : *plángis, plángit.*

[a] tonique est entravé par [n̮] issu de [ṅ] : pas de diphtongaison donc, mais la formation d'une diphtongue de coalescence [ai̯] lorsqu'un [i̯] de transition s'est développé devant [n̮] devenu implosif, d'où [plẹ̃i̯n̮s], [plẹ̃i̯n̮t] (*plains, plaint*).

b) B1

En latin : **plangémus, *plangétis.*

© ARMAND COLIN. La photocopie non autorisée est un délit.

[a] est inaccentué et [n̮] reste intervocalique (pas de développement de [i̯] implosif) ; [a] demeure donc inchangé, subissant seulement la nasalisation, d'où [plãn̮õns], [plãn̮ẹts] (*plaignons, plaignez*).

c) B3

En latin : *plángo.*

On attendrait en ancien français une forme **planc* puisque [g] ne se palatalise pas devant une voyelle vélaire. Mais, par analogie des P2 et 3, cette forme a été refaite à date prélittéraire en [plãi̯n̮], d'où [plẽi̯n̮] (au XIe siècle).

■ ***Remarque :*** la P6, en latin *plángunt*, a subi également une réfection analogique : elle a été alignée sur les P4 et 5, d'où [plãn̮ẹnt] (*plaignent*) au lieu de **planguent.*

1.2.1.5. *[a] précédé d'une consonne palatale*

► ***Exemple :*** *cheoir.* Il s'agit d'un verbe à deux bases.

a) B2

En latin : *cádit.*

[a] tonique et libre, précédé d'une palatale (au milieu du VIe siècle, on devait avoir [t͡šaδit]) subit une diphtongaison conditionnée (loi de Bartsch) > [íẹ], d'où, au début du XIIIe siècle, [yẹ] [šyẹt], *chiet.*

■ ***Remarque :*** la P1, *chié*, seule attestée dès les premiers textes, est analogique des P2, 3 et 6 ; le résultat phonétique de *cádĕo* serait en effet *chi* [tši].

b) B1

En latin : **cadémus.*

[a] atone est initial et libre. Précédé d'une palatale, il s'est fermé au VIe siècle en [ẹ] puis centralisé en [e̥] au XIe siècle : [tše̥õns], *cheons.*

■ ***Remarque sur l'évolution ultérieure :*** *cheoir (choir)* a perdu l'ensemble de sa conjugaison.

1.2.1.6. *[a] + consonne palatale*

► ***Exemple :*** *plaisir (plaire).*

Il s'agit d'un verbe à deux bases mais seule la P1 s'oppose au reste du paradigme.

a) B1

En latin : *pláces, plácet, placémus, placétis, plácent.*

[a] est tonique (P2, 3, 6) ou initial (P4, 5) et suivi d'un phonème demi-palatal issu de l'évolution de [k] + [e] en position intervocalique (> [k̮] > [t̮] > [i̯t']). Même tonique, [a] ne peut donc pas diphtonguer : [i̯] a formé une diphtongue de coalescence avec le [a] tonique ou initial, d'où *plaiz, plaist, plaisons, plaisez, plaisent.*

b) B3

En latin : *plácĕo.*

À la différence de ce que nous venons de voir pour les P2, 3, 4, 5, 6, ici, [k] subit une palatalisation complète (donc pas de [i̯] de transition). [a] entravé par la palatale qui le suit ne peut pas diphtonguer : il se conserve inchangé jusqu'en français, d'où [plats], *plaz.*

■ ***Remarque sur l'évolution ultérieure :*** B3 s'est alignée sur B1 dès l'ancien français, sous l'influence du verbe *faire* : quand au XIIIe siècle *faz* est remplacé par *fais*, *plaz* est remplacé par *plais*.

1.2.2. Verbes latins à voyelle radicale [ę̧]

1.2.2.1. Cas général

► ***Exemples :*** *querre, ferir, lever, grever.*

Ces verbes comportent deux bases.

a) B2

En latin : **quḗrit, fḗrit, lḗvat, grḗvat.*

[ę̧] tonique et libre a diphtongué spontanément (au IIIe siècle) en [íę̧], d'où au début du XIIIe siècle [yẹ] : *quiert, fiert, lieve, grieve.*

■ ***Remarque :*** dès les premiers textes, la P1 de *ferir* est *fier;* c'est là une forme analogique des P2, 3 et 6; le résultat phonétique de *fḗrĭo* serait, en effet, **fir*, remplacé à date prélittéraire.

b) B1

En latin : **quĕrímus, fĕrímus, lĕvámus, *grĕvámus.*

[ę̧] non accentué est initial et libre; il s'affaiblit d'abord en [ẹ] puis en [e̥] : *querons* [ke̥Rõns], *ferons, levons, grevons.*

■ ***Remarques sur l'évolution ultérieure :***

— *Querre* (*quérir*) : le verbe n'est plus employé en français moderne, du moins au présent de l'indicatif. Toutefois, sa conjugaison existe encore dans les dérivés *acquérir* et *conquérir*, qui comportent toujours une alternance de deux bases : B2 [yę̧] et B1 [ẹ] (il *acquiert*/ nous *acquérons*).

— *Férir* : il ne possède plus de présent de l'indicatif.

— *Lever* et *grever* : ces verbes ont conservé une alternace de deux bases [ę̧] (avec une simplification de la diphtongue) / [œ] : il *lève*/ nous *levons,* il *grève*/ nous *grevons.*

1.2.2.2. [ę̧] + consonne nasale

► ***Exemples :*** *venir, tenir (ainsi que leurs composés : revenir, convenir, devenir, tenir, retenir, contenir, détenir...), cremir.*

Cremir (*criembre*) comporte deux bases, *venir* et *tenir* trois.

a) B2

En latin : *vḗnit, tḗnet, *crḗmit.*

[ę̧] tonique et libre a diphtongué normalement en [íę̧] (IIIe siècle) puis a subi la nasalisation (XIe-XIIe siècle), d'où [yẽ] (au début du XIIIe siècle) : *vient, tient, crient.*

b) B1

En latin : *vĕnímus, tĕnḗmus, *crĕmímus.*

[ę̧] atone est initial et libre. Il s'est affaibli en [ẹ] puis en [e̥], d'où *venons, tenons, cremons.*

© ARMAND COLIN. La photocopie non autorisée est un délit.

c) B3

Pour *venir* et *tenir*, la seule forme rencontrée dès les premiers textes est *vieng, tieng*, c'est-à-dire [víẹn̮], [tíẹn̮], forme non phonétique puisqu'à partir de *vĕnĭo, tĕnĕo*, on attendrait *[vin̮], *[tin̮] (avec une diphtongaison conditionnée de [ẹ́] suivi de [n̮] en [íẹn̮] puis, après la chute de la voyelle finale, le développement d'un [i̯] de transition devant la palatale et la formation d'une triphtongue de coalescence [íẹi̯] simplifiée ultérieurement en [i]). Le vocalisme de *vieng* et de *tieng* est dû à l'analogie des P2, 3 et 6.

■ ***Remarques sur l'évolution ultérieure :***

— *Venir* et *tenir* comportent toujours une alternance de bases mais différente de celle de l'ancien français. Dès l'ancien français, en effet, la P1 a reçu une base dépalatalisée [vyẽn], [tyẽn] (régression normale de [n̮] au XIIᵉ siècle). Ensuite, la dénasalisation partielle du XVIIᵉ siècle a donné naissance à une opposition nouvelle :

• aux P1, 2, 3, [yẽ], la consonne nasale en finale ayant disparu et la voyelle ayant conservé sa nasalité : [vyẽ], [tyẽ];

• à la P6, [yẹ], la consonne intervocalique s'étant conservée et la voyelle s'étant dénasalisée : [vyẹn], [tyẹn].

On a donc aujourd'hui une alternance [yẽ]/[oe]/[yẹ].

— *Cremir (criembre)* a été refait par analogie des verbes du type *plaindre, feindre*. Les formes fortes du présent de l'indicatif *criem, criens, crient, criement* se sont réduites à *crem, crens, crent, crement*. La ressemblance qui existait entre *plaing, plains, plaint... feing, feins, feint...*, d'une part, et *crem, crens, crent...*, d'autre part, a déterminé, dès l'ancien français, la réfection du paradigme de *cremir* sur ceux de *plaindre, feindre*. Le pluriel a alors été refait en *craignons, craignez, craignent*. Le verbe comporte toujours une alternance en français moderne : il *craint*/nous *craignons*.

1.2.2.3. [ẹ] entravé

▶ ***Exemples :*** *apeler, chanceler.*

Il s'agit là d'un cas un peu particulier puisque, la voyelle étant entravée, on attendrait un seul et même résultat qu'elle soit tonique ou non. Cependant, dans ces verbes, en position atone, la voyelle se trouve prétonique (et non initiale comme dans les verbes rencontrés jusqu'à présent).

Il s'agit de verbes à deux bases.

a) B2

En latin : *appĕ́llat, cancĕ́llat.*

[ẹ] tonique entravé se conserve inchangé, d'où [apẹlə̥], [tšãntsẹlə̥] (*apele, chancele*).

b) B1

En latin : *appĕllámus, cancĕllámus.*

[ẹ] atone est prétonique et entravé : le rôle conservateur de l'entrave fait que la voyelle s'affaiblit seulement (au lieu de disparaître) en [ə̥], d'où [apə̥lõns], [tšãntsə̥lõns].

■ ***Remarque sur l'évolution ultérieure :*** les deux verbes ont conservé leur alternance : [ę]/[œ]. Il faut noter toutefois la tendance qui s'est manifestée après la simplication de la géminée [ll], à savoir l'effacement de la voyelle prétonique devenue libre, tendance largement réalisée aujourd'hui : nous [aplõ], vous [aplẹ].

1.2.2.4. [ę] suivi d'une consonne palatale

► ***Exemples :*** *proiier, proisier.*

Il s'agit de verbes à deux bases.

a) B2

En latin : *prĕ́cat, prĕ́tĭat.*

— Cas de *prĕ́cat* : [ę] tonique est libre au début du IIIᵉ siècle ; il diphtongue en [íę]. La diphtongue s'est trouvée par la suite (après la vocalisation du [y] issu de l'évolution du [k] intervocalique) devant un [i̯], avec lequel elle a formé une triphtongue de coalescence [íẹi̯]. La triphtongue s'est réduite à [i], d'où [pRię].

— Cas de *prĕ́tĭat* : au IIIᵉ siècle, [ę] tonique est devant un [i̯] (développé devant la demi-palatale [t'] issue de la palatalisation de [t] par [y] au IIᵉ siècle). Il a donc pu diphtonguer spontanément en [íę] et la triphtongue obtenue avec le [i̯] de transition s'est simplifiée ultérieurement en [i], d'où [pRidzę] *(prise).*

b) B1

En latin : *prĕcámus, prĕtĭámus.*

[ę] inaccentué est initial. Il va former avec le [i̯] subséquent une diphtongue de coalescence [ẹi̯], qui évoluera ensuite normalement jusqu'à [wẹ] (XIIIᵉ siècle), d'où [pRwẹõns], [pRwẹyẹs], [pRwẹzõns], [pRwẹzyẹs] (*proions, proiiez; proisons, proisiez*).

■ ***Remarque sur l'évolution ultérieure :*** pour les deux verbes, c'est la B2 qui a été conservée. Ils ne comportent donc plus d'alternance aujourd'hui : il *prie/* nous *prions*, il *prise/* nous *prisons*. Aux P4 et 5 de *prier*, il s'est développé un [y] de transition entre *pri-* et le morphème de personne : [i-õ], [i-ẹ] > [iyõ], [iyẹ].

1.2.3. Verbes latins à voyelle radicale [ẹ] (ē ou ĭ class.)

1.2.3.1. Cas général

► ***Exemples :*** *veoir, devoir, croire, peser, -cevoir, boivre.*

Tous ces verbes comportent deux bases.

a) B2

En latin : *vĭ́det, dḗbet, crḗdit, pḗ(n)sat, -cĭ́pit, bĭ́bit.*

[wẹ] a deux origines possibles.

— L'évolution de [ẹ] tonique libre pour l'ensemble des P1, 2, 3 et 6 pour *croire, peser, -cevoir, boivre,* et pour les P2, 3, 6 de *veoir* et *devoir.*

— L'évolution de [ẹ] + palatale pour la P1 de *veoir* et *devoir.*

Dans le premier cas, [ẹ] tonique libre a diphtongué spontanément en [ẹ́i] (au VIᵉ siècle) pour aboutir à [wẹ] au début du XIIIᵉ siècle : *voit, doit, croit, poise, -çoit.*

© ARMAND COLIN. La photocopie non autorisée est un délit.

Dans le second cas, [ẹ] tonique était suivi d'un phonème palatale [yy], qui l'a empêché de diphtonguer. La simplification puis la vocalisation de [yy] en [i̯] a donné une diphtongue de coalescence [ẹi̯] dont l'évolution a été identique à celle de [ei̯] issue de [ẹ] tonique libre, d'où [wẹ] : *voi, doi*[26].

b) B1

En latin : *vĭdḗmus, dēbḗmus, crēdĭ́mus, -cĭpĭ́mus, bĭbĭ́mus.*

[ẹ] inaccentué est initial et libre. Il s'affaiblit jusqu'en [ə] (XIe siècle) : *veons, devons, creons, pesons, -cevons, bevons.*

■ ***Remarques sur l'évolution ultérieure :***

— *Devoir* et *-cevoir* : ils ont conservé leur alternance, aujourd'hui [wa]/[œ].

— *Voir* et *croire* : il y a eu généralisation de la B2; dès le XIIIe siècle, nous rencontrons à côté des formes étymologiques en [ə] *voions, voiez / croions, croiez*; quant au français moderne, *voyons, voyez / croyons, croyez*, deux explications peuvent en être proposées : ou bien un [y] de transition est venu faciliter la prononciation en réduisant l'hiatus, ou bien il y a eu l'influence du subjonctif présent (les deux hypothèses ne s'excluent pas).

— *Peser* : il y a d'abord eu généralisation de B1, d'où [pəzə]. Mais, au XVIIe siècle, [œ] labialisé sous l'accent a cédé la place à [ę], d'où, en français moderne, un verbe qui présente une alternance, mais du type [ę]/[œ].

— *Boire* : ce verbe comporte toujours une alternance en français moderne mais avec une évolution de la B2 en [ü] : *buvons, buvez*. Sous l'influence des deux consonnes labiales [b] et [v], [ə] s'est labialisé de bonne heure (XIIe siècle), puis [œ] s'est fermé en [ü]; on en rencontre des occurrences dès le XIIIe siècle, mais c'est après bien des hésitations que l'usage actuel s'est fixé (Rabelais utilise encore *beuvons*).

1.2.3.1.1. [ẹ] + consonne nasale

▸ ***Exemple :*** *mener.*

Il s'agit d'un verbe à deux bases.

a) B2

En latin : *mĭ́nat.*

[ẹ] tonique et libre a diphtongué spontanément au VIe siècle puis a subi l'influence de la nasale, d'où en ancien français [ẽi̯] : [mẽi̯nə] *meine.*

b) B1

En latin : *mĭnā́mus.*

[ẹ] inaccentué est initial : il s'affaiblit en [ə] (XIe siècle), d'où [mənõns].

■ ***Remarque sur l'évolution ultérieure :*** l'alternance a été conservée : il [męn] / nous [mœnõ].

1.2.4. Verbes latins à voyelle radicale [ọ]

▸ ***Exemples :*** *pooir, rover, trover, morir, voloir, comportant tous trois bases; covrir, annoiier, qui comportent deux bases.*

1.2.4.1. *Pooir, trover, morir* + remarque sur *rover*

a) B2

En latin : **pŏ́tet, *trŏ́pat, *mŏ́rit.*

[ǫ] tonique et libre a diphtongué (IVe siècle) en [úǫ], pour aboutir à [ẅœ̣] (début du XIIIe siècle), d'où *puet* [pẅœ̣t], *trueve, muert.*

■ ***Remarque sur rover :*** la forme *rueve,* seule connue de l'ancien français, ne peut être totalement phonétique. Si le vocalisme ne pose pas de problème, il en va différemment du [v] : [g] intervocalique devant [a] aurait dû s'effacer (> **ruoet*). Le [v] est vraisemblablement analogique de *trover.*

b) B1

En latin : **pŏtémus, *trŏpámus, *mŏrímus.*

[ǫ] atone est initial et libre : il s'affaiblit en [ọ] puis en [u], d'où [puons] *poons, trovons, morons.*

■ ***Remarque sur rovons, rovez :*** comme la B2, la B1 est analogique (présence d'un [v]).

c) B3

Pour les quatre verbes, elle est en [ẅi].

— Pour *pooir* et *morir*, ce résultat est phonétique. [ẅi] provenant de l'évolution de [ǫ] tonique suivi d'une demi-palatale dans *[pǫ́ssyo] ou dans *[mǫ́Ryo][27].

— Pour *rover* et *trover*, il est analogique. En effet, *rŏ́go* aboutit phonétiquement à **rueu* (diphtongaison du [ǫ] tonique libre; chute de la vélaire [g] entre des voyelles vélaires, d'où [Rúǫọ]; conservation du [ọ] final comme troisième élément de triphtongue, différencié en [u̯] pour ne pas être assimilé par la diphtongue, d'où [Rúọu̯]; enfin, dissimilation de [úọu̯] en [úẹu̯]). À date prélittéraire, **rueu* a été refait en *ruis* d'après *puis.* Quant à **tropo*, il donne phonétiquement **truef* : il a cédé la place à *truis* par analogie de *ruis.*

■ ***Remarques sur l'évolution ultérieure :***

— *Pouvoir* a conservé une alternance radicale mais il faut noter trois points :

• à la P1, la développement, à côté de B3, de la forme [pœ̣s] (= B2), analogique des P2, 3, 6;

• l'apparition d'un [v] entre la base et le morphème personnel : elle s'est produite d'abord à l'infinitif (sous l'influence de *avoir*), puis a été étendue partout où l'on avait un hiatus, et donc aux P4, 5, 6 du présent de l'indicatif;

• à la P6, devant une consonne non muette, [œ̣] s'est ouvert en [œ̨] (XVIe-XVIIe siècle), d'où une opposition nouvelle : P1, 2, 3 / P6.

Aujourd'hui le verbe comporte donc quatre bases : [œ̣]/ [ẅi] (P1), [œ̣] (P2, 3), [u] (P4, 5), [œ̨] (P6).

— *Trouver :* il y a eu généralisation de la B1 à l'ensemble du paradigme.

— *Mourir* : le verbe ne comporte plus que deux bases, la P1 ayant été alignée sur les autres formes fortes.

— *Rover* : a disparu.

© ARMAND COLIN. La photocopie non autorisée est un délit.

1.2.4.2. Voloir

a) B2

En latin : **vǒlet* (pour le latin classique *vult*).

[ǫ] tonique et libre a diphtongué spontanément en [úǫ], puis l'évolution s'est poursuivie jusqu'en [úẹ] (XIe siècle) ; mais la vocalisation de [l], consonne finale de la base, a donné naissance à une triphtongue [úẹu̯] qui, derrière une labiodentale, s'est simplifiée en [ẹ́u̯] (assimilation par la consonne antécédente). [ẹu̯] a évolué ensuite comme [ẹ́u̯] issu de [ǫ́] tonique libre, d'où [œ̣] dès le XIIe siècle : [vœ̣t] *veut.*

■ ***Remarque :*** à la P6, [l] étant devant voyelle ne se vocalise pas ; le résultat attendu est donc [vẅœ̣lə̣nt], forme attestée mais le plus souvent remplacée, par analogie des P2, 3, par [vœ̣lə̣nt].

b) B1

En latin : **vŏlémus* (classique *volumus*).

[ǫ] initial et libre s'affaiblit jusqu'en [u] [vulõns] *volons.*

c) B3

En latin : **vǒlĕo* (pour le classique *volo*).

[ǫ] tonique a diphtongué de façon conditionnée devant [l̮] (palatalisation du [l] par [y] au IIe siècle) en [úǫ] ; le résultat de l'évolution est donc [ẅœ̣], mais, comme à la P6, cette forme a pu laisser la place à [œ̣] par analogie des P2 et 3 : [vœ̣l̮] avec des graphies variées (*veil, voil, vueil*).

■ ***Remarque sur l'évolution ultérieure :*** *vouloir* conserve une alternance de bases, mais différente de celle de l'ancien français : pour la P1, la forme *veus* (dépalatalisée et pourvue d'un *-s* final) s'est imposée, d'où, aujourd'hui *veux;* [œ̣] est resté fermé aux P1, 2, 3, devant consonne muette et s'est ouvert en [œ̨] à la P6, devant [l].

1.2.4.3. Covrir

Ce verbe comporte deux bases.

a) B2

En latin : *cǒp(e)rit.*

[ǫ] tonique libre diphtongue spontanément en [úǫ] pour aboutir à [ẅœ̣] (*cf. pooir, trover, morir*) : [kẅœ̣vRə̣] *cuevre.*

b) B1

En latin : *cŏp(e)rímus.*

[ǫ] atone initial s'affaiblit jusqu'en [u] : [kuvRõns] *covrons.*

1.2.4.4. Annoiier

Il s'agit d'un verbe à deux bases.

a) B2

En latin : **inǒdĭat.*

[ǫ] tonique entravé par la palatale [yy] issue de l'assimilation de [d] par [y] dans le groupe [dy], a subi une diphtongaison conditionnée en [úǫ] ; ensuite, l'évolution a été identique à celle décrite à propos de la B3 de *pooir* ou de *morir* (*cf.* 1.2.4.1.c), d'où [ãnẅiə̣] *annuie, ennuie.*

b) B1

En latin : **inŏdĭámus.*

[ǫ] inaccentué est traité comme initial. Après la vocalisation du [y] subséquent en [i̯], on obtient une diphtongue de coalescence [ọi̯], qui évolue jusqu'en [wẹ] : [ãnwẹõns] *annoions, ennoions.*

■ ***Remarque sur l'évolution ultérieure :*** il y a eu généralisation de la B2 en [ẅi]. De plus, à la P4, il s'est développé un phonème de transition [y] entre la base et la marque de personne : [ãnẅiyõ] (analogie de la P5, où le [y] était étymologique).

ANNEXE : pour terminer sur les verbes à voyelle radicale [ǫ], il faut évoquer le cas de *demorer.* En latin, la voyelle radicale était [ŏ] (*demorari*) : *demŏrior, demŏraris, demŏratur...* Comme pour l'ensemble des verbes déponents, la conjugaison a été refaite : l'infinitif est devenu **demorare,* le présent de l'indicatif **demoro, *demoras, *demorat...* Toutefois, l'évolution s'est faite comme si la voyelle de la base avait été [ō] : en effet, dès les premiers textes, on ne trouve qu'un vocalisme [ọu̯] (*demoure*), qui aboutit vers le milieu du XIIe siècle à [œ̣] ([dəmœ̣Rə]). La B1, quant à elle, ne pose pas de problème : que l'on ait en latin un [ŏ] ou un [ō] initial, le résultat est le même en français, à savoir [u] : [dəmuRõns] *demorons.* Ultérieurement, ce verbe n'a conservé que sa B2, [œ̣] s'étant simplement ouvert en [œ̨] devant consonne non muette.

1.2.5. Verbes latins à voyelle radicale [ọ]

▸ ***Exemple :*** *plorer* ([pluReR]). Il comporte deux bases

a) B2

En latin : *plṓrat.*

[ọ] tonique libre a diphtongué spontanément en [ọ́u̯] (VIe siècle), pour aboutir à [œ̣] au XIIe siècle : [plœ̣Rə]

b) B1

[ọ] atone initial s'affaiblit en [u] (début du XIIe siècle) : [pluRõns].

■ ***Remarque sur l'évolution ultérieure :*** il y a eu généralisation de la B2 avec une ouverture de [œ̣] en [œ̨] devant une consonne non muette.

1.2.6. Verbes à alternance syllabique

Ces verbes comportent tous deux bases. À la différence de ce qui se passe pour les verbes à alternance vocalique, ici la voyelle radicale ne change pas de timbre lorsqu'elle est inaccentuée, elle s'efface.

▸ ***Exemples :*** *parler, mangier.*

a) B2

En latin : **paráulat, mandúcat.*

[au] et [u] sont accentués; ils évoluent normalement, [au] se simplifiant en [ǫ] (fin du Ve - début du VIe siècle), [ü] s'antériorisant en [ü] (VIIIe siècle), d'où [paRǫlə], [mãndžüə].

© ARMAND COLIN. La photocopie non autorisée est un délit.

b) B1

En latin : **paráulámus, mandūcámus.*

En position prétonique libre, [au] comme [u] s'effacent d'où, en ancien français, [paRlõns], [mãndžõns].

■ ***Remarque :*** c'est selon un processus identique que **adratiónat* et **adrationámus* aboutissent respectivement à *araisone* et *araisnons*, *adjútat* et *adjutámus* à *aiue* et *aidons*, **disjúnat* et **disjunámus* à *desjune* et *disnons*.

Ultérieurement, *parler, manger, araisonner* et *aider* ont vu la généralisation de leur B1. En revanche, *desjune* et *disnons* ont donné naissance à deux verbes distincts (les infinitifs correspondants existaient d'ailleurs dès l'ancien français).

1.2.7. Les verbes «atypiques»

1.2.7.1. Avoir

En latin classique : *hábĕo, hábes, hábet, habémus, habétis, hábent.*

a) Les P1, 2, 3, 6 ont commencé à se réduire dès le latin classique. À la P1, en effet, après la fermeture du *ĕ* en [y], la forme obtenue, *[abyo], a perdu sa consonne [b], d'où *[ayyo], avec la gémination du [y] en position intervocalique.

On explique cette chute par un phénomène d'usure dû à l'emploi très fréquent du verbe[28].

Les P2, 3 et 6 ont perdu également leur consonne labiale à l'étape [β] (IIe siècle). [aβes] > [aes], [aβet] > [aet] ; à la P6, avant la disparition du [β], sous l'influence de *esse (sunt)*, la terminaison *-unt* s'est substituée à *-ent*, [aβunt] s'est donc réduit à [aunt].

*[aes], *[aet] se sont simplifiés en [as], [at]. [aunt] s'est conservé jusque dans la seconde moitié du Ve siècle, puis la diphtongue s'est réduite normalement en [ọ].

b) Les P4 et 5 ont connu une évolution différente : [b] s'est maintenu, passant progressivement à [β] puis à [v] (2e moitié du IIIe siècle).

1.2.7.2. Estre

En latin classique : *súm, és, ést, súmus, éstis, súnt.*

a) La P1 pose un problème, [ŭ] latin n'aboutissant pas spontanément à [ui̯] en français. Il faut supposer une réfection vulgaire en [súyyo], analogique de [áyyo]. La présence du [y] aurait alors empêché l'ouverture du [u] en [ọ][29]. La simplification et la vocalisation du [yy] en [i̯] (après la fin du IXe siècle) aurait donné naissance à la diphtongue [ui̯] (ancien français [üi̯]), d'où *sui.*

b) Les P2 et 3 *es* et *est* se sont conservées sans changement. Il faut seulement noter l'existence, pour la P2, d'une forme *ies*, due au traitement de la voyelle en position tonique. Mais l'analogie de *est* a favorisé l'abandon de la forme diphtonguée.

c) Aux P4, 5 et 6, les bases [sõ], [ęst], [sõ] sont phonétiques.

1.2.7.3. Aller

Le paradigme du présent de *aller* doit ses formes à deux verbes latins : **alare*, dû sans doute à une réduction de *ambulare,* et *vadere.* Le premier est à l'origine des P4 et 5, le second à l'origine des P1, 2, 3 et 6.

a) P4 et 5 : **alámus* et **alátis > alons, alez* avec une conservation sans modification du [a] initial et de la liquide subséquente.

b) P1 : *vádo* aboutit normalement à **vao*, puis par réduction à **vo*. La forme *vois*, seule attestée dès les premiers textes, ne peut être qu'analogique (du verbe *avoir*).

c) P2 et 3 : deux formes sont en concurrence en ancien français *vais, vas, vait, va.* Les formes à diphtongue [vai̯s], [vai̯t] semblent être les plus anciennes, issues de *vádis* et *vádit*[30].

d) P6 : *vont* s'explique à partir de *vádunt*, l'effacement de la consonne intervocalique ayant donné naissance à une diphtongue [au], simplifiée en [ǫ][31].

1.2.7.4. Faire

En latin classique : *fácĭo, fácis, fácit, facĭmus, facĭtis, *fácunt.*

a) P1 : la base [fats] s'explique par le traitement du groupe [ky]. La palatale [k] a assuré l'entrave du [a] tonique, qui n'a donc pas pu diphtonguer et s'est conservé intact.

b) P2, 3, 4, 5 : [k] intervocalique et suivi de [i] n'a abouti qu'à une demi-palatale, avec, pour conséquence, le développement d'un [i] de transition et la formation d'une diphtongue de coalescence [ai̯], d'où *faiz, fait, faimes, faites.*

c) P6 : la chute du [g] (< [k]) intervocalique devant voyelle vélaire a donné naissance à la diphtongue [au], réduite, ici encore, en [ǫ].

2. Le présent du subjonctif

Étant donné que dans la plupart des cas les présents de l'indicatif et du subjonctif s'engendrent sur une même base, nous nous contenterons de souligner ici les différences qui peuvent apparaître pour certains verbes.

2.1. Étude synchronique

On peut reprendre le classement utilisé pour l'indicatif, à partir du nombre de base(s) que possède le verbe dans ce tiroir.

2.1.1. Les verbes à une seule base

Le subjonctif se construit sur la même base que l'indicatif.

► ***Exemples :***

— *Chanter : chant, chanz, chant, chantons, chantez, chantent.*

— *Demander : demant, demanz, demant, demandons, demandez, demandent.*

— *Sauver : sauf, saus, saut, sauvons, sauvez, sauvent.*

— *Battre : batte, battes, batte, battons, battez, battent.*

© ARMAND COLIN. La photocopie non autorisée est un délit.

2.1.2. Les verbes à deux bases

2.1.2.1. Verbes à alternance vocalique

Le subjonctif se construit de manière générale sur les deux mêmes bases que l'indicatif.

▸ ***Quelques exemples :***

— *Amer : aim, ains, aint, aiment* (vocalisme [ẽ̞i̯]) *vs amons, amez* (vocalisme [ã]).

— *Ferir : fiere, fieres, fiere, fierent* (vocalisme [yẹ]) vs *ferons, ferez* (vocalisme [e̥]).

— *Cremir : crieme, criemes, crieme, criement* (vocalisme [yẽ]) vs *cremons, cremez* (vocalisme [e̥]).

— *Croire : croie, croies, croie, croient* (vocalisme [wẹ]) vs *creons, creez* (vocalisme [e̥]).

— *Proiier : pri, pris, prit, prient* (vocalisme [i]) vs *proions, proiiez* (vocalisme [wẹ]).

— *Movoir : muef, mueves, mueve, muevent* (vocalisme [ẅœ̣]) vs *movons, movez* (vocalisme [u]).

■ ***Remarque*** sur le cas des verbes dont seule la P1 s'oppose au reste du paradigme :

Le subjonctif est construit tout entier sur la B3 (P1).

— *valoir : vaille, vailles, vaille, vaillons, vailliez, vaillent.*

— *Oïr : oie, oies, oie, oions, oiiez, oient.*

— *Donner : doigne, doignes, doigne, doignons, doigniez, doignent / doinse, doinses, doinse, doinsons, doinsiez, doinsent.*

■ ***Remarque sur devoir et veoir :*** leur subjonctif est construit tout entier sur la B2 : *doie, doies, doie, doions, doiiez,doient; voie, voies, voie, voions, voiiez, voient.*

2.1.2.2. Verbes à alternance syllabique

Le subjonctif se construit sur les mêmes bases que l'indicatif.

▸ ***Exemples :***

— *Parler : parol, parous, parout, parlons, parlez, parolent.*

— *Aidier : aiu, aiuz, aiut, aidons, aidiez, aident.*

2.1.3. Verbes à trois bases

a) Tout le paradigme est construit sur la B3

C'est le cas le plus fréquent.

▸ ***Exemples :***

— *Manoir : maigne, maignes, maigne, maignons, maigniez, maignent.*

— *Pooir : puisse, puisses, puisse, puissons, puissiez, puissent.*

— *Haïr : hace, haces, hace, haçons, haciez, hacent.*

b) Les P1, 2, 3 et 6 sont construites sur la B3, les P4 et 5 sur une base différente (= B4)

▸ ***Exemples :***

— *Venir : viegne* ([vyẽn̥-]), *viegnes, viegne, vegnons* ([ve̥n̥-]), *vegniez, viegnent.*

— *Tenir : tiegne tiegnes, tiegne, tegnons, tegniez, tiegnent.*
— *Voloir : vueille* ([vœ̣l̯-]), *vueilles, vueille, voillons* ([vul-]), *voilliez, vueillent.*
— *Morir : muire, muires, muire, morons* ([muR-]), *moriez, muirent.*

c) Tout le paradigme est construit sur une B4

C'est le cas du verbe *savoir* : *sache, saches, sache, sachons, sachiez, sachent* (base [satš-]).

2.1.4. Verbes « atypiques »

2.1.4.1. Estre

soie, soies, soie, soions, soiiez, soient (base soi-).

2.1.4.2. Avoir

aie, aies, aie, aions, aiiez, aient (base ai-).

2.1.4.3. Faire

face, faces, face, façons, faciez, facent (base [fats-]).

2.1.4.4. Aller

voise, voises, voise, voisons, voisiez, voisent (base vois-).

2.2. Étude diachronique

Nous insisterons ici sur les phénomènes qui n'ont pas été abordés dans l'étude sur le présent de l'indicatif ; pour le reste, nous nous bornerons à rappeler les étymons du subjonctif présent.

2.2.1. Verbes latins à voyelle radicale [a]

2.2.1.1. Cas général

— *Haïr < *hátya, *hátyas, *hátyat...* Comme à l'indicatif, c'est l'analogie du verbe *faire* (*fáciam, fácias...*) qui explique le résultat [ats-].
— *Savoir < sápĭam, sápĭas, sápĭat...* La base [satš-] provient de l'évolution du groupe labiale + [y].
— *Paroir < párĕam, párĕas, párĕat... Cf.* l'étude de la B3 (1.2.1.1.c.)

2.2.1.2. [a] + nasale

— *Amer < ámem, ámes, ámet, amémus, amétis, áment.*
— *Clamer < clámem, clámes, clámet, clamémus, clamétis, cláment.*
— *Manoir < mánĕam, mánĕas, mánĕat... Cf.* l'étude de la B3 (1.2.1.2. c.)

© ARMAND COLIN. La photocopie non autorisée est un délit.

2.2.1.3. [a] + [l]

— *Valoir < válĕam, válĕas, válĕat... Cf.* l'étude de la B3 (1.2.1.3. c.)
— *Fallir < fállĭam, fállĭas, fállĭat... Cf.* l'étude de la B3 (1.2.1.3. c.)
— *Salir < sálĭam, sálĭas, sálĭat... Cf.* l'étude de la B3 (1.2.1.3. c.).

2.2.1.4. [a] + [n̯]

Plaindre < plángĕam, plángĕas, plángĕat... Cf. l'étude de la B3 (1.2.1.4. c.).

2.2.1.5. [a] précédé d'une palatale

Cheoir < cádĕam, cádĕas, cádĕat... : on attendrait, à partir de ces formes, une base **chi* [tši]. Toutefois, comme au présent de l'indicatif, on ne rencontre dès les premiers textes que la base *chié : chiée, chiées, chiée...*

2.2.1.6. [a] + palatale

Plaisir < plácĕam, plácĕas, plácĕat... Cf. l'étude de la B3 (1.2.1.6.).

2.2.2. Verbes latins à voyelle radicale [ę]

2.2.2.1. Cas général

— *Querre < *quḗram, *quḗras, *quḗrat, *quĕrámus, *quĕrátis, *quḗrant.*
— *Ferir < fḗrĭam, fḗrĭas, fḗrĭat...* La base obtenue à partir de ces formes devrait être **fir*, mais, comme à l'indicatif, la seule base attestée dès les premiers textes est *fier* (analogique de B2).
— *Lever < lḗvem, lḗves, lḗvet, lĕvémus, lĕvétis, lḗvent.*
— *Grever < *grḗvem, *grḗves, *grḗvet, *grĕvémus, *grĕvétis, *grḗvent.*

2.2.2.2. [ę] + nasale

— *Cremir < *crḗmam, *crḗmas, *crḗmat, *crĕmámus, *crĕmátis, *crḗmant.*
— *Tenir < tḗnĕam, tḗnĕas, tḗnĕat, tĕneámus, tĕneátis, tḗnĕant* : les P1, 2, 3 et 6 ont une B3 [tyẽn̯]. Comme à l'indicatif, elle est le résultat d'une réfection à date prélittéraire de *[tin̯]. Les P4 et 5 présentent une B4 [tẹn̯] ; à la différence de celle des P4 et 5 de l'indicatif, elle est palatalisée ([n̯] étant issu du groupe latin [ny]).
— *Venir < vḗnĭam, vḗnĭas, vḗnĭat...* L'évolution a été identique à celle de *tenir*.

2.2.2.3. [ę] entravé

Apeler < appḗllem, appḗlles, appḗllet, appĕllémus, appĕllétis, appḗllent : le subjonctif est formé sur les deux mêmes bases que l'indicatif; cependant, aux P2 et 3, la chute de la voyelle finale et la mise en contact du [l] de la base et des consonnes désinentielles *-s* et *-t* a fait apparaître une variante de la base : *apiaus, apiaut.*

2.2.2.4. [ẹ] + palatale

— *Proiier < prĕ́cem, prĕ́ces, prĕ́cet, prĕcémus, prĕcétis, prĕ́cent.*
— *Proisier < prĕ́tĭem, prĕ́tĭes, prĕ́tĭet, prĕtiémus, prĕtiétis, prĕ́tient* d'où [pRits], [pRits], [pRist], [pRwẹzõns], [pRwẹzyẹs], [pRizẹ̥nt].

2.2.3. Verbes latins à voyelle radicale [ẹ]

2.2.3.1. Cas général

— *Croire < crḗdam, crḗdas, crḗdat, crēdámus, crēdátis, crḗdant.*
— *Veoir < vĭ́dĕam, vĭ́dĕas, vĭ́dĕat, vĭdĕámus, vĭdĕátis, vĭ́dĕant* : le subjonctif est construit tout entier sur la B2 ([wẹ]). Aux six personnes, en effet, le groupe [dy] a abouti à [yy], qui une fois simplifié et vocalisé en [i̯], s'est combiné avec le [ẹ] antécédent, que celui-ci soit tonique ou non (lorsqu'il était tonique, il n'a pas pu diphtonguer en raison de la présence du [yy]).
— *Devoir < dḗbĕam, dḗbĕas, dḗbĕat, dēbĕámus, dēbĕátis, dḗbĕant* : le subjonctif, ici encore, est construit tout entier sur la B2 ([wẹ]). Comme à la P1 de l'indicatif, le groupe [by] a évolué par analogie de [abyo] en [yy] ([dẹ́yya], [dẹ́yyas], [dẹ́yyat]...). Le processus a été ensuite identique à ce que nous venons de voir pour le verbe *veoir.*

2.2.3.2. [ẹ] + nasale

Mener < mĭ́nem, mĭ́nes, mĭ́net, mĭnémus, mĭnétis, mĭ́nent.

2.2.4. Verbes latins à voyelle radicale [ǫ]

— *Pooir, rover, trover, morir :* le subjonctif présent est entièrement construit sur la B3. Pour *pooir* et *morir*, l'évolution a été phonétique à partir de *[pǫ́ssyam], *[pǫ́ssyas], *[pǫ́ssyat]..., *[mǫ́Ryam], *[mǫ́Ryas]... Elle a été identique à ce qui s'est passé à l'indicatif (*cf.* 1.2.4.1. c). Pour *rover* et *trover*, l'évolution a été analogique, comme à l'indicatif.
— *Voloir* : à l'origine, seules les P1, 2, 3, 6 sont construites sur la B3 ([vœl̯]), qui s'explique phonétiquement à partir de *vŏ́lĕam, vŏ́lĕas, vŏ́lĕat, vŏ́lĕant.* Les P4 et 5 sont formées sur une B4 ([vul̯]), phonétique également ([ǫ] atone initial s'est affaibli en [u] ; [l̯] provient du groupe latin [ly]).
— *Annoiier < *inŏ́dĭe, *inŏ́dĭes, *inŏ́dĭet, *inŏdĭémus, *inŏdĭétis, *inŏ́dĭent.*

2.2.5. Verbes latins à voyelle radicale [ọ]

Plorer < plṓrem, plṓres plṓret, plōrémus, plōrétis, plṓrent.

2.2.6. Verbes à alternance syllabique

Leur subjonctif présent est construit sur les deux mêmes bases que l'indicatif :
— *Parler < *parā́ulem, *parā́ules, *parā́ulet, *parāulémus, *parāulétis, *parā́ulent.*
— *Aidier < adjū́tem, adjū́tes, adjū́tet, adjūtémus, adjūtétis, adjū́tent.*

© ARMAND COLIN. La photocopie non autorisée est un délit.

— *Araisoner* < **adratiṓnem, *adratiṓnes, *adratiṓnet, *adratiōnḗmus, *adratiōnḗtis, *adratiṓnent.*

— *Mangier* < *mandū́cem, mandū́ces, mandū́cet, mandūcḗmus, mandūcḗtis, mandū́cent.*

■ ***Remarque :*** les formes du subjonctif présent de ce verbe en ancien français (*manjue, manjues, manjue...*) ne peuvent pas être phonétiques. En effet, alors qu'à l'indicatif [g] issu de la sonorisation de [k] intervocalique s'est effacé normalement devant [a], au subjonctif, [k] a dû se palataliser devant [e], pour aboutir à [i̯t'] puis [i̯ts'] ; on attendrait donc un résultat du type [mãndžüi̯ts][32].

Notes du chapitre XIV

1. Cette forme ne semble pas attestée, pas plus que **traites* pour la P5.
2. Pour une étude synchronique plus approfondie des désinences, on pourra se reporter à N. Andrieux, E. Baumgartner, *Manuel du français du Moyen Âge...*, chap. II, p. 55 à 70, et chap. III, p. 85 à 90.
3. On peut rappeler la définition donnée par N. Andrieux et E. Baumgartner (*Manuel du français...*, p. 263) : « variante combinatoire vs variante libre : transformation morpho-phonologique affectant la réalisation d'un morphème dans un contexte phonétique déterminé ; la variante combinatoire est une transformation conditionnée par le contexte ».
4. À la différence des exemples précédents, nous donnons en regard de la P1 son étymon et non l'infinitif du verbe, l'évolution phonétique de *surgere* à *sordre* ayant fait disparaître la dorso-vélaire [g]. Le même phénomène s'est produit pour *plangere > plaindre.*
5. **Planc* a été remplacé à date prélittéraire par *plaing* sous l'influence des formes en *plain-*.
6. *Cf.* G. Joly, *Précis de phonétique...*, chap. VI, 2.2.2.2., p. 71.
7. Les P1, 2, 3, 6 de l'indicatif présent de *habere* ont commencé à se réduire dès le latin classique. À la P1, après la fermeture de *ĕ* en hiatus (*habeo* > *[abyo]), un phénomène d'usure dû à l'emploi fréquent de la forme a provoqué la chute du [b], d'où *[ayyo] ([y] latin se géminant automatiquement à l'intervocalique).

8. *Cf.* Les substantifs masculins, chap. II, 1.1.2.1.2.c.
9. Les groupes [ky], [ty] aboutissant dans le Nord et le Nord-Est à [tš] au lieu de [ts] ailleurs. *Cf.* C.T. Gossen, *Grammaire de l'ancien picard*, §39, p. 94; J. Chaurand, *Introduction à la dialectologie française*, p. 111-112.
10. Au contact de l'alvéolaire [s] ou de l'alvéodentale [t], la labiale recule jusque dans la zone alvéodentale, où se situe la nasale [n]. *Cf.* G. Joly, *Précis de phonétique...*, chap. VII, 2.2.1.1., p. 96.
11. Pour *soloir* et *coillir*, les formes à triphtongue sont bien attestées.
12. Cette seconde forme s'explique par la loi de Bartsch.
13. On pourra se reporter à P. Fouché, *Le Verbe français*, p. 189 et s. ; G. Moignet, *Grammaire de l'ancien français*, p. 61 ; G. de Poerck, *Les plus anciens textes de la langue française comme témoins de l'époque*, dans *Les anciens textes romans non littéraires, leur apport à la connaissance de la langue du Moyen Âge*, Colloque international organisé par le Centre de philologie et de littérature romane de l'Université de Strasbourg, 1961, Actes et Colloques, 1, p. 129-162.
14. *Cf.* G. Joly, *Précis de phonétique...*, chap. V, 2.4. Remarques, p. 56.
15. Le phénomène s'est produit également dans la désinence *-aba* de l'imparfait de l'indicatif des verbes du premier groupe ; *cf.* chapitre sur l'imparfait de l'indicatif : 2.1.2.2.b.
16. De la même façon que dans la diphtongue [aẹ] suivie d'une nasale, le segment [ẹ] s'est fermé jusqu'en [i] > [ai̯].
17. *Cf.* F. de la Chaussée, *Initiation à la morphologie...*, p. 122-123.
18. On attendrait une désinence atone du même type pour d'autres verbes comme *lire* ([légĭmus]) ou *destruire* (*[destRígĭmus]), mais une réfection a eu lieu pour ces verbes à date prélittéraire et seules les formes *lisons, destruisons* sont attestées.
19. *Cf.* F. de la Chaussée, *Initiation à la morphologie...*, p. 179.
20. Je rappelle simplement ici quelques exemples de ces transformations, qui ont été décrites plus longuement à propos du présent de l'indicatif, 2.1.1.
21. *Cf.* le chapitre sur Les transformations de la base aux cas en *-s* des substantifs et des adjectifs, 1.2.
22. Les autres verbes concernés ont disparu (*rover*) ou ont reçu une nouvelle base, pourvue d'un *-e (aille, trouve, donne).*
23. L'appartenance à un groupe plutôt qu'à un autre n'a aucune conséquence pour la base verbale. Nous avons affiné le classement afin de rendre le repérage des formes plus aisé.
24. Nous reprenons systématiquement la numérotation proposée par N. Andrieux et E. Baumgartner dans *Manuel du français...* ; *cf.* en particulier p. 44.
25. *Cf.* en particulier le chapitre sur les substantifs masculins, 2.2.1.
26. Rappel : la palatale est issue, pour *veoir,* du groupe [dy] latin intervocalique. En effet, dans [wĭ́dĕo], [ĕ] en hiatus s'est fermé en [y] dès le latin classique. Au premier siècle, la palatale a totalement assimilé la dentale, d'où [vẹ́yyo] (IIIe siècle). Pour *devoir*, la première phase de l'évolution a été identique : fermeture de [ĕ] dans dḗbĕo, d'où [dẹ́byo]. Mais, sous l'influence de hábĕo > [ábyo] > [áyyo], [dẹ́byo] a perdu sa consonne bilabiale et le [y] devenu intervocalique s'est géminé > [dẹ́yyo].
27. *Cf.* G. Joly, *Précis de phonétique...*, p. 92-193.
28. *Cf.* F. de la Chaussée, *Initiation à la morphologie...*, p. 180, et V. Väänänen, *Introduction au latin vulgaire*, p. 138, § 321.
29. *Cf.* F. de la Chaussée, *Initiation à la phonétique...*, p. 114, § 9.2.2.2.4.
30. Sur l'explication des P1, 2 et 3, *cf.* P. Fouché, *Le Verbe français*, p. 424-425, §221.
31. *Cf.* étude des désinences, 2.1.5.3.
32. *Cf.* F. de la Chaussée, *Initiation à la morphologie...*, p. 194.

© ARMAND COLIN. La photocopie non autorisée est un délit.

CHAPITRE XV

L'IMPÉRATIF

L'impératif présente une originalité par rapport au reste des modes personnels. Il ne comporte qu'un seul temps, le présent, à la différence du latin archaïque qui possédait aussi un futur; ce dernier était déjà peu utilisé en latin classique en dehors de quelques formules religieuses et juridiques c'est-à-dire d'emplois figés. D'autre part, il ne possède que trois personnes (P2, 4 et 5) ce qui est une de plus que le latin classique, où seules existaient les P2 et 5.

1. Étude synchronique

1.1. Paradigmes

Deux grands types de verbes s'opposent en ancien français :

TYPE 1

A

	chanter	oïr	mettre	faire	dire
P2	chante	o	met	fai	di
P4	chantons	oons	metons	faimes/ faisons	dimes/ dions, disons
P5	chantez	oez/oiiez	metez	faites	dites

	-duire[1]	fuir
P2	-dui	fui
P4	-duisons	fuions
P5	-duisez	fuiez...

B

	amer	tenir	seoir
P2	aime	tien	sié
P4	amons	tenons	seons
P5	amez	tenez	seez...

TYPE 2

	estre	avoir	voloir	savoir
P2	soie(s)	aie(s)	vueille(s)	sache(s)
P4	soions	aions	-	sachons/sachions
P5	soiez/soiiez	aiez/aiiez	vueilliez	sachiez

1.2. Commentaire

Deux remarques peuvent être faites à partir de ce tableau.

1.2.1. La quasi-totalité des verbes ont pour impératif les formes correspondantes de l'indicatif présent (type I). Quatre verbes ont pour impératif les formes du subjonctif présent (type II). Qu'il s'agisse de l'un ou de l'autre type, il existe cependant une différence notable entre l'impératif et les présents de l'indicatif ou du subjonctif : l'absence d'*-s* final à la P2.

cf.	Impératif	vs	Présent indicatif
	chante	vs	chantes
	aime	vs	aimes
	o	vs	oz
	met	vs	mez
	di	vs	dis…

C'est un peu moins vrai quand il s'agit des formes du subjontif présent puisque nous rencontrons *aies, soies, vueilles* et *saches* à côté de *aie, soie, vueille* et *sache*. Dans le cas du verbe estre, l'*-e* a même définitivement disparu, l'*-s* final se conservant alors, d'où *sois*.

1.2.2. Une autre sorte d'opposition apparaît entre :

a) des impératifs construits sur une seule base (B1)
— chanter : chant + Ø, chant + ons, chant + ez
— oïr : o + Ø, o + ons,o + ez
— mettre : met + Ø, met + ons, met + ez
— faire : fai + Ø, fai + mes/-sons, fai + tes
— dire : di + Ø, di + mes/-ons/-sons, di + tes
— duire : dui + Ø, dui + ons/-sons, dui + ez/-sez
— fuir : fui + Ø, fui + ons, fui + ez

Le système de ces impératifs est donc : B1 + Ø
B1 + ons/-mes
B1 + ez/-tes

b) des impératifs construits sur deux bases, avec une alternance P2 sur B2 (forte)/ P4 et 5 sur B1 (faible)

	B2	B1
amer	aime [ẹ̃i̯ mẹ̥]	amons [ãmõns], amez
tenir	tien [tĩen]	tenons [tẹ̥nõns], tenez
seoir	sié [síẹ]	seons [sẹ̥õns], seez…

La structure générale est : B2 + Ø
B1 + ons
B1 + ez

© ARMAND COLIN. La photocopie non autorisée est un délit.

2. Étude diachronique

2.1. Évolution du latin à l'ancien français

2.1.1. Les paradigmes latins

L'impératif est issu — pour la plupart des verbes — de l'impératif latin[2], au moins pour les P2 et 5, puisque elles seules existaient alors.

	P2	P5
cantare	canta	cantate
amare	ama	amate
tenere	tene	tenete
sedere	sede	sedete
audire	audi	audite
mittere	mitte	mittite
fugere	fuge	fugite
ducere	duc	ducite
facere	fac	facite
dicere	dic	dicite…

■ ***Remarques***

a) À la P5, l'impératif se distinguait toujours du présent du l'indicatif par l'absence du morphème personnel *-s*. Cette absence entraînant elle-même une différence de timbre pour la voyelle finale.

Impératif	vs	Présent de l'indicatif
cantate	vs	cantatis
tenete	vs	tenetis
audite	vs	auditis…

b) À la P2, l'impératif de distinguait de l'indicatif présent :

— par la même absence de morphème personnel qu'à la P5 :

Impératif	vs	Présent de l'indicatif
canta	vs	cantas
ama	vs	amas
audi	vs	audis
sede	vs	sedes
fuge	vs	fugis…

L'opposition supplémentaire que l'on note dans les verbes de la troisième conjugaison et de la conjugaison mixte (opposition dans la voyelle finale) disparaît lors de l'ouverture de [ĭ] en [ẹ] : *mitte* vs *mittis* > **mittes*

— par des formes différentes pour quelques verbes :

Impératif	vs	Présent de l'indicatif
dic	vs	dicis
fac	vs	facis
duc	vs	ducis

2.1.2. Évolution des désinences

2.1.2.1. À la P2

a) Dans les verbes de la première conjugaison, la P2 ne comportait pas de marque de personne. La voyelle finale de la base était [a] ; elle s'est conservée sous forme affaiblie de [e̥] en français :

canta > *chante* [tšãnte̥]

b) Dans les autres verbes, pas de marque de personne non plus. La voyelle finale de la base était *-e* ou *-i*, qui se sont effacés au VIIIe siècle Chaque verbe se termine donc en ancien français par une consonne ou une voyelle radicale :

met, tien, sié, o, fai...

Dans le cas d'une terminaison vocalique, la voyelle finale (radicale) pouvait être de deux types :

— primaire : elle s'est trouvée en finale absolue après la chute d'un ou plusieurs phonèmes subséquents.

seoir : sẹ́de > [síẹδe], *oïr : audi* > [ǫ́δi].

C'est à la suite de l'effacement du [e] ou du [i] final puis du [θ] (issu de [δ]) à la fin du IXe siècle que [íẹ] et [ǫ] se retrouvent en finale.

— secondaire : elle est due à la coalescence d'un [i̯] (< [y)) ou d'un [u̯] (< [w]) et d'une voyelle.

*fuir : *fugi* > [fuyyi] > [fuy] > [fui̯], *sivre : seque* > [seq^w^e] > [síẹɣwe] > [síẹwe] > [síẹu̯].

c) Cas des verbes *faire, dire* et *-duire*.

Les formes latines consonantiques *fac, dic* et *duc* ont pour continuateurs en ancien français *fai, di* et *dui*. Si *dic* a pu donner phonétiquement *di* (chute de la consonne finale), en revanche, à partir de *fac* et *duc* on attendrait **fa, *du*. L'hypothèse selon laquelle *fac, dic* et *duc* auraient été alignés dès le latin sur les autres verbes (> **face, *dice, *duce*) n'explique pas l'absence d'*-s* final, la palatalisation de [k] intervocalique suivi de *-e* devant aboutir à [ts] (*[fai̯ts], *[dii̯ts]/[*dits], *[düits]). Én fait, il est probable que *fai, di, dui* sont analogiques de l'indicatif présent des verbes concernés, avec l'opposition *-s/-Ø* qui différencie traditionnellement l'indicatif de l'impératif.

2.1.2.2. À la P5

a) La terminaison *-te* du latin a reçu à basse époque en Gaule un *-s* final, d'où *-tes* (l'*-s* étant de bonne heure ressenti comme caractéristique de la P2 du pluriel).

Parallèlement, le changement du système vocalique a entraîné l'ouverture de [ĭ] en [ẹ]. La désinence de l'indicatif présent passant de *-tis* à *-tes*, les terminaisons de l'impératif et de l'indicatif présent deviennent identiques.

b) En ancien français, la désinence de la P5 est pour presque tous les verbes *-ez* [ẹts]/-iez [íẹts], avec, en picard, les variantes *-és/-iés*, dues à l'affaiblissement précoce de [ts] final en [s][3]. Les quelques verbes qui font exception ont une terminaison atone *-tes* (*faites, dites*).

-ez/-iez n'est phonétique que dans les verbes du premier groupe, dont la voyelle désinentielle en latin était *-a* : *amatis* > [amẹts], *cogitatis* > [küidíẹts]. Dans tous

© ARMAND COLIN. La photocopie non autorisée est un délit.

les autres verbes, elle est analogique des verbes du premier groupe, *-etis* et *-itis* ne pouvant aboutir phonétiquement qu'à *[ẹi̯ts] et *[its], non attestés.

-tes des verbes *faire* et *dire* s'explique à partir des formes **facites, *dicites*, encore proparoxytons au milieu du IIIe siècle La voyelle finale s'est alors affaiblie en [ẹ] mais conservée ensuite jusqu'en français[4].

2.1.2.3. *À la P4*

La P4 n'existe pas en latin classique et il est difficile de dire avec exactitude à quelle époque elle est apparue. On peut seulement affirmer que c'est par suite de l'identité des P5 de l'impératif et de l'indicatif présent que la P4 de l'impératif a pris la forme de la P4 de l'indicatif présent.

L'ancien français connait deux désinences pour la P4 de l'impératif : *-ons* (tonique) et *-mes* (atone) ; cette dernière ne concernant que les verbes *faire* et *dire*.

La désinence *-ons* ne s'explique phonétiquement que pour les verbes du premier groupe, à partir du latin *-ámus*. Pour les autres verbes, elle provient de la généralisation de la désinence des verbes du premier groupe.

La désinence *-mes* s'explique à partir des anciennes formes proparoxytones *fácĭmus* et *dícĭmus*[5].

2.2. Évolution ultérieure

Le système de l'impératif a subi des transformations dès l'ancien français.

2.2.1. Adjonction d'un *-s* final à la P2 des verbes n'appartenant au premier groupe

C'est après l'adjonction d'un *-s* final à la P1 du présent de l'indicatif qu'il en est apparu un également à la P2 de l'impératif. L'analogie est sans doute due à la ressemblance des deux formes :

> *tiens, mets, fais, dis...*

Cette adjonction est due aussi vraisemblablement à l'analogie de la P2 des impératifs qui comportaient un *-s* étymologique (radical) comme *fenis, floris* ou bien un *-s* issu de la simplification de la mi-occlusive [ts], comme *plais, tais (< plaiz, taiz) crois, parois, connois (< croiz, paroiz, connoiz), cuis, luis, nuis (< cuiz, luiz, nuiz)*. Ce sont les verbes à terminaison *-i, -ai, -oi* et *-ui* qui ont été touchés les premiers par cette influence.

L'évolution a été lente puisque les formes sans *-s* ne sont définitivement éliminées que vers le milieu du XVIIe siècle Seul l'impératif de *aller* a conservé sa forme ancienne sans *-s* (sauf devant le pronom adverbial *y* suivi d'un infinitif, *cf.* « va*s*-y tout de suite » mais « va y jeter un coup d'œil »).

2.2.2. Le cas des verbes du premier groupe

Ils ont pu recevoir eux aussi un *-s* final à la P2. Il apparaît toutefois le plus souvent devant une initiale consonantique, ce qui laisse à penser qu'il n'était pas prononcé. La langue moderne n'a conservé cet *-s* que devant *y* et *en* (adverbe pronominal mais non préposition, *cf.* «penses-y», «parles-en à ton père» vs «parle en bon français, s'il te plaît!»).

2.2.3. Le cas des verbes *dire* et *faire*

Les désinences atones *-mes, -tes* sont concurrencées *par -ons, -ez (faions, faiez; dions, diez)* puis par des formes sigmatiques *en -sons, -sez (faisons, faisez; disons, disez)*, largement représentées dès le XIIe siècle, mais qui ne se sont imposées en définitive qu'à la P4.

Notes du chapitre XV

1. Nous trouvons cette forme comme base d'un certain nombre de dérivés : *conduire, déduire, réduire, séduire…*
2. Nous ne reviendrons pas ici sur l'évolution des impératifs issus du subjonctif présent, ce temps ayant été étudié par ailleurs *cf.* chapitre XIV.
3. Le même type d'évolution a été constatée pour le présent de l'indicatif *cf.* chapitre XIV, A. Le présent de l'indicatif et du subjonctif, les désinences, 2.1.4.4.
4. *Cf.* chapitre XIV, A, 2.1.4.3.
5. Pour l'étude détaillée de cette évolution, on se reportera à l'étude du présent de l'indicatif, chap. XIV, A, 2.1.3.1., 2.1.3.2., 2.1.3.3.

© ARMAND COLIN. La photocopie non autorisée est un délit.

CHAPITRE XVI

L'IMPARFAIT DE L'INDICATIF

1. La flexion

Si l'on met à part l'imparfait etymologique de *estre : (i)ere, (i)eres, (i)ert...*, la structure de ce tiroir est commune à tous les verbes :

Base + désinence

désinence = morphème d'imparfait + morphème de personne

1.1. La base

Elle est identique pour l'ensemble des six personnes : il s'agit de la base faible du verbe, attestée également à l'infinitif (= B1).

1.2. Les désinences

Elles se décomposent en un morphème de temps (il apporte l'information imparfait) et un morphème de personne.

1.2.1. Le morphème temporel

Il varie selon les personnes. De plus, pour les P1, 2, 3 et 6, il peut varier selon les dialectes et les groupes de verbes.

1.2.1.1. En français central (langue commune)

a) Aux P1, 2, 3, 6 : *-eie* > *-oie*

Quel que soit le verbe considéré et le groupe auquel il appartient. À la P3, *-eie* est attestée anciennement mais l'effacement précoce de *-e* final a ramené le morphème à *-ei-*.

b) Aux P4 et 5 : *-i*

Il s'agit d'une variante combinatoire du morphème *-ei-*, réduit à ces personnes en position atone.

1.2.1.2. Dans les dialectes de l'Ouest

a) Aux P1, 2, 3, 6.

— Pour les verbes n'appartenant pas au premier groupe, le paradigme est semblable à celui du français commun (*-eie-*), du moins à l'origine. À partir du début du XIIe siècle, une divergence se produit, l'Ouest ne différenciant pas la diphtongue [ẹi̯] en [ọi̯].

— Pour les verbes du premier groupe, le morphème d'imparfait est *-oue* > *-oe*. La réduction de *-oue* à *-oe* s'est effectuée dans le courant du XIIe siècle.

b) Aux P4 et 5

Le morphème est semblable à celui du français commun : *-i*.

1.2.1.3. Dans les dialectes de l'Est

Dans les parlers de l'Est, ce sont non seulement les verbes du premier groupe qui offrent une marque temporelle différente de celle du français commun, mais également les verbes à infinitif en *-ir*[1].

a) Aux P1, 2, 3, 6

— Pour les verbes du premier groupe : *-eve* (infinitif en *-er*) / *-ieve* (infinitif en *-ier*).

— Pour les verbes à infinitif en *-ir* : *-ive*.

— Pour les autres verbes : *-eie* > *-oie*.

b) Aux P4 et 5

Le morphème est identique à celui du français commun : *-i*.

1.2.2. Le morphème de personne

Pour tous les dialectes, pour tous les verbes, le paradigme est identique :

P1	-Ø
P2	-s
P3	-t
P4	-iens (ions)
P5	-iez
P6	-nt

1.3. La place de l'accent

Il porte toujours sur la désinence (nous avons noté que les six personnes étaient engendrées sur la base **faible** du verbe) mais se déplace du morphème de temps (P1, 2, 3, 6) au morphème personnel (P4 et 5).

cf. av -éie -Ø			
av -éie -s			
av -éi(e) -t			
av -éie -nt	vs	av -i -íens	
		av -i -íez	

■ ***Remarque :*** à partir de XIIIe siècle, la structure des P4 et 5 se réduit à B1 + morphème de personne, à la suite de la simplification de *-iiens* à *-iens (-ions)*, *-iiez* à *-iez; -iens (-ions), -iez* cumulent dès lors les deux fonctions de marques personnelle et temporelle.

© ARMAND COLIN. La photocopie non autorisée est un délit.

Le système de l'imparfait de l'indicatif peut être résumé sous forme d'un tableau :

a) Paradigme en français central

Pour tous les verbes

B1	+	éie	>	óie	+	Ø
B1	+	éie	>	óie	+	s
B1	+	éi(e)	>	ói	+	t
B1	+		i		+	íens
B1	+		i		+	íez
B1	+	éie	>	óie	+	nt

cf. ameie > -oie, ameies > -oies, amei(e)t > -oit, amiiens, amiiez, ameient > -oient.
dormeie > -oie, dormeies > -oies, dormei(e)t > -oit…
aveie > -oie, aveies > -oies, avei(e)t > -oit…

b) Paradigme des dialectes de l'Ouest

Verbes n'appartenant pas au premier groupe	Verbes du 1er groupe
B1 + éie + 0	B1 + óue > óe + Ø
B1 + éie + s	B1 + óue > óe + s
B1 + éi(e) + t	B1 + óu(e) > ó + t
B1 + i + íens	B1 + i + íens
B1 + i + íez	B1 + i + íez
B1 + éie + nt	B1 + oúe > óe + nt

cf. -amoue > oe, amoues > -oes, amou(e)t > -ot, amiiens, amiiez, amouent > -oent.
-dormeie, dormeies, dormeit, dormiiens, dormiiez, dormeient.
-aveie, aveies, aveit, aviiens, aviiez, aveient.

c) Paradigme des dialectes de l'Est

Verbes du premier groupe	Verbes à infinitif en *-ir*
B1 + éve/iéve + 0	B1 + íve + Ø
B1 + éve/iéve + s	B1 + íve + s
B1 + éve/iéve + (t)	B1 + íve + (t)
B1 + i + íens	B1 + i + íens
B1 + i + íez	B1 + i + íez
B1 + éve/íeve + nt	B1 + íve + nt

Autres verbes

B1 + éie > óie + Ø
B1 + éie > óie + s
B1 + éi(e) > ói + t
B1 + i + iéns
B1 + i + iéz
B1 + éie > óie + nt

cf. ameve, ameves, ameve(t), amiiens, amiiez, amevent.
mangieve, mangieves, mangieve(t), mangiiens, mangiiez, mangievent.
dormive, dormives, dormive(t), dormiiens, dormiiez, dormivent.
aveie > -oie, aveies > -oies, avei(e)t > -oit, aviiens, aviiez, aveient > -oient.

2. Explication

Le latin possédait trois types de désinences pour l'imparfait de l'indicatif :

-ā́bat : verbes de la première conjugaison (infinitif en *-ā́re, cf. amabat*)

-ḗbat : verbes de la deuxième conjugaison (infinitif en *-ḗre cf. habebat)*

verbes de la troisième conjugaison (infinitif en *-ĕre*, P1 du présent de l'indicatif en *-o, cf. legebat)*

-ĭḗbat : verbes de la quatrième conjugaison (infinitif en *-ī́re, cf. audiebat)*

verbes de la conjugaison mixte (infinitif en *-ĕre*, P1 du présent de l'indicatif en *-io, cf. capiebat)*

■ ***Remarque :*** dans le cas des verbes à infinitif en *-íre*, il existait à côté de *-iḗbat* une terminaison *-ī́bat*, refaite sur l'infinitif et probablement d'origine populaire. C'est elle qui s'est conservée dans le Sud et le Sud-Est de la Gaule et qui explique la désinence *-ive* des régions de l'Est.

Très tôt, la langue populaire a éliminé la terminaison *-iḗbat* en la réduisant à *-ḗbat* (ce qui correspond au phénomène général de la chute de [y] devant *-e* accentué). À partir de là, le latin ne possède plus que deux désinences principales :

-ā́bat pour les verbes du premier groupe

-ḗbat pour les autres verbes

2.1. *Évolution du latin au début du XIIe siècle*

2.1.1. En langue commune

Dès les premiers textes, les formes relevées témoignent d'une évolution à partir des désinences *-ḗba(m), -ḗbas, -ḗbat...* généralisées à tous les verbes, quel qu'en soit le groupe, à une date difficile à déterminer. Il faut donc partir du paradigme latin : *-eba(m), -ebas, -ebat, -ebamus, -ebatis, -ebant.*

Dès le IIe siècle, la désinence *-ḗba...* s'est réduite à **-ḗa*. La chute du *-b-* s'explique par un phénomène de dissimilation dans les imparfaits à base terminée par la même consonne *-b-*, comme *habébat, debébat, scribébat...* (en dépit de sa force articulatoire plus grande — il suit directement la voyelle accentuée dans un paroxyton — c'est le second *-b-* qui s'est effacé, le premier étant protégé par sa qualité de voyelle radicale) : **abḗat, *debḗat*, en raison de leur fréquence ont provoqué le passage de *-ḗbat* à **-ḗat* dans tous les autres verbes.

Le paradigme des désinences d'imparfait est donc aux IIe-IIIe siècles :
**ḗa, *ḗas, *ḗat, *eā́mus, *eā́tis, *ḗant.*

2.1.1.1. Évolution des personnes 1, 2, 3 et 6

Les points à signaler sont les suivants :

— La diphtongaison spontanée de [ẹ] tonique libre en [ẹi̯] (VIe siècle). Dans le cas d'une base palatalisée, on attendrait une diphtongaison conditionnée de la voyelle,

© ARMAND COLIN. La photocopie non autorisée est un délit.

avec pour résultat [i][2]. Si une forme en *-i* a jamais existé, elle a dû être refaite à date prélittéraire sur le modèle en [ẹi̯], puisqu'on n'en relève aucune trace en roman.

— L'affaiblissement du [a] final en [ə̥] (fin du VIe siècle).

— L'effacement du [ə̥] final devant [t] désinentiel à la P3 (sans doute dans le courant du VIIIe siècle).

D'où le paradigme attesté dès les premiers textes et jusqu'au début du VIIIe siècle : [ẹi̯ə̥], [ẹi̯ə̥s], [ẹi̯t], [ẹi̯ə̥nt].

— La différenciation de [ẹi̯] en [ọi̯] donnant naissance à : [ọi̯ə̥], [ọi̯ə̥s], [ọi̯t], [ọi̯ə̥nt].

2.1.1.2. *Évolution des personnes 4 et 5*

Les désinences des P4 et 5 sont dissyllabiques en ancien français, et notées *-iiens, -iiez* (ou *-ïens, -ïez*). Elles attestent le maintien de [ẹ] en hiatus dans [ẹ́amus], [ẹ́adis] alors qu'habituellement, dans cette position, [ẹ] s'est fermé en [y] (on aurait abouti, dans ce cas, à une désinence monosyllabique *iens, iez*). C'est sans doute parce que les deux voyelles se sont trouvées en hiatus tardivement (nous avons vu que c'est au IIe siècle que *-b-* s'est effacé) que la loi phonétique n'a pas joué.

En revanche, après la diphtongaison de [ẹ] en [ẹi̯] aux P1, 2, 3, 6, par analogie, il a dû se produire une sorte d'épenthèse avec le développement d'un [y] entre les deux voyelles, soit [ẹyámos], [ẹyádis]. C'est un phénomène important, puisque la présence de la palatale a conditionné l'évolution du [á] libre subséquent, qui a diphtongué selon la loi de Bartsch (d'où [ẹyí̯ẹmos], [ẹyí̯ẹδis]), mais aussi du [ẹ] antécédent, qui s'est fermé en [i] (vraisemblablement au IXe siècle) d'où [i(y)í̯ẹns], [i(y)í̯ẹts] c'est-à-dire [ií̯ẹns], [ií̯ẹts].

2.1.2. Dans les dialectes de l'Ouest

2.1.2.1. *Évolution des P4 et 5*

Elle a été semblable à celle de la langue commune pour tous les verbes (*cf.* 2.1.1.2.).

2.1.2.2. *Évolution des personnes 1, 2, 3, 6*

a) Verbes n'appartenant pas au premier groupe

L'évolution a été identique à celle de la langue commune, à partir d'un paradigme *-ẹ́ba, -ẹ́bas, -ẹ́bat, -ẹ́bant*, jusqu'au début du XIIe siècle Mais à cette étape, l'Ouest ne différencie pas [ẹi̯] en [ọi̯]. La graphie conserve *-ei-*.

cf. ♦ Mult se fas*eit* amer de tuz — *Guig*, 44

b) Verbes du premier groupe

Dans l'Ouest, il n'y a pas eu de généralisation du paradigme *-ẹ́ba, -ẹ́bas, -ẹ́bat, -ẹ́bant*. C'est donc du systèmr primitif *-ába, -ábas, -ábat, -ábant* qu'il faut partir. Toutefois, l'évolution est problématique et l'explication qui suit relève plus de l'hypothèse que de la certitude[3].

— [b] intervocalique s'affaiblit vers la fin du Ier s. en [β] > [áβa], [áβas], [áβat], [áβant].

— Avant la seconde moitié du IIIe siècle, époque où normalement, au contact de voyelles antérieures [β] se renforce en [v], [a] a dû se vélariser en [â], provoquant le passage de [β] à [w]. Ce phénomène local -cantonné à l'Ouest- reste sans explication. Il aboutit à [âwa], [âwas], [âwat], [âwant] (acquis dans le courant du IIIe siècle).

— Par la suite, le traitement est plus simple, avec la diphtongaison spontanée du [â] en [âǫ][4], simplifiée en [ǫ][5], l'affaiblissement du [a] final en [e̥], d'où [ǫ́we̥], [ǫ́we̥s], [ǫ́we̥t], [ǫ́we̥nt].

Au contact de deux voyelles [w] a dû se vocaliser en [u̯], qui a formé avec [ǫ] une diphtongue de coalescence > [ǫu̯e̥], [ǫu̯e̥s], [ǫu̯e̥t], [ǫu̯e̥nt].

Après l'effacement du [e̥] devant [t] à la P3, on obtient le paradigme constant dans les textes de l'Ouest jusqu'au XIIe siècle : [ǫu̯e̥], [ǫu̯e̥s], [ǫu̯t], [ǫu̯e̥nt] (*oue, oues, out, ouent*).

2.1.3. Dans les dialectes de l'Est

2.1.3.1. Évolution des 4 et 5

Elle est identique à ce qui se passe en langue commune ou dans les dialectes de l'Ouest.

2.1.3.2. Évolution des personnes 1, 2, 3, 6

a) Verbes du premier groupe

À partir du paradigme *-ába, -ábas, -ábat, -ábant*, on a eu une évolution phonétique normale :

— [b] intervocalique s'affaiblit en [β] (Ier/IIe siècles) puis se raffermit avant la fin du IIIe siècle en [v].

— [á] libre diphtongue spontanément, d'où [ẹ] en ancien français.

— [a] final s'affaiblit en [e̥] derrière lequel [t] s'amuït vers la fin du IXe siècle.

D'où [ẹve̥], [ẹve̥s], [ẹve̥], [ẹve̥nt].

■ ***Remarque :*** dans le cas d'une base palatalisée, [á] a subi la loi de Bartsch, le résultat étant alors [íẹ] ([íẹve̥], [íẹve̥s]…).

b) Verbes à infinitif en *-ir*

À partir du paradigme **-íba, *-íbas, *-íbat, *-íbant*, l'évolution a également été normale : conservation sans changement du [i] tonique, passage de [b] à [v], affaiblissement du [a] final en [e̥] et effacement du [t] final.

D'où [ive̥], [ive̥s], [ive̥], [ive̥nt].

c) Autres verbes

L'évolution s'est faite à partir de *-éba, ébas, ébat, ébant*, selon le processus déjà décrit (*cf.* 2.1.1.1.). Comme en français central, il y a eu différenciation de [ẹi̯] en [ọi̯] au début du XIIe siècle.

© ARMAND COLIN. La photocopie non autorisée est un délit.

2.2. *Transformations du système à partir du XIIe siècle*

2.2.1. Les désinences

2.2.1.1. Les personnes 4 et 5

L'évolution a été commune à tous les verbes et à tous les dialectes. Trois points sont à signaler :

— L'évolution phonétique de [ii̯ẽns], [ii̯ẹts] à [iyẽns], [iyẹs] du début du XIIe siècle à la première moitié du XIIIe siècle.

— Le remplacement progressif de *-iiens* par *-iions* à partir du XIIe siècle mais achevé au XIVe siècle seulement[6].

— La réduction de *iiens/iions* et *iiez* (dissyllabiques) à *-ions, -iez* (monosyllabiques) commencée au XIVe siècle, achevée au XVIIe siècle, après beaucoup d'hésitations[7].

2.2.1.2. Les personnes 1, 2, 3, 6

a) En langue commune

Deux faits sont à retenir.

— L'évolution de [ọi̯]] jusqu'à [wę] (courant du XIIIe siècle) puis une tendance à simplifier [wę] en [ę] par assimilation de la semi-consonne. Le phénomène a été favorisé par l'existence de la forme dialectale [ę] des parlers de l'Ouest (*cf.* b.). Toutefois la graphie ne rend pas toujours compte de l'évolution : *-ai*, réclamée dès le XVIIe siècle, mais surtout au XVIIIe siècle (par Voltaire en particulier), n'est devenue officielle qu'en 1835[8].

— Le sort du [ẹ] final. Aux P. 1 et 2, il commence à disparaître au début du XIVe siècle, mais il peut se conserver pendant les XIVe et XVe siècles (la désinence restant dissyllabique : [wę-ẹ]/[ę-ẹ]). Il s'efface ensuite de la prononciation et de l'orthographe. Parallèlement, à partir du XIVe siècle, on ajoute puis on généralise un *-s* final à la P1. Trois graphies sont alors en concurrence : *-oie, -oies, -ois* jusqu'à la généralisation de *-ois* (XVIIe siècle) puis de *-ais* (XIXe siècle).

À la P6, -[ẹ] s'est conservé plus longtemps, jusqu'à la fin du XVe siècle et n'a disparu, ensuite, que de la prononciation (*cf.* le français moderne *-aient*).

b) Dans les dialectes de l'Ouest

α. Verbes du premier groupe et à infinitif en *-ir*

Les terminaisons *-eve, -eves, -eve, -event* s'alignent sur le paradigme commun *-oie, -oies*... dès le XIIIe siècle Il en va de même des terminaisons *-ive, ives, -ive, -ivent.*

β. Autres verbes

L'évolution a été semblable à celle du français commun (*cf.* a.).

2.2.2. La base

Nous avons noté (1.1.) que la base de l'imparfait était, en ancien français, la base faible du verbe c'est-à-dire celle de l'infinitif. C'était également celle des P4 et 5 dans le présent de l'indicatif des verbes à alternance de bases.

Or, ces verbes ont pu connaître la généralisation de l'une ou l'autre de ces bases. Lorsque l'alignement s'est fait sur la base forte, la base de l'imparfait a été refaite par analogie.

Quelques exemples :

— *Aimer* : généralisation de la base [ẹ̃i̯m] (> [ẹm]) d'où *aimoit* (> *aimait*).

— *Voir* et *croire* : généralisation de la base [wẹ] (> [wa]) accompagnée du développement d'un [y] de transition entre la base et la désinence, d'où *voyoit, croyoit* (> *voyait, croyait*).

— *Prier* et *priser* : généralisation de la base [i] (avec là aussi pour *prier* le développement d'un [y], mais non graphié), d'où *prioit, prisoit* (> *priait, prisait*).

— *Ennuyer* : généralisation de la base [ẅi] (+ [y] de transition), d'où *ennuyoit* (> *ennuyait*).

■ ***Remarque :*** sans qu'il y ait eu généralisation de la base forte du verbe, il a pu se produire des phénomènes particuliers :

— *Pouvoir* : adjonction d'une consonne [v] entre la base et la désinence (à l'infinitif d'abord, sous l'influence de *avoir*, puis au présent de l'indicatif, puis à l'imparfait) d'où *pouvoit* (> *pouvait*).

— *Haïr* : contamination des P4 et 5 du présent de l'indicatif par la conjugaison inchoative (*haïss-* se substitue à *ha-*), d'où, à l'imparfait *haïssoit* (> *haïssait*).

— *Noiier* : cette forme, résultat phonétique de *necare* et/ou de *negare*, est l'infinitif de deux verbes distincts (aujourd'hui *nier* et *noyer*), offrant au présent une alternance [i]/[wẹ] : il *nie*/nous *noions.*Deux infinitifs en ont été tirés, auxquels correspondent deux présents sans alternance de bases : il *nie*/ nous *nions* - il *noie*/ nous *noyons* et deux imparfaits il *niait* - il *noyait.*

3. Les imparfaits de l'indicatif du verbe *estre*

Dès les plus anciens textes français, deux paradigmes sont en concurrence pour l'imparfait du verbe *estre*. L'un est étymologique, l'autre analogique.

3.1. Le paradigme étymologique

(i)ere	*eriens*
(i)eres	*eriez*
(i)ere/(i)ert	*(i)erent*

Il est issu du paradigme du latin classique *ĕ́ram, ĕ́ras, ĕ́rat, ĕrámus, ĕrátis, ĕ́rant.*

— Les P1, 2, 3, 6 y étaient accentuées sur le *ĕ́*. L'existence de deux séries *iere, ieres.../ere, eres...,* s'explique vraisemblablement par les deux traitements que le verbe a connus selon qu'il était accentué (en emploi absolu) ou atone (employé comme auxiliaire).

© ARMAND COLIN. La photocopie non autorisée est un délit.

— Les P4 et 5 étaient accentuées sur le *-a-* de *ámus* et de *átis*. Comportant trois syllabes, elles n'étaient pas susceptibles d'être atones et le seul résultat attendu serait *[ẽ̜i̯ns], *[ẹts], soit **erains, *erez*. Or, dès les premiers textes, on ne rencontre que *-iens, -iez*, analogiques des autres imparfaits.

■ ***Remarque :*** à P3, *ĕ́rat* devrait aboutir à *(i)ere*, [a] final s'affaiblissant en -[ẹ] et le [t] s'effaçant derrière voyelle à la fin du IXe siècle. Cette forme est attestée en ancien français mais elle est très concurrencée par *(i)ert*, avec effacement du *-e* final et maintient du *-t* : *(i)ert* ne peut s'expliquer que par l'analogie, celle de l'imparfait *-ḗat* > [ẹi̯ẹt] > [ẹi̯t] et celle du futur *(i)ert*, issu de *ĕ́rit* et dont le paradigme était voisin.

3.2. Le paradigme analogique

estoie	*estiiens*
estoies	*estiiez*
estoit	*estoient*

L'origine de ce paradigme est moins claire. Deux hypothèses ont été proposées.

3.2.1. Une création à partir du radical de l'infinitif

On aurait ajouté à *est-* les désinences caractéristiques de l'imparfait. Le phénomène se serait produit à date prélittéraire.

3.2.1.1. L'imparfait du verbe sto, stare : stabam, stabas...

Le problème est que l'on ne relève jamais les formes dialectales du types **esteve*, **estoue*, que l'on attendrait pour l'imparfait d'un verbe (latin) du premier groupe.

Il faut alors admettre une réfection prélittéraire sur le verbe *avoir*, c'est-à-dire sur un imparfait en *-ḗbam, -ḗbas*...

C'est cette seconde hypothèse qui est la plus retenue aujourd'hui[9].

Les deux paradigmes, étymologique et analogique, restent en concurrence pendant tout l'ancien français, les formes *eriens* et *eriez* étant cependant rares. Mais le paradigme analogique s'impose dès le début du moyen français.

Notes du chapitre XVI

1. Ils ont pour étymons des verbes latins à infinitif en *-ire*, primaire : *dormir* < *dormire, venir* < *venire, sentir* < *sentire*, ou secondaire : *tenir* < **tenire* (lat. class. *tenere*), *offrir* < **offerire* (lat. class. *offerre*), *mentir* < **mentire* (lat. class. *mentiri*), *partir* < **partire* (lat. class. *partiri*)...

2. *Cf.* P. Fouché, *Le Verbe français*, p. 236. G. Joly, *Précis de phonétique historique du français*, p. 187-188.
3. On pourra se reporter à F. de la Chaussée, *Initiation à la morphologie historique de l'ancien français*, p. 210-211, ainsi qu'à P. Fouché, *Le Verbe français*, p. 237-238.
4. On sait en effet qu'en diphtonguant, une voyelle ne change pas de série. Une voyelle antérieure donne deux segments antérieurs : [ẹ] > [ẹ́i̯], [ę] > [i̯ę]; une voyelle vélaire deux segments vélaires : [ọ] > [ọ́u̯], [ǫ] > [u̯ǫ]. [a] latin étant antérieur a diphtongué en [áę] mais lorsqu'il s'est vélarisé en [â], sa diphtongaison s'est faite normalement en [âǫ́].
5. De la même façon que [ae] s'est simplifiée en [ę] avant la fin du VIe siècle.
6. *Cf.* C. Marchello-Nizia, *Histoire de la langue française des XIVe et XVe siècles,* p. 204-205.
7. *Cf.* P. Fouché, *Le Verbe français,* p. 242-243. Noter que les désinences *-ions* et *-iez* se prononcent toujours en deux syllabes derrière un groupe consonantique conjoint : *ouvri/ons, ouvri/ez, trembli/ons, trembli/ez...*
8. *Cf. idem*, p. 243.
9. La réfection a pu se produire à différentes étapes de l'évolution; sur cette question, on peut se reporter à F. de la Chaussée, *Initiation à la morphologie historique de l'ancien français,* p. 218, et à P. Fouché, *Le Verbe français*, p. 421-422.

© ARMAND COLIN. La photocopie non autorisée est un délit.

CHAPITRE XVII

LES FUTURS I ET II

« Futur II » désigne ici, comme il est devenu courant[1], ce que la grammaire traditionnelle appelait, depuis 1730, le « conditionnel », et qui est parfois dénommé également « forme en *-roie* », « futur hypothétique » ou « futur du passé »[2].

Le regroupement de ces deux tiroirs se justifie dans la mesure où ils sont liés par leur structure comme par leur formation.

a) Par leur structure

Ils se composent en effet :

α. d'une base faible (= non accentuée), qui est la même pour les deux tiroirs. Cette base peut apparaître ailleurs. C'est alors de façon générale celle de l'infinitif (B1).

cf.	amer	am + e + R + ai
	lever	lev + e + R + ai
	mener	men + (e) + R + ai
	durer	dur + (e) + R + ai
	avoir	av + R + ai
	devoir	dev + R + ai
	venir	ven + d + R + ai
	voloir	vol + d + R + ai
	dormir	dormi + R + ai…

Elle peut également être propre au futur :

cf.	veoir	ver + R + ai
	haïr	har + R + ai
	croire	crer + R + ai
	oïr	or + R + ai…[3]

La base est fournie par l'infinitif latin.

β. d'un morphème -R- caractéristique du seul futur. Il s'agit du *-r* de la désinence de l'infinitif latin : *-are, -ere, -ire.*

γ. d'une désinence accentuée, fournie par :

— des formes réduites de l'indicatif présent de *habeo*, pour le futur I,

— des formes réduites de l'indicatif imparfait de *habeo* pour le futur II.

Seule la désinence permet donc de différencier les deux futurs.

b) Par leur formation

Il faut considérer d'abord le futur I.

À l'exception du futur étymologique de *estre* (en ancien français *ier, iers, iert...*), qui provient directement du futur classique de *esse (ero, eris, erit...)*, le futur est en français, comme dans les autres langues de la Romania occidentale et centrale, un temps périphrastique formé — comme il a été noté plus haut — de l'infinitif du verbe latin et de formes réduites de *habeo*.

C'est dès le latin classique qu'à côté du futur synthétique, se sont développés des périphrases servant à exprimer le futur et dans lesquelles plusieurs verbes pouvaient servir d'auxiliaires : *debeo cantare, volo cantare, incipio cantare, habeo cantare.*

Mais ce n'est que vers la fin du IIIe siècle-courant du IVe siècle, que s'est généralisée la construction avec *habere;* et l'ordre des éléments dans le syntagme, à savoir infinitif + *habeo...*, n'a pas été fixé avant la fin du IVe siècle vraisemblablement. La construction est d'ailleurs restée longtemps cantonnée à la langue parlée, qui semble l'avoir généralisée vers le VIe siècle, la langue écrite conservant, quant à elle, le futur synthétique.

Dès les *Serments de Strasbourg* (842) on ne relève que la forme obtenue par la soudure des deux éléments, mais avant les *Serments*, un seul document atteste cette soudure, une *Chronique des Francs* datant du VIe siècle, avec une forme *daras* (« tu donneras »)[4].

La formation du futur II a été parallèle à celle du futur I. Il faut noter toutefois que le système verbal latin ne connaissait pas de « conditionnel ».

L'étude des futurs peut se faire en trois étapes :

1. Les désinences du futur I
2. Les désinences du futur II
3. La base (commune aux deux tiroirs)

1. Les désinences du futur I

Le système de l'ancien français est le suivant :

P1	-ai	-ons
P2	-as	-eiz > -oiz /-ez
P3	-at/-a	-ont

Selon les personnes, la désinence est donc formée :

— d'un démarcateur de temps + un morphème personnel.

C'est le cas pour les	P1	-a + i
	P2	-a + s
	P3	-a + t/Ø
	P6	-o + nt

■ ***Remarque :*** l'évolution phonétique a fait qu'à la P1, dès le XIIe siècle, le morphème temporel et le morphème personnel se sont réduits à [ẹ] ([ai̯] > [ẹi̯] au XIe siècle, puis se simplifie > [ẹ] au XIIe siècle) : dès lors, la P1 s'oppose aux P2 et 3.

— de la seule marque de personne.

C'est le cas P4 et 5 : -eiz > -oiz / -ez.

© ARMAND COLIN. La photocopie non autorisée est un délit.

1.1. Origine des désinences du futur I

Ce sont des formes réduites de *habeo* qui ont servi de désinence au futur périphrastique. On peut rappeler comment s'est opérée cette réduction à partir du paradigme classique :

hábeo	habḗmus
hábes	habḗtis
hábet	hábent

1.1.1. Réduction des formes 1, 2, 3 et 6

Elle a commencé très tôt, dès le Ier s. avant J.-C. (= latin classique), antérieurement, donc, à la formation du futur périphrastique.

Soit la P1 *habeo* : *-ĕ* en hiatus s'est semi-consonifié en [y] (en latin classique) > *[ábyo]. La consonne [b] s'est alors effacée, sans doute à cause d'un phénomène d'usure dû à l'emploi très fréquent de la forme. D'où *[áyyo], avec une gémination du [y] devenu intervocalique.

Parallèlement, les P2, 3 et 6 se sont transformées à partir de la fin du Ier s. :
— *[abes], *[abet], *[abent] aboutissent à *[aβes], *[aβet], *[aβent] par l'évolution phonétique normale du [b] intervocalique (par affaiblissement, il se spirantise).
— comme à la P1 et pour la même raison, la consonne intervocalique s'est effacée. Aux P2 et 3, *[aβes] et *[aβet] > *aes* et *aet*, puis, par simplification du groupe vocalique ainsi constitué, *as, at.* À la P6, *[aβent] a laissé la place à *[aβunt] avant la chute de la consonne, probablement sous l'influence de *sunt*, P6 de *esse* : *[aβunt] > *[aunt] (les deux voyelles formant dans ce cas une diphtongue).

Au IIIe siècle, les P1, 2, 3 et 6 du présent de *habere* sont donc devenues :

-*áyyo
-*ás
-*át
-*áunt

Ce sont ces formes qui se sont soudées à l'infinitif des verbes pour en constituer le futur périphrastique, selon le modèle : *portare *ayyo* > *[poRtaRáyyo].

1.1.2. Réduction des formes 4 et 5

Elle est plus tardive. Surtout, elle ne se produit qu'au niveau de la formation du futur. Les P4 et 5 de *habeo* perdent leur première syllabe. Plusieurs explications ont été proposées, parmi lesquelles on peut rappeler celle de G. Moignet, *Grammaire de l'ancien français*, p. 67 : « l'infinitif fournissant un radical de futur, la présence du radical du verbe auxiliaire est disconvenante là où il se distingue clairement de la désinence : *av-ons, av-eiz,* se réduisent ainsi à *-ons, -eiz.* C'est un fait d'ordre systématique dont les règles de la phonétique historique ne rendent pas compte ». Et celle de F. de la Chaussée, *Initiation à la morphologie…*, p. 239 : « L'explication la plus simple est probablement à rechercher dans le passage de *habeo* du statut d'auxiliaire à celui de désinence. Dans les langues romanes, et particulièrement en français, les désinences de plus d'une syllabe sont minoritaires : le maintien de *avemus, avetis* aurait introduit des désinences trisyllabiques [...]. Il semble que les diverses langues y aient répugné».

On peut cependant essayer de retracer le processus qui a dû conduire à l'effacement de la syllabe *av-*.

Il faut sans doute partir de la formation du futur de *habere* lui-même.

Dans le courant du IVe siècle, on a eu **avere + avémus, *avere + avétis* ([b] intervocalique après s'être spirantisé en [β], s'est renforcé en [v] avant la fin du IIIe siècle) et après soudure **averavémus, *averavétis*. Il a dû se produire alors un phénomène d'haplologie (effacement d'une syllabe dans le cas de deux syllabes identiques subséquentes) : **av*era*v*émus > **averémus*, **av*era*v*étis > **averétis*. C'est la seconde des deux syllabes, c'est-à-dire celle de la désinence, qui s'efface. La première est protégée par son appartenance à la base. Les désinences du futur *de *avere (-émus* et *-étis*) sont alors généralisées à tous les verbes.

■ ***Remarque :*** cette différence de traitement des P1, 2, 3 et 6 d'une part et des P4 et 5 d'autre part, explique l'opposition que nous constatons en français entre les désinences des P1, 2, 3 et 6 du futur qui sont les formes du verbe *avoir* au présent de l'indicatif dans leur intégralité (*ai, as, a, ont*) et les désinences des P4 et 5 qui reproduisent seulement les désinences du présent de l'indicatif de *avoir* (*-ons, -ez*).

1.2. L'évolution du bas latin à l'ancien français

1.2.1. La P1

L'évolution a été tout à fait normale à partir de *[áyyo], avec un effacement de la voyelle finale, une simplification puis une vocalisation du [yy] en [y] et [i̯], qui a formé une diphtongue de coalescence avec la voyelle tonique antécédente, d'où [ai̯]. Cette diphtongue passée à [ẹi̯] au XIe siècle se réduit à [ẹ] dans le courant du XIIe siècle.

■ ***Remarque :*** l'évolution de [ai̯] en [ẹ] explique la double graphie possible en ancien français *-ai / -é*.

1.2.2. Les personnes 2 et 3

Deux points sont à noter.

— La non-diphtongaison du [a], alors que d'ordinaire dans un monosyllabe, la voyelle tonique diphtongue même lorsqu'elle est suivie d'une consonne (*cf. cǫ́r > cuer, rém > rien...*). Ce fait n'est pas expliqué.

— Le traitement de la consonne finale désinentielle : à la P2, *-s* se conserve comme morphème de personne (c'est un fait de système); à la P3, *-t* s'efface comme il le fait normalement derrière voyelle vers la fin du IXe siècle Toutefois, certains dialectes comme ceux de l'Est ou le normand et l'anglo-normand ont dû le conserver plus longtemps et il peut figurer alors dans la graphie jusqu'au XIIIe siècle (en alternance avec *-d*).

© ARMAND COLIN. La photocopie non autorisée est un délit.

1.2.3. La P4

Dès les premiers textes, on ne relève que la désinence *-ons*, qui ne peut être phonétique, *-émus* latin aboutissant à *-*eins : -ons* a été empruntée au présent de l'indicatif et substituée à *-*eins* à date prélittéraire[5].

■ ***Remarque :*** la terminaison dialectale *-o(m)mes* relevée en picard et en wallon pour le présent de l'indicatif a pu être étendue au futur.

1.2.4. La P5

La désinence phonétique *-eiz* issue de *-étis* par diphtongaison du [ẹ́] libre, chute de la voyelle finale et combinaison de la dentale et de l'-s en [ts], noté *-z,* est concurrencée très tôt (*cf.* par exemple la *Vie de Saint Alexis* ou la *Chanson de Roland*) par *-ez*, empruntée au présent de l'indicatif.

Au début du XIIe siècle, *-eiz* se différencie normalement en *-oiz.* C'est alors cette forme qui coexiste avec *-ez*, éventuellement avec *-és*, à partir de la fin du XIIe siècle, lorsque [ts] s'est réduit à [s].

1.2.5. La P6

La désinence *-ont* est issue de l'évolution phonétique de la diphtongue [au], simplifiée en [ǫ] entre la fin du Ve siècle et la fin du VIe siècle, et du maintien systématique du groupe consonantique *-nt,* morphème constant de la P6.

1.3. L'évolution ultérieure

Les transformations qui ont touché le système que nous venons de décrire sont postérieures à l'ancien français. On se bornera donc à noter quelques points.

1.3.1. À la P1, fermeture de [ę] en [ẹ]

Elle se produit aux XVIe-XVIIe siècles, la voyelle étant en finale absolue. Elle présente l'avantage de différencier les désinences des deux futurs : l'évolution du futur II avait abouti dès le XIVe siècle à [ę] (*cf.* 2.3.1.).

1.3.2. L'effacement de [s] et de [t] en finale

— À la P2 [as] > [a], à la P4 [õns] > [õn]. Le *-s* continue à apparaître dans l'orthographe (*-as, -ons*).
— À la P5 [ẹs] (< [ẹts]) > [ẹ] mais le *-z* se conserve dans la graphie (*-ez*); les tentatives de le remplacer par *-s* ont échoué.
— À la P6 [õnt] > [õn], le *-t* continuant à s'écrire (*-ont*).

1.3.3. L'effacement de la consonne nasale [n] dans la prononciation aux P4 et 6 lors de la dénasalisation partielle des XVIe-XVIIe siècles. [õn] > [õ] (*-ons, -ont*).

Résultat de ces transformations : les P1 et 5 sont devenues identiques ([ẹ]) de même que P2 et 3 ([a]) et P4 et 6 ([õ]).

2. Les désinences du futur II

Ce sont les désinences de l'imparfait de l'indicatif (nous verrons un peu plus loin comment ce fait s'explique historiquement). Elle se décomposent en :

un morphème de temps (d'imparfait) + la marque de personne

P1	-eie > -oie	+ Ø
P2	-eie > -oie	+ s
P3	-ei(e) > -oi	+ t
P4	-i	+ iens
P5	-i	+ iez
P6	-eie > -oie	+ nt[6]

2.1. Origine des désinences du futur II

Elles ont été fournies par les désinences de l'imparfait de l'indicatif de *habere*. Selon un processus qui s'est déroulé en deux temps.

2.1.1. Réduction des formes de l'imparfait de *habere*

Paradigme en latin classique :

habḗbam	habebā́mus
habḗbas	habebā́tis
habḗbat	habḗbant

Le mécanisme de réduction s'est déclanché dès la fin du Ier - début du IIe siècle, c'est-à-dire avant que ne se constitue la périphrase du futur II, avec l'effacement du *-b-* de la désinence *-ebat* > **eat*. Nous avons noté dans l'étude sur l'imparfait qu'il s'agissait d'un phénomène de dissimilation (*cf.* L'imparfait de l'indicatif 2.1.1.) : *[abḗba] > *[aβḗa] > [avḗa].

2.1.2. Formation de la périphrase du futur II

Ce sont les formes réduites **avéa, *avéas, *avéat, *aveámus, *aveátis, *avéant* qui ont été utilisées.

Le futur II de **avere* était donc : **avere + avéa, + avéas, + avéat*... et après la soudure des deux éléments **averavéa, *averavéas, *averavéat*... Comme au futur I, un phénomène d'haplologie a provoqué l'effacement de la syllabe *-av-* de la désinence, d'où **averéa, *averéas, *averéat*... La finale *-éa*, désinence du futur II de **avere,* a été généralisée à l'ensemble des autres verbes.

À l'issue de ce processus de réduction, le latin impérial a dû présenter pour le futur II un système désinentiel du type : -[ẹ́a], -[ẹ́as], -[ẹ́at], -[ẹámus], -[ẹátis], -[ẹánt].

2.2. Évolution du latin impérial au début du XIIe siècle.

On se reportera à l'étude de l'imparfait de l'indicatif 2.1.1.1. et 2.1.1.2.

© ARMAND COLIN. La photocopie non autorisée est un délit.

2.3. Évolution ultérieure

On se reportera là aussi à l'étude de l'imparfait de l'indicatif 2.2.1.1. et 2.2.1.2.a.

3. La base des futurs I et II

Dans les deux cas, elle est fournie par l'infinitif latin. Celui-ci a perdu son accent propre au moment où il s'est soudé aux formes réduites de *habeo* ou de *habebam,* devenant ainsi proclitique :

*amáre + át > *amarát*

Conséquence : la voyelle désinentielle de l'infinitif (lorsqu'elle n'était pas encore tombée à l'époque où se constituent les futurs) devient prétonique.

À partir de là, deux types de verbes peuvent être envisagés :

— les verbes du premier groupe, dont l'infinitif était en *-áre*

— les autres verbes, à infinitif en *-ḗre, -ĕre* ou *-ī́re.*

La voyelle [a] en position prétonique a en effet évolué différemment des autres voyelles.

3.1. Les verbes à infinitif en -are *(verbes du premier groupe)*

3.1.1. Cas général

[a] de *-are* devenu prétonique s'affaiblit normalement en -[ẹ̥] qui se maintient devant le morphème -R- du futur : celui-ci ne se trouve donc jamais en contact avec la base verbale.

*amarát (< amáre + át) > amera[7]
*cogitarát > cuidera
*portarát > portera
*troparát > trovera
*vindicarát > vengera
*laudarát > loera
*salutarát > saluera
*precarát > proiera
*paraularát > parlera…

■ ***Remarques sur l'évolution ultérieure***

Les modifications n'intervenant guère qu'en moyen français, nous noterons simplement quelques faits.

a) La plupart du temps (pour peu que le verbe existe encore!), la base des futurs s'est conservée inchangée *: portera, trouvera, vengera, parlera…*

b) Dans les futurs à base terminée par une voyelle, dès le moyen français, le *-e* intercalaire commence à ne plus se prononcer (dans le vers il ne compte plus pour une syllabe) même s'il s'écrit toujours.

cf. les verbes *saluer, oublier, tuer, remercier, louer…*

c) Le vocalisme fort du présent de l'indicatif a pu être étendu aux futurs[8].

proiera → priera, proisera → prisera, amera → aimera...

3.1.2. Cas particuliers

Certaines modifications ont pu être apportées au système général pendant la période de l'ancien français.

3.1.2.1. Cas où la base était terminée par -r *ou* -n

Il y eu syncope du [ẹ̥] issu de [a] prétonique.

n + e + r > -nr-
r + e + r > -rr-

*donarát > donera > donra
*minarát > menera > menra
*jurarát > jurera > jurra
*desid(e)rarát > desirera > desirra
*compararát > comperera > comperra (= « acheter », « payer »).

■ ***Remarques***

a) Le groupe *-nr-* s'est trouvé formé à une époque où l'épenthèse ne se produit plus.

b) La chute du [ẹ̥] est un phénomène commun à tous les dialectes. En revanche, l'assimilation du *-n-* par le *-r-* qui a pu se produire dans le groupe *-nr-* est caractéristique des parlers de l'Ouest (normand et anglo-normand) > *-rr-*, éventuellement simplifié en *-r-*.

c) C'est au XVe siècle que l'on voit réapparaître les formes en *-e-*, refaites sur l'infinitif selon le modèle de l'ensemble des verbes du premier groupe, mais les formes avec syncope sont restées en usage pendant tout le XVIe siècle, et même une partie du XVIIe siècle.

3.1.2.2. Cas des futurs où -era/-eroit *était précédé d'un groupe consonantique conjoint*

Il s'est produit une métathèse (interversion de phonèmes) : le *-r-* de la base s'est combiné avec le -R- morphème du futur en une géminée, qui a pu se réduire ensuite.

*entrarát > entrera > enterra (entera)
*recup(e)rarát > recovrera > recoverra (recovera)
*mostrarát > mostrera > mosterra (mostera)
*mamorarát > membrera > memberra (membera)

Ces formes se rencontrent dans tous les dialectes à l'exception de l'anglo-normand. Elles ont disparu dans le courant du XVe siècle.

3.1.2.3. Les futurs lessera *et* lera

L'ancien français connaît une double série *lesserai, lesseras... - lerai, leras...*

La première est le futur de *laissier*, la seconde celui d'un verbe *laier/laire* (ces deux infinitifs sont attestés, même si leur origine reste discutée[9]). Les formes

© ARMAND COLIN. La photocopie non autorisée est un délit.

lerai, leras... ont subsisté jusque dans la langue classique mais les grammairiens en ont critiqué l'emploi dès la fin du XVIe siècle, jugeant qu'il allait à l'encontre de la pureté de la langue[10].

3.2. Les verbes à infinitif latin en -ḗre *ou* -ĕre

Contrairement au [a] de la désinence *-are*, [e] de *-ḗre* comme le [ę] de *-ĕre* ont disparu. L'évolution des deux terminaisons présente cependant des différences.

Dans les infinitifs en *-ḗre*, le [ẹ] s'est trouvé désaccentué lors de la formation de la périphrase du futur : devenu prétonique, il s'est effacé :

[avẹ́Re] + [át] > [avẹRat] > [avRat]

Dans les infinitifs en *-ĕre*, le [ę] étant pénultième atone *(dī́cere, mī́ttere, prēndere...)*, il est tombé dès le IIe siècle, donc bien avant que ne soit constituée la périphrase du futur, et ce sont des formes déjà réduites de l'infinitif (**dī́cĕre, *mī́ttĕre, *prēndĕre...*) qui ont servi à celle-ci : **mī́ttre + át > *mittrát...*

De toute façon, l'important c'est, dans les deux cas, l'absence de voyelle entre la consonne finale de la base et le morphème -R- : elle est à l'origine d'un groupe consonantique qui a pu se conserver inchangé ou se modifier selon la nature de la consonne finale de la base.

3.2.1. La consonne finale de la base est une labiale

Que la consonne primitive ait été [p], [b] ou [w], c'est un groupe [vr] qui a été obtenu. De manière générale, il s'est maintenu jusqu'en français moderne. Quelques exceptions seulement : *avoir, savoir, boire, escrivre.*

On peut décrire le mécanisme d'évolution à partir d'exemples courants.

3.2.1.1. Avoir, devoir et boivre

L'infinitif latin était *(h)abere/debere/bibere.* Avant la formation du futur périphrastique, il avait abouti normalement à [aveRe]/[deveRe]/[beveRe].

Lors de la soudure : [avẹRe] + [át] > [avẹRát], [dẹvẹRe] + [át] > [dẹvẹRat], [bẹvẹRe] + [át] > [bẹvẹRat].

Devenu prétonique, [ẹ] désinentiel de l'infinitif s'efface, d'où [avRat], [dẹvRat], [bẹvrat].

Le groupe consonantique [vR] se conserve tel quel jusqu'en ancien français > *avra, devra, bevra.*

■ ***Remarques***

a) Pour *devoir*, on en reste là. Le paradigme n'a plus évolué par la suite.

b) Il en va différemment pour *avoir* puisque l'ancien français, à côté de *avrai, avras*... présente également *aurai, auras*... Il est bien sûr difficile de savoir avec certitude si l'on a affaire à l'une ou l'autre forme, les manuscrits ne différenciant pas *-u-* et *-v-*. Certaines rimes cependant semblent attester l'existence de *aura* : il se trouve, par exemple, associé avec *daura* et *faura* (formes picardes du futur de *doloir* et *fallir*) et il est peu probable que celles-ci contiennent un *-v-*[11].

Aurai, auras... est dû vraisemblablement à un traitement régional (au départ la forme est plutôt méridionale) particulier de l'infinitif latin en position d'auxiliaire. Au lieu que le [β] (issu du *-b-* intervocalique) ne se renforce en [v], dans certains parlers, il aurait continué à s'affaiblir > [w], d'où [awẹRat]. La chute de la voyelle prétonique a alors donné naissance à un groupe [wR] dans lequel [w] s'est normalement vocalisé au contact du [R] en [u̯] > [au̯Rat], ancien français *aura*[12].

Les deux paradigmes *aurai* - *avrai* sont encore en concurrence au XVIe siècle, mais c'est dès 1450 que *aurai* devient prédominant.

Autre série dialectale pour le verbe *avoir* : *arai, aras...* bien attestée en picard et en wallon et issue de la réduction de [aw] en [a].

c) Pour le verbe *boivre*, ce n'est qu'en moyen français que l'on voit apparaître un nouveau futur *boirai, boiras...* refait sur l'infinitif *boire* qui remplace alors l'ancien *boivre*, ainsi qu'une forme intermédiaire *buvra. Boirai, boiras* ne s'impose pas avant la seconde moitié du XVIIe siècle[13]. On peut noter que, de la même façon, la réfection de l'infinitif *escrivre* en *escrire* a déterminé le remplacement de *escrivrai* par *escrirai.*

3.2.1.2. Savoir/-cevoir

-cevoir est l'élément de base de plusieurs verbes : *recevoir, percevoir, apercevoir, décevoir.*

L'infinitif latin était *sapḗre/-cĭpḗre.* Il n'avait encore subi aucune altération (mis à part le changement du système vocalique) lorsque s'est formé le futur périphrastique.

*sapére + át > *saperát /-cipére + át >* *[t͡sẹpẹRat], et après la chute de la voyelle prétonique : [sapRat]/[t͡sẹpRat]. Le groupe conjoint [pR] a évolué tout à fait normalement en [bR] lors de la sonorisation à la fin du IVe siècle, en [βR] au début du Ve siècle, enfin en [vR] dans le courant du même siècle, d'où [savRat]/[t͡sẹvRat], ancien français *savra, -cevra.*

■ ***Remarque :*** par analogie de *avoir, savoir* a reçu en ancien français une nouvelle base de futur *sau-* (d'où *saurai, sauras...*) qui s'est imposée au XVIe siècle, comme *aura.*

3.2.1.3. Movoir et vivre

L'infinitif latin était *mŏvḗre* [mŏwḗRe] / *vī́vĕre* [wiwĕRe]. Dans les deux cas, la bilabio-vélaire [w] est passée à [v] par une étape [β] (fin du Ier-début du IIe siècle) avant la formation du futur périphrastique.

D'autre part, *vivere* a perdu sa voyelle désinentielle [ẹ] avant la fin du IIe siècle.

À la fin du IIIe - début du IVe siècle, ce sont donc des infinitifs [mọvẹ́Re] et [vívRe] qui ont servi à construire le futur :

[mọvẹ́Re] + [át] > [mọvẹRát] (le [ẹ] prétonique s'efface alors)

[vívRe] + [át] > [vivRát]

Le groupe [vR] s'est ensuite maintenu sans changement, d'où en ancien français *movra* [muvRa] et *vivra*, qui constituent phonétiquement (et même graphiquement pour le verbe *vivre*) les formes définitives.

© ARMAND COLIN. La photocopie non autorisée est un délit.

■ ***Remarque :*** pour tous les verbes envisagés ci-dessus (infinitif latin en *-ḗre* ou *-ĕre* et à base terminée par une labiale) on note dans certains parlers comme le picard, le wallon, le lorrain et l'anglo-normand l'adjonction d'un *-e* dans le groupe consonantique *-vr-*. Il s'agit d'une sorte d'épenthèse vocalique. Jusque dans la seconde moitié du XIIIe siècle, cet *-e* avait rarement valeur syllabique. Ce n'est qu'à partir de 1250 qu'il devient autre chose qu'un phonème accessoire et qu'il compte pour une syllabe. Il a pu alors être étendu aux futurs à base terminée par une dentale appuyée. Cet *-e* est dit « svarabhaktique »[14].

3.2.2. La consonne finale de la base est une dentale

Le groupe consonantique dentale + R a évolué différemment selon qu'il était intervocalique ou appuyé.

3.2.2.1. Le groupe était intervocalique

[dR] primaire ou issu de la sonorisation de [tR] a abouti à [RR] par assimilation de la dentale par [R] ; la géminée ayant pu se simplifier par la suite.

► ***Quelques exemples :***

a) *Pooir*

Il faut remonter à l'infinitif vulgaire **potere : *potére + át* > [pǫtẹRát]. Après la chute de la voyelle prétonique, on obtient [pǫtRát].

La dentale du groupe conjoint évolue comme elle ferait en position intervocalique : elle se sonorise > [pǫdRát] (fin du IVe siècle) puis se spirantise > [pọδRát] (milieu du VIe siècle). Entre le IXe et le XIe siècle, elle est assimilée par [R] > [pọRRá(t)]. Dans ce cas, la géminée s'est conservée, d'où l'ancien français [puRRa] (XIIe siècle).

■ ***Remarques***

1) On note que, parallèlement à l'évolution du groupe consonantique, la voyelle initiale de la base s'est affaiblie progressivement : [ǫ] > [ọ] > [u].

2) Ce verbe a conservé la même base du futur jusqu'en français moderne (je *pourrai*) en dépit de la réfection de l'infinitif *pooir* en *pouvoir*.

b) *Veoir*

L'infinitif du latin classique étant *vidére*, c'est une forme [vẹdẹRe] qui est entrée dans la périphrase du futur : [vẹdḗRe] + [át] > [vẹdẹRát] et après l'effacement de la prétonique [vẹdRát]. Le groupe [dR], primaire cette fois, évolue comme dans le mot précédent : spirantisation du [d] > [vẹδRát] puis assimilation par [R] > [vẹRRat].

La géminée se conserve, d'où, au XIIe siècle [vęRRa].

■ ***Remarques***

1) Renforcé par l'entrave, [ẹ] initial de la base s'ouvre en [ę] aux XIe-XIIe siècles.

2) *Voir* a conservé la même base du futur jusqu'aujourd'hui (je *verrai*).

c) *Croire*

L'infinitif latin était *crédere*. Le [ĕ] posttonique a dû s'effacer dans le courant du IIe siècle, et c'est la forme [kRẹ́dRe] qui a servi à construire le futur : [kRẹdRe] + [át] > [kRẹdRát]. Le groupe [dR] a évolué normalement en [δR] puis [RR]. Mais, à la différence de ce qui s'est passé pour *pooir* et *veoir*, la géminée s'est simplifiée, d'où l'ancien français [kRe̥Ra], *crera*.

■ ***Remarques***

1) En position libre, la voyelle initiale de la base s'est affaiblie, ce qui s'est traduit, au XIe siècle, par sa centralisation en [e̥].

2) Dès l'ancien français, la base faible de ce verbe a été alignée sur la base forte [wę]. L'influence de l'infinitif (fort lui-même) a dû être déterminante dans cette réfection précoce des futurs (ainsi que du présent de l'indicatif). Les textes du XIIIe siècle offrent déjà des exemples de cette évolution.

La base[wę] (aujourd'hui [wa]) s'est imposée en moyen français.

3.2.2.2. Le groupe était appuyé

[tR] comme [dR] sont demeurés inchangés jusqu'en français.

Mettre : mettra < *mettrát (*mettre + at)
Battre : battra < *battrát (*battre + at)
Perdre : perdra < *perdrát (*perdre + at)
Prendre : prendra < *prendrát (*prendre + at)
Rendre : rendra < *rendrát (*rendre + at)
Atendre : atendra < *(ad)tendrát (*tendre + at)
Vendre : vendra < *vendrát (*vendre + at)

Tous ces verbes avaient pour étymons des verbes à infinitif en *-ĕre* : *míttĕre, *bátt(u)ĕre, pérdĕre*... La voyelle posttonique s'est donc effacée avant la formation du futur périphrastique > *[mẹttRe], *[battRe], *[pęRdRe]... Les groupes [tR] ou [dR] étaient précédés d'une consonne, c'est-à-dire explosifs. Dans les cas où la base se terminait par une géminée (*mettrát, *battrát) c'est le premier élément de la géminée qui a appuyé le groupe conjoint[15].

■ ***Remarques***

1) On relève dans quelques dialectes (picard, wallon, lorrain et anglo-normand) l'insertion d'un *-e* de transition entre la dentale et le -R-. Elle s'est faite par analogie des verbes à base en labiale (*cf.* 3.2.1.3. Remarque).

2) Pour l'ensemble de ces verbes, il y a eu conservation de la base ancienne jusqu'en français moderne *(je mettrai, je battrai, je rendrai...)*.

3.2.3. La consonne finale de la base est une nasale

Lors de la formation du groupe nasale + R, il s'est produit une épenthèse par dénasalisation partielle. Elle a fait apparaître une occlusive sonore [d] ou [b] selon que la nasale était dentale ou labiale.

► ***Quelques exemples***

a) *Remanoir, repondre* (= «cacher»), *semondre* (= «ordonner») : la nasale est dentale.

Pour *remanoir*, infinitif latin **remanére : *remanere + at* > **remanerát* et après la chute de la voyelle prétonique *remanrát/remandrát* (ancien français *remandra*).

© ARMAND COLIN. La photocopie non autorisée est un délit.

Pour *repondre* et *semondre*, infinitifs latins **reponĕre* et **submónĕre :* dès le courant du IIe siècle, la voyelle posttonique s'efface > *[RẹpónRe]/ [RẹpóndRe], *[sọmmónRe]/ [sọmmóndRe]. L'épenthèse s'est produite avant la constitution du futur : *[RẹpóndRe] + [át] > *[RẹpondRát] (ancien français *repondra*)
*[sọmmóndRe] + [át] > *[sọmmondRát] (ancien français *semondra*).

■ ***Remarques***

1) Pour *remanoir* : normalement, le [a] de la base, en position initiale, demeure inchangé jusqu'à la nasalisation, d'où aux XIe-XIIe siècle une forme *remandra* [RẹmãndRa]. Toutefois, à cette base faible a pu se substituer la base forte *remein-*, [Rẹmẽi̯n-].

Pour *repondre*, rien de particulier à noter : la voyelle initiale s'est simplement affaiblie en se centralisant au XIe siècle Enfin, il s'est produit dans l'infinitif *somondre* une dissimilation qui a fait passer le [ọ] initial à [ẹ] et que l'on retrouve au futur.

2) Les trois verbes *remanoir, repondre* et *semondre* ont perdu l'ensemble de leur conjugaison. Le français moderne ne conserve donc aucune trace de leur futur.

3) De manière générale, les dialectes du Nord et du Nord-Est n'ont pas pratiqué l'épenthèse.

b) Criembre et *giembre/gembre* (= « gémir ») : la nasale est labiale

Pour *criembre*, infinitif latin **crémĕre* : la voyelle posttonique s'efface, provoquant le phénomène d'épenthèse avant la formation du futur périphrastique > *[kRę́mRe] / [kRęmbRe]. Lors de la soudure *[kRę́mbRe] + [át] > *[kRęmbRat], d'où, en ancien français **crembra.*

On doit supposer une évolution identique pour *gémĕre* > *[gęmbRe], qui s'est combiné avec [át] en [gęmbRat] (forme attendue en ancien français **gembra*).

■ ***Remarque :*** les formes phonétiques **crembra* et **gembra* ne semblent pas être attestées. Pour *criembre*, seule apparaît une forme à base forte : *criembra.* Mais, dès les premiers textes, c'est une base analogique en *-ndr-* qui tend à s'imposer : *crendra* et la création d'un nouvel infinitif *creindre-craindre* sur le modèle de *feindre-plaindre*, a déterminé par la suite les futurs *creindra-craindra.* Seul ce dernier a survécu. Pour *giembre*, on ne rencontre que des formes analogiques en *-ndr-* du type *gendra*, que l'on retrouve dans le moderne *geindra* (obtenu par le même processus que *craindra*).

3.2.4. La consonne finale de la base est une dorso-vélaire

De façon générale, après la chute du *-e-*, il s'est formé un groupe [kR] ou [gR]. Une « fausse palatalisation » s'est alors produite, aboutissant dans les deux cas à [yR][16]. Lorsque [y] s'est vocalisé en [i̯], celui-ci a constitué avec la voyelle antécédente une diphtongue de coalescence.

Toutefois, un bon nombre de verbes à base en dorso-vélaire présentent des particularités par rapport à ce schéma théorique.

► ***Quelques exemples caractéristiques.***

3.2.4.1. Cas de traire, lire, destruire, -duire *issus de* trágĕre, légĕre, *destrúgĕre, -ducĕre

L'évolution a été semblable pour les quatre verbes : après la chute du [ẹ] posttonique au IIe siècle, ce sont des formes [tRágRe], [légRe], [destRúgRe] et -[dúkRe] qui ont servi à fabriquer le futur périphrastique, d'où [tRagRát], [legRát], [destRugRát], -[dukRat]. La fausse palatalisation dans les groupes [kR] et [gR] à la fin du IIIe siècle aboutit à [tRayRat], [lęyRat], [destRuyRat], -[duyRat] et la vocalisation du [y], après la fin du IXe siècle, à [tRai̯Ra(t)], [lẹi̯Ra(t)], [destRüi̯Ra(t)], -[düi̯Ra(t)].

Les résultats attestés en ancien français — à l'exception de *lira*, manifestement refait sur l'infinitif *lire* — correspondent bien à cette évolution : *traira (trera), destruira, -duira (cf. conduira, déduira...)*

■ ***Remarque :*** mises à part les transformations phonétiques normales (simplification des diphtongues [ai̯] et [üi̯] en [ę] et [ẅi]) ces formes se sont conservées par la suite.

3.2.4.2. Cas de plaisir (plaire), taisir (taire), nuisir (nuire), gesir *issus de* placḗre, tacḗre, nocḗre *et* jacḗre

Le problème est que l'ancien français ne connaît pour ces verbes que les formes *plaira, taira, nuira* et *gerra* (ou *girra*). Or, l'infinitif latin étant en *-ḗre*, on s'explique mal pourquoi le [ẹ] se serait effacé avant la formation du futur périphrastique[17].

En fait, [ẹ] a bien dû se conserver jusqu'à la fin du IIIe siècle, provoquant dès le début de ce même siècle la palatalisation du [k] intervocalique en [its′][18], d'où [plai̯ts′ẹRe], [tai̯ts′ẹRe], [nọi̯ts′ẹRe], [dža̯i̯ts′ẹRe], formes à partir desquelles on attendrait en ancien français *[plai̯dzdRa], *[tai̯dzdRa], *[nọi̯dzdRa], *[džai̯dzdRa]. Ces résultats ne sont pas attestés. Ils ont vraisemblablement été remplacés à date prélittéraire par des formes analogiques de *traira* ou *-duira* (*cf.* § précédent).

■ ***Remarque :*** mis à part *gerra/girra* qui a disparu comme la quasi totalité de la conjugaison de gésir, les autres futurs *plaira, taira, nuira* se sont conservés tels quels.

3.2.4.3. Cas de faire, *issu de* fácĕre

Ce n'est pas de l'infinitif classique *fácĕre* qu'il faut partir pour expliquer le paradigme *ferai, feras...* mais d'une forme vulgaire « écrasée » **fáre : *fare + át > *farát.*

Cependant, le vocalisme [ə̥] du français fait difficulté puisque de manière générale [a] initial ne se modifie pas.

On explique traditionnellement ce phénomène par la position prétonique du [a] dans des syntagmes de réponse du type *sic faraio/ non faraio.* L'affaiblissement du [a] en [ə̥] devient alors normal[19].

■ ***Remarque :*** *fera* ne subira plus de modifications par la suite (simple labialisation du [ə̥] en [œ] en moyen français).

© ARMAND COLIN. La photocopie non autorisée est un délit.

3.2.4.4. Cas de plaindre, feindre, ceindre, sourdre, vaincre *et* tordre *issus de* plángĕre, fíngĕre, cíngĕre, súrgĕre, víncĕre *et* *tórcĕre *(class.* torquere*)*

La base de ces infinitifs se caractérisait par la présence d'un [ṅ] ([pláṅgeRe], [wíṅkĕRe]...). Avant la construction du futur périphrastique, ils avaient évolué en [plái̯ndRe], [fẹ́indRe], [tsẹ́indRe], [sọ́RdRe], [vẹ́intRe], [tǫ́RtRe][20], d'où, après la combinaison avec [át] : [plai̯ndRát], [fẹi̯ndRát], [tsẹi̯ndRát], [sọRdRát], [vẹi̯ntRrát], [tǫRtRát].

Par la suite, seuls *veintra* et *tortra* ont subi une réfection en *vaincra* et *tordra* sur la modèle des infinitifs *vaincre* et *tordre* (eux-mêmes analogiques).

Pour les autres verbes, on obtient normalement *plaindra, feindra, ceindra, sourdra.*

■ ***Remarque :*** hormis *sourdra* qui a disparu au XVIe siècle, les autres verbes ont conservé leur futur intact jusqu'en français moderne.

3.2.5. La consonne finale de la base est une liquide

3.2.5.1. Cas de [l]

Après la chute de *-e-* pré- ou post- tonique, [l] s'est trouvé en contact avec -R-. Il s'est produit un phénomène d'épenthèse, avec le développement d'une occlusive dentale sonore [d]. Le [l] implosif s'est alors vocalisé en [u̯] qui a formé, avec la voyelle antécédente, une diphtongue de coalescence.

► ***Quelques exemples***

— *Voloir,* infinitif latin **volḗre : *volerát > volrat/voldrat* > [vǫu̯dRa], ancien français *voudra.*

— *Valoir,* infinitif latin *valḗre : *valerát > valrat/valdrat* > [vau̯dRa], ancien français *vaudra.*

— *Soloir* (= « avoir l'habitude »), infinitif latin solḗre : **solerát > solrat/soldrat* > [sǫu̯dRa], a.f. *soudra.*

— *Doloir* (= « souffrir »), infinitif latin *dolḗre : *dolerát > dolrat/doldrat* > [dǫu̯dRa], a.f. *doudra.*

— *Moudre,* inifinitif latin *mólere : *molre + át > *molrát/moldrat* > [mǫu̯dRa], a.f. *moudra.*

— *Toudre/tolir* (= « enlever »), infinitif latin **tólĕre : *tolre + at > *tolrat/toldrat* > [tǫu̯dRa], a.f. *toudra.*

■ ***Remarques***

1) Plusieurs régions offrent des formes sans épenthèse : le picard mais également le wallon, le lorrain, le bourguigon et le franc-comtois. La consonne liquide s'est simplement vocalisée.

2) Vouloir, valoir et *moudre* ont conservé jusqu'à nos jours leur futur ancien. *Souloir, douloir* et *toudre* ont disparu avec l'ensemble de leur conjugaison.

3.2.5.2. Cas de [R]

Après la chute du *-e-,* le [R] final de la base forme avec le [R] morphème du futur une géminée.

— *Paroir*, infinitif latin *parēre* : **parerát* > *parrat*, d'où l'ancien français *parra*.
— *Querre*, infinitif latin **quérĕre* (class. *quaerere*) : *[kę́RRe] + [át] > [kęRRát], d'où *querra*.

■ ***Remarque :*** *quérir* n'existe plus aujourd'hui qu'à l'infinitif mais les composés *acquérir* et *conquérir* ont conservé au futur le paradigme ancien de *querre* : *j'acquerrai, je conquerrai*.

Paroir a totalement disparu.

3.3. Les verbes à infinitif latin en -ire

En théorie, deux traitements sont attendus :
— une chute du [i] devenu prétonique
— sa conservation sous forme de [ə̣] lorsque la base se termine par un groupe consonantique conjoint.

Toutefois, [i] s'est conservé intact dans un certain nombre de verbes.

3.3.1. Chute du [i] devenu prétonique

Une fois le [i] effacé, la consonne finale de la base s'est trouvée en contact avec le -R- morphème du futur. Le groupe ainsi obtenu a subi les mêmes transformations que dans le cas des verbes à infinitif en *-ere*. Nous ne les rappelons donc que brièvement.

3.3.1.1. *La consonne finale de la base est une dentale*

Exemple : oïr (< audire), haïr (< *hatire), fouir (< *fodire).

Le groupe dentale + [R] est intervocalique : la dentale est assimilée par le [R] et l'on obtient une géminée [RR] :

audire + *át* > **audirát* > [au̯dRat] > [auδRat] > [ọRRa(t)], ancien français *orra*.
**hatire* + *át* > **hatirát* > [hatRat] > [hadRat] > [haδRat] > [haRRa(t)], a.f. *harra*.
**fodire* + *át* > **fodirát* > [fọdRat] > [fọδRat] > [fọRRa(t)], a.f. *forra*.

■ ***Remarque :***

Les futurs en *-rra* du début de la langue ont adopté à des époques plus ou moins tardives la terminaison *-ira*. On rencontre *oïra* et *foïra* dès l'ancien français et les deux bases *oï-* et *orr-* sont restées consurrentes jusqu'en moyen français. C'est alors que la base *(f)ouïr-* s'est imposée. *Ouïra* a disparu avec le reste de la conjugaison de *ouïr* dans le courant du XVIIe siècle. En revanche *fouïra* existe toujours. *Haïr* a reçu également une terminaison en *-ira* (*haïra*) mais plus tard, pas avant le moyen français. Elle s'est imposée au XVIe siècle et s'est conservée ensuite jusqu'à nos jours.

3.3.1.2. *La consonne finale de la base est une nasale*

Dans le groupe nasale + [R] obtenu après la chute du [i], il se produit un phénomène d'épenthèse en *-d-* > [ndR].

© ARMAND COLIN. La photocopie non autorisée est un délit.

▸ ***Quelques exemples***

— *Venir* (< *venire*) : [vęniRe] + [át] > [vęniRát] > [vęnRát]/[vęndRat], a.f. *vendra.*
— *Tenir* (< **tenire*, pour le latin classique *tenere*) : [tęniRe] + [át] > [tęniRát] > [tęnRát]/[tęndRát], a.f. *tendra.*

À ces deux verbes s'ajoutent leurs dérivés : *devenir, avenir, covenir, retenir, contenir, maintenir…*

■ ***Remarques***

1) Comme nous l'avons vu à propos des verbes à infinitif latin en *-ḗre*, certains dialectes n'ont pas pratiqué l'épenthèse (Nord et Nord-Est).

2) Pour les deux verbes, il y a eu extension de la base forte au paradigme du futur : *viendra, tiendra.* Au XIVe siècle, les formes en *ven-, ten-* sont encore les plus fréquentes mais la tendance s'inverse au siècle suivant. Les formes *vien-, tien-* prédominent vraiment à partir de 1460-1470.

3.3.1.3. *La consonne finale de la base est une liquide*

a) Cas de [R]

La géminée constituée à la chute du [i] se̜ conserve telle quelle. C'est le cas pour des verbes comme *morir* (issu de **morī́re*, latin classique *morior, mori*) ou *ferir* (issu de **ferī́re*) :

**morire + át > morirát > morrat,* d'où l'ancien français *morra* [muRRa] ;
**ferire + át > ferirát > ferrat,* a.f. *ferra.*

■ ***Remarque :*** par la suite, *mourir* a conservé sa base de futur. En revanche, *ferra* a disparu avec le reste de la conjugaison de *férir* dans le courant du XVIIe siècle.

b) Cas de [l]

Après la chute du [i] prétonique et avant la vocalisation de [l] un phénomène d'épenthèse a donné naissance à l'occlusive dentale [d] : [lR] > [ldR] > [u̯dR][21]. Seuls les dialectes du Nord n'ont pas pratiqué cette épenthèse.

▸ ***Quelques exemples***

— *Fallir (< *fallire) : *fallirat > falrat/faldrat* > [fau̯dRa], a.f. *faudra* (dans le Nord *faura*).
— *Salir (< salire) : *salirat > salrat/saldrat* > [sau̯dRa], a.f. *saudra.*
— *Bollir (< bullire) : *bollirat > bolrat/boldrat* > [bǫu̯dRa], a.f. *boudra.*

■ ***Remarque :*** à partir des XIIIe-XIVe siècle, on commence à refaire les futurs en *-udra*, en *-illera* puis *-illira : faudra, saudra, boudra* deviennent *faillera, saillera, bouillera* à la suite d'une généralisation de la base palatalisée en [l̮] et de l'insertion d'un *-e* entre ce [l̮] (qui n'admet pas le contact avec une consonne subséquente) et le [R]. Ultérieurement, sous l'influence de l'infinitif (*faillir, saillir, bouillir*), la terminaison en *-i-* se dévoloppe progressivement mais les hésitations sont encore fréquentes au XVIIe siècle.

Finalement, c'est *bouillira* qui s'est imposé ; *saillir* a quant à lui deux futurs selon sa signification : *saillira* (= « jaillir ») et *saillera* (= « être en dehors », « faire saillie ») alors que ses dérivés *assaillir* et *tressaillir* n'en ont qu'un, *assaillira, tressaillira;* enfin *faillir* n'est plus employé au futur (*faudra* est devenu le futur de l'impersonnel *falloir*).

3.3.2. Conservation du [i] devenu prétonique

Il a pu se maintenir sous forme affaiblie de [ə̥] de soutien à un groupe consonantique. Il a pu aussi se conserver sans changement (ou bien être rétabli après s'être effacé).

3.3.2.1. Affaiblissement en [ə̥]

-*Soffrir*, issu de *suff(e)rire* : *[sọffRiRát] > [sọffRə̥Rat], a.f. *sof(f)rera.*
-*Covrir*, issu de **cop(e)rire* : *[kọpRiRát] > [kọvRə̥Rát], a.f. *covrera.*
-*Offrir*, issu de **off(e)rire* : *[ọffRiRát] > [offRə̥Rát], a.f. *of(f)rera.*

■ ***Remarques***

1) Dès l'ancien français on a pu rétablir le [i] prétonique, d'où *souffrira, couvrira, offrira.* Ce sont ces formes qui ont prévalu et que l'on retrouve aujourd'hui.

2) Comme dans les futurs des verbes du premier groupe à base terminée par un groupe consonantique conjoint (type *entrera, membrera*), il a pu se produire une métathèse, d'où *sofferra, coverra, offerra.* Le phénomène est bien répandu dans tous les dialectes (*cf.* 3.1.2.2.).

3.3.2.2. Conservation sous forme de [i]

De manière générale, le [i] s'est maintenu dans les verbes inchoatifs *(fenir, fleurir...) : *florirat > florira.*

Figurant aussi bien au présent de l'indicatif qu'à l'infinitif (dans les deux cas, il est tonique : *il florit/florir*), il a été ressenti comme appartenant à la base et non comme une simple désinence de l'infinitif.

De même dans les verbes empruntés au francique c'est-à-dire après la date limite d'effacement des voyelles prétoniques, [i] n'avait aucune raison de s'amuïr : **werpirat* > *guerpira.* Par analogie de ces catégories, des verbes à infinitif en *-ir* mais non inchoatifs ont connu la même évolution et conservé leur > *-i- : *dormirat* > *dormira.*

3.3.3. Le cas du verbe *aller*

Les différents temps de ce verbe remontent à des bases latines différentes : **vadere (je vois, tu vais/vas, il vait/va...), *allare (nous allons, vous allez, j'allais...)* et *ire.* C'est sur cette dernière qu'est construit le futur : *ire* + *at* > **irat*, d'où français *ira.*

Le [i] s'est conservé tout à fait normalement : il était voyelle radicale et non désinentielle. Il était même le seul élément vocalique de la base et il est clair que de son maintien dépendait l'existence du verbe. Par ailleurs, dans le futur périphrastique il était initial et non prétonique.

■ ***Remarque :*** aucune transformation ultérieure n'est à signaler.

3.4. Les futurs du verbe estre

Estre possède deux paradigmes principaux de futur en ancien français, l'un étymologique, l'autre analogique.

© ARMAND COLIN. La photocopie non autorisée est un délit.

3.4.1. Le paradigme étymologique

Il provient directement du latin *ero, eris, erit, erimus, eritis, erunt*, qui a donné en ancien français deux séries parallèles, l'une tonique, l'autre atone :

série tonique :		série atone :	
	ier		er
	iers		ers
	iert		ert
	iermes		ermes
	*iertes		*ertes
	ierent		erent

Phonétiquement, ce paradigme ne pose pas de problème particulier. Le [ȩ] tonique et libre à toutes les personnes a diphtongué en [íȩ]. Sa diphtongaison aux P4 et 5 implique d'ailleurs que la voyelle posttonique n'était pas amuïe au début du IIIe siècle On peut ajouter qu'elle était toujours présente au milieu du même siècle; en effet, si la voyelle finale s'est conservée ce ne peut être que parce que le mot était encore proparoxyton à cette date : [u] s'est alors affaibli en [ẹ̥] qui a survécu ensuite à la chute générale des voyelles latines finales au VIIIe siècle.

■ ***Remarque :*** dès l'origine du français, le paradigme est défectif, les formes de P5 n'étant apparemment pas attestées. Autre inconvénient, certaines de ses formes pouvaient se confondre avec des formes de l'imparfait étymologique de *estre* (P3 *iert/ert*, P6 *ierent/erent*)[22]. Enfin, le type *ero, eris...* ne fournissait pas de conditionnel, ce qui a contribué à isoler un peu plus encore le paradigme du futur.

De fait, il est en voie de disparition dès l'ancien français. Déjà rare au XIIe siècle, il a presque complètement disparu au XIVe siècle, cédant la place au paradigme *serai, seras...*

3.4.2. Le paradigme analogique

Il a été constitué à partir de l'infinitif vulgaire **ẹ́ssĕre* :

**essere + át > *esserát*

L'infinitif devenu inaccentué, la première syllabe *es-* a subi une aphérèse, d'où **serat*. Dès lors, [ẹ] qui était prétonique dans **esserat,* devient initial dans **serat*, ce qui explique qu'il se soit conservé, simplement affaibli en [ẹ̥]. D'où, en ancien français :

serai	serons
seras	sereiz > seroiz/serez
sera	seront

C'est ce paradigme qui a supplanté le paradigme étymologique et est parvenu jusqu'en français actuel.

■ ***Remarque :*** l'ancien français a connu trois autres paradigmes, beaucoup plus épisodiques, pour le futur de *estre* :

— *estrai, estras...*, formé sur la base de l'infinitif roman *estr-*.

— *esterai, esteras...*, de même origine mais avec l'insertion d'un svarabhaktique.

— *esserai, esseras...*, probablement dû à un croisement de *serai* avec *estrai* ou (plutôt) avec l'infinitif *estre.*

Notes du chapitre XVII

1. *Cf.* N. Andrieux et E. Baumgartner, *Manuel du français du Moyen Âge, 3. Systèmes morphologiques de l'ancien français,* A. *Le verbe*, p. 137 et s.
2. *Cf.* en particulier G. Moignet, *Grammaire de l'ancien français*, p. 67- H. Bonnard et C. Régnier, *Petite grammaire de l'ancien français,* p. 118-119.
3. Sur les problèmes que pose l'analyse des formes du futur, *cf.* N. Andrieux et E. Baumgartner, *op. cit.*, p. 143-147.
4. Sur la datation de l'ensemble du processus, on pourra se reporter à F. de la Chaussée, *Initiation à la morphologie...*, p. 237-238, ainsi qu'à H. Bonnard et C. Régnier, *op. cit.*, p. 85-86.
5. Sur l'origine de la désinence *-ons* du présent de l'indicatif, *cf.* le chapitre sur le présent de l'indicatif.
6. *Cf.* chapitre sur l'imparfait de l'indicatif 1.2.1.
7. Nous prendrons toujours pour exemple la P3 du futur I. Pour obtenir les formes du futur II, il suffira de remplacer la désinence latine *-at* par *-eat* et la désinence romane *-a* par *-oit; cf. amareat > ameroit.*
8. Le même phénomène a été relevé pour l'imparfait de l'indicatif (2.2.2.).
9. Deux origines ont été proposées : *soit* un verbe germanique **lagjan*, soit une forme écrasée de *laissier.*
10. *Cf.* Corneille corrigeant deux vers du *Cid* dans son édition de 1660. Il avait d'abord écrit (V,5) : « Et le ciel ennuyé d'un supplice si doux/Vous *lairra,* par sa mort, Dom Sanche pour époux ». Il remplace par : « Et nous verrons du ciel l'équitable courroux/ Vous laisser, par sa mort, Dom Sanche pour époux ».
11. *Cf.* N. Andrieux et E. Baumgartner, *op. cit.*, p. 142.
12. *Cf.* P. Fouché, *Le Verbe français*, p. 395.
13. *Idem*, p. 395 et 410.
14. *Cf.* Bonnard-Régnier, *Petite grammaire de l'ancien français*, p. 116.
15. Attention à ne pas simplifier précocement les consonnes géminées.
16. *Cf.* G. Joly, *Précis de phonétique...*, p. 132 et s.
17. C'est ce que pose cependant P. Fouché lorsqu'il affirme : « le groupe intervocalique [yR] (< lat. *-c'r-, -g'r-)* s'est conservé intact dans la période la plus ancienne du français dans **placerat > plaira, *tacerat > taira...* et dans **nocerat > nuira*», *Le Verbe français,* p. 397.
18. *Cf.* G. Joly, *Précis de phonétique...*, p. 103-104.
19. *Cf.* G. Paris, *Romania,* T. XXII, p. 570.
20. Attention à ces formes où [t] et [d] ne sont pas des phonèmes épenthétiques mais le résultat de la palatalisation de [k] et [g] devant [e]. *Cf.* F. de la Chaussée, *Initiation à la phonétique historique*, p. 136 et G. Joly, *Précis...*, p. 80 (chap. VI, 4.2.2.3.). En effet, la voyelle posttonique n'étant pas tombée au début du IIIe siècle, elle a déterminé l'évolution de la dorso-vélairge en [k̬]/[g̬] puis [t̬]/[d̬]. Toutefois, sa chute à cette étape précise a empêché l'assibilation et entraîné une dépalatalisation de la dentale > [t]/[d].
21. *Cf.* Verbes à infinitif latin en *ere* (3.2.5.1.).
22. *Cf.* chap. sur l'imparfait de l'indicatif (3.2.).

© ARMAND COLIN. La photocopie non autorisée est un délit.

CHAPITRE XVIII

LE PASSÉ SIMPLE

Le passé simple est issu morphologiquement du parfait latin, tiroir à accent mobile pour tous les verbes. Il présentait, en effet, une alternance de formes fortes (accentuées sur la base) : les P1, 3, 4, 6, et de formes faibles (accentuées sur la désinence) : les P2 et 5.

En revanche, en ancien français, les passés simples se répartissent en deux grandes catégories : ceux qui possèdent un accent fixe et ceux à accent mobile. On établit donc une distinction entre les passés « faibles » (à accent fixe) et les passés « forts » (à accent mobile).

A. ÉTUDE SYNCHRONIQUE

On répartit traditionnellement les passés simples en deux grandes catégories : les passés faibles et les passés forts, auxquels s'ajoute le passé du verbe *estre*, qui pose un problème de classement.

1. Les passés faibles

Une forme verbale est dite « faible » lorsque l'accent porte sur la désinence. Les passés faibles sont accentués à toutes les personnes sur la désinence, la base étant atone.

La structure de ces passés est du type :

Base + Désinence

Désinence → Morphème de passé (accentué) + morphème de personne

La caractéristique de ces passés est la présence d'un morphème (de temps) accentué entre la base et la marque de personne.

Quant à la base, c'est la base faible du verbe, celle que nous trouvons par ailleurs à l'infinitif, aux P4 et 5 du présent de l'indicatif et du subjonctif, à l'imparfait de l'indicatif. Elle n'est donc pas propre au passé.

Selon la nature du morphème accentué (il peut s'agir de *-a*, *-i* ou *-u*), on distingue trois sortes de passés faibles : passés en *-a*, passés en *-i*, passés en *-u*.

1.1. Les passés faibles en -a

Ont un passé faible en *-a* tous les verbes du premier groupe (infinitif en *-er* ou *-ier*) ainsi que le verbe « atypique » *aller.*

La structure de ces passés est la suivante :

B1 + á + i̯	*donai/cuidai*
B1 + á + s	*donas/cuidas*
B1 + á + Ø	*dona/cuida*
B1 + á + mes	*donames/cuidames*
B1 + á + stes	*donastes/cuidastes*
B1 + é/ié + rent	*donerent/cuidierent*

■ ***Remarques***

a) À la P6, c'est une variante combinatoire du morphème [a] que nous rencontrons. En effet, à cette personne et à elle seule, [á] était libre : il a donc diphtongué normalement en [ẹ] ou en [i̯ẹ] (lorsqu'il était précédé d'une consonne palatale). Il faut noter toutefois que cette distinction *-erent/-ierent* tend à disparaître dès le XIIe siècle.

b) Quelques variantes dialectales.

— En anglo-normand, la consonne désinentielle *-t* de la P3 a pu se maintenir plus longtemps (*cf.* dans les *Lais* de Marie de France : *alat, amat, cumençat*).

— En Picardie, Lorraine, Champagne et Bourgogne, la P1 a pu recevoir le vocalisme [a] des autres personnes (*cf. trova* pour *trouvai*, dans *Le Bel Inconnu*, v. 2713)

— Dans l'Est à l'inverse, le vocalisme [ẹ] de la P1 a pu se généraliser aux autres personnes (*cf. refusait/refuseit, chantairent/chanteirent…*). D'autre part, à la P6, *-erent* y cède parfois la place à *-eirent* (*cf. meneirent, troveirent, peneirent…*) ainsi qu'à une désinence tonique *-ont/-unt* (*cf. chantont, entront, gaignons, navrunt…*), due vraisemblablement à la ressemblance qui existait entre les terminaisons *-ai, -as, -a* et celles de l'auxiliaire *avoir : ai, as, a*; c'est sur le modèle de *ont* qu'a été créée une forme nouvelle en *-ont* pour le passé.

— À l'Est comme au Nord-Est, on relève également, pour la P6, *-arent* (*cf. donarent, afaitarent, plorarent…*)[1].

1.2. Les passés faibles en -i

La classe est beaucoup plus difficile à délimiter que celle des passés en *-a*. En dehors des verbes inchoatifs, qui possèdent tous un passé faible en *-i* (*fenir, plevir, choisir, florir…*), on rencontre dans cette catégorie :

— des verbes à infinitif en -re (*defendre, descendre, perdre, tendre, rompre, battre…*)

— des verbes à infinitif en *-oir (cheoir)*.

En fait, à l'origine, l'ancien français possédait deux types de passés faibles en *-i* :

Type A	
B1 + í + Ø	*dormi*
B1 + í + s	*dormis*
B1 + í + Ø/t	*dormi/t*

© ARMAND COLIN. La photocopie non autorisée est un délit.

B1 + í + mes	*dormimes*
B1 + í + stes	*dormistes*
B1 + í + rent	*dormirent*

Type B

B1 + í + Ø	*tendi*
B1 + í + s	*tendis*
B1 + íe + Ø/t	*tendie/t*
B1 + í + mes	*tendimes*
B1 + í + stes	*tendistes*
B1 + íe + rent	*tendierent*

Ce second type concernait les verbes à infinitif en *-re* ou *-oir.*

■ ***Remarques***

a) À la P1, pour les deux catégories, on commence à voir apparaître un *-s* final un peu avant la fin du XIIIe siècle (analogique des passés forts, beaucoup plus nombreux).

b) À la P3, dans les deux types également, [t] final a disparu derrière voyelle vers la fin du IXe siècle (on le rencontre encore dans les premiers textes en roman mais il s'agit d'une graphie conservatrice). Cependant, dès le XIIe siècle, on commence à le réintroduire par analogie des passés forts, où il s'était maintenu en position appuyée.

c) Dans le type B, les formes en *-ie* des P3 et 6 alternent toujours dans la synchronie considérée avec les formes en *-i.* Elles disparaissent dans la première moitié du XIIIe siècle.

d) À l'Est et au Nord-Est, les P1, 3 et 6 du type B ont pu recevoir une terminaison *-ei* : *tendei, tendeit, tendeient*; *perdei, perdeit, perdeient...* Le phénomène est phonétique à la P1 à partir de laquelle il a touché les deux autres personnes.

1.3. Les passés faibles en -u

Il y en a très peu en ancien français. C'est en moyen français que cette classe a reçu de nombreux verbes nouveaux, le plus souvent par la réfection ou l'évolution phonétique d'anciens passés forts en *-u.*

Ont un passé faible en *-u* des verbes à infinitif en *-ir (corir, morir)*, en *-oir (valoir, paroir).*

La structure de ces passés est la suivante :

B1 + ú + i̯/Ø	*parui(i)*
B1 + ú + s	*parus*
B1 + ú + Ø/t	*paru/t*
B1 + ú + mes	*parumes*
B1 + ú + stes	*parustes*
B1 + ú + rent	*parurent*

■ ***Remarques***

a) À la P3, comme dans les passés en *-i*, le morphème personnel [t], effacé derrière voyelle à la fin du IXe siècle, est réintroduit à partir du XIIe siècle L'évolution a été très rapide dans ce cas.

b) La P1 présente à l'origine une marque [i], qui disparaît de bonne heure, suivant le modèle de la P1 de *estre : fui > fu.*

2. Les passés forts

Ils comportent un accent mobile.

Toutefois, ils posent un problème d'analyse, du moins en ce qui concerne les P2, 4, 5.

— Les P1, 3, 6 sont accentuées sur la base sans contestation possible :

P1	*dis*
P2	*dist*
P3	*distrent*

L'accent porte sur le *-i* de la base.

— Les P2, 4, 5, en revanche, ont donné lieu à deux analyses morphémiques.

Soit P2 *desis*, P4 *desimes*, P5 *desistes*. On a pu analyser *desi-* :

• en *des + i, des-* étant une base propre au seul passé simple et *-i-* le morphème du passé.

Ou bien :

• en *desi-*, l'ensemble de la séquence représentant une base longue de passé (commune avec le subjonctif imparfait) alternant au passé simple avec la base courte *dis-*.

La conséquence de cette double analyse, c'est que les passés dits « forts » sont constitués ou bien d'une alternance de formes fortes (P1, 3, 6) et de formes faibles (P2, 4, 5) ou bien uniquement de formes fortes. Dans le premier cas, il s'agirait plutôt d'un temps « mixte », dans le second d'un temps véritablement « fort ».

Si l'on retient de préférence l'analyse *desi-*[2], base longue (seconde analyse), on peut résumer la structure de ces passés de la façon suivante :

B5 + Ø
B6 + s
B5 + t
B6 + mes
B6 + stes
B5 + rent[3]

Ces passés se répartissent en deux grands types :

a) type en *-i*	simples
	sigmatiques
b) type en *-u*	modèle *avoir*, avec une alternance *o/eü*
	modèle *devoir*, avec une alternance *u/eü*

© ARMAND COLIN. La photocopie non autorisée est un délit.

3. Le passé du verbe *estre*

Paradigme : *fui, fus, fu(t), fumes, fustes, furent.*

On peut hésiter sur le classement de ce verbe. En effet, il est accentué à toutes les personnes sur la même voyelle thématique *-u*, ce qui l'apparente à un passé faible (pas de déplacement de l'accent). Toutefois, cette voyelle peut être considérée comme appartenant à la base, ce qui l'apparenterait à un passé fort. Si l'on veut y voir un passé faible, il faut admettre que la base se réduit à la seule consonne initiale *f-*, que *-u-*, voyelle thématique, fait partie de la désinence au même titre que les morphèmes personnels *-i, -s, -t…*

On peut donc proposer la structure suivante :

f + ú + i̯/Ø

f + ú + s

f + ú + t

f + ú + mes

f + ú + stes

f + ú + rent

B. ÉTUDE DIACHRONIQUE

1. Du latin à l'ancien français

1.1. Les bases

1.1.1. Les problèmes posés par les passés faibles

Les problèmes posés par les passés faibles peuvent être regroupés en cinq points.

1.1.1.1. *La réduction des formes en latin archaïque et en latin classique*

On peut prendre pour conduire l'étude deux verbes représentatifs. Pour les passés en *-a* :*amer*, pour les passés en *-i* : *dormir.*

À l'origine, le parfait de ces verbes se présentait de la façon suivante :

— *Amare : amávi, amavī́sti, amávit, amávīmus, amavī́stis, amávĕrunt*

— *Dormire : dormívi, dormivī́sti, dormívit, dormívīmus, dormivī́stis, dormívĕrunt*

1.1.1.1.1. Effacement de la semi-consonne bilabiale [w]

a) Cet effacement se produit d'abord dans les parfaits en -[iwi] : dès le latin archaïque, en effet, [w] s'amuït entre deux voyelles identiques dont la première est tonique. C'est le cas dans les parfaits en *-ivi* aux P1, 3, 4 > *dormī́i, dormī́it, dormī́īmus.*

Par analogie, les P2 et 5 ont subi le même traitement ([w] s'y trouvait bien entre voyelles identiques mais c'est la seconde qui était tonique), d'où *dormī ĭsti, dormī ĭstis.*

Enfin, toujours par analogie, la P6 se réduit (les voyelles entourant le [w] étaient différentes), d'où *dormīĕrunt.*

b) L'effacement du [w] se produit ensuite dans les parfaits en -[awi]. Le [w] se trouvant, dans ces parfaits, entre des voyelles différentes à toutes les personnes, c'est sous l'influence des parfaits en *-ivi* que la semi-consonne a disparu. C'est vraisemblablement au IIe siècle que le phénomène a eu lieu > *amái, amaĭsti, amáit* (pour cette personne, évolution incertaine sur laquelle nous reviendrons), *amáĭmus, amaĭstis, amáĕrunt.*

1.1.1.1.2. Simplification du vocalisme

Elle est la conséquence directe de l'effacement du [w]

a) Dès le Ier s. (comme en témoignent les inscriptions de Pompéi), les parfaits en *-ii* se sont réduits à *-i* :

— d'abord aux P2, 5, 6, d'où *dormísti, dormístis, dormírunt*

— puis aux P1 et 3, d'où *dormí, dormít*

— enfin à la P4, d'où [doRmímęs] (pas avant la fin du IIIe siècle, pour éviter la confusion avec la P4 du présent de l'indicatif, *dormimus* ; c'est en effet au milieu du IIIe siècle que la voyelle finale des proparoxytons s'affaiblit en [ę][4], transformant la P4 du parfait *dormíimus* en *dormíimes* ; la réduction devient alors possible puisqu'il n'y a plus de risque de confusion avec le présent de l'indicatif, qui a conservé son *-u* final).

b) Les formes correspondantes des parfaits en *-ai* (< *avi*) suivent la même évolution (sauf aux P1 et 3) mais plus tard, sans doute dans la seconde moitié du IIIe siècle, d'où *amásti, amámmes*[5], *amástis, amárunt.*

La conséquence des réductions intervenues dans les parfaits en *-avi* et en *-ivi* a été un déplacement de l'accent aux P2 et 5 : il portait primitivement sur *-ĭ-* de *-ĭsti* et de *-ĭstis* ; il va porter dès lors sur *-a* dans les parfaits en *-avi,* sur *-i* dans ceux en *-ivi.*

C'est ce que l'on appelle la « régularisation de l'accentuation » dans les passés faibles. Le phénomène ne s'est pas produit dans les passés forts, qui, à l'exception de leur P4, ont conservé leur accentuation primitive.

1.1.1.2. *La P3 dans les passés faibles en* -a

Le latin parlé avait adopté trois types de finale pour la P3 des parfaits en *-avi : -aut, -ait, -at.*

C'est la terminaison *-aut* qui a prévalu sur un large territoire dont la Gaule[6] (également en Italie du Nord, en Espagne, au Portugal, en Catalogne : *cf.* par exemple le prétérit de l'espagnol moderne *canto*).

Quant au passage de *-avit* à *-aut,* il peut s'expliquer de la façon suivante : [i] final se serait vélarisé sous l'influence de la bilabio-vélaire [w] > [awut], qui se serait simplifié en *aut.* Par la suite, la diphtongue s'est réduite à [at], à une date difficile à préciser, mais de toute façon avant la seconde moitié du Ve siècle (à

© ARMAND COLIN. La photocopie non autorisée est un délit.

cette époque, en effet, la diphtongue [au] latine se monophtongue en [ǫ] et non en [a]); [t] final s'est effacé normalement derrière voyelle vers la fin du IXe siècle.

1.1.1.3. La terminaison de la P4 dans les passés en -a

La désinence médiévale *-ames* ne peut s'expliquer que par une forme du latin populaire à redoublement consonantique **amammes.* Seule la présence d'une géminée justifie que la voyelle tonique n'ait pas diphtongué. On peut retracer les événements de la façon suivante :

— première moitié du IIIe siècle : la P4 était encore proparoxytone; la bilabio-vélaire [w] ne s'était pas effacée mais avait eu le temps de se transformer en [β], d'où [amáβĭmus].

— milieu du IIIe siècle : [u] final de proparoxyton s'affaiblit en [e̥], d'où [amáβĭme̥s].

— avant la fin du IIIe siècle (sans doute) : la voyelle posttonique entre deux labiales, [β] et [m], s'efface > [amáβm̥es]; la consonne implosive est alors complètement assimilée par [m] > [mm], d'où [amámme̥s]; les géminées ne se simplifiant pas avant le VIIe siècle, [á] est entravé à l'époque de la diphtongaison du [a] tonique libre (milieu du VIe siècle).

1.1.1.4. Le cas des parfaits latins en -dedi

1.1.1.4.1. Diphtongaison aux P1, 3 et 6

Cette série remonte à une création du bas-latin; il s'agit de l'extension d'un parfait fort à redoublement du type *-dedi* :

— soit à des verbes qui présentaient déjà en latin classique un parfait à redoublement comme *credo > credidi, perdo > perdidi, vendo > vendidi...*

— soit à des verbes qui, à l'origine, ne présentaient pas de redoublement du tout comme *battuere > battui, respondere > respondi, cadere > cecidi,rumpere > rupi...*

Tous ces verbes comportaient une base terminée par *-t, -d* ou *-p.*

a) Dans un premier temps, dès le Ier s. av. J.-C., les verbes sans redoublement en ont reçu un (le phénomène s'est étendu ensuite largement en Gaule pendant l'Empire) : *respondi > *respondidi, battui > *battidi, rupi > *rumpidi.*

b) Dans un second temps, l'ensemble des verbes à redoublement (d'origine ou obtenus par réfection) ont été considérés comme des composés de *do, dare,* à parfait en *-dedi,* dont le vocalisme se serait fermé en composition en [i] (en même temps qu'il perdait son accent)[7] :

*dedi → *crédidi, *inténdidi, *véndidi, *báttidi, *pérdidi...*

Or, en latin impérial, on note une tendance à restituer aux composés le vocalisme du simple ainsi que son accentuation, d'où **credédi, *intendédi, *vendédi, *battédi, *perdédi...*

Le résultat, c'est la naissance d'un paradigme faible : *intendédi, intendedísti, intendédit, intendedímus, intendedístis, intendéderunt.*

Aux P3 et 6, [ę] issu de [ĕ] est tonique et libre : il diphtongue en [íę], d'où, en ancien français *entendiet,entendierent.*

■ ***Remarque :*** à la P1, la diphtongaison a dû se produire également mais la diphtongue obtenue formant avec le *-i* final une triphtongue [íẹi̯], celle-ci s'est réduite à [i], supprimant toute trace de la diphtongue.

1.1.1.4.2. Haplologie aux P2, 4 et 5

La syllabe *-de-* s'est effacée : **tendedisti* > **tendisti, *tendedimus* > **tendimus, *tendedistis* > **tendistis.*

1.1.1.5. *Les passés faibles en* -u

Ces passés sont également dûs à une création du bas-latin. Ils sont attestés à l'origine dans des verbes à base teminée par *-l* (*valuit, doluit*), *-r* (*coruit, paruit*), *-m* (**cremuit*), *-n* (*monuit*).
Le *ŭ* en hiatus y est passé normalement à [w], mais, à la différence de ce qui s'est passé pour les verbes à base terminée par une consonne autre que *l, r, m* ou *n*, il n'y a pas eu d'assimilation de la consonne finale de la base par [w]. La catégorie est donc restée à part, évoluant de façon indépendante (et non comme les parfaits du type *habui, potui, debui*) : elle a reçu l'accentuation des passés faibles, avec un accent portant à toutes les personnes sur la voyelle qui suit la consonne finale de la base[8].

1.1.2. Les passés forts

1.1.2.1. *Les passés forts en* -i *et en* -s

L'ancien français ne connaît que quatre verbes à passé fort en *-i* : *veoir, venir, tenir, voloir*[9]. Les verbes à passé fort en *-s* sont beaucoup plus nombreux ; nous n'étudierons ici de façon détaillée qu'un certain nombre d'entre eux, parmi les plus représentés : *dire, prendre, mettre, seoir, querre, ocire, traire, plaindre, ceindre, manoir* ainsi que *faire*, qui pose un problème de classement.

Les paradigmes en ancien français :

-vi, veïs, vit, veïmes, veïstes, virent
-vin, venis, vint, venimes, venistes, vindrent
-tin, tenis, tint, tenimes, tenistes, tindrent
-voil, volis, volt, volimes, volistes, voldrent
-dis, desis, dist, desimes, desistes, distrent
-pris, presis, prist, presimes, presistes, prisdrent/pristrent
-mis, mesis, mist, mesimes, mesistes, misdrent/mistrent
-sis, sesis, sist, sesimes, sesistes, sistrent
-quis, quesis, quist, quesimes, quesistes, quistrent
-ocis, ocesis, ocist, ocesimes, ocesistes, ocistrent
-trais, traisis, traist, traisimes, traisistes, traistrent
-plains, plainsis, plainst, plainsimes, plainsistes, plainstrent
-ceins, ceinsis, ceinst, ceinsimes, ceinsistes, ceinstrent
-mes, masis, mest, masimes, masistes, mestrent
-fis, fesis, fist, fesimes, fesistes, firent.

© ARMAND COLIN. La photocopie non autorisée est un délit.

■ ***Remarque :*** en picard, la P6 des passés forts en *-s* est en *-sent* (*prisent, traisent,* de même que *fisent*).

Les paradigmes en latin :

-veoir : vidi, vidisti, vidit, vidimus, vidistis, viderunt
-venir : veni, venisti, venit, venimus, venistis, venerunt
-tenir : *teni, *tenisti, *tenit, *tenimus, *tenistis, *tenerunt
-voloir : *voli, *volisti, *volit, *volimus, *volistis, *volerunt
-dire : dixi, dixisti, dixit, diximus, dixistis, dixerunt
-prendre : *presi, *presisti, *presit, *presimus, *presistis, *preserunt
-mettre : misi, misisti, misit, misimus, misistis, miserunt
-seoir : *sessi, *sessisti, *sessit, *sessimus, *sessistis, *sesserunt
-querre : *quesi, *quesisti, *quesit, *quesimus, *quesistis, *queserunt
-ocire : *occisi, *occisisti, *occisit, *occisimus, *occisistis, *occiserunt
-traire : traxi, traxisti, traxit, traximus, traxistis, traxerunt
-plaindre : planxi, planxisti, planxit, planximus, planxistis, planxerunt
-ceindre : cinxi, cinxisti, cinxit, cinximus, cinxistis, cinxerunt
-manoir : *masi, *masisti, *masit, *masimus, *masistis, *maserunt
-faire : feci, fecisti, fecit, fecimus, fecistis, fecerunt

1.1.2.1.1. Changement d'accentuation à la P4

Vers la fin du IIIe siècle, l'accent se déplace vers la pénultième, sur le [ĭ] : *vĭ́dĭmus > vidĭ́mus, vḗnĭmus > vēnĭ́mus, dī́xĭmus > dīxĭ́mus…*

Il s'agit d'un changement analogique des passés faibles. Dans ceux-ci, la P4 s'étant réduite dans la seconde moitié du IIIe siècle, *-i-* dans *-imes* avait reçu l'accent[10].

1.1.2.1.2. Influence métaphonique (dilatrice) de *-i* (long) final

a) À la P1

La voyelle tonique [ẹ] se ferme en [i] dans *veni > vini, *teni > tini, *presi > prisi, *quesi > quisi, *sessi > sissi.* Il s'agit de métaphonie « positive ».

b) **À** la P2

Le [i] tonique a conservé son timbre [i] (au lieu de s'ouvrir en [ẹ], comme le fait habituellement [ĭ]), cela dans tous les verbes : *vidĭ́sti > veïs, venĭ́sti > venis, dixĭ́sti > desis, presĭ́sti > presis, fecĭ́sti > fesis…* Il s'agit de métaphonie « conservatrice ».

Par analogie, ce phénomène de métaphonie a conditionné l'évolution des P4 et 5. En effet, [ĭ] de *-ĭ́mus* et de *-ĭ́stis* a conservé également son timbre mais il est impossible, dans ces deux cas, de parler de métaphonie (dans *-ĭ́stis, -ĭ* final est bref et dans *-ĭ́mus,* on n'a pas de *-i* final du tout) : *-ĭ́stis* a conservé son timbre par analogie de la P2, *-ĭ́mus* par analogie de la P5. Tous les verbes sont concernés : *vidĭ́mus > veïmes/vidĭ́stis > veïstes; venĭ́mus > venimes/venĭ́stis > venistes; dixĭ́mus > desimes/dixĭ́stis > desistes; presĭ́mus > presimes/ presĭ́stis > presistes; fecĭ́mus > fesimes/fecĭ́stis > fesistes…*

1.1.2.1.3. Évolution de la voyelle initiale (atone) aux P2, 4 et 5

On peut prendre l'exemple de la P2.

L'évolution a été différente selon la nature de la voyelle primitive.

a) *masisti* : [a] initial se conserve inchangé > *masis.*

*b) venisti, *tenisti, *presisti, *quesisti, *sessisti :* le [ẹ] issu du [ē] s'est simplement affaibli en [ə] (XIe siècle) > *venis, tenis, presis, quesis, sesis.*

■ ***Remarque :*** pour *faire*, le résultat *fesis* obtenu à partir de *fecísti* n'est pas phonétique (on attendrait une diphtongue [ẹi̯], c'est-à-dire **feisis*) mais analogique des verbes précédents. C'est à date prélittéraire que le vocalisme [ẹi̯] a dû être remplacé.

c) *volisti* : [ǫ] initial s'est affaibli en se fermant progressivement en [u] (XIe-XIIe siècle) > *vulis, volis.*

d) *misisti, vidisti, occisisti, dixisti* : le passage de *i-* initial à [ə] s'est fait par dissimilation avec la voyelle tonique > *mesis, veïs, ocesis, desis.*

e) *traxisti, cinxisti* : l'évolution a été normale pour [a] + [i̯] dans *traxisti*, pour [ẹ] + [i̯] dans *cinxisti*, d'où *traisis, ceinsis.*

Aux P4 et 5, nous aurions un processus identique.

1.1.2.1.4. Évolution de la voyelle tonique aux P3 et 6 de *venir, tenir, prendre, faire, querre* et *seoir*

a) À la P3

— On attendrait une forme à diphtongue [ẹi̯] dans **veint, *teint, *preist, *feist, queist* (la diphtongue provenant de [ẹ́] libre dans *venit, *tenit, *pressit, *quesit*, de [ẹ] + [i̯] issu de la palatalisation de [k] intervocalique dans [fēkit]).

— On attendrait une forme en [ẹ] dans **sest* ([ẹ] entravé de **sessit* s'ouvrant en ancien français en [ę]).

À date prélittéraire, par analogie de la P1 (*vin, tin, pris, quis, sis*), le vocalisme de toutes ces formes a été refait, d'où *vint, tint, prist, fist, quist, sist.*

b) À la P6

On attendrait un vocalisme [ę] dans **prestrent, *questrent, *sestrent*; nasalisé en [ẽ] dans **vendrent, *tendrent*; [ẹi̯] dans **feirent.*

Dans tous les cas, à date prélittéraire, le vocalisme de la P6 a été aligné sur celui de la P3, d'où *pristrent, quistrent, sistrent, vindrent, tindrent, firent.*

1.1.2.1.5. Évolution de la voyelle tonique aux P1 et 3 de *voloir*

Les formes *voil* [vǫl̮] et *volt* [vǫu̯t] de l'ancien français ne sont pas phonétiques.

À partir de **voli/**[vǫ́l̮] et de **vólit*, on attendrait une diphtongaison du [ǫ́] (spontanée dans **vŏ́li* et **vŏ́lit*, conditionnée dans [vǫ́l̮])[11].

Or, les résultats obtenus en français attestent que cette diphtongaison n'a pas eu lieu. Le phénomène est mal expliqué, mais l'évolution des P1 et 3 du présent de l'indicatif **vŏ́lĕo* et **vŏ́let* aboutissant au même résultat que celle du parfait, il a pu se produire une réaction tendant à éviter cette confusion : comme le parfait possédait déjà quatre formes à voyelle radicale *-o-* (*volis, volimes, volistes, voldrent*), le vocalisme majoritaire aurait été étendu aux dépends du vocalisme minoritaire[12].

© ARMAND COLIN. La photocopie non autorisée est un délit.

1.1.2.1.6. Évolution de la consonne finale de la base dans le parfait de *faire*

En latin, cette consonne était un [k] intervocalique devant voyelle antérieure : [*fíki], [*fekísti], [*fékit]…

Dans cette position, [k] se transforme en demi-palatale, devant laquelle se développe un [i] de transition, d'où, après assibilation et sonorisation en [ts'] puis [dz'] : [fídz'i], [feidz'ísti], [fídz'it]…

À partir de là, la consonne finale de la base obtenue en ancien français n'est phonétique qu'à la P3, où, après la chute de la voyelle finale et l'assourdissement de [dz] au contact du [t] désinentiel, le groupe complexe [tst] s'est simplifié en [st] (*fist).*

1.1.2.1.7. Évolution de la consonne finale de la base et épenthèse à la P6 de *venir* et *tenir* d'une part, de *prendre, mettre, querre, ocire, seoir, traire, ceindre, dire* d'autre part

Dans tous ces verbes, la chute de la voyelle posttonique *-e-* de *-erunt* a mis en contact la consonne finale de la base et le *-r-* de la terminaison : *vén(e)runt, tén(e)runt, *prés(e)runt, mís(e)runt, *qués(e)runt, *occís(e)runt, *séss(e)runt, [tRáys(e)Runt], [tséins(e)Runt], [díys(e)Runt],* donnant naissance à un groupe consonne nasale + [R] (*venir, tenir*) ou consonne alvéolaire [s]/[z] + [R] (les autres verbes). Il s'en est suivi un phénomène d'épenthèse en [t] dans le cas de [sR], en [d] dans le cas de [nR] et de [zR] : *pristrent, quistrent, ocistrent, sistrent,traistrent, ceinstrent,distrent, vindrent, tindrent, misdrent, prisdrent.*

■ ***Remarques***

1) À côté des formes étymologiques *misdrent* et *prisdrent*, on rencontre les variantes *mistrent* et *pristrent.*

2) En picard, dans les passés en *-s,* le groupe consonantique *-str-/-sdr-* s'est généralement simplifié en *-s-* (*emprisent, traisent, ocisent*) et *faire* a pu recevoir une P6 *fisent* par analogie.

3) Dans les dialectes du Nord, duNord-Est et de l'Est, où l'on ne pratique pas l'épenthèse entre *-n* et *-r-*, ni entre *-l-* et *-r-,* on rencontre des formes de P6 du type *vinrent, tinrent, vourent* (= *voloir*).

1.1.2.2. Les passés forts en -u

Ils sont de deux sortes :

— du type *avoir*, avec une alternance *o/eü*

— du type *devoir,* avec une alternance *u/eü*

Ils sont moins nombreux que les passés en *-i* et en *-s* mais ils posent des problèmes tout à fait différents.

Comme précédemment, nous rapellerons les faits importants concernant les verbes les plus représentés : *avoir, pooir, savoir, devoir, plaisir* (= *plaire), conoistre.*

Conjugaison en ancien français :

avoir : oi, oüs/eüs, ot, oümes/eümes, oüstes/eüstes, orent

pooir : poi, poüs/peüs, pot, poümes/peümes, poüstes/peüstes, porent

savoir : soi, soüs/seüs, sot, soümes/seümes, soüstes/seüstes, sorent

plaisir : ploi, ploüs/pleüs, plot, ploümes/pleümes, ploüstes/pleüstes, plorent

devoir : dui, deüs, dut, deümes, deüstes, durent

conoistre : conui, coneüs, conut, coneümes, coneüstes, conurent.

Étymons :

avoir : hábŭi, habuī́sti, hábŭit, habŭ́īmus, habuī́stis, habŭ́ĕrunt
pooir : pótŭi, potuī́sti, pótŭit, potŭ́īmus, potuī́stis, potŭ́ĕrunt
savoir : sápŭi, sapuī́sti, sápŭit, sapŭ́īmus, sapuī́stis, sapŭ́ĕrunt
plaisir : plácŭi, placuī́sti, plácŭit, placŭ́īmus, placŭī́stis, placŭ́ĕrunt
devoir : débŭi, debuī́sti, débŭit, debŭ́īmus, debuī́stis, debŭ́ĕrunt
connoistre : *[konówwi], *[koniwwī́sti], *[konówwit], *[konówwīmus], *[konowwī́stis], [konówweRunt][13]

Les points à noter sont au nombre de quatre.

1.1.2.2.1. Changements d'accentuation

a) À la P4

Comme dans les passés forts en *-i* et en *-s*, et pour la même raison, à savoir l'analogie des passés faibles, l'accent se déplace du *-u* antépénultième vers le *-i* pénultième.

abŭ́īmus > *abŭī́mus
sapŭ́īmus > *sapŭī́mus
potŭ́īmus > *potŭī́mus
placŭ́īmus > *placŭī́mus
debŭ́īmus > *debŭī́mus
*[konówwīmus] > *[konowwī́mus]

b) À la P6

L'évolution est particulière à ces verbes[14].

À l'origine, la P6 était proparoxytone, accentuée sur *-ŭ-* de *-ŭ́ĕrunt : abŭ́erunt, sapŭ́erunt, potŭ́erunt...*

En latin impérial, l'accent remonte sur la base : *ábŭerunt, sápŭerunt, pótŭerunt, plácŭerunt, débŭerunt.*

Ce phénomène est dû à l'analogie des formes fortes.

1.1.2.2.2. L'influence métaphonique du *-i* long final

Elle a joué en deux occasions.

a) À la P1 des parfaits du type *devoir*

Elle se traduit par la fermeture de la voyelle tonique [ẹ] en [i] : *débui* > **díbui*, [ọ] en [u] : *[konówwi] > [konúwwi]. Cette fermeture est acquise en Gaule dans la seconde moitié du IIIe siècle Elle s'est étendue ensuite, par analogie, aux P3 et 6 :

débuit > **díbuit, débŭerunt* > **díbŭerunt*, *[konówwit] > *[konúwwit], *[konówweRunt] > *[konúwweRunt].

b) À la P2, dans tous les verbes

Dans un premier temps (jusqu'à la fermeture de *-ŭ* en [w] c'est-à-dire jusqu'au VIe siècle), sous l'influence de *-ī* final, [ī́] de *-ī́sti* a conservé son timbre[15].

■ ***Remarque :*** dans les parfaits en *-ŭi, -ŭ* en hiatus derrière consonne n'a pas évolué comme dans les formes nominales (en raison de son rôle de morphème flexionnel).

© ARMAND COLIN. La photocopie non autorisée est un délit.

Au lieu de se semi-consonifier dès le latin classique, il est resté au stade -u̯, non syllabique, jusqu'au VIe siècle Ce qui a permis un certain nombre de transformations :

— la diphtongaison de la voyelle tonique libre des P1, 3, 6 dans *pooir* (début du IVe siècle) : *pótui* > *púotui, pótuit* > *púotuit, *pótuerunt* > *púotuerunt.*

— la sonorisation des consonnes sourdes intervocaliques, à toutes les personnes dans : *sápui* > *sábui, sapuísti* > *sabuísti..., púotui* > *púodui, potuísti* > *poduísti..., plácui* > *plágui, placuísti* > *plaguísti...*, phénomène qui s'est produit vers la fin du IVe siècle.

— la spirantisation des occlusives sonores intervocaliques, à toutes les personnes, dans : *ábui* > [áβui], *abuísti* > [aβuísti]..., *sábui* > [sáβui], *sabuísti* > [saβuísti]..., **díbui* > [díβui], *debuísti* > [deβuísti]..., *púodui* > [púǫδui], *poduísti* > [poδuísti]..., *plágui* > [pláγui], *plaguísti* > [plaγuísti]...

Le phénomène s'est produit au début du Ve siècle pour [b] > [β] et [g] > [γ], au milieu du VIe siècle pour [d] > [δ].

Pour en revenir à la P2, [u] se conserve jusqu'au VIe siècle puis se semi-consonifie en [w] :

[aβuísti] > [aβwísti], [saβuísti] > [saβwísti], [deβuísti] > [deβwísti], [plaγuísti] > [plaγwísti], [poδuísti] > [poδwísti].

La semi-consonne a assimilé aussitôt la constrictive antécédente, provoquant la formation d'une géminée [ww] : [βw] > [ww], [γw] > [ww], [δw] > [ww] ([awwísti], [sawwísti], [plawwísti], [powwísti], [dewwísti].

Ces formes rejoignent alors [konowwísti] (*cf.* note 13).

C'est jusqu'à cette étape que [ĭ́] a conservé son timbre sous l'influence du -*i*- final.

Indirectement (comme dans les passés forts en -*i* et en -*s*), ce phénomène de métaphonie a conditionné l'évolution des P4 et 5, qui ont conservé également leur [ĭ́] tonique : *abuímus* > ... > [awwímos], *abuístis* > ... > [awwístis] (*idem* pour les autres verbes).

1.1.2.2.3. Influence de l'élément semi-consonantique [w] sur les voyelles de son entourage

L'influence de [w] a été double. Elle a porté sur la voyelle antécédente comme sur la voyelle subséquente. Il s'agit toujours d'une influence labialisante.

a) Dans *avoir, savoir, plaisir*

À toutes les personnes, [w] a labialisé [a] en [o] :

[awwi] > [ǫwwi], [awwisti] > [ǫwwisti]..., [sawwi] > [sǫwwi], [sawwisti] > [sǫwwisti]..., [plawwi] > [plǫwwi], [plawwisti] > [plǫwwisti]...

b) Dans *devoir* (et les verbes du même type)

Aux P1, 3, 6, [w] a labialisé [i] en [u] :

[diwwi] > [duwwi], [diwwit] > [duwwit], [diwwęRont] > [duwwęRont]

c) Dans tous les verbes

Aux P2, 4, 5, [w] a, en plus, labialisé la voyelle subséquente, le [i] tonique (celui qui avait conservé son timbre jusque là par métaphonie) en [u].

À la P2 : [ǫwwísti] > [ǫwwústi], [sǫwwísti] > [sǫwwústi], [pǫwwísti] > [pǫwwústi], [dẹwwísti] > [dẹwwústi], [kọnọwwísti] > [kọnọwwústi].

Aux P4 et 5, l'évolution a été identique.

1.1.2.2.4. Évolution de l'élément semi-consonantique [w]

a) Le premier élément de la géminée s'est vocalisé (ouverture d'un degré) au contact de la voyelle antécédente c'est-à-dire qu'il a abouti à [u̯], celui-ci formant avec la voyelle une diphtongue de coalescence : [ọ́wwi] > [ọu̯wi], [ọwwústi] > [ọu̯wústi]..., [sọ́wwi] > [sọ́u̯wi], [sọwwústi] > [sọu̯wústi]..., [púọwwi] > [púọu̯wi], [pọwwústi] > [pọu̯wústi]..., [plọ́wwi] > [plọ́u̯wi], [plọwwústi] > [plọu̯wústi]..., [dúwwi] > [dúu̯wi], [dẹwwústi] > [dẹu̯wústi]..., [kọnúwwi] > [kọnúu̯wi], [kọnọwwústi] > [kọnọu̯wústi]...

■ ***Remarques***

1) Dans *devoir* et *conoistre*, la vocalisation de [w] en [u̯] entraine une simplification des P1, 3 et 6 : [dúu̯wi] > [duwi], [dúu̯wit] > [duwit], [dúu̯wẹRont] > [duwẹRont] ; [kọnúu̯wi] > [kọnuwi], [kọnúu̯wit] > [kọnuwit], [kọnúu̯wẹRont] > [kọnuwẹRont].

2) Dans *pooir*, aux P1, 3 et 6 (où il y avait eu diphtongaison de [ọ] en [úọ] > [úọ]), [u̯] a formé, avec la diphtongue, une triphtongue de coalescence [úọu̯] qui, derrière consonne labiale, s'est simplifiée en [ọu̯] : [púọu̯wi] > [pọ́u̯wi], [púọu̯wit] > [pọ́u̯wit], [púọu̯wẹRont] > [pọ́u̯wẹRont].

b) L'élément restant de l'ex-géminée, a évolué de façon différente selon les personnes

α. Il se trouvait devant consonne aux P3 et 6

— à P3 après la chute de la voyelle finale : [ọ́u̯wit] > [ọ́u̯wt], [sọ́u̯wit] > [sọ́u̯wt], [plọ́u̯wit] > [plọ́u̯wt], [pọ́u̯wit] > [pọ́u̯wt], [dúwit] > [dúwt], [kọnúwit] > [kọnúwt].

— à P6 après la chute de la voyelle posttonique (au VIIe siècle vraisemblablement) : [ọ́u̯wẹRont] > [ọ́u̯wRont], [sọ́u̯wẹRont] > [sọ́u̯wRont], [plọ́u̯wẹRont] > [plọ́u̯wRont], [pọ́u̯wẹRont] > [pọ́u̯wRont], [dúwẹRont] > [dúwRont], [kọnúwẹRont] > [kọnúwRont].

Dans les deux cas, [w] a été assimilé par la voyelle ou la diphtongue antécédente (pas avant la fin du IXe siècle). D'où, pour la P3 : [ọu̯t], [sọu̯t], [plọu̯t], [pọu̯t], [düt], [konüt] (dans ces deux derniers verbes, [u] s'est antériorisé normalement en [ü] au VIIIe siècle). Pour la P6 : [ọ́u̯Rẹnt], [sọ́u̯Rẹnt], [plọ́u̯Rẹnt], [pọ́u̯Rẹnt], [düRẹnt], [kọnüRẹnt].

■ ***Remarques***

1) Devoir, conoistre ont dès cette étape leurs formes défintives pour les P3 et 6.

2) Ultérieurement, [ọ́u̯t] a subi une simplification, sans doute en raison de l'emploi proclitique fréquent de *avoir* comme auxiliaire, en [ọt]. Par analogie, les verbes du même type se sont également simplifiés, d'où *sot, pot, plot.* Au pluriel, [ọ́u̯Rẹnt] devient [ọRẹnt] entraînant [sọ́u̯Rẹnt] > [sọRẹnt], [pọ́u̯Rẹnt] > [pọRẹnt], [plọ́u̯Rent] > [plọRẹnt].

β. Il se trouvait devant voyelle aux autres personnes (1, 2, 4, 5)

Il a été assimilé par la voyelle tonique dans tous les cas.

— à P1, par [ọu̯] (type *avoir*) ou [ü] (type *devoir*) :

[ọ́u̯wi] > [ọ́u̯i], [sọ́u̯wi] > [sọ́u̯i], [plọ́u̯wi] < [plọ́u̯i], [pọ́u̯wi] > [pọ́u̯i], [dǘwi] > [düi̯], [kọnüwi] > [kọnüi̯].

© ARMAND COLIN. La photocopie non autorisée est un délit.

— à P2, 4 et 5, par [ü] :

[ǫ̣u̯wǘst] > [ǫ̣u̯ǘst], [ǫ̣u̯wǘmẹ̥s] > [ǫ̣u̯ǘmẹ̥s], [ǫ̣u̯wǘstẹ̥s] > [ǫ̣u̯ǘstẹ̥s] ; [sǫ̣u̯wǘst] > [sǫ̣u̯ǘst], [sǫ̣u̯wǘmẹ̥s] > [sǫ̣u̯ǘmẹ̥s], [sǫ̣u̯wǘstẹ̥s] > [sǫ̣u̯ǘstẹ̥s] ; [plǫ̣u̯wǘst] > [plǫ̣u̯ǘst], [plǫ̣u̯wǘmẹ̥s] > [plǫ̣u̯ǘmẹ̥s], [plǫ̣u̯wǘstẹ̥s] > [plǫ̣u̯ǘstẹ̥s] ; [pọu̯wǘst] > [pọu̯ǘst], [pọu̯wǘmẹ̥s] > [pọu̯ǘmẹ̥s], [pọu̯wǘstẹ̥s] > [pọu̯ǘstẹ̥s] ; [dẹwǘst] > [dẹǘst], [dẹwǘmẹ̥s] > [dẹǘmẹ̥s], [dẹwǘstẹ̥s] > [dẹǘstẹ̥s] ; [kọnọwǘst] > [kọnọǘst], [kọnọwǘmẹ̥s] > [kọnọǘmẹ̥s], [kọnọwǘstẹ̥s] > [kọnọǘstẹ̥s].

■ ***Remarques***

1) Dans les passés du type *devoir*, le vocalisme reste dès lors inchangé jusqu'en ancien français. La voyelle initiale [ẹ] s'affaiblit seulement au XIe siècle, puisqu'elle est libre > [e̥].

On obtient donc : [düi], [dẹüs], [dẹümẹ̥s], [dẹüstẹ̥s].

2) Dans les passés du type *avoir*, l'élément diphtongal [u̯] a été assimilé à son tour, d'où : [ǫ̣́i̯], [ǫ̣üs], [ǫ̣ümẹ̥s], [ǫ̣üstẹ̥s] ; [sǫ̣́i̯], [sǫ̣üs], [sǫ̣ümẹ̥s], [sǫ̣üstẹ̥s] ; [plǫ̣́i̯], [plǫ̣üs], [plǫ̣ümẹ̥s], [plǫ̣üstẹ̥s] ; [pọi̯], [pọüs], [pọümẹ̥s], [pọüstẹ̥s].

Ce sont donc là les formes attendues en ancien français. Cependant, les formes faibles présentent, dès les premiers textes, en concurrence avec [ǫ̣ü], un vocalisme [ę̣ü]. On explique ce phénomène à partir de *avoir* et de l'analogie du participe passé : [ǫ̣ü] (< *habūtu) ayant laissé la place à [ę̣ü], le passé aurait subi la même transformation, d'où [ę̣üs], [ę̣ümẹ̥s], [ę̣üstẹ̥s]. Le processus est identique pour tous les verbes du type *avoir*.

1.2. Les désinences

Quatre points essentiels sont à noter.

1.2.1. À la P2

Le *-t* final des désinences *-ast* (passés faibles en *-a*), -[üst] (passés faibles et forts en *-u*), *-ist* (passés faibles en *-i*, passés forts en *-i* et en *-s*) s'est effacé alors qu'il était appuyé. Deux explications, qui ne s'excluent d'ailleurs pas l'une l'autre, ont été proposées :

a) *-t* n'était pas caractéristique de la P2 ; sa chute a amené en finale l'*-s* antécédent (morphème présent à la P2 de la quasi-totalité des tiroirs verbaux).

b) dans les constructions syntaxiques avec inversion du sujet *tu* (interrogation), [t] final du verbe pouvait être confondu avec [t] initial du pronom : *venis(t)-tu ?*

1.2.2. À la P3

1.2.2.1. Dans les passés faibles

[t] final était précédé d'une voyelle (*a, i* ou *u*) ; après s'être affaibli, il s'est donc amuï à la fin du IXe siècle *: ama, dormi, paru...*

1.2.2.2. Dans les passés forts

[t] final était précédé d'une consonne ou d'une semi-consonne. Il s'est donc conservé normalement : [viδit] > [viδt],] > *vit, vinit > vint, misit > mist, prisit >*

prist, [fidzit] > *fist*[16], *quisit* > *quist*... [ǫ́u̯wit] > [ǫu̯wt], [sǫ́u̯wit] > [sǫu̯wt], [pǫ́u̯wit] > [pǫ́u̯wt], [dúwit] > [dúwt]/[düwt], [kǫnúwit] > [konúwt]/[konüwt]...

■ ***Remarque :*** dans [viδt] comme dans les passés forts en *-u* ([ǫu̯wt], [sǫu̯wt]...), la consonne implosive appuyante ne s'est effacée qu'après la fin du IXe siècle.

1.2.3. Aux P4 et 5

Les voyelles finales latines s'y sont conservées sous forme de -[ə̥].

— Le phénomène est phonétique à la P4 : la forme étant encore proparoxytone au milieu du IIIe siècle, le [u] final s'est affaibli en [ə̥] dès cette époque, mais s'est maintenu ensuite tel quel jusqu'en français : [amáβĭmus] > *amames, *dormī́ĭmus > dormimes, vī́dĭmus > veïmes, vḗnĭmus > venimes, mī́sĭmus > mesimes, *abŭ́ĭmus > eümes, sapŭ́ĭmus > seümes, debŭ́ĭmus > deümes,* [konówwĭmus] > *coneümes...*

— À la P5, qui était paroxytone, le phénomène est analogique de la P4 : *amastes, dormistes, veïstes,venistes, mesistes,presistes, quesistes, eüstes, seüstes, deüstes, coneüstes...*

1.2.4. À la P6

Pour tous les verbes, la terminaison latine était *-erunt.* La conservation de la voyelle finale *-u* sous forme de [ə̥] est un fait de système : elle protégeait le morphème personnel *-nt : amerent, dormirent, virent, vindrent, misdrent, prisdrent, quistrent, orent, sorent, durent, conurent...*

2. L'évolution ultérieure

2.1. Les désinences

À quelques variantes près, l'évolution est commune à l'ensemble des passés.

2.1.1. À la P1

2.1.1.1. Dans les passés en -a

[ę] issu de la simplification de la diphtongue [ęi̯] (primitivement [ai̯]) s'est fermé en [ẹ]. La réduction de la diphtongue au XIIe siècle explique la coexistence jusqu'en moyen français des deux graphies *-ai* et *-é (trouvai/trouvé)*

2.1.1.2. Dans les passés faibles en -u *et dans les passés forts en* -u *du type* devoir

Le *-i* marque de personne tend à s'effacer vers la fin du XIIe siècle On peut cependant le rencontrer pendant tout le XIIIe siècle.

2.1.1.3. Dans les passés faibles en -i, *forts en* -i *et en* -u

Un *-s* final est ajouté par analogie des passés forts en *-s* : dans ces passés, l'*-s* était étymologique et radical mais il avait été ressenti de bonne heure comme une

© ARMAND COLIN. La photocopie non autorisée est un délit.

désinence : *dormis, parus, voulus, vis, vins, tins*. Cet *-s* apparaît à la fin du XIIIe siècle mais ne se généralise que dans la seconde moitié du XVe siècle On rencontre encore *vy* dans *Le Testament* (v. 1337, 1480).

2.1.2. À la P3

2.1.2.1. Dans les passés faibles en -i *et en* -u

Un *-t* final est ajouté (par analogie des passés forts) au XIIe siècle Son extension a été très rapide dans les passés en *-u*, beaucoup plus lente dans les passés en *-i,* où il n'est général qu'au XVIe siècle : *dormit, parut*. Cependant, ce *-t* est sutout orthographique puisque, comme le *-t* étymologique des passés forts, il tend à s'effacer de la prononciation populaire dès la fin du XIIIe siècle (au XVIe siècle en langue savante). Il ne subsiste plus aujourd'hui que comme morphogramme.

2.1.2.2. Dans les passés forts en -s

[s] disparaît, de la prononciation d'abord, puis peu à peu de l'orthographe. Le phénomène est à peu près définitif vers la fin du XVe siècle : *mit, prit, dit, fit...*

2.1.3. À la P4

Un *-s*, purement orthographique, a été ajouté devant le morphème personnel *-mes*, à partir du XIIIe siècle Il se généralise rapidement au XIVe siècle Il est analogique de l'*-s* de la P5, qui était, lui, étymologique mais ne se prononçait plus depuis le XIIe siècle : *amasmes, dormismes, parusmes, veïsmes, venismes, meïsmes, eüsmes, deüsmes, conneüsmes...* Cet *-s* va se maintenir (comme à la P5) dans la graphie jusqu'au XVIIe siècle puis disparaître; un accent circonflexe placé sur la voyelle antécédente permet d'en conserver la trace : *aimâmes, dormîmes..., aimâtes, dormîtes...*

2.1.4. À la P6

Dans les passés forts en *-s,* les groupes consonantiques complexes *-ndr-* et *-str-* se simplifient. La réduction a été fort lente : au XVIe siècle Montaigne emploie encore couramment les formes *vindrent, tindrent.* Au XVIIe siècle, Vaugelas en signale encore l'existence. Ce n'est que vers la fin du siècle que Thomas Corneille note qu' «il n'y a plus aujourd'hui que *vinrent* qui soit en usage» et en 1704 l'Académie conclut : «On ne peut plus dire que *vinrent* est beaucoup meilleur que *vindrent.* C'est le seul qui soit usité présentement, *vindrent* est tout à fait hors d'usage...»[17].

2.2. Les bases

2.2.1. Les passés faibles

La base des passés faibles s'est rarement transformée. Toutefois, on a vu qu'il s'agissait de la base faible du verbe; or, il a pu arriver que cette base faible soit alignée sur la base forte. C'est le cas pour *amer > aimer, proiier > prier, proisier > priser.* Le phénomène a touché d'abord les présents de l'indicatif et du subjonctif, puis l'infinitif et l'imparfait de l'indicatif, enfin le passé simple. À partir de la fin du XIIe siècle et pendant le XIIIe siècle, l'usage est fluctuant. Dans les *Lais* de Marie de France (troisième quart du XIIe siècle) on relève uniquement les formes anciennes (*ama, Laus.*, 23; *preisa, Elid.*, 329); dans *Le Bel Inconnu* (fin du XIIe ou début du XIIIe siècle), uniquement les formes nouvelles (*pria*, v; 1813); *La Mort Artu* (XIIIe siècle) fait alterner *pria* (§37, 31) et *proia* (§41, 121).

2.2.2. Les passés forts[18]

2.2.2.1. *Effacement de l'*-s *non appuyé et précédé de -[e̥]*

Ce phénomène touche les P2, 4 et 5 d'un certain nombre de passés en *-s*, dans le courant du XIIe siècle Il est dû à l'analogie (indirecte) de *veïs, veïsmes, veïstes* :

mesis > *meïs, mesimes* > *meïmes, mesistes* > *meïstes;* de la même façon : *desis* > *deïs..., presis* > *preïs..., fesis* > *feïs..., ocesis* > *oceïs..., sesis* > *seïs..., quesis* > *queïs...*

2.2.2.2. *Réduction des hiatus internes dans les passés forts*

Dès le XIIIe siècle, les hiatus internes des P2, 4 et 5 commencent à se réduire. Dans les passés forts en *-i* et en *-s*, [e̥i] > [i], dans les passés forts en *-u*, [e̥ü] > [ü] :

-veïs > *vis, veïsmes* > *vismes, veïstes* > *vistes*; de même : *meïs* > *mis..., deïs* > *dis..., preïs* > *pris..., feïs* > *fis..., occeïs* > *occis..., seïs* > *sis..., qis...*

-[e̥üs] > [üs], [e̥üme̥s] > [üme̥s], [e̥üte̥s] > [üte̥s]; de même : [se̥üs] > [süs]..., [pe̥üs] > [püs]..., [ple̥üs] > [plüs]..., [de̥üs] > [düs]..., [kõne̥üs] > [kõnüs]...

2.2.2.3. *Généralisation de la base courte à l'ensemble du paradigme pour* venir *et* tenir

Elle est due à l'analogie. En effet, après la réduction des hiatus dans les formes du type *veïs, meïs, feïs, preïs, deïs...*, les personnes du singulier se sont trouvées simplifiées en *je vi(s), tu vi(s), il vi(t), je mi(s), tu mi(s), il mi(t)...* et de ce fait, alignées. Les P4 et 5 se réduisant parallèlement à *vi(s)mes, vi(s)tes, mi(s)mes, mi(s)tes*, elles pouvaient être considérées dès lors comme construites sur la base du singulier *vi-, mi-*, à laquelle s'ajoutaient *-smes, -stes* (marques du pluriel).

Sur ce modèle, la P2 de *venir* et de *tenir* (*venis, tenis*) a été refaite sur les P1 et 3, en *vins, tins* et au pluriel, *venismes, tenismes* ont laissé la place à *vinsmes, tinsmes, vinstes* et *tinstes.* Ces formes ne se sont généralisées qu'au XVIe siècle.

2.2.2.4. *Apparition, au XIIIe siècle, d'une base nasalisée pour le verbe* prendre

Sur le modèle de *venir* et *tenir, prendre* a reçu un paradigme *prin, prenis...* Devenu courant en moyen français et réduit à *prin(s), presis, presit, prin(s)mes, prin(s)tes, prinrent,* toujours sous l'influence de *venir* et *tenir,* il s'est conservé jusqu'en langue classique.

2.2.2.5. *Généralisation de la base faible à l'ensemble du paradigme pour* avoir, savoir, pouvoir, plaire

C'est au XIVe siècle que les formes en -o- de *avoir* sont abandonnées au profit de formes en [ü] : oi → [ü(s)], eus; ot → [ü(t)], eut; orent → [ür(ə)(t)], eurent.

© ARMAND COLIN. La photocopie non autorisée est un délit.

On peut sans doute voir là la double influence du verbe *estre*, dont les P1, 3 et 6 étaient fu(s), fu(t), fur(ə)(t) et celle des formes longues de ces verbes, réduites à [ü] dès le siècle précédent (*cf.* ci-dessus 2.2.2.2.).

Savoir, pouvoir et *plaire* ont alors suivi la même évolution : *seus, seut, seurent; peus, peut, peurent; pleus, pleut, pleurent.*

Quant à l'orthographe adoptée, elle s'explique par l'analogie des P2, 4, 5 qui — en dépit de la réduction de [eü] à [ü] — ont conservé un *-e* dans la graphie au moins jusqu'à la fin du XVe siècle. Cependant, mis à part *avoir* qui comporte aujourd'hui encore un *-e,* dans les autres verbes, il y a eu simplification en *-u* (générale à partir du XVIe siècle) : *je sus, tu sus, il sut, nous sûmes, vous sûtes, ils surent.*

■ ***Remarques***

1) À la suite des transformations subies par les paradigmes dès l'ancien français, l'opposition originelle entre les passés du type *avoir* et ceux du type *devoir* s'est effacée : *j'eus, je sus, je pus... je dus, je connus...*

2) L'opposition entre des passés faibles et des passés forts a de même disparu. Aujourd'hui, nous ne connaissons plus que des passés faibles.

Notes du chapitre XVIII

1. Au sujet des formes dialectales, on se reportera pour plus de précisions à P. Fouché, *Le Verbe français*, §127, p. 251 à 255, ainsi qu'à N. Andrieux et E. Baumgartner, *Manuel du français...*, p. 160.
2. Sur les raisons de ce choix, *cf.* N. Andrieux et E. Baumgartner, *Ancien français, Exercices de morphologie,* p. 127-128.
3. Rappel : B1 désigne la base faible du verbe, celle de l'infinitif, des P4 et 5 des présents de l'indicatif et du subjonctif, de l'imparfait de l'indicatif... (*venir = ven-);* B2 la base forte de la P1 de l'indicatif présent et éventuellement de tout le paradigme du subjonctif présent (= *vieng* [vyẽn̮-]) ; B4 la base faible des P4 et 5 du subjonctif présent pour certains verbes (= *vegn* [ve̥n̮-]). D'où le choix de B5 et B6 pour les bases du passé simple.

4. *Cf.* G. Joly, *Précis de phonétique*..., p. 71.
5. Sur le redoublement de la consonne *-mm-*, *cf.* plus loin, 1.1.1.3.
6. *Cf.* P. Fouché, *Le Verbe français*, p. 247.
7. *Cf.* G. Joly, *Précis de phonétique*..., chap. III, 3.3., p. 30.
8. N. Andrieux et E. Baumgartner dans *Manuel du français*..., p. 179, suggèrent que le développement en bas-latin du participe passé en *-utum*, qui fait série avec les participes en *-atum* et *-itum*, a favorisé cette évolution. En effet, la relation participe en *-atum*/parfait en *-a*, participe en *-itum*/parfait en *-i* a pu déterminé la relation participe en *-utum*/parfait en *-u*.
9. *Voloir* a un autre passé fort, en *-s* : *vous, vousis, voust*..., issu d'un paradigme vulgaire en *-si : volsi, volsisti, volsist*...
10. *Cf.* 1.1.1.
11. La forme [vǫl̯] peut s'expliquer par une alternance **vǒ́li* devant initiale consonantique/*[vǒ́ly] devant initiale vocalique avec, sans que l'on sache pourquoi, une préférence pour la forme prévocalique.
12. *Cf.* F. de la Chaussée, *Initiation à la morphologie*..., p. 289-290, §225.
13. Cette forme nécessite une remarque. Le latin classique possédait un paradigme du type *cognovi, cognovisti*... qui a perdu son *-g-* originel. À partir de là, ce verbe a subi l'influence de *movi*, dont la graphie marquait une prononciation géminée du [w] ([mowwi]), et [konówi] est passé à [konówwi]. Nous avons donc d'emblée un [ww] qui ne sera acquis pour les autres parfaits de ce type qu'au VIe siècle.
14. [konówwĕRunt] n'est pas concerné : la forme n'a jamais comporté de *-ŭ*, mais un [w] consonne, et, de ce fait, l'accent a toujours porté sur le *-o* (de la base) antécédent.
15. Ce phénomène touchait aussi la P2 des passés en *-i* et en *-s*, nous l'avons vu, mais [i] conservait alors son timbre jusqu'en français.
16. *Cf.* ci-dessus, 1.1.2.1.6.
17. *Cf.* P. Fouché, *Le Verbe français*, p. 278.
18. Nous ne retenons ici que les phénomènes ayant vu le jour avant la fin de l'ancien français. C'est pourquoi des évolutions plus tardives comme celles des verbes *traire, plaindre, ceindre*... n'ont pas été décrites.

© ARMAND COLIN. La photocopie non autorisée est un délit.

CHAPITRE XIX

LE SUBJONCTIF IMPARFAIT

L'étude du subjonctif imparfait prend place très logiquement à la suite de celle du passé simple. Les paradigmes du subjonctif imparfait se répartissent en effet selon les mêmes types que les passés simples correspondants.

1. Étude synchronique

Le subjonctif imparfait est un tiroir à accent mobile, les P1, 2, 3 et 6 étant accentuées sur la voyelle *a, i* ou *u* qui précède le morphème de subjonctif imparfait, les P4 et 5 sur le morphème personnel.

1.1. Le subjonctif imparfait des verbes à passé faible

Il se conjugue sur une base unique faible (B1) suivie d'un morphème de passé *-a*, *-i* ou *-u,* d'un morphème de subjonctif imparfait *-sse-* ou *-s(s)-* et d'un morphème de personne.

a) Subjonctif imparfait des verbes à passé faible en *-a*

Exemple : *amer.*

am + á + sse + Ø

am + á + sse + s

am + á + s + t

am + i + ss + óns

am + i + ss + éiz > óiz/éz/iéz

am + á + sse + nt

■ ***Remarques***

1) Le morphème de passé n'est pas identique dans l'ensemble du paradigme, *-a-* laissant la place à *-i-* aux P4 et 5.

2) Le morphème de subjonctif passé a deux formes qui alternent en distribution complémentaire :

-sse- derrière l'accent (P1, 2, 3 et 6)

-ss- devant l'accent (P4 et 5)

Cependant, à la P3, devant [t], [ẹ̥] s'est effacé (évolution phonétique normale) et le groupe *-sst* obtenu s'est simplifié en *-st* : le morphème *-ss-* se réduit à *-s-*.

3) À la P4, le morphème personnel est identique, au moins à l'origine, à celui du subjonctif présent (et de l'indicatif présent). Cependant, comme au subjonctif présent, une finale *-iens* (dialectale d'abord) va se substituer peu à peu à *-ons*.
4) À la P5, les formes *-eiz > -oiz, -ez, -iez* coexistent en synchronie.

b) Subjonctif imparfait des verbes à passé faible en *-i*

Exemple : partir.

part + í + sse + Ø
part + í + sse + s
part + í + s + t
Part + i + ss + óns
part + i + ss + éiz > óiz/éz/iéz
part + í + sse + nt

■ ***Remarque :*** le morphème de passé *-i-* est identique tout au long du paradigme[1].

c) Subjonctif imparfait des verbes à passé faible en *-u*

Exemple : *paroir*.

par + ú + sse + Ø
par + ú + sse + s
par + ú + s + t
par + u + ss + óns
par + u + ss + éiz > óiz/éz/iéz
par + ú + sse + nt

■ ***Remarque :*** comme dans la catégorie précédente, le morphème de passé *-u* est identique dans l'ensemble du paradigme.

1.2. Le subjonctif imparfait des verbes à passé fort

Il se conjugue sur la base longue du passé (base des P2, 4 et 5), à laquelle s'accrochent le morphème du subjonctif imparfait *-sse-* ou *-s(s)-* et les morphèmes personnels.

a) Subjonctif imparfait des verbes à passé fort en *-i*

cf. veoir :

veḯ + sse + Ø
veḯ + sse + s
veḯ + s + t
veï + ss + óns
veï + ss + éiz > óiz/éz/iéz
veḯ + sse + nt

b) Subjonctif imparfait des verbes à passé fort en *-s*

cf. dire :

desí + sse + Ø
desí + sse + s
desí + s + t
desi + ss + óns
desi + ss + éiz > óiz/éz/iéz
desí + sse + nt

© ARMAND COLIN. La photocopie non autorisée est un délit.

c) Subjonctif imparfait des verbes à passé fort en *-u*

cf. avoir :

oü > eǘ + sse + Ø
oü > eǘ + sse + s
oü > eǘ + s + t
oü > eü + ss + óns
oü > eü + ss + éiz > óiz/éz/iéz
oü > eǘ + sse + nt

cf. devoir :

deǘ + sse + Ø
deǘ + sse + s…

1.3. Traits dialectaux

1.3.1. Dans le Nord, le Nord-Est et l'Est, le subjonctif imparfait des verbes du premier groupe (à passé faible en *-a)* peut présenter une terminaison *-aiss-* parfois orthographiée *-ess. cf. Chev. deux espees, touchaisse : montaisse* (1623 : 1624), *donnaisse* : *acordaisse* (4417 : 4418); *Serm. St. Bernard, dotesses* (59, 19), *dotessiens* (95, 39). Cette terminaison est vraisemblablement analogique de la P1 du passé simple en *-ai.*

1.3.2. Certains dialectes de l'Est, du Sud-Ouest et du Nord-Ouest de la langue d'oïl offrent, à la place des formes en *-iss-,* des formes en *-ess-, -iess-* pour le subjonctif imparfait des verbes à passé faible en *-i* ainsi qu'à passé fort en *-i* et en *-s.*

Cf. Eulalie, perdesse (17); *Gormont, perdist* (307) et *venquist* (371) dans des laisses en *-ié.*

1.3.3. Aux formes oüsse, oüsses… du français commun, correspondent au Nord-Est des formes *awisse, awisses…, dewisse, dewisses…, tawisse, tawisses* (de *taisir/taire*).

1.3.4. À la P6, quelques dialectes de l'Est et de l'Ouest tendent à accentuer le morphème personnel, qui apparaît sous les formes :

-ant ou (plus rarement) *-ont. Cf. Rom. Thèbes, tornissant (*1720), *deïssant* (519).
-ient, -aint ou *eint* (plus spécialement dand l'Ouest). *Cf. Erec, allesient* (1430).

2. Étude diachronique

Le système du subjonctif imparfait en ancien français s'explique à partir du plus-que-parfait du subjonctif latin. C'est en fait dès l'époque classique que le plus-que-parfait a commencé à remplacer l'imparfait, qui n'a perduré dans aucune des langues romanes[2].

Nous nous en tiendrons à l'étude de quelques verbes représentatifs : *amer, laissier, lever, mener, partir, oïr, veoir, tenir, prendre, dire, mettre, avoir, savoir, pooir et devoir.*

2.1. Du latin à l'ancien français

Les paradigmes latins :

-amare : *amásse(m), *amásses, *amásset, *amassémus, *amassétis, *amássent
-laxare : *laxásse(m) ; *laxásses, *laxásset...
-lever : *levásse(m) ; *levásses, *levásset...
-mener : *minásse(m), *minásses, *minásset...
-partir : *partísse(m), *partísses, *partísset...
-oïr : *audísse(m), *audísses, *audísset...

■ ***Remarque :*** ces paradigmes « réduits » étaient déjà en concurrence avec les paradigmes « pleins » *amavissem..., laxavissem..., levavissem..., minavissem..., partivissem...* en latin classique. Il a été vu par ailleurs (*cf.* l'étude du passé simple B. 1.1.1.1.1.a. et b.) pourquoi et comment la base du parfait s'était réduite, d'abord dans le type en *-ivi,* ensuite dans le type en *-avi.* C'est une réduction identique qu'a connue le plus-que-parfait du subjonctif. Il est difficile de dire si cette simplification a été parallèle à celle du parfait ou si elle s'est produite par analogie de celle-ci, c'est-à-dire ultérieurement.

-videre : vidī́sse(m), vidī́sses, vidī́sset...
-tenere : *tenī́sse(m), *tenī́sses, *tenī́sset...
-prendre : *presī́sse(m), *presī́sses, presī́sset...
-dicere : dīxī́sse(m), dīxī́sses, dīxī́sset...
-mittere : mīsī́sse(m), mīsī́sses, mīsī́sset...
-habere : habŭī́sse(m), habŭī́sses, habŭī́sset...
-sapere : sapŭī́sse(m), sapŭī́sses, sapŭī́sset...
-*potere : potŭī́sse(m), potŭī́sses, potŭī́sset...
-debere : debŭī́sse(m), debŭī́sses, debŭī́sset...

2.1.1. Évolution de la base

2.1.1.1. Le traitement de la voyelle initiale

a) Dans certains verbes, elle a subi une évolution phonétique tout à fait normale.

— Dans **amasse(m)* > *amasse*[3], **partisse(m)* > *partisse,* **laxasse(m)* > *laissasse,* [a] s'est conservé inchangé ; dans le dernier cas, il a formé une diphtongue de coalescence avec le [i̯] issu de la fausse palatalisation de [k] devant [s].

— Dans **levasse(m)* > *levasse*, **tenisse(m)* > *tenisse*, **presisse(m)* > *presisse*, *debuisse(m)* > *deüsse*, le [ẹ] (< ĕ ou de ē) initial et libre s'est affaibli en [e̥] au XIᵉ siècle.

— Dans *audisse(m)* > *oïsse*, la diphtongue *au-* s'est simplifiée en [ǫ] comme elle le fait habituellement.

b) Dans d'autres verbes, l'évolution nécessite un commentaire particulier.

© ARMAND COLIN. La photocopie non autorisée est un délit.

α. *habŭ́isse(m) > oüsse* puis *eüsse*, *sapŭ́isse(m) > soüsse* puis *seüsse*, *potŭ́isse(m) > poüsse* puis *peüsse*

Le passage de [a] à [ọ] dans *habuissem* et *sapuissem* s'explique par l'effet labialisant de [w] à l'étape [awwíssẹ], [sawwíssẹ][4]. Quant au remplacement de [ọü] par [ẹü], il s'est produit, comme au passé simple, d'abord pour *avoir* -sous l'influence de son participe passé *eü-* puis, par analogie dans *savoir, pooir* et les verbes du même type (*plaisir, taisir*...).

β. *vīdísse(m) > veïsse*, *dīxísse(m) > desisse*, *mīsísse(m) > mesisse*

Le [i] initial a subi un affaiblissement en -[ẹ], ce qui ne correspond pas à l'évolution habituelle d'un *-i* latin initial : comme dans les parfaits correspondants, il s'agit d'un phénomène de dissimilation avec le *-i* tonique[5].

γ. *fecisse(m) > fesisse*

Comme au passé simple la base **fei-* (**feisisse*) attendue a laissé la place à date prélittéraire à *fe-* par analogie des verbes bien représentés comportant la séquence [ẹ-i] (*veïsse, tenisse, presisse, mesisse*...)[6].

2.1.1.2. *L'évolution de l'élément semi-consonantique [w] dans les verbes à passé fort en* -u

À toutes les personnes, [w] se trouvait devant une voyelle.

- ***Rappel :*** [w] provient de l'assimilation de la constrictive antécédente.

  cf. **abŭ́isse(m)* > [aβüísse] > [aβwísse] > [awwísse]. Le premier élément de la géminée s'est vocalisé en [u̯], d'où [ọu̯wússe] (après la labialisation de [a] en [ọ] et de [i] en [u])

  debŭ́isse(m) > [dẹβuísse] > [dẹβwísse] > [dẹwwísse] > [dẹu̯wússe].

  Le [w] restant a été assimilé par la voyelle subséquente, d'où [ọu̯üssẹ], [dẹu̯üssẹ].

  Après l'assimilation de [u̯] > [ọüsẹ], [dẹüsẹ][7].

2.1.2. Évolution du suffixe modal

Dans les verbes du premier groupe, ce suffixe est *-ass-* (*amassem, laxassem*...). Dans les autres verbes, *-iss-*, *-i-* pouvant être long (*audíssem*) ou bref (**teníssem, *presíssem, dixíssem, misíssem, habuíssem*...)

2.1.2.1. *Aux P1, 2, 3 et 6*

[a], [ī] ou [ĭ] du suffixe était accentué.

[a] comme [ī] se sont conservés sans changement jusqu'en ancien français : **amássem > amasse, *laxássem > laissasse..., *audíssem > oïsse*...

[ĭ] s'est conservé inchangé :

a) jusqu'en ancien français dans les verbes à passé fort en *-i* ou en *-s*

*vidíssem > veïsse, *teníssem > tenisse, *presíssem > presisse, misíssem > mesisse, fecíssem > fesisse*...

b) jusqu'au VIᵉ siècle seulement dans les verbes à passé fort en *-u*, c'est-à-dire jusqu'à l'étape [awwísse], [sawwísse], [pọwwísse], [dẹwwísse]...

Le maintien de [ĭ]/[i] ne peut en aucun cas être dû à une influence métaphonique, le subjonctif plus-que-parfait ne comportant pas de *-i* long final. C'est l'analogie du parfait qui a empêché l'ouverture de [ĭ] en [ẹ][8].

2.1.2.2. *Aux P4 et 5*

La voyelle du suffixe modal est prétonique.

Dans les verbes du premier groupe, on attendrait un affaiblissement du [a] en -[ə̥]. Or, dès les textes les plus anciens, une seule forme apparaît : en *-i* (*amissons, amisseiz, laississons, laississeiz…*). Cette évolution du [a], qui ne peut être phonétique, s'explique par l'analogie des nombreux verbes en *-iss*.

Dans les verbes n'appartenant pas au premier groupe (sauf ceux à passé fort en *-u*, que nous aborderons ensuite), *-i-* long ou bref aurait dû s'amuïr. Deux influences peuvent expliquer son maintien : celle du reste du paradigme, à savoir quatre formes comportant un *-i-* ; celle des formes correspondantes du parfait, dans lesquelles le *-i-* était accentué.

cf. **fecí̄mus, fecí̄stis* (formes du parfait) ont déterminé *fecĭssémus, fecĭssétis* > *fesissons, fesisseiz.*

2.1.2.3. *Cas particulier des verbes à passé fort en* -u

À partir du VIe siècle, [i], tonique aux P1, 2, 3, 6, prétonique aux P4 et 5, s'est labialisé sous l'influence de la semi-consonne [w] en un [u] qui s'est antériorisé en [ü] au VIIIe siècle.

► ***Exemple :*** *avoir.*

— À la P1 : [ǫwwísse] > [ǫwwússe] > [ǫu̯wǘsə̥]

— À la P5 : [ǫwwissẹ́δis] > [ǫwwussẹ́δis] > [ǫu̯wüsẹ́i̯ts]

2.1.3. Évolution des désinences

a) À la P3

C'est la seule forme qui ait connu une évolution complètement régulière. Après la chute de la voyelle finale latine, le [t] s'est conservé en position appuyée :

**amasset > amast, *laxasset > laissast, *audisset > oïst, vidisset > veïst, dixisset > desist, *presisset > presist, misisset > mesist, fecisset > fesist, habuisset > eüst, debuisset > deüst…*

b) À la P6

La voyelle finale latine [e] s'est conservée sous forme affaiblie de [ə̥] de soutien au groupe consonantique *-nt* (morphème de personne 6) : **amassent > amassent, *laxassent > laissassent, *audissent > oïssent, vidissent > veïssent, dixissent > desissent, *presissent > presissent, misissent > mesissent, fecissent > fesissent, habuissent > eüssent, debuissent > deüssent…*

c) Aux P1 et 2

On constate que la voyelle finale latine [e] s'est conservée sous forme de [ə̥] :

À la P1 : **amasse(m) > amasse, *audisse(m) > oïsse, vidisse(m) > veïsse, dixisse(m) > desisse, habuisse(m) > eüsse, debuisse(m) > deüsse…*

© ARMAND COLIN. La photocopie non autorisée est un délit.

À la P2 : **amasses > amasses, *audisses > oïsses, vidisses > veïsses, dixisses > desisses, habuisses > eüsses, debuisses > deüsses...*

Il faut vraisemblablement partir de la P2 pour expliquer le phénomène.

L'effacement de la voyelle finale aurait entraîné la formation d'un groupe consonantique complexe avec confusion des *-ss-* du thème et de l'*-s* désinentiel : **amasses* > **amasss* et une simplification en *-s*, d'où *amas*. Il devenait alors impossible de distinguer l'imparfait du subjonctif du passé simple.

À la P1, la voyelle s'est conservée par analogie de la P2.

d) Aux P4 et 5

— À la P4, la désinence **-iens*, aboutissement phonétique de *-émus*, n'est jamais attestée. Elle a été remplacée à date prélittéraire par *-ons*, désinence qui s'est généralisée à partir du présent de l'indicatif des verbes du premier groupe aux autres présents de l'indicatif puis aux autres temps[9].

À partir du XIIIe siècle, on trouve, en concurrence avec *-ons*, la désinence *-iens* (analogique du subjonctif présent) mais elle n'élimine jamais totalement la forme primitive.

— À la P5, *-eiz* est le continuateur direct du latin *-étis*. C'est la désinence la plus ancienne que nous rencontrions. Par l'évolution phonétique normale, à partir du XIIe siècle, elle passe à *-oiz*, mais essentiellement dans les parlers de l'Est. Ailleurs, elle a été très tôt concurrencée par *-ez*, qui la remplace progressivement (tendance à unifier les morphèmes de personnes dans l'ensemble du système verbal).

2.2. Évolution à partir de l'ancien français

2.2.1. La base

— Pour un certain nombre de verbes, aucune transformation n'est à noter : *laisser, lever, mener, partir...*

— Pour les autres, quatre phénomènes essentiels ont pu se produire.

a) Dans les verbes dont la base du passé se terminait par *-s* précédé de la voyelle *-e* (*dire, mettre, prendre, faire...*), l'*-s* s'est amuï au passé dans le courant du XIIe siècle : *desis > deïs, mesis > meïs, presis > preïs, fesis > feïs*[10]. L'évolution a touché le subjonctif imparfait par analogie : *desisse > deïsse, mesisse > meïsse, presisse > preïsse, fesisse > feïsse*. Les formes sans *-s* sont générales au XVe siècle.

b) Les hiatus internes se réduisent, comme au passé simple, à partir du XIIIe siècle.

[e̥i] > [i] : *veïsse > visse, deïsse > disse, meïsse > misse, preïsse > prisse, feïsse > fisse.*

[e̥ü] > [ü] : *eüsse* > [üse̥], *seüsse* > [süse̥], *peüsse* > [püse̥], *deüsse* > [düse̥]... (*eusse, seusse, peusse, deusse...*).

■ ***Remarque :*** comme au passé simple, *-e-* a pu se conserver dans la graphie jusqu'à la fin du XVe siècle (*-ei-, -eu-*). Il a disparu ensuite (*susse, pusse, dusse...*), ne se maintenant que dans le subjonctif imparfait de avoir (*eusse...*).

c) Certains verbes ont connu à l'indicatif présent une généralisation de leur base forte. Le subjonctif imparfait (à la suite du passé simple[11], et comme l'infinitif, les futurs et l'imparfait de l'indicatif) a été refait sur cette base.

Ce phénomène concerne quelques verbes à passé faible : amasse > aimasse…, proiasse > priasse…, proisasse > prisasse…

d) Certains verbes ont connu au passé simple un alignement de la base longue (également base du subjonctif imparfait) sur la base courte.

C'est le cas pour les verbes *venir* et *tenir.* À partir du XVe siècle, *veni-, teni-*, base longue du passé, a été remplacée par *vin-, tin-* (*venis > vins, tenis > tins*)[12]. Le subjonctif imparfait a reçu cette nouvelle base : *venisse, venisses, venist..., tenisse, tenisses, tenist… > vinsse, vinsses, vinst..., tinsse, tinsses, tinst…*

2.2.2. Le suffixe modal

Les formes en *-iss* des P4 et 5 des verbes du premier groupe ont survécu pendant tout l'ancien et le moyen français. Ce n'est qu'au XVe siècle, que *-ass* se développe par analogie avec les autres personnes : *aimissions > aimassions, laissisions > laissassions, menissions > menassions…*

2.2.3. Les désinences

2.2.3.1. À la P4

Les désinences *-ons* et *-iens* laissent définitivement la place à *-ions* à la fin du XVe siècle, début du XVIe siècle : *amassions, laissassions, partissions, vissions, tinssions, prissions, missions, dissions, eussions, dussions…*

2.2.3.2. À la P5

-iez, qui s'est développé parallèlement à *-iens* dès le XIIIe siècle, tend à s'imposer mais son emploi ne sera général qu'au XVIe siècle.

2.2.3.3. À la P3

Le *-s* implosif commence à s'effacer à la fin du XIIIe siècle (d'abord en langue populaire) mais la graphie a pu le conserver jusqqu'au XVIIe siècle Il est ensuite remplacé, dans sa fonction de morphogramme, par un accent circonflexe : *aimast > aimât, laissast > laissât, partist > partît, vist > vît, tinst > tînt, prist > prît, mist > mît, eust > eût, dust > dût…*

© ARMAND COLIN. La photocopie non autorisée est un délit.

Notes du chapitre XIX

1. Pour les autres remarques (sur les morphèmes du subjonctif imparfait et des P4 et 5) on peut se reporter au point précédent, concernant le subjonctif imparfait des verbes à passé faible en *-a*.

2. L'imparfait du subjonctif latin présentait certains inconvénients, qui peuvent expliquer son abandon. Dès la chute du *-m* final désinentiel, sa P1, *amare(m),* s'est confondue avec l'infinitif présent. D'autre part, en latin vulgaire, l'usure phonétique a ramené à une forme unique la P3 des futur antérieur, subjonctif passé et subjonctif imparfait, soit *amaret.* Enfin, la base en *-r-* devenait caractéristique du futur.
3. Nous retenons comme exemple la seule P1 mais le commentaire vaut pour l'ensemble du paradigme.
4. L'évolution a été identique à celle du parfait (*cf.* chapitre XVII, B. 1.1.2.2.3.a.).
5. *Cf.* chapitre sur le passé simple (XVII. B. 1.1.2.1.3.d.).
6. *Cf.* le passé simple (XVII. B. 1.1.2.1.3.b. Remarque).
7. *Cf.* le passé simple (XVII. B. 1.1.2.2.4.).
8. *Cf.* le passé simple (XVII. B. 1.1.2.1.2.b. et 1.1.2.2.2.b.).
9. Sur la désinence *-ons*, son origine et son extension *cf.* le présent de l'indicatif et du subjonctif, A. 2.1.3., 2.2.4. ainsi que les futurs I et II, 1.2.3.
10. *Cf.* le passé simple, B. 2.2.2.1.
11. *Cf.* le passé simple, B. 2.2.1
12. *Cf.* le passé simple B. 2.2.2.3.

CHAPITRE XX

LES MODES NOMINAUX

1. L'infinitif

L'ancien français connait quatre types d'infinitif. Trois sont « faibles », accentués sur la désinence ; le quatrième, accentué sur la base est « fort ».

1.1. Les types faibles

1.1.1. Le type en -er/-ier

Relèvent de cette catégorie les verbes du premier groupe ainsi que le verbe atypique *aller.*

► ***Exemples :*** *amer, chanter, mener, parler, donner, trover, garder, adober, guier, gratter... / aidier, cuidier, changier, songier, cerchier, mangier, couchier, laier, espargnier, gaaignier...*

1.1.1.1. *La terminaison* -er

Elle est le résultat phonétique de *-are* derrière base non palatalisée. À l'origine de ce type, nous avons en effet :
a) des infinitifs latins en *-are*

amer < *amare, chanter* < *cantare, mener* < *minare, parler* < *paraulare, donner* < *donare, trover* < **tropare* (construit en latin impérial sur le substantif *tropus, i*), *aller* < **allare* (forme réduite de *ambulare*)..

b) des infinitifs germaniques en *-an* ou *-ôn* auxquels la terminaison *-are* a été étendue

adober < **dubban, guier* < **witan, garder* < **wardôn, gratter* < **krattôn...*

1.1.1.2. *La terminaison* -ier

Elle est le résultat phonétique de *-are* derrière base palatale (*cf.* loi de Bartsch)[1].
À l'origine de ces infinitifs, nous trouvons :
a) des infinitifs latins en *-are*

aidier < *adjutare, cuidier* < *cogitare, changier* < *cambiare, songier* < *somniare, cerchier* < *circare, mangier* < *manducare, couchier* < *collocare.*

b) quelques infinitifs germaniques, le plus souvent proparoxytons, à désinence *-jan* et latinisés en bas-latin

gaaignier < **waidanjan, laier* < **lagjan, espargnier* < **sparanjan.*

© ARMAND COLIN. La photocopie non autorisée est un délit.

■ ***Remarque :*** on relève un certain nombre de variantes dialectales de *-er/-ier.*

-er > -eir en wallon et en lorrain mais également en anglo-normand (*Vie St. Greg., proveir,* 2840; *achiveir,* 1940).

-er > -oir dans les parlers de l'Ouest.

-ier > -ir dans le Nord (en vertu de la réduction, habituelle dans ce domaine, de [íẹ] à [i]).

1.1.1.3. Des verbes construits en ancien français

-er/-ier caractérise des infinitifs construits pendant la période de l'ancien français à partir de substantifs ou d'adjectifs : *acostumer, afoler, finer, peiner, apaisier, logier...*

1.1.2. Le type en *-ir*

▶ ***Exemples :*** *fenir, eissir, dormir, sentir, ferir, oïr, partir, morir, fuir, corir, ravir, tenir, loisir, plaisir, nuisir, luisir, gesir, tolir, cueillir, puïr, joïr, florir, rogir, choisir, garnir, bastir, haïr, honir, garir...*

Ce type a trois grandes origines.

1.1.2.1. Des infinitifs latins en -ire

1.1.2.1.1. Infinitifs en *-ire* du latin classique

fenir < finire, eissir < exire, dormir < dormire, sentir < sentire, ferir < ferire, oïr < audire.

1.1.2.1.2. Infinitifs en *-ire* tardifs

a) Extension de la terminaison *-ire* à d'anciens verbes déponents

*partir < *partire* (class. *partiri*), *morir < *morire* (class. *moriri*).

b) Extension de la terminaison *-íre* à des verbes en *-ĕre*

*fuir < *fugire* (class. *fugere*), *covir < *cupire* (class. *cupere*), *ravir < *rapire* (class. *rapere*).

■ ***Remarque :*** *tolir* et *cueillir* sont des formes secondes, refaites à date prélittéraire sur le parfait de ces verbes. Les infinitifs latins proparoxytons *tóllĕre* et *collĭ́gĕre*, ayant perdu leur pénultième, ont donné normalement *toldre* et *cueldre.*

c) Extension de la terminaison *-íre* à des verbes en *-ḗre*

*puïr < *putire* (class. *putḗre*), *jouir < *gaudire* (class. *gaudḗre*), *tenir < *tenire* (class. *tenere*, refait tardivement, sous l'influence de *venire*).

d) Extension de la terminaison *-íre* à d'anciens infinitifs inchoatifs en *-éscĕre*

*florir < *florire* (class. *florescere*), *rogir < *rubire* (class. *rubescere*). L'adjonction de *-íre* s'est faite à la base courte du verbe : *flor-, rub-.*

1.1.2.2. Des infinitifs du latin classique en -ḗre *précédé d'une consonne qui s'est palatalisée*

loisir < licḗre, plaisir < placḗre, nuisir < nocḗre, taisir < tacḗre, luisir < lucḗre, gesir < jacḗre.

■ ***Remarque :*** les formes *plaisir, nuisir, taisir* et *luisir* connaissent dès l'ancien français la concurrence de *plaire, nuire, taire et luire,* analogiques des infinitifs en *-ĕre* du type *fácĕre, légĕre…*

1.1.2.3. D'infinitifs germaniques paroxytons en -jan, *latinisés à l'époque impériale en* -íre

choisir < **kausjan* (intermédiaire **causire*), *garnir* < **warnjan* (intermédiaire **guarnire*) ; de même *bastir* < **bastjan, haïr* < **hatjan, honir* < **haunjan, garir* < **warjan.*

1.1.3. Le type en *-eir/* > *-oir*

► ***Exemples :*** *avoir, veoir, devoir, seoir, voloir, cheoir, manoir, savoir, pooir, ardoir. valoir*

Ce type tire son origine de verbes latins à infinitif en *-ḗre.*

1.1.3.1. Verbes de la 2e conjugaison classique

avoir < *habere, veoir* < *videre, devoir* < *debere, manoir* < *manere, seoir* < *sedere, valoir* < *valere, ardoir* < *ardere.*

1.1.3.2. Verbes alignés sur cette conjugaison à l'époque impériale

savoir < **sapere, cheoir* < **cadere, voloir* < **volere, pooir* < **potere.*

**potére* et **volére* ont remplacé les infinitifs classiques *posse* et *velle* qui sont très tôt apparus comme isolés dans le système général de l'infinitif.

— **sapére* et **cadére* ont remplacé les formes primitives proparoxytones *sápĕre* et *cádĕre.*

— C'est l'analogie de *habere, debere* qui a attiré dans ce type les auxiliaires modaux *posse, velle* ou *sapere.*

■ ***Remarque :*** dialectalement, dans les parlers de l'Ouest, à la place de *-oir*, on rencontre des formes en *-eir* (ces régions ayant différencié tardivement *-ei* en *-oi*), en *-er* (dues à la simplification de la diphtongue *-ei*) et en *-or* (dues à la simplification de la diphtongue après sa différenciation en *-oi*).

1.2. Le type fort

Il se caractérise par une adjonction de la désinence *-re* à la base du verbe.

► ***Exemples :*** *dire, faire, ardre, boivre, querre, reçoivre (ainsi que tous les composés en -çoivre : perçoivre, aperçoivre…), plaindre, criembre, rompre, toldre, cueldre, naistre, croistre, conoistre, maindre, vivre, rire, mordre, respondre, estre, croire…*

Ces infinitifs ont plusieurs origines possibles.

© ARMAND COLIN. La photocopie non autorisée est un délit.

1.2.1. Des verbes de la 3e conjugaison latine classique, à infinitif proparoxyton (désinence *-ĕre*)

*díre < dicere, faire < fácere, ardre < árdere, boivre < bíbere, querre < *quérere (quaerere), reçoivre < recípere, plaindre < plángere, criembre < *crémere (tremere), rompre < rúmpere, toldre < tóllere, cueldre < collígere, croistre < créscere, vivre < vívere, conoistre < cognóscere, croire < crédere...*

1.2.2. Des verbes appartenant à d'autres conjugaisons en latin classique mais alignés ensuite sur ce type

— d'anciens verbes de la 3e conjugaison déponente : *naistre < *náscĕre* (class. *nasci*).
— d'anciens verbes à infinitif en *-ḗre : rire < *rídĕre* (class. *ridḗre*), *respondre < *respóndĕre* (class. *respondḗre*), *mordre < *mórdĕre* (class. *mordḗre*), *maindre < *mánĕre* (class. *manḗre*).
— d'un ancien verbe irrégulier : *estre < *éssĕre* (class. *esse*).

Dès l'ancien français, le système a subi des réfections à la suite desquelles plusieurs infinitifs ont pu coexister pour un même verbe.

Quelques cas ont déjà été signalés dans le courant de ce chapitre : dès les premiers textes *tolir* et *cueillir* alternent avec *toldre* et *cueldre; plaisir, luisir, nuisir* et *taisir* sont concurrencés par *plaire, luire, nuire, taire*; de même, *maindre, remaindre, ardre* peuvent se substituer en synchronie aux formes faibles *manoir, remanoir, ardoir.*

Par ailleurs, la série en *-çoivre* (*reçoivre, perçoivre, aperçoivre, deçoivre*) laisse peu à peu la place à une série en *-cevoir* (*recevoir*...), en partie sous l'influence de *devoir.*

D'autres réfections ont été plus tardives : *querir* et *courir* sont des créations du moyen français qui vont supplanter totalement *querre* et *corre;* à la même époque, *craindre* se substitue à *criembre.*

2. La forme en *-ant*

2.1. Le système en ancien français

L'ancien français ne différencie pas formellement le participe présent et le gérondif : il ne connaît qu'un morphème *-ant* qui s'attache à une B1, 2 ou 3 du verbe.

cf. — construits sur une B1 : *chantant, amant, oant, partant, devant, tenant, proiant, parlant, aidant, fenissant...*

— construits sur une B2 : *croiant, voiant.*

— construits sur une B3 : *aiant, sachant, puissant, vaillant.*

Cependant, le participe présent possède une flexion identique à celle des adjectifs invariables en genre (épicènes) à féminin sans *-e*, tandis que le gérondif demeure invariable.

2.2. Étude diachronique

2.2.1. Le système en latin classique

Le latin classique possédait pour tous les verbes (sauf *esse*) un participe présent déclinable, variable en genre (il opposait le masculin et le féminin au neutre) et en nombre. Formé sur le thème du présent, il admettait, selon le groupe du verbe, trois terminaisons :

-antem (verbes de la première conjugaison : *amantem*)

-entem (verbes des deuxièmes et troisième conjugaisons : *monentem, legentem*)

-ientem (verbes de la quatrième conjugaison et de la conjugaison mixte : *audientem, capientem*).

Il possédait également un gérondif non marqué en genre, sans pluriel, sans Nominatif (l'infinitif en tenant lieu) et dont l'ancien français n'a conservé que l'Ablatif. Comme le participe, il présentait trois sortes de terminaisons :

-ando (*amando*)

-endo (*monendo, legendo*)

-iendo (*audiendo, capiendo*)

2.2.2. Les modifications intervenues en gallo-roman

2.2.2.1. Réduction des séries -ientem, -iendo

C'est avant le milieu du IIe siècle qu'en Gaule du Nord le type en *-ientem, -iendo* s'est réduit à *-*ente, -*endo.*

■ ***Remarques***

a) La non-palatalisation de [l] ou de [n] au milieu du IIe siècle dans *falliente* ou *veniente* (ancien français [falãnt], [vẹnãnt]) implique une réfection antérieure à cette date, en **fallente, *venente.*

b) Le cas de *serviente* > *serjant* est particulier : employé très tôt comme substantif, son évolution a dû se détacher de celle du verbe : [y] s'est conservé et, à la fin du IIIe siècle, début du IVe siècle, le groupe [vy] a évolué par « fausse palatalisation »[2]. En revanche, en emploi verbal, *serviente* s'est réduit à **servente,* d'où le participe français *servant.*

c) *Sapiente* a dû évoluer normalement en **sapente,* qui explique l'ancien français *savant. Sachant* résulterait d'une réfection sur le subjonctif *sache.*

2.2.2.2. Généralisation de la terminaison -ante, -ando

Les terminaisons *-ante, -ando,* caractéristiques de la première conjugaison se sont étendues à toutes les autres. Le phénomène semble s'être produit dans le courant du Ve siècle[3], mais il n'a sans doute pas été général puisque dans les parlers de l'Est et de l'Ouest, une finale *-ent* pourrait très bien être le résultat d'une persistance des anciennes finales *-ente, -endo.*

© ARMAND COLIN. La photocopie non autorisée est un délit.

2.2.2.3. *Réfection du participe présent*

— Comme l'ensemble des imparisyllabiques à accent fixe, le participe présent a subi — avant la fin du latin impérial — une réfection de son Nom. Sg. sur le Gén. : **amantis, *cantantis...* se substituent à *amans, cantans...*[4]

— Parallèlement, le Nom. Pl. en *-es* est aligné sur le type en *-i* : *amantes, cantantes* laissent la place à **amanti, *cantanti...*[5]

2.2.3. Évolution des terminaisons *-ante, -ando* jusqu'en ancien français

-ante et *-ando* ont abouti à une forme unique *-ant* [ãnt]. La voyelle tonique entravée s'est conservée inchangée jusqu'à sa nasalisation au début du XIe siècle Après la chute des voyelles finales *-e* et *-o*, au VIIIe siècle, la dentale sourde [t] s'est maintenue en position appuyée ; la dentale sonore [d] s'est assourdie en [t] puis conservée.

■ ***Remarques***

a) Le verbe *estre : esse* n'avait ni participe présent ni gérondif. *Estant* provient sans doute de l'adjonction tardive du morphème *-ant* à la base *est-*[6].

b) Le verbe *avoir : ayant* n'est pas issu de **habante*, qui aboutit phonétiquement à *avant*, mais analogique des présents de l'indicatif *[ayyo] et du subjonctif *[ayya].

c) La flexion du participe présent en ancien français (le gérondif étant invariable), ainsi que son évolution ultérieure ont été étudiées dans le chapitre consacré aux adjectifs qualificatifs. On se reportera en particulier aux paragraphes concernant les adjectifs invariables en genre, à féminin sans *-e* final (2.1.1., 2.1.2. et note 6).

3. Le participe passé

Le participe passé se décline en ancien français sur le modèle des adjectifs qualificatifs variables en genre. Leur flexion a donc été étudiée dans le chapitre consacré aux adjectifs qualificatifs[7]. Je me bornerai ici à rappeler quels sont les différents types de participes passés connus de l'ancien français et leur origine.

L'ancien français possède principalement quatre types de participes faibles et deux types de participes forts.

3.1. Les participes passés faibles

La voyelle finale accentuée *-e, -i, -u* ou *-oi* s'accroche à la base faible du passé.

3.1.1. Les participes en *-é/-ié*

3.1.1.1. Flexion

	Masculin		
CSS	-ez/-iez	CSP	-é/-ié
CRS	-é/-ié	CRP	-ez/-iez

Féminin

Sg.	-ée/-iée	Pl.	-ées/-iées

cf. amez/aidiez..., amée/aidiée.

Possèdent un participe passé faible en *-é/-ié* les verbes du premier groupe, à infinitif en *-er/-ier.*

■ ***Remarque :*** dans le Nord-Est et l'Est, on relève à la place de *-é(e)* une finale *-ei(e)* due à la diphtongaison tardive, pratiquée dans ces parlers, du [ẹ] (issu de [á] libre latin) en [ẹ́i̯].

Dans le Nord, le Nord-Est et l'Est, mais également dans l'Ouest, la terminaison *-iée* du féminin cède la place à *-ie* [iḙ]. Dans ces régions, en effet, la diphtongue [íẹ] s'est réduite à [i] devant [ḙ]. Cette réduction pourrait être due au maintien de l'accentuation sur le premier segment de la diphtongue [íẹ], qu'elle soit issue de la diphtongaison spontanée de [ę́] libre (*delies, J. et B.*, 260) ou de la loi de Bartsch (*apparillies, J. et B.*, 259) : l'hiatus [íẹ-ḙ] aurait été traité comme une triphtongue et l'élément médian aurait été totalement assimilé[8].

3.1.1.2. *Origine*

Les participes faibles en *-é/-ié* proviennent des participes passés latins faibles en -*atus, -ata* : *-é* est le résultat du [á] libre derrière une base non palatale, *-ié* du [á] libre derrière une base palatalisée.

Les verbes d'origine germaniques à infinitif en *-an* ou en *-ôn* latinisés à basse époque ont reçu un participe passé de ce type : *adobé* (**dubban*), *guié* (**witan*), *gardé* (**wardôn*), *gratté* (**krattôn*)...

3.1.2. Les participes en *-i*

3.1.2.1. *Flexion*

Masculin

CSS	-iz	CSP	-i
CRS	-i	CRP	-iz

Féminin

Sg.	-ie	Pl.	-ies

cf. feniz, partiz, oïz, sentiz... fenie, partie, oïe, sentie...

Ont un participe passé faible en *-i* les verbes inchoatifs (infinitif en *-ir* et infixe en *-iss*) mais également un grand nombre de verbes à infinitif en *-ir* non inchoatifs, ayant un passé faible en *-i* (sauf ceux dont la base se termine par un groupe consonne + *r* comme *covrir, sofrir...*).

3.1.2.2. *Origine*

Les participes passés faibles en *-i* proviennent :
— de participes passés en *-itus, -ita* du latin classique : *feniz* < *finitus, oïz* < *auditus*

© ARMAND COLIN. La photocopie non autorisée est un délit.

— de participes alignés sur ce modèle à basse époque : _sentiz_ < _*sentitus_ (latin class. _sensus_), _joïz_ < _*gauditus_ (class. _gavisum_), _falliz_ < _*fallitus_ (qui suppose un infinitif _*fallḗre_ pour _fállĕre_ classique), _choisiz_ < _*causitus_ (_*kausjan_, d'origine germanique, a reçu un infinitif latinisé _*causire_ sur lequel a été construit le participe _*causitus_).

3.1.3. Les participes en *-u*

3.1.3.1. Flexion

	Masculin		
CSS	-uz	CSP	-u
CRS	-u	CRP	-uz

	Féminin		
Sg.	-ue	Pl.	-ues

Ces participes passés faibles en _-u_ correspondent à des verbes à infinitif en _-ir_ non inchoatifs, en _-oir_ ou en _-re_ et dont le passé est :
— faible en _-ui_ (_valoir, paroir, corre_) ou en _-i_ (_ferir, issir, cheoir_)
— fort en _-i_ (_venir, tenir, veoir, voloir_) ou en _-u_ (_avoir, pooir, savoir, devoir, conoistre..._)
cf. paruz, valuz, coruz, feruz, issuz, cheüz, venuz, tenuz, veüz, voluz, eüz, peüz, seüz, deüz, conneüz...

■ ***Remarque :*** dialectalement, à la place de _-ue_, on rencontre dans le Nord-Est une finale _-uwe_ (_cheüwe_ pour _cheüe_) et dans le Nord _-ute_ (_volute, conute_).

3.1.3.2. Origine

Le participe passé en _-utus_ était peu représenté en latin classique mais il s'est développé considérablement à l'époque impériale (en même temps que le parfait en _-ui_).
a) -utu s'est substitué à _-itus_ : _eüz_ < _*habutus_ (_habitus_), _deüz_ < _*debutus_ (_debitus_), ainsi qu'aux terminaisons _-tus_ et _-sus_ : _venuz_ < _*venutus_ (_ventus_), _tenuz_ < _*tenutus_ (_tentus_), _leüz_ < _*legutus_ (_lectus_), _coruz_ < _*currutus_ (_cursus_) ; à la finale _-sus_ : _cheüz_ < _*cadutus_ (_casus_).
b) -utus a pu également être attribué à des verbes qui ne possédaient pas à l'origine de forme de participe passé : _seüz_ < _*saputus_, _beüz_ < _*bibutus_, _voluz_ < _*volutus_.

3.1.4. Les participes en *-eit* > *-oit*

	Masculin		
CSS	-oiz	CSP	-oit
CRS	-oit	CRP	-oiz

	Féminin		
Sg.	-oite	Pl.	-oites

Seuls quelques verbes présentent ce type. Les plus fréquents, _coilloiz_ (_coillir_), _beneoiz_ (_beneïr_) et _maleoiz_ (_maleïr_), sont issus phonétiquement de _collectus, benedictus_ et _maledictus_. On relève aussi _cheoiz_ (_cheoir_), _toloiz_ (_toudre_).

■ ***Remarque :*** *beneoiz* et *maleoiz* sont utilisés surtout comme adjectifs, les formes refaites sur l'infinitif, *beneïz* et *maleïz* plutôt comme participes.

3.2. Les participes passés forts

Ils se répartissent en deux catégories selon qu'ils se terminent par *-s* (féminin en *-se*) ou par *-z* [ts] (féminin en *-te*).

La plupart des verbes possédant un participe passé de ce type ont par ailleurs un passé fort en *-s*. Quelques-uns ont un passé faible en *-i* à base terminée par un groupe consonne + *r*.

3.2.1. Le type en *-s*

Masculin				Féminin			
CSS	-s	CSP	-s	Sg.	-se	Pl.	-ses
CRS	-s	CRP	-s				

■ ***Remarque :*** la base étant terminée par *-s*, le masculin est invariable.

cf. aers (aerdre), sous (soudre), ars (ardoir), clos (clore), respons (respondre), mes (manoir), mis (metre), pris (prendre), quis (querre), ocis (ocire), sis (seoir), sors (sordre), mors (mordre), ris (rire)...

3.2.2. Le type en *-z* ([ts])

Masculin				Féminin			
CSS	-z	CSP	-t	Sg.	-te	Pl.	-tes
CRS	-t	CSP	-z				

cf.ceinz (ceindre), feinz (feindre), teinz (teindre), peinz (peindre), plainz (plaindre), joinz (joindre), diz (dire), escriz (escrire), liz (lire), duiz (duire), souz (soudre), touz (toudre), faiz (faire), traiz (traire), torz (tordre), roz (rompre), crienz (criembre), coverz (covrir), soferz (sofrir), oferz (ofrir).

3.2.3. Origine des types forts en *-s* et en *-z*

a) Ces participes passés forts sont souvents issus directement de participes passés latins en *-sus* ou en *-tus*, accentués sur la base :

— en *-sus* : *clos < clausus, ars < arsus, mes < ma(n)sus, mors < morsus, mis < missus, pris < prensus...*

— en *-tus* : *ceinz < cinctus, diz < dictus, faiz < factus, liz < lectus, poinz < punctus, joinz < junctus, plainz < planctus...* ; *peinz* et *feinz* sont issus de **pinctus* et **finctus*, formes vulgaires dues à une réfection de *pictus* et *fictus* sur le modèle de *cinctus, tinctus*.

b) Certains d'entre eux supposent l'extension du type *-sus* ou *-tus* à des participes appartenant à l'origine à d'autres catégories.

*-sous (soudre) < *solsus (solū́tus), sors (sordre) < *sorsus (surrḗctus), tors < *torsus (tortum)...*

*-touz (toudre) < *tóllĭtus (sublatus), souz (soudre) < *sólvĭtus (solutus)...*

© ARMAND COLIN. La photocopie non autorisée est un délit.

■ ***Remarque :*** un certain nombre de verbes possèdent deux voire plusieurs formes de participe passé. Parmi ceux-ci :

	Participe faible	Participefort
(a)soudre	*(a)soluz*	*(a)sous,(a)souz*
toudre	*toluz*	*tous*
tordre	*tortuz*	*tors,torz*
sentir	*sentiz,*	*sentuz*
issir	*issiz,*	*issuz*
naistre	*nez,*	*nascuz*
rompre	*rompuz*	*roz*
lire	*leüz*	*liz*
(re)manoir	*(re)masuz*	*(re)mes*
criembre	*cremu*	*crienz*
respondre	*responduz*	*respons*
cheoir	*cheoiz,*	*cheüz...*

Notes du chapitre XX

1. *Cf.* G. Joly, *Précis de phonétique*, chap. XI, p. 182 et s.
2. *Idem*, chap. VIII, p. 144-145.
3. Sur les problèmes de datation de ce phénomène, on pourra se reporter à F. de la Chaussée, *Initiation à la morphologie...*, p. 298.
4. Le phénomène a été constaté également dans les substantifs masculins et féminins. *Cf.* chap. III 1.1.2.1. et IV 1.2.2.2.
5. Il s'agit là encore d'une évolution générale. *Cf.* chap. III, 1.1.2.3.b. et 1.2.2.3.b. ainsi que chap. V, 2.4.2.2.b. et 2.1.2.1.c.
6. F. de la Chaussée suggère la possibilité que *estant* soit dû à un emprunt à *sto, stare* (*stante, stando*). *Cf. Initiation à la morphologie...*, p. 299.
7. *Cf.* en particulier les adjectifs variables en genre (1.).
8. *Cf.* G. Joly, « Principaux traits phonétiques caractéristiques des dialectes du Nord de la France dans *Jehan et Blonde* », in *L'Information grammaticale*, n° 52, janvier 1992, p. 3-4.

Troisième partie

Syntaxe

Sont abordés dans cette dernière partie les grandes questions de synthèse proposées régulièrement aux concours de l'Agrégation et du CAPES et pour lesquelles nous proposons des plans aussi précis que possibles, illustrés d'exemples empruntés à des textes « classiques ».

CHAPITRE XXI

L'ORDRE DES CONSTITUANTS DE LA PHRASE SIMPLE

L. Foulet constatait à propos de la phrase moderne que « sous la nonchalance et le laisser-aller de la conversation ou sous les broderies savantes de la prose apprêtée, on rencontre sans peine le même canevas monotone : sujet, verbe, complément »[1]. Si le verbe tend déjà en ancien français à occuper la place médiane de la phrase, l'agencement des différents syntagmes (sujet, verbe et complément) reste cependant plus libre qu'aujourd'hui. L'existence de la déclinaison, qui attribue aux mots des marques particulières selon leur fonction grammaticale, autorise cette relative souplesse.

À partir des trois éléments constitutifs de la phrase, six constructions sont attestées, dont quatre sont courantes.

Avant de décrire ces différentes combinaisons, notons qu'il est possible de diviser la phrase simple en trois zones, dotées chacune d'un accent rythmique. La zone verbale constituant le noyau verbal de la phrase, on peut poser :

Zone préverbale accentuée + Zone verbale accentuée + Zone postverbale accentuée

♦ Tout maintenant + li souvient + îl
Trist., prose, 150, 3

■ ***Remarque :*** la zone verbale contient le verbe et éventuellement, antéposé ou postposé, un pronom personnel régime qui lui est conjoint[2].

À cela, s'ajoute en position extérieure à la phrase (en « extraposition »), une zone qui contient les éléments de liaison : conjonctions de coordination et de subordination. À la différence des trois autres, cette zone est inaccentuée[3] :

♦ *Et* + la novele + parvient + maintenant a la roïne
Queste, 11, 32

♦ *Quant* + li compaignon de la Table Reonde + furent venu + a Kamaalot
Queste, 1, 1

Apostrophes, exclamations et interjections se trouvent également en extraposition :

♦ [...] Bials amis,
Li mals d'amors m'a por vos pris — *B.I.*, 2441

Que la zone préverbale soit accentuée exclut que la phrase puisse commencer par un élément non prédicatif — qui ne saurait figurer sous l'accent rythmique — et, de fait, jusqu'au début du XIIIe siècle au moins, on trouve toujours en tête de phrase un élément tonique, syntagme nominal, pronom prédicatif (sujet ou complément), verbe, adverbe.

Six séquences sont donc possibles, diversement représentées.

© ARMAND COLIN. La photocopie non autorisée est un délit.

1. Sujet - Verbe - Complément

Le sujet occupe la zone préverbale, un complément ou plusieurs (complément d'objet, complément circonstanciel, attribut) la zone postverbale.

Le sujet peut être nominal :

♦ Et *li baron* regardent les letres — *Queste*, 5, 22
« Les barons observent l'inscription »

♦ *Joseph* respont isnelement — *Est. Gr.*, 681
« Joseph répond aussitôt »

ou pronominal :

♦ *Je* tieng Rognel le buef a mien — *Ren.*, 9418
« Je considère que le boeuf Rougeaud m'appartient »

Ce type de construction, devenu habituel, voire canonique aujourd'hui, est déjà bien répandu en ancien français.

2. Complément - Verbe - Sujet

Dès que le sujet n'est pas en tête de la phrase, que la zone préverbale est saturée par un élément tonique (complément d'objet direct ou indirect, complément circonstanciel ou encore adverbe), le sujet se trouve rejeté en zone postverbale. Cette « inversion » du sujet est un trait fondamental de la syntaxe médiévale. Elle peut à l'occasion entraîner une suppression pure et simple du sujet : c'est le cas lorsque ce dernier est pronominal.

2.1. Les éléments susceptibles d'occuper la zone préverbale

2.1.1. Un nom ou, plus souvent, un syntagme nominal régime

Il peut assurer diverses fonctions :

a) Complément d'objet

♦ *Ceste costume* ai je toz jors tenue — *Queste*, 5, 7

b) Complément d'agent

♦ et *de ceste chose* furent esbahi et li fol et li sage
Queste, 7, 15

c) Attribut

♦ *Halt* sunt li pui e la voiz est mult lunge — *Rol.*, 1755
« Les monts sont hauts et longue la voix du cor »

d) Complément circonstanciel

♦ *En tel maniere* dura la mellee toute la nuit — *Lanc.*, XIV, 50

♦ *Le soir* demanda li preudons a monseignor Gauvain dont il estoit
Queste, 53, 25
« Le soir, le saint hermite demanda à monseigneur Gauvain d'où il venait »

■ ***Remarque :*** le syntagme nominal peut être une proposition subordonnée circonstancielle. Il s'agit souvent d'une circonstancielle de temps introduite par *ainçois que :*

♦ Dame, *anchois ke tout chou fust prest,*
Ving je chi si ke on metoit
Le tavle et c'on appareilloit *Feuil.*, 648-49

« Ma dame, avant que tout soit prêt, je suis arrivé ici alors qu'on mettait la table et qu'on faisait les préparatifs »

La proposition ouverte par *ainçois que* est ressentie comme l'équivalent d'un adverbe (« auparavant »).

D'autres circonstancielles peuvent jouer ce rôle mais plus rarement :

♦ *Quant on ot anfoï le mort,*
S'en partirent totes les genz *Yv.,* 1411

♦ *Puis que ge portai prime corone* n'enpris ge guerre dont ge ne venisse a chief a l'enneur de moi et de mon roiaume
Artu, 104, 56-57

« Depuis le premier jour où j'ai porté la couronne, je n'ai jamais entrepris de guerre que je n'aie terminée à mon honneur et à celui du royaume »

2.1.2. Un adverbe

♦ *Einsi* s'en vont li dui frere tant dolent, qu'il ne sevent qu'il doient fere
Artu, 86, 1

« Ainsi s'en allèrent les deux frères, si ennuyés qu'ils ne savaient à quoi se résoudre »

♦ *Atant* se teut Phariens, que plus ne dist, et lors commenche a plorer trop durement
Lanc., XVII, 28

Lorsque le sens d'un adverbe porte sur l'ensemble de la phrase, il fonctionne comme un régime du verbe au même titre que n'importe quel syntagme nominal.

Les éléments en extraposition n'ayant aucune influence sur l'ordre des constituants de la phrase, ils n'entraînent pas d'inversion du sujet; qu'il s'agisse des conjonctions de coordination comme *et, ou, ne, mais* :

♦ *Mes* ge ne sei qui il est, ne comment il a non *Artu*, 25, 35

ou de subordination :

♦ *Quant* la roïne voit son fil dedens le lac, si se pasme
Lanc., III, 9

Les interjections, apostrophes et exclamations sont également sans effet sur l'ordre des mots :

♦ *Certes, dame,* je nel feroie
tant que certenemant seüsse
que le bon cuer ma dame eüsse *Yv.*, 4618

« En vérité, madame, je ne puis accepter avant d'être sûr de rentrer en grâce auprès de ma dame »

© ARMAND COLIN. La photocopie non autorisée est un délit.

■ ***Remarques***

a) La distinction entre conjonction et adverbe n'est pas toujours nette en ancien français.

— Ainsi, *et* est par nature une conjonction de coordination, n'entraînant pas d'inversion du sujet :

♦ Sire, ge iroie volentiers, se il vos plesoit, veoir ceste assemblee; *et* il m'i pleroit mout a aler [...]. – Dame, fet li rois, vos n'iroiz pas a ceste fois. *Et* ele s'en test atant. *Et* il la fesoit tot de gré remanoir por esprover la mençonge Agravain

Artu, 7-13

Mais il arrive que, sous l'influence de *si*, avec lequel il peut alterner en début de phrase, il prenne une valeur adverbiale d'opposition («cependant», «pourtant») voire de conséquence («par conséquent»). Il peut dès lors justifier une inversion du sujet :

♦ Ai je donc ronkiét?
J'en eüsse aussi boin markiét,
Che me sanle, en l'Enganerie.
Et n'a il as dés jué mie
De par mi ne a ma requeste *Feuil.*, 979

«Ai-je donc ronflé? J'en aurais eu aussi bon marché, il me semble, à l'Enganerie. Et pourtant, il n'a pas joué aux dés de ma part ni à ma requête»

— En revanche, *car* est d'abord un adverbe marquant la causalité et ouvrant souvent une phrase jussive :

♦ A! rois, *car* fusses tu noiés
Comme falis et recreans *Nic.*, 1480

«Ah! roi, fusses-tu noyé, traître et capon que tu es»

Mais il peut aussi être traité comme une conjonction de coordination; dès lors, on retrouve l'ordre Sujet + Verbe :

♦ Dites le moi hardiement
Car je vous creant loialment *J. et B.*, 730

«Parlez sans hésitation car je vous fais toute confiance»

— Enfin, la présence d'un adverbe en tête de phrase peut rester sans effet sur l'organisation de celle-ci :

♦ onques ma cort n'amenda tant de vos come ele en est ore empoiriee

Queste, 21, 25-26

«Vous n'avez jamais donné autant d'éclat à ma cour que vous ne lui causez de tort aujourd'hui»

b)Ce type de séquence, qui place un complément en première position, permet de lier étroitement l'énoncé à venir à celui qui précède

Les adverbes utilisés en tête de phrase marquent souvent l'articulation logique des membres d'un énoncé. Ils traduisent, par exemple, la continuité temporelle :

♦ -Estes vos ce, mes cuers, m'amie?
Lors dist ele : N'en doutez mie,
ce sui ge bele Lïenors *Dole,* 5096

ou la conséquence :

♦ Sire, li uns des esquiés ki avoec Daguenet alerent hui matin est venus. Faites le venir devant vous, s'il vous plaist. *Si* vous contera conment Daguenés fu descevauchiés.

Trist., prose, 175, 8

« Sire, l'un des écuyers qui ont accompagné Daguenet ce matin est de retour. S'il vous plaît de le faire venir devant vous, alors, il vous racontera comment Daguenet a été désarçonné »

Dans le cas d'un syntagme nominal, la présence d'un démonstratif ou d'un indéfini à valeur anaphorique contribue à marquer cette continuité :

♦ Sire, font eles, nous somes ci venues por vos convoier jusqu'a vostre lit, car il nous est einsi commandé. – *Ce* vueill ge bien, fet li rois

Artu, 50, 20

♦ Atant se metent a la voie et cevauchent tout le grant cemin ferré, parlant de maintes aventures [...]. *En tel maniere* cevaucent li trois chevalier, tant k'il sont venu trusc'au pont

Trist., prose, 4, 1

« Ils se mettent alors en route et empruntent le grand chemin empierré, tout en parlant de divers événements [...]. Les trois chevaliers chevauchent de la sorte jusqu'au pont »

2.2. L'omission du sujet postposé

— Lorsque le sujet est un pronom personnel, sa postposition au verbe provoque son omission dès qu'il n'y a pas d'ambiguïté sur son référent :

♦ Dame, fait il, ma grant dolor
me remembrez Ø et ma tristor *Ené.*, 850

« Madame, vous me rappelez ma grande douleur et ma tristesse »

La phrase s'ouvrant sur le syntagme nominal complément d'objet direct, le pronom *vos* n'est pas exprimé derrière le verbe.

♦ Cele nuit domora laienz Lancelot et fist toute la nuit veillier le vaslet au mostier, et a l'endemain a hore de prime le fist Ø chevalier

Queste, 3, 8

« Lancelot resta là et passa la nuit dans la chapelle aux côtés du jeune homme qui veillait. Le lendemain, au lever du jour, il le fit chevalier »

— Cependant, à mesure que l'on avance dans le temps et en particulier dans les textes en prose du XIIIe siècle, cet usage se raréfie et un pronom sujet apparaît aisément derrière le verbe :

♦ Sire, fet li vaslez, retornez la dont nos venons,
car ilec avré *je* armes et cheval *Queste*, 35, 26

« Retournons d'où nous venons, seigneur, lui dit le jeune homme, car je trouverai là une armure et un cheval »

Les deux types d'agencement décrits jusqu'à présent (S-V-C et C-V-S) sont les plus fréquents en ancien français. Le verbe y occupe la place médiane, à la suite du sujet ou d'un complément. Les autres séquences possibles — que nous allons envisager maintenant — sont plus rares.

© ARMAND COLIN. La photocopie non autorisée est un délit.

3. Verbe - Sujet - (Complément)

Cette organisation des constituants traduit toujours une incomplétude de l'énoncé. On la rencontre dans des cas précis.

3.1. Dans l'interrogation totale

Le terme sur lequel porte l'appel d'information dans une interrogation se place systématiquement en tête de celle-ci. Dans l'interrogation totale c'est donc le verbe qui ouvre la phrase. L'ancien français postpose le pronom sujet au verbe :

♦ Biax sire, *vendrez vos* avec moi a la cort mon seigneur le roi Artuz?
Queste, 3, 12

Ce qui est encore l'usage en français moderne.

Mais il procède de même lorsque le sujet est un nom ou un syntagme nominal :

♦ Amis, beau frere, *est Orenge* si riche? *Orange,* 267

3.2. Dans les incises

Le sujet est constamment postposé aux verbes introducteurs du discours : *dire, respondre, faire.*

Il peut être pronominal :

♦ Par foi, dame, *fet il,* uns chevaliers est a cort venuz qui a acomplie l'aventure du Siege Perilleus
Queste, 10, 3-4

ou nominal :

♦ Coi? *fait Lyoniax*, dont ne sont chil de chest païs tout mi homme?
Lanc., XII, 5

« Comment? répond Lionnel, les gens de cette région ne sont-ils pas tous mes vassaux? »

♦ Mors? *dist li rois.* Sainte Marie! *Trist.*, prose, 83, 9

■ ***Remarque :*** une construction concurrente du type Complément + Verbe + Sujet est également bien représentée en incise, le complément prenant la forme du pronom démonstratif neutre *ce*[5] :

♦ Certes, *ce dist Palamidés*, vaillans dame est ele durement sans faille
Trist., prose, 103, 29

« Oui, déclare Palamède, elle est assurément une dame d'une valeur exceptionnelle »

3.3. Dans les phrases jussives ou optatives

— Le sujet d'un verbe à l'impératif est rarement exprimé en ancien français. Lorsqu'il l'est, c'est généralement derrière le verbe :

♦ *oz tu*, chevaliers qui vas aventures querant, voiz ci deus voies, l'une a destre, l'autre a senestre

Queste, 41, 3

« Chevalier, toi qui cherches les aventures, écoute : voici deux routes, l'une à droite, l'autre à gauche »

On relève toutefois des cas de construction Sujet + Verbe + Complément :

♦ Mais *vous* me *donnés* de quemun
Trois de ches deniers qui sont rouge *Nic.*, 1099

« Mais mettez-vous plutôt d'accord pour me donner trois de ces deniers, les rouges »

Seul le contexte permet alors de décider qu'il s'agit d'une phrase jussive et non simplement énonciative.

— En revanche, le sujet est normalement exprimé derrière le subjonctif à valeur jussive :

♦ Mueve *li rois* quant il voudra *Artu*, 104, 35

« Que le roi se mette en route quand il voudra »

3.4. Dans des phrases non formellement dépendantes mais à valeur circonstancielle

Certaines propositions entretiennent avec la proposition qui les suit un rapport circonstanciel (temporel, consécutif, adversatif, hypothétique...) sans que celui-ci soit explicité par un terme conjonctif.

Ces propositions présentent à l'occasion l'ordre Verbe - Sujet - Complément. Il s'agit d'une construction caractéristique des textes anciens, en particulier des Chansons de Geste :

♦ *Voit le li cuens*, le sens cuide changier *Orange,* 894

« Voyant cela, le comte faillit devenir fou » = rapport consécutif)

♦ *Fust* i *li reis* n'i oüssum damage *Rol.*, 1102

« Si le roi était là nous ne subirions aucun dommage » = rapport hypothétique)

Dans tous les cas où l'on rencontre l'ordre Verbe - Sujet - Complément, l'énoncé se révèle donc incomplet. L'interrogation attend une réponse. L'incise est indissociable du discours au style direct ou indirect qu'elle inaugure ou dans lequel elle s'insère. La phrase jussive appelle la réalisation d'un procès qui n'est encore que virtuel. En l'absence de terme conjonctif, la proposition circonstancielle ne peut prendre de signification que par la régissante qui la suit.

4. Sujet - Complément - Verbe

Cet agencement est cantonné à peu près exclusivement dans les propositions dépendantes.

© ARMAND COLIN. La photocopie non autorisée est un délit.

4.1. Proposition relative introduite par **qui**

Le pronom relatif assume la fonction de sujet dans la relative :

♦ [Galaad] chevaucha mainte jornee sans aventure trover *qui a conter face*
Queste, 46, 20

4.2. Propositions subordonnées conjonctives introduites par une conjonction

— Il peut s'agir d'une subordonnée complétive :

♦ Dites le moi, car de lui ne me gardasse ge jamés que *il ma honte porchaçast*
Artu, 86, 26

— ou d'une circonstancielle :

♦ Et se *tu en cele a destre entres,* tost i porras perir
Queste, 41, 8

4.3. Phrases où le complément est un adverbe de lieu, de temps, de manière ou de quantité

♦ et quant vos *la amont vanroiz*
devant vos, an un val, verroiz
une maison, ou ge estois *Perc.*, 3025

« Une fois au sommet, vous verrez devant vous dans la vallée la maison où je réside »

♦ Je ne voil, fet il, fors la costume dou chastel. – Certes, fet cil, ce est la chose que vos *mar desirrez*
Queste, 47, 23

« Je ne veux rien d'autre que satisfaire à la coutume du château. – Vous vous en repentirez, réplique l'écuyer »

♦ quant li deables vit ce, si fu molt dolenz et pensa que il vos corroit sus [...]. Et il *si fist*
Queste, 45, 5

« Quand le diable s'en aperçut, il en fut affligé et décida de vous attaquer [...]. Ainsi fit-il »

■ ***Remarque :*** en dehors des cas où le complément est un adverbe, il est rare de trouver ce type de construction en phrase non dépendante :

♦ Et doit me ele ami clamer?
Oïl, voir, por ce que je l'aim.
Et je *m'anemie la claim* *Yv.*, 1460

« Mais, doit-elle m'appeler son ami ? Oui, certainement, puisque je l'aime. Et moi je l'appelle mon ennemie »

5. Complément - Sujet - Verbe

Rare à date ancienne, cette distribution devient plus courante par la suite, surtout au XIIIe siècle. On la rencontre dans trois cas.

5.1. Dans les propositions relatives introduites par un pronom régime

♦ Lors voit jesir en mi la place
S'espee, *que il* bien *conut* *B.I.*, 1455

« Il aperçut alors au milieu du terrain son épée, qu'il reconnut parfaitement »

5.2. Dans les phrases où le complément apparaît sous la forme d'une proposition subordonnée

♦ *Quant il seront devant vous venu*, vous porés puis ordener cest païs a vostre volenté

Trist., prose, 73, 8

« Quand ils seront arrivés devant vous, vous pourrez alors prendre les dispositions qui vous conviendront pour ce pays »

♦ Mesire Blyoblerys, fait Lancelos, *se je ne vous tenoie por boin cevalier*, je m'esprendroie trop durement

Trist., prose, 116, 26

« Monseigneur Blyoblerys, répond Lancelot, si je ne vous considérais pas comme un chevalier de valeur, j'aurais bien tort »

■ ***Remarque :*** certaines subordonnées comme les circonstancielles de temps introduites par *ainz que, ainçois que* déterminent en revanche l'inversion du sujet (*cf.* ci-dessus 2.1.1. d. Remarque).

5.3. Dans des phrases non dépendantes commençant par un adverbe de discours[6]

Ce type d'adverbe, non intégré à la phrase, permet en général de conserver le sujet devant le verbe.

— Il peut s'agir d'un adverbe ou d'une locution adverbiale marquant une appréciation sur l'énoncé :

♦ *Certes* Rollanz nel valut onques *Dole*, 2755

« À coup sûr, Roland ne le valait pas »

♦ Maintenant ot entor lui si grant noise et si grant cri qu'il li est avis que tuit li anemi d'enfer soient entor lui : et *sanz faille* il en i avoit plusors

Queste, 182, 5

« Aussitôt retentissent autour de lui de telles clameurs, de telles plaintes qu'il se croit entouré de tous les diables de l'enfer : au reste, il y en avait là un certain nombre! »

— Il peut s'agir aussi d'adverbes portant une appréciation sur l'énonciation. C'est le cas de *neporquant, neporoec, nequedent,* qui articulent le discours en traduisant la concession :

♦ Si est abaubis devant soi
Jehans qu'il n'ose tentir mot.
Nepourquant il se tint a sot *J. et B.*, 870

« Jean est si décontenancé devant elle qu'il n'ose émettre un son. Cependant, il se dit qu'il est sot »

© ARMAND COLIN. La photocopie non autorisée est un délit.

♦ Et *neporec* il le diroit volentiers, mais il n'ose, com cil qui plus est coarz que hardiz

Queste, 66, 1

♦ Quant Lancelos entent ceste requeste, si l'en pesa moult; et *nequedant* il ne li ose contredire puis qu'il li avoit creanté

Artu, 14, 18

«À l'énoncé de cette requête, Lancelot se trouva très ennuyé; pourtant il n'osa pas la repousser, puisqu'il avait promis»

6. Verbe - Complément - Sujet

Ce dernier agencement est assurément le plus rare. Nous n'envisagerons pas, en effet, ici, le cas où le complément est un pronom non prédicatif[7] (les occurrences seraient alors légion) mais celui où c'est une forme prédicative qui vient s'insérer entre le verbe et le sujet.

Le complément est souvent un adverbe :

♦ Ma honte? fet li rois, va *donc* la chose si haut que ma honte i est?

Artu, 5, 10-11

parfois un syntagme nominal :

♦ Assamblé ont *grant compaignie*
li dui chevalier ancïen *Pal.*, 700

Lorsque l'ancien français dissocie le sujet du verbe, il semble préférer placer le sujet devant le verbe et non derrière.

Notes du chapitre XXI

1. *Petite syntaxe de l'ancien français*, §50, p. 37.
2. *Cf.* chapitre sur les pronoms personnels, en particuliers les pronoms personnels régimes.
3. *Cf.* P. Skårup, *Les premières zones de la proposition en ancien français…*
4. Nous choisissons ici un adverbe de constituant (intégré à la phrase) : *onques*, en association avec *ne*, porte exclusivement sur le verbe. Le problème posé par les adverbes de phrase sera évoqué ci-dessous (5.3.).
5. À propos du système d'introduction du discours rapporté en ancien français, on peut consulter B. Cerquiglini, *La Parole médiévale*, éditions de Minuit, Paris, 1981.
6. Sur le classement fonctionnel des adverbes, *cf.* D. Denis et A. Sancier-Château, *Grammaire du français*, p. 22-30.
7. *Cf.* chapitre sur le pronom personnel, en particulier 1.2.2.2.b., 2.2.2.2. et 2.2.2.3.

CHAPITRE XXII

LE NOM : L'EMPLOI DES CAS

Le système casuel de l'ancien français est considérablement réduit par rapport à la flexion latine puisqu'il ne comporte plus que deux cas : cas sujet et cas régime, entre lesquels se répartissent les nombreuses fonctions possibles du nom.

1. Les emplois du cas sujet

1.1. Le cas sujet indique que le nom (ou l'adjectif) est le sujet grammatical de la phrase

♦ Un hostel bel et bien garni
Eurent, u li *quens* sejorna
Tant que li *Parlement* dura — *J. et B.*, 165-166

« Ils trouvèrrent un logement très confortable où le comte séjourna tant que le Parlement siégea »

■ ***Remarques***

a) En ce qui concerne les noms propres, l'usage est devenu vite fluctuant; ils apparaissent tantôt au cas sujet, tantôt au cas régime :

♦ Et puis jura messires *Gauvains* et Perceval, et *Boorz* et Lyonel et aprés *Hemains li Blans*

Queste, 23, 23-24

b) Le verbe peut ne pas être exprimé : c'est le cas dans les subordonnées circonstancielles comparatives et exceptives, de même que dans les relatives substantives elliptiques du verbe :

♦ [...] celi qui tant doit amer,
La Damoisele as Blances Mains,
Dont je parti come *vilains* — *B.I.*, 3120

« Celle que j'ai tant de raisons d'aimer, la Demoiselle aux Blanches Mains, que j'ai quittée comme un rustre »

♦ nus ne le vit u chastel entrer, fors *li vallés* tant seulement ki celui fait avoit descouvert a Argan

Trist., prose, 134, 14

« personne ne le vit entrer, à l'exception du jeune homme qui avait révélé l'affaire à Argan »

♦ Le col li rumpt a ses deus meins,
De ceo fist il ke trop *vileins* — *Laüs.*, 116

© ARMAND COLIN. La photocopie non autorisée est un délit.

« Il lui rompt le cou de ses deux mains, se conduisant là en véritable sauvage »

L'antécédent de ces relatives n'est pas exprimé : il s'agit d'un pronom démonstratif neutre *ce* (mot à mot : « il fist [ce] que trop vilains [fait] »

La présence du cas sujet atteste du caractère verbal de ces constructions.

c) Après les tours impersonnels, le cas sujet est concurrencé par le cas régime

— Derrière le verbe *avoir*, on rencontre plutôt le cas régime :

♦ Molt i ot *chevaliers* de pris
En la sale de totes pars — *B.I.*, 2282
(= CRP)

♦ Sire, la aval de soz vostre palés a *un perron grant* [...]
Queste, 5, 14
(= CRS)
« Sire, là au pied de votre château, se trouve un gros bloc de pierre [...] »

Mais le cas sujet apparaît également :

♦ Tant i ot *escu* et tant *heaume*
embarré, copé et fendu,
que par force i ont retenu
Des Artésiens .V. a cel poindre — *Dole,* 2696-2697
« Il y eut tant de boucliers et de heaumes défoncés, tranchés et fendus que cinq Artésiens furent capturés dans cet assaut »

Sans doute faut-il voir là une analogie de l'emploi du cas sujet derrière *il est* :

♦ Ja n'iert *jorz* que del mien ne praigne — *Yv.*, 3852
« il ne se passe pas un jour sans qu'il s'attaque à mes biens »

— Derrière les autres verbes, l'usage est variable.

1.2. Le cas sujet est utilisé pour les éléments qui sont mis en relation directe avec le sujet grammatical

a) L'apposition au sujet

♦ Sire, fet Kex *li seneschaux*, se vos asseez ja au disner, il m'est avis que vos enfraindroiz la costume de ceanz
Queste, 5, 1
« Sire, dit Keu le sénéchal, si vous vous mettez maintenant à table, vos allez enfreindre, me semble-t-il, la coutume qui règne ici »

b) L'attribut du sujet

♦ Et cel sera li *mieldres chevaliers* del monde — *Queste*, 5, 24

La locution *avoir (a) nom* commande généralement le cas sujet :

♦ Sire, fet il, jel vos dirai.
J'ai nom *Biax Filz* — *Perc.*, 345

■ ***Remarque :*** dès le XIIe siècle, l'attribut du sujet peut être au cas régime mais pendant tout le XIIIe siècle, l'utilisation du cas sujet reste de loin la plus courante.

1.3. Le cas sujet est utilisé pour l'apostrophe, du moins à date ancienne

Il remplace ainsi l'ancien vocatif latin :

- ♦ Et li rois dist a Galaad : *Sire*, veez ci l'aventure dont je vos parlai

  Queste, 12, 9

  « Le roi dit à Galaad : seigneur, voici le prodige dont je vous ai parlé »

- ♦ Certes, *biaus niés*, fet li rois, voirement a ce esté mescheance droite

  Artu, 3, 25

  « Assurément, cher neveu, cela a été un grand malheur »

Dès la seconde moitié du XIIe siècle, le cas sujet peut céder la place au cas régime, surtout lorsqu'il s'agit d'un nom propre :

- ♦ *Boort,* avez vos esté a cele asemblée? *Artu,* 34, 3
- ♦ *Agravain,* biaus niés, ne dites jamés tel parole *Artu,* 6, 23

(on notera dans cette dernière occurrence que le nom propre est au cas régime, mais le syntagme nominal qui le suit, au cas sujet)

Un nom commun en apostrophe peut également apparaître au CRS :

- ♦ Lors parole Palamidés a Kahedin [...] et li dist : *Vassal,* fait il, que vous diroie je?

  Trist., prose, 105, 7

Mais dans l'ensemble, pendant tout le XIIIe siècle, c'est au cas sujet que s'exprime l'apostrophe.

2. Les emplois du cas régime

Le cas régime correspond à de nombreuses fonctions grammaticales. Son emploi signale que le nom est complément du verbe, en relation avec l'objet du verbe ou encore complément déterminatif d'un autre nom.

2.1. Le cas régime complément du verbe

2.1.1. Le cas régime complément d'objet

- ♦ Trop començastes *vilein plait*
  De mei hunir et e avillier *Lanv.*, 364

  « Vous avez entrepris une honteuse vilénie en me déshonorant »

■ ***Remarques***

a) Les éléments qui sont liés étroitement au complément d'objet sont également au cas régime :

— Attribut de l'objet :

- ♦ n'en set il nul que on doive apeler *le boin chevalier* se ce n'est Palamidés

  Trist., prose, 32, 17

- ♦ Tot li ferai tenir a *songe*
  quanqu'il a fet le roi cuidier *Dole,* 4030

  « Je l'amènerai à avouer qu'il a inventé tout ce qu'il a fait croire au roi »

© ARMAND COLIN. La photocopie non autorisée est un délit.

On rencontre cependant le cas sujet :

♦ En ce que len vos apela plus *durs* que figuiers puet len une merveille entendre

Queste, 67, 27

« Que l'on vous ait appelé plus dur que pierre, c'est là une chose étonnante »

Le cas est courant lorsque le nom est l'attribut d'un pronom réfléchi :

♦ Molt se clainme *dolenz cheitis* — *Yv.*, 4126

Y compris lorsque le nom est introduit par une préposition (*a* ou *por*) :

♦ et dit : Por *fos* me puis tenir — *Yv.*, 1432

— Apposition à l'objet :

♦ Gauvains, li niés le roi Artu, ochist un mien frere carnel, *boin chevalier, preu* et *hardi*

Trist., prose, 21, 40

b) Les particules présentatives *ez (vos), voi ci, veez ci* sont suivies du cas régime :

♦ Que qu'ele s'aloit dementant
estes vos .II. *serjanz* lo roi — *Mire,* 123

♦ Veez ci *l'escu* que je vos les en remembrance de moi

Queste, 34, 19

2.1.2. Le cas régime complément d'objet secondaire

On rencontre le cas régime derrière des verbes signifiant l'attribution, la destination ou l'appartenance.

2.1.2.1. L'attribution et la destination

♦ Lietart, qui tandis s'apansoit
de respondre *Brun* par savoir
tele chose qui sanblast voir,
li dist [...] — *Ren.*, 9973

« Lietard qui se préoccupait de donner à Brun une réponse avisée et qui parût plausible, lui dit [...] »

♦ Puis quel volés, or jurrai *vostre fille* — *Am. et Am.*, 1792

« Puisque vous le voulez, je vais prêter serment à votre fille »

♦ Et nonporquant s'ot il tant de coraige
Qu'il prent le pain quant il puet sur la table,
Porte *son pere* [...] — *Am. et Am.*, 2234

« Cependant, sa piété filiale était telle qu'il prenait tout le pain qu'il pouvait sur la table et le portait à son père [...] »

Cette construction a donné naissance à des tours figés comme *(par) (la) foi que doi* + complément d'objet second :

♦ Mes foi que vos devez *le roi* — *Yv.*, 128

2.1.2.2. L'appartenance

On peut exprimer l'appartenance à l'aide du verbe *estre* suivi d'un syntagme nominal au cas régime

♦ Roignel qui fu *seignor Lietart* — *Ren.*, 9352

« Rougeaud qui appartenait au seigneur Liétard »

■ ***Remarque :*** l'emploi d'une préposition n'est pas inconnu pour traduire la relation d'attribution, destination ou appartenance. C'est *a* qui joue habituellement ce rôle :

♦ donez *a* chascun sa deserte ! — *Dole,* 4007

« Donnez à chacun ce qu'il mérite ! »

♦ Enuieus estes et vilains,
de tancier *a* voz compaignons — *Yv.*, 91

« Vous êtes odieux et rustre de chercher querelle à vos compagnons »

2.1.3. Le complément de l'objet interne

Les verbes intransitifs n'admettent pas de complément d'objet direct. Cependant, un certain nombre d'entre eux peuvent être suivis d'un complément d'objet interne qui reprend sous la forme d'un nom l'idée du verbe ou une idée voisine pour y apporter une détermination.

2.1.3.1. Substantif complément de lieu

a) Derrière un verbe impliquant un mouvement (*aler, mener, coure, venir…*)

♦ li vilains, qui estoit asis
en la sele sor le cheval,
le fait troter *trestot .I. val* — *Ren.*, 10206

« Le paysan, assis sur son cheval, le fait trotter à travers un vallon »

♦ Vois tu celui qui la vient *cel chemin*? — *Alis.*, 1770

♦ Li cuens s'en torne *une estreite jonchiere* — *Alis.*, 680

« Le comte s'éloigne par une étroite jonchaie »

b) Derrière un verbe impliquant une situation (*estre, ester, demorer, sejorner…*)

♦ Et s'estut loing *cele part* la,
Tant que la pucele parla — *Yv.*, 1959

« Il se tient à cet endroit, à l'écart, jusqu'à ce que la jeune fille prenne la parole »

2.1.3.2. Substantif complément de direction

Il apparaît derrière des verbes signifiant le mouvement (*aler, coure, venir, mener, enmener…*)

♦ Hé Dex ! dist il, *quel part* porrai aler? — *Am. et Am.*, 2443

♦ Li quens Guillelmes vint *cele part* corant — *Alis.*, 789

© ARMAND COLIN. La photocopie non autorisée est un délit.

2.1.3.3. Substantif complément d'allure

On le rencontre également derrière des verbes exprimant l'idée de mouvement (*aler, marcher, passer, mener...*)

♦ Venez avant, passez *grant pas* — *Théo.*, 230
« Avancez, dépêchez-vous »

♦ Lors est tot maintenant venuz
Amors vers moi, *les saus menu* — *Rose*, Lorr., 1879
« Amour est aussitôt venu vers moi en sautillant »

♦ Il nos en menast ja *grant oire*
Tiemers chiés son saignor Lietart — *Ren.*, 11040
« Timer nous aurait déjà conduits à vive allure chez son maître Liétard »

♦ Son seignor siut *toz les galos* — *Yv.*, 754
« Il suit son maître au grand galop »

■ ***Remarque :*** le cas régime complément d'allure peut suivre un verbe qui ne signifie pas en lui-même un déplacement dans l'espace :

♦ et mes sire Yveins solemant
hurte *grant aleüre* aprés — *Yv.*, 935
« mon seigneur Yvain, comme un insensé[1], pique des deux à plein galop derrière lui »

2.1.3.4. Substantif complément de prix

Le cas régime complément de prix apparaît derrière des verbes signifiant une évaluation ou une appréciation :

♦ [...] il volsist qu'il fussent tuit ars,
si li eüst costé *cent mars* — *Yv.*, 1277
« il aurait voulu les voir tous brûlés, lui en eût-il coûté cent marcs »

Il s'agit souvent de substantifs désignant un objet de peu de valeur et employés dans une construction négative du type *ne valoir un(e)..., ne proisier un(e)...* Le complément peut conserver son sens plein :

♦ [...] certes *une chanberiere*
ne valent tuit, bien le savez,
li chevalier que vos avez — *Yv.*, 1632
« tous vos chevaliers, vous le savez bien, ne valent pas une femme de chambre »

Mais il devient à l'occasion un simple équivalent imagé de « pas grand chose » voire « rien » :

♦ Dist Haucebier : Quar lessiez cel gloton !
La soe force ne vaut pas *un bouton* — *Alis.*, 373
« Laissez cette canaille ! s'écrie Haucebier, sa force ne vaut rien »

♦ Ne vous prisons *une vessie* — *Nic.*, 1527
« Vous ne valez pas un clou »

Le complément est alors déterminé dans la plupart des cas par l'article indéfini *un* (qui retrouve là sa valeur étymologique de numéral « un seul »), mais la construction admet des variantes avec d'autres adjectifs numéraux :

♦ Ne pris pas *.II. foilles de cives*
Ton menacier et ton vanter *Ren.*, 10520

■ ***Remarque :*** il ne faut pas confondre le cas régime complément de prix avec les substantifs *pas, mie, goute...* qui, en se vidant complètement de leur contenu sémantique sont devenus de simples éléments de la négation bi-tensive *ne... pas, ne... mie, ne... goute*[2].

2.1.3.5. *Substantif complément de mesure*

Il apparaît derrière une locution verbale de sens approprié :

♦ En covenant eüs a Damedé
Que ne fuiroies de bataille champé,
Por Sarrazins, *pleine lance* d'esté *Alis.*, 903
« Tu avais juré à Dieu de ne pas fuir — fût-ce de la longueur d'une lance — une mêlée à cause des Sarrasins »

♦ [...] et fu sanz doute
plus granz de moi *la teste tote* *Yv.*, 522
« et assurément, il me dépassait d'une tête »

■ ***Remarque :*** des verbes de sémantismes divers admettent un complément de l'objet interne :

♦ ço dist Rollant : Cornerai *l'olifant* *Rol.*, 1702
« Rolland dit : je sonnerai du cor »

Il s'agit parfois même de verbes transitifs ; c'est le cas du verbe *ferir* (« frapper ») :

♦ feri li vavasors *trois cos* *Yv.*, 217

2.1.4. Le cas régime complément circonstanciel

2.1.4.1. *Le cas régime complément de temps*

Les substantifs signifiant des portions de temps s'emploient le plus souvent au cas régime sans préposition (*jor, nuit, soir, heure, matin, endemain, an, autrier, piece...*).

— Ils permettent de situer un événement dans le temps :

♦ uns vilains [...]
an son essart novel bien *main*
pres d'un grant bois un jor ala *Ren.*, 9274
« un paysan [...] alla un jour de bon matin dans son nouveau champ, tout près d'un grand bois »

♦ *Une nuit* li troi s'assanlerent *Nic.*, 53

♦ Mes *cel jor* molt se merveillierent
del roi qui einçois se leva *Yv.*, 42

■ ***Remarque :*** la construction prépositionnelle apparaît parfois :

♦ Entre cez choses dant Renarz
proie porchaçoit *au matin* *Ren.*, 9683

♦ Et cele revint *par matin* *Yv.*, 1787

© ARMAND COLIN. La photocopie non autorisée est un délit.

— Ils permettent aussi, en relation avec des verbes comme *estre, demorer, sejorner, aler...*, d'évoquer la durée d'un événement :

♦ Venus sui a cauchiers ferrés
Trente journees parmi glache — *Nic.*, 360
« J'ai fait, avec des souliers ferrés, trente journées sur de la glace »

♦ Mes la dame *tote nuit* ot
a li meïsmes grant tançon — *Yv.*, 1736
« Mais la dame, toute la nuit, eut avec elle-même un long débat »

♦ *VII. anz toz pleins* geüs a son costé — *Alis.*, 889
« Pendant sept années pleines, tu es resté à son côté »

2.1.4.2. Le cas régime en syntagme à valeur adverbiale

Le cas régime peut être inclus dans des syntagmes où il est associé à un participe, à un verbe ou à une autre détermination (possessif, proposition relative...). Le groupe ainsi constitué est indépendant syntaxiquement du reste de la phrase : il équivaut à l'Ablatif ou à l'Accusatif absolus du latin. Il exprime diverses circonstances du procès énoncé :

— La manière :

♦ Sire, fet li rois Baudemagus, *salve vostre grace,* il nel fera mie premiers
Queste, 23, 11
« Sire, dit le roi Baudemagu, ne vous en déplaise, ce n'est pas lui qui prêtera serment le premier »

— La condition :

♦ Dame, cuidiez vos recovrer
vostre seignor par vostre duel?
— Nenil, fet ele, mes *mon vuel*
seroie je morte d'enui — *Yv.*, 1606
« Madame, croyez-vous retrouver votre époux en vous lamentant ainsi ? — Non, répond-elle, mais s'il ne tenait qu'à moi, je serais morte de chagrin »

— La concession :

♦ se vos la damoisele ne poés desfendre encontre moi, l'enmenera *mau gré vostre*
Trist., prose, 127, 18
« si vous ne pouvez défendre la demoiselle contre moi, je l'emmènerai malgré vous »

— L'attitude :

♦ de Malpertuis, son fort plaisié,
s'en est issuz *le col baissié* — *Ren.*, 10240
« [Renart] est sorti tête baissée de sa forteresse de Maupertuis »

♦ Voit de païens tot le tertre rasé,
Baudus devant, *le frein abandoné,*
La lance droite, le gonfanon fermé — *Alis.*, 1875-1876
« Il voit le tertre complètement envahi de païens : Baudus à leur tête, bride abattue, la lance en position de combat, avec la bannière qui y est fixée »

— La cause :

♦ Ce fu ouan devant vandenges,
qu'il en jura *Dieu et ses anges* [...]
qu'il me donroit a grant planté
de ses braiches et de son miel — *Ren.*, 9532

« C'est cette année avant les vendanges qu'il jura par Dieu et ses anges [...] qu'il me donnerait une grande quantité de ses rayons et de son miel »

♦ De mes douz fiuls que je ai decolez
Ne plaing je nul, *foi que je doi Saint Omer* — *Am. et Am.*, 3052

« Par la foi que je dois à Saint Omer, je ne plains aucun de mes deux fils que j'ai décapités »

■ ***Remarque :*** les tours du type *vostre merci, mien escïent (mien escïentre), moie coupe...* équivalent à des propositions elliptiques du verbe *estre*, au subjonctif présent de souhait ou au participe présent :

♦ mes vos, la vostre grant merci,
m'i enorastes et servistes — *Yv.*, 1012

« Mais vous — que grâce vous en soient rendues — m'avez honorée et servie »

♦ De si qu'a terre est la hache colee
Plus de .II. piez *mien esciant* entree — *Alis.*, 285

« La hache glisse jusqu'à terre, où elle s'enfonce, je crois bien, de plus de deux pieds »

♦ Dex, *moie colpe,* quant je ai foï tant! — *Alis.*, 98

« Mon Dieu, pardon d'avoir fui ainsi! »[3]

Le mot possessif peut laisser la place à un nom ou à un syntagme nominal :

♦ Bien est confés, *la Damedeu merciz* — *Alis.*, 2292

« Il s'est confessé, grâce en soit rendue à Dieu »

2.1.4.3. *Le cas régime prépositionnel*

Tout nom régi par une préposition est au cas régime. Il exprime la valeur circonstancielle que lui confère la préposition (cause, but, manière, moyen, accompagnement...) :

♦ *por la froidor* chascun crient et resoigne — *Dole,* 848

« Le froid plonge chacun dans la crainte et l'angoisse »

♦ Ensamble li ont requise
La merci *por le seneschal* — *Dole,* 5526

« Tous ensemble ils ont demandé grâce pour le sénéchal »

■ ***Remarque :*** certaines prépositions polysémiques — comme *por* — peuvent introduire divers types de compléments circonstanciels.

♦ et voit que dames et puceles
le resgardent *de lor biaus iex* — *Dole,* 2257

♦ Or set il bien *par ces paroles*
que li cevaliers l'a reconneü — *Trist.*, prose, 14, 17

♦ Atant s'en part *o son varlet* — *J. et B.*, 101

♦ Li Descouneüs vait devant
Aveuc Robert son escuier — *B.I.*, 2769

© ARMAND COLIN. La photocopie non autorisée est un délit.

2.2. Le cas régime complément déterminatif du nom

L'ancien français connaît trois façons de construire le complément déterminatif du nom, toutes trois utilisant le cas régime : une construction à morphème zéro (le déterminé et le déterminant sont simplement juxtaposés), une construction à l'aide de la préposition *de,* une construction à l'aide de la préposition *a.*

L'emploi de l'une ou de l'autre est régi par des conditions relativement strictes, au moins en très ancien français : la construction utilisée dépend du rapport sémantique existant entre le déterminé et le déterminant ainsi que de la nature et/ou de l'entourage syntaxique de ce dernier.

2.2.1. Construction à morphème zéro

Elle est caractéristique de l'ancien français mais d'un emploi qui reste restreint vu le nombre de conditions requises pour qu'elle soit possible.

2.2.1.1. Rapport entre le déterminé et le déterminant

Il s'agit d'une relation d'appartenance ou de parenté-alliance[4].

a) Rapport d'appartenance

Cette notion est à prendre au sens large. Le possédé peut, en effet, être un objet concret :

♦ Et messire Gauvains [...] meinne Boort en la chambre ou il avoit lessié *l'escu Lancelot*

Artu, 44, 59

— un animal :

♦ Mes *li destriers Guillelme* veit mout lent *Alis.*, 1523

— une partie du corps :

♦ Desor *l'espaule Ami* de maintenant
S'assist li angres, sachiez certainnement *Am. et Am.*, 1808

« Aussitôt l'ange s'asseoit sur l'épaule d'Ami, c'est la vérité »

Mais dans bien des cas, il s'agit d'une notion beaucoup plus abstraite, comme un élément physique ou moral de la personne, une manifestation quelconque de sa volonté, de son intelligence ou de sa sensibilité :

♦ Tant vont parlant cha et la de *la biauté madameYseut* li un et li autre [...]
Trist., prose, 88, 13

♦ Mes sire Yvain maintenant monte,
qu'il vangera, s'il puet, *la honte*
son cosin, einz que il retort *Yv.*, 748-749

♦ Maugré *le voil Ami* et s'amistié,
Se vendi Haymmes as felons maronniers *Am. et Am.*, 2649

« Malgré la volonté d'Ami et l'amitié qu'il lui portait, Haymme se vendit aux infâmes marins »

♦ il qui tant avoit grant duel dou *courrouz sa dame* la reine que nus n'en poïst estre plus courrouciez, si s'en torna vers la chambre [...]
Queste, 24, 8

b) Rapport de parenté-alliance

♦ Et il dit qu'il a non Lancelot dou Lac et fu *filz le roi Ban de Benoyc*
Queste, 63, 9

♦ Ce est la *misnie le conte* *Ren.*, 9832

« C'est la maison du comte »

♦ Car il ne trove ne voie ne sentier
Ne soit couvert de la *gent l'aversier* *Alis.*, 1038

« Il ne trouve pas une route, pas un sentier, qui ne soient envahis par ces suppôts du diable »

♦ Je sui, fait il, Kex, *li senescaus le roi* Artu *Trist.*, prose, 125, 9

2.2.1.2. Conditions concernant le déterminant

a) Il désigne obligatoirement une personne

C'est le cas de tous les exemples relevés ci-dessus : *Lancelot, Guillelme, Ami, madame Yseut, son cousin, sa dame, Saint Nicolas, le comte...*

Dieu et le *diable* (« l'aversier ») sont inclus dans la catégorie des personnes.

b) Cette personne est représentée par :

— un nom propre (ce critère suffit à justifier la construction absolue) :

♦ *les noveles Calogrenant*
li reconta tot mot a mot *Yv.*, 658

« il lui raconta l'histoire de Calogrenant sans rien omettre »

— un nom commun, mais avec certaines restrictions. Il doit, en effet, être au singulier, actualisé par un article défini ou possessif (ce qui exclut l'article indéfini ou démonstratif ou tout autre prédeterminant) et signifier un haut rang de la hiérarchie féodale (*roi, duc, comte, empereor, seignor, dame...)* ou un parent (*pere, mere, cosin, seror, fil, frere...)*

♦ Reportés *le tresor le roy* *Nic.*, 1290

« Allez remettre le trésor du roi à sa place »

♦ Bien a vangiee, et si nel set,
la dame, *la mort son seignor* *Yv.*, 1367

« La dame a bien vengé -sans pourtant le savoir- la mort de son époux »

♦ et quant il ot veüe *la tombe son frere* [...], il vint devant le roi et apela la reïne de traïson
Artu, 74, 50

■ ***Remarque :*** il est rare que le déterminant ait une autre valeur sémantique :

♦ Bien perçoit au *samblant s'amie*
Qu'ele est dedens le cuer marie *J. et B.*, 1781

© ARMAND COLIN. La photocopie non autorisée est un délit.

— un pronom :

Certains pronoms peuvent entrer comme déterminants dans la construction à morphème zéro. C'est le cas du pronom relatif, sous la forme du Datif *cui* (parfois *qui,* en raison de la confusion qui s'est instaurée assez tôt entre les deux formes) :

♦ Artus, li boens rois de Bretaingne,
la cui proesce nos enseigne
que nos soiens preu et cortois — *Yv.*, 2
« Arthur, le noble roi de Bretagne, dont l'excellence nous invite à être vaillants et courtois »

♦ La Virge la me raporta
Qu'a Dieu est mere,
La qui bonté est pure et clere — *Théo.*, 626
« La Vierge me l'a rapporté, elle, la mère de Dieu dont la bonté est infinie »

C'est aussi le cas du pronom indéfini *autrui* :

♦ Molt i a dolor et destresce
Quant l'en chiet en *autrui dangier*
Por son boivre et por son mengier — *Théo.*, 65
« C'est un bien grand malheur de tomber sous la dépendance d'autrui pour sa subsistance »

Il est beaucoup plus rare de trouver un autre type de pronom, déterminant dans une construction absolue :

♦ *Le consoil* vostre mere et *moi* — *Perc.*, 1413

■ ***Remarques***

1) L'ordre des mots dans la construction à morphème zéro est de manière générale : déterminé + déterminant. La construction déterminant + déterminé, héritée du latin, apparaît anciennement mais se cantonne ensuite à quelques cas :
— lorsque le déterminant est *Dieu*, surtout dans des locutions déjà figées :

♦ Sire, oiez moi, por *Dieu merci*! — *Théo., 602*
« Seigneur, écoutez-moi, pour l'amour de Dieu! »

mais aussi en dehors de celles-ci :

♦ si dist au chevalier que ele laise ses enfans en *la Dieu garde*
Lanc., IV, 6

♦ Delivré l'a tout a bandon
La Dieu ancele — *Théo.*, 658
« La servante de Dieu l'a délivré généreusement »

— lorsque le déterminant est le pronom indéfini *autrui* ou le pronom relatif *cui (qui)* :

♦ J'estoie trop aiesse hui main,
qant vos metoie en *autrui main*
par promesse, la moie chose — *Ren.*, 9634
« J'étais très heureux ce matin quand je remettais dans d'autres mains, par une promesse, mon propre bien »

♦ ele cuidoit vraiement que Lancelos amast cele *qui manche* il avait portee au tornoiement
Artu, 32, 32
« Elle était persuadée que Lancelot aimait celle dont il avait porté la manche au tournoi »

2) L'article défini pronominalisé admet un complément déterminatif non prépositionnel[5] :

- ♦ Li rois les oï volantiers
  et fist trois sairemenz antiers,
  l'ame Uterpandagron son pere,
  et *la son fil*, et *la sa mere* *Yv.*, 664

2.2.2. Construction à l'aide de la préposition *a*

2.2.2.1. Rapport entre le déterminé et le déterminant

La construction avec *a* traduit les mêmes relations d'appartenance et de parenté-alliance que le tour absolu :

- ♦ il vindrent au soir a *l'ostel a la dame* ches qui Lancelos avoit demoré
  Artu, 45, 15
  « ils arrivèrent le soir chez la dame qui avait accueilli Lancelot »

- ♦ Et tant durerent les amours del roi et de *la feme au chevalier* que il le sot
  Lanc., VII, 2

2.2.2.2. Nature et/ou entourage syntaxique du déterminant

La construction à l'aide de la préposition *a* apparaît lorsque le déterminant désigne une personne mais qu'il ne remplit pas l'une des conditions requises pour que la construction absolue soit possible.

a) Le déterminant est un nom commun au pluriel

- ♦ Celui jor meïsmes vint a Lancelot la damoisele qui estoit *suer aus deus freres* d'Escalot
  Artu, 57, 2

(*freres* signifie un parent, il est actualisé par l'article défini mais se trouve au pluriel)

b) Le déterminant n'est pas actualisé

- ♦ Ahi ! dist ele gentiz *fiuls a baron* *Am. et Am.*, 2758

(*baron* est au singulier et pourrait justifier — par son sémantisme — la construction absolue. Toutefois, il n'est pas actualisé)

c) Le déterminant est actualisé par un article autre que l'article défini ou possessif

- ♦ Et se tu fenme vix avoir,
  je te donrai la file *a un roi* u *a un conte* *Auc.*, II, 33

(*roi* et *conte* sont au singulier ; ce sont des titres impliquant un haut rang social mais ils sont actualisés par l'article indéfini)

d) Le déterminant n'est pas un titre désignant une personne de haut rang ou un parent

- ♦ Maint bon poison et mainte angile
  mangai, que je en fui cheanz,
  an *la chareste au marcheant* *Ren.*, 9768

(le déterminant est au singulier et actualisé par l'article défini *le* mais il ne signifie ni un titre de noblesse ni un parent)

© ARMAND COLIN. La photocopie non autorisée est un délit.

2.2.2.3. Extension de la construction avec a

La construction avec la préposition *a* tend à supplanter le cas régime absolu. On la rencontre, en effet, dans des occurrences où toutes les conditions requises pour qu'il y ait construction absolue sont réunies :

- ♦ che sont *li doi fil au roi Bohort de Gaunes* — *Lanc.*, XI, 2

Le rapport liant le déterminé au déterminant est de parenté ; le déterminant est une personne désignée par un nom commun singulier, actualisé par l'article défini et signifiant un haut rang social.

■ ***Remarque :*** la construction du complément déterminatif du nom à l'aide de la préposition a n'a aucune connotation familière en ancien français. Elle est très représentée encore au XVIe siècle, surtout en poésie. On en trouve quelques exemples dans la langue classique, mais elle appartient déjà à un niveau de langue marqué :

- ♦ Je suis la très humble *servante au seigneur Anselme*
  L'Avare, I, 4
- ♦ La vache *a notre femme*
  Nous a promis qu'elle ferait un veau — La Fontaine, *Contes*, IV, 11, 72

2.2.3. Construction à l'aide de la préposition *de*

2.2.3.1. Construction avec de *dans le cas d'un déterminant non personnel*

On peut dire qu'elle est quasi obligatoire.

a) Le déterminant désigne un animal

- ♦ ele laise son fil a terre devant *les piés des chevax*
  Lanc., III, 6

■ ***Remarque :*** on rencontre, cependant, en concurrence avec *de*, la préposition *a* :

- ♦ si le rabatent sovent et menu si anemi entre *les piés as chevax*
  Lanc., XIV, 19
  « ses ennemis le repoussent sans cesse entre les pieds des chevaux »

b) Le déterminant désigne n'importe quel objet concret ou abstrait (chose, matière, lieu géographique...)

- ♦ A esperon jusqu'a *la porte*
  de son chastel l'en a mené — *Yv.*, 901
- ♦ La tombe qui covroit le mort senefie *la durté dou monde*
  Queste, 37, 31
- ♦ et devant li fu sa couronne assise sour *.I. soustenant d'argent*
  Lanc., XII, 10
- ♦ Je faç le ban *le roy d'Aufrike* — *Nic.*, 227

2.2.3.2. Construction avec de *dans le cas d'un déterminant personnel*

2.2.3.2.1. Le déterminant est un pronom personnel[6], démonstratif ou indéfini (mis à part *autrui*)

Compléments déterminatifs du nom, des pronoms sont régulièrement introduits par *de.*

♦ Car forment het *l'orguel de li* — *J. et B.*, 1001

♦ Il le rechut tant hounereement com il onques plus pot pour *l'amour de cele* k'il amoit de tout son cuer
Trist.

♦ Mout se paine de biau servir
Pour *le gré de tous* desservir — *J. et B.*, 376

« Il s'applique à bien servir pour mériter la reconnaissance de tous »

2.2.3.2.2. Le déterminant est un nom

Le rapport entre le déterminé et le déterminant est autre que ceux d'appartenance ou de parenté. La préposition peut traduire diverses relations.

a) Relation de propos

♦ Et por ce que le velt oïr et savoir de sa bouche, s'il onques puet estre, li demande *la verité de son pere*
Queste, 20, 6

« Comme elle veut l'entendre de sa propre bouche, si c'est possible, elle lui demande la vérité au sujet de son père »

■ ***Remarque :*** on fera la différence entre *Li Jus de Saint Nicholai* (au sujet de Saint Nicolas) et *Li Jus Adam* (dont Adam le Bossu est l'auteur).

b) Relation d'origine

♦ [...] a seignor refuser ne doi
boen chevalier et *fil de roi* — *Yv.*, 2050

c) Relation d'espèce

♦ et en voit issir une figure la plus hisdeuse qui fust en *semblance d'ome*
Queste, 36, 22

« il en voit sortir la plus hideuse forme humaine que l'on puisse imaginer »

d) Relation partitive

♦ Car quant il orent o ax *le Roi des Rois* et le Sauveor dou monde, il le tindrent a pecheor
Queste, 39, 3

e) Relation agentive ou objective

Lorsque le déterminé signifie un procès et que le déterminant peut être considéré comme l'agent ou l'objet du procès en question, c'est la préposition *de* qui relie le plus souvent déterminé et déterminant :

♦ li dus de Tintaguel fu mors par *la traïson de Uterpandragon* et *de Merlin*
Lanc., VI, 7

(*« Uterpandragon et Merlin sont les agents du procès signifié par le substantif* traïson*, à savoir « trahir »*)

♦ si l'en avint tout issi comme ele dist, car ele morut sanz faille por *l'amour de Lancelot*
Artu, 39, 23

(Lancelot est l'objet de l'amour que lui porte la jeune fille)

© ARMAND COLIN. La photocopie non autorisée est un délit.

2.2.3.2.3. Extension de la construction avec *de*

Elle tend à se substituer aux deux autres constructions (à morphème zéro et avec la préposition *a*) :

♦ [l'espee] tout estoit tainte et vermeille *du sanc de Kahedin*, son fil
Trist., prose, 143, 12

(déterminé et déterminant sont reliés par un rapport d'appartenance. Le déterminant désigne une personne par un nom propre : la construction absolue serait tout à fait possible)

♦ por quoi *li cors dou crestien mauvés et faus* n'i doit remanoir
Queste, 37, 5

« c'est pourquoi le corps d'un mauvais chrétien ne peut y reposer »

Le rapport entre déterminé et déterminant est d'appartenance ; le déterminé est un nom de personne actualisé par l'article indéfini et ne signifiant pas un haut rang social, autant de critères qui justifieraient une construction avec la préposition *a*).

L'emploi de l'une ou l'autre construction semble parfois totalement indifférent. On peut comparer dans le *Tristan* en prose :

♦ puis que je oi regardee
la grande biauté de madame Yseut [...] 95, 5

et

♦ Tant vont parlant cha
et la de *la biauté madame Yseut*
li un et li autre [...] 88, 13

Notes du chapitre XXII

1. *Solemant* est une erreur de l'édition Mario Roques ; dans la copie de Guiot comme dans tous les autres manuscrits c'est *folemant* que nous trouvons, *cf.* B. Woledge, *Commentaire sur Yvain (Le Chevalier au lion) de Chretien de Troyes*, Droz, Genève, 1986, p. 95.
2. *Cf.* chapitre sur l'article, 1.2. et chapitre sur la négation, 2.2.2. Remarque b.
3. *Cf.* chapitre sur les mots possessifs, 2.2.a. et b.
4. On pourra, pour plus de précisions sur cette construction, se reporter à l'article de Nelly Andrieux-Reix : Séquences binominales non prépositionnelles et relation dite « d'appartenance » en ancien français, *Faits de langues*, n° 7, 1996, « La relation d'appartenance ».
5. *Cf.* chapitre sur l'article, 2.4.2.
6. Nous avons vu qu'il pouvait éventuellement figurer dans la construction à morphème zéro mais que le cas était rare (*cf.* ci-dessus, 2.2.1.2.b. Remarque 2).

CHAPITRE XXIII

L'ARTICLE

L'article fait partie des déterminants du substantif, c'est-à-dire des morphèmes qui entourent le nom (avec lequel ils forment le syntagme nominal) et servent soit à sa quantification, soit à sa caractérisation, parfois aux deux.

L'article a un double rôle :

— il sert à actualiser le nom pour les besoins du discours, c'est-à-dire qu'il permet de faire passer le nom de la langue (du lexique) dans le discours ;

— il permet au nom déterminé des variations extrêmes en extensité[1] du singulier numérique à la totalité. En d'autres termes, il définit le degré de particularité ou de généralité du nom : il est un quantifiant bipolaire.

On peut rappeler que le système fondamental de l'article en français est celui des articles *un* et *le* . En effet, ce système est constitué de deux tensions successives, *un* et *le* étant les signes de ces deux tensions[2].

— *Un* signifie la première de ces tensions, à savoir un mouvement de pensée qui porte la notion substantivale en direction d'une image particulière, d'une extensité maximale vers le singulier numérique.

— *Le* signifie la seconde tension, un mouvement de pensée portant le substantif particularisé à une image générale de lui-même : *le* réengage le nom dans la voie de la généralisation, du singulier numérique à une extensité maximale.

Dans le discours, les emplois de *un* et de *le* résultent de saisies opérées sur l'un ou l'autre de ces mouvements. Des effets variés de sens sont obtenus selon que la saisie est pratiquée précocement ou tardivement.

Si l'on considère le schéma suivant

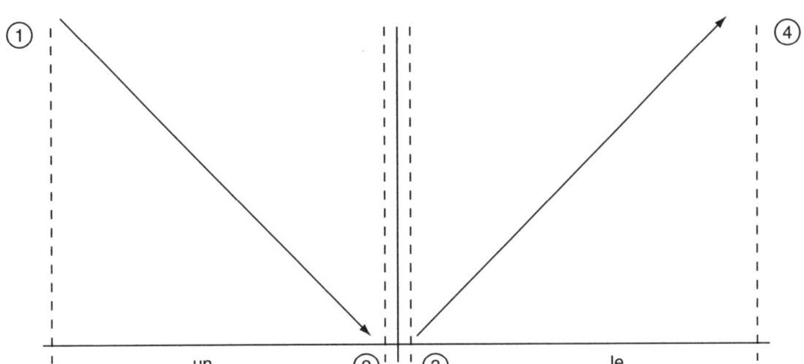

on peut dire que :
— intercepté le plus tard possible, le mouvement de particularisation symbolisé par *un* livre un particulier aussi particulier que possible, c'est-à-dire, le singulier :

- «Un loup n'avait que les os et la peau.» ②

— mais intercepté le plus tôt possible, ce même mouvement livre un particulier aussi peu particulier qu'on puisse le concevoir, c'est-à-dire un universel :

- «Un homme sera toujours un homme.» ①

Le même raisonnement peut être pratiqué avec l'article défini *le*; ce dernier livrera les mêmes valeurs mais :
— le singulier est le résultat d'une saisie précoce :

- «Le loup reprit : que me faudra-t-il faire?» ③

— l'universel est le résultat d'une saisie tardive :

- «Le renard est le symbole de la ruse .» ④

Il est clair que tous les emplois des deux articles fondamentaux ne se définissent pas intégralement par ces quatre saisies. Par exemple une généralisation moindre de la notion substantivale est obtenue là où l'article *le* introduit un substantif accompagné d'une autre détermination :

♦ «L'enfant de notre temps est souvent trop gâté.»
vs un enfant particulier
vs l'enfant de façon générale.

À la différence du latin, qui ne possédait pas d'article proprement dit, l'ancien français connait déjà le système des deux articles *un* et *le* ; il l'a fabriqué anciennement à partir du démonstratif *ille, illa, illud* (pour les articles définis) et de l'adjectif numéral *unus, una, unum* (pour les articles indéfinis). Cependant, l'article est beaucoup moins employé en ancien français qu'il ne l'est aujourd'hui. Chaque fois que le mouvement de particularisation est peu engagé (saisie précoce) l'absence d'article vient concurrencer l'article indéfini; de la même façon, lorsqu'il présente le substantif dans une perspective généralisante, l'article défini n'est pas employé.[3]

Dernière remarque préliminaire : l'ancien français, aux XIIe-XIIIe siècles, se forge un nouvel article dit «partitif» en associant la préposition *de* et l'article défini. Toutefois, c'est en moyen français que cet article s'est vraiment développé.

1. L'article indéfini

Il n'apparaît en ancien français qu'en saisie tardive du mouvement de particularisation.

1.1. Il détermine une idée nominale non identifiée dans le cotexte[4]

Autrement dit, il permet de présenter un être ou un objet (au sens large) particuliers, dont l'existence n'a pas encore été mentionnée dans l'énoncé et qui ne jouissent donc d'aucune notoriété.

Si l'on considère le début du *Mire de Brai*[5], on relève :

♦ Jadis ert *uns* vilains mout riches (v.1)

♦ El païs ot *un* chevalier (v.15)

♦ qui *une* fille avait mout bele (v.17)

L'existence du *vilain*, du *chevalier*, et de *la fille* est posée comme effective dans l'espace du récit. Cependant aucun des référents n'est encore connu du lecteur.

Cet emploi de l'article *un* correspond à celui qu'en fait encore le français moderne.

1.2. Il peut, comme son étymon **unus, una,** *avoir la valeur de « un(e) seul(e) »*

a) Il s'apparente alors aux adjectifs numéraux cardinaux :

♦ Por ce que ouen *une* foiz
avoie a bien entendu
m'en ont li doiable randu
le gerredon et la deserte. *Ren.*, 10642

« Pour m'être une seule fois dans l'année préoccupé de faire le bien, les diables m'en ont récompensé et remercié. »

Un prend régulièrement cette valeur quand il détermine le complément de l'objet interne derrière un verbe de prix ou d'appréciation :

♦ Li vaslez ne prise *une* cive
quan que li rois li dit et conte. *Perc.*, 966

« Le jeune homme n'accorde aucun interêt à tout ce que le roi peut lui raconter ».

♦ et quant la nosche vint apres-
tot l'autre ne prisent *un* ef. *Ené., 800*

« Quand on leur présenta la broche, ils dédaignèrent tout le reste ».

♦ [...] sa feme li foutera
si que jamés ne l'amera
ne ne lou prisera *un* pain. *Do Mire,* 49

« Il [le prêtre] lui baisera sa femme; alors elle ne l'aimera plus et n'aura plus la moindre envie de lui ».

Ne proisier quelqu'un ou quelque chose *une cive, un ef, un pain*, c'est ne pas même lui accorder la valeur d'un seul oignon, d'un seul œuf ou d'un seul morceau de pain : façon imagée d'exprimer le peu de cas que l'on fait de la personne ou de la chose en question.

■ ***Remarque :*** le français moderne a conservé quelques constructions de ce type (*cf.* « ça ne vaut pas un clou »).

La valeur numérale de *un(e)* ressort bien du fait qu'il peut céder la place à un autre adjectif numéral :

♦ Ne leur valurent *deus escorces*
li escus qui as cols lor pendent. *B.I.*, 3020

« Les boucliers pendus à leurs cous ne leur furent d'aucune utilité ».

© ARMAND COLIN. La photocopie non autorisée est un délit.

Il ne faut pas confondre les substantifs compléments de l'objet interne avec les auxilliaires de négation *pas, mie, point, goute*, anciens substantifs aussi mais qui, corrélés à l'adverbe *ne* ont perdu leur sémantisme et leur statut primitif et ne sont jamais précédés de l'article.

b) Par extension *un(e)* peut prendre la valeur de « un(e) même » :

♦ Dui povre clerc furent jadis,
né d'*une* vile et d'*un* païs. *Del Mun.*

« Il y avait autrefois deux pauvres clercs, natifs d'une même région, d'une même ville ».

ou de « un(e) seul(e) et même » :

♦ Si porterez cest affichal,
cest tissu et ceste aumosniere
tot est brodee d'*une* maniere. *Dole,* 4292.

« Vous lui porterez cette broche, cette etoffe et cette aumônière; l'ensemble est brodé d'un seul et même motif ».

1.3. L'emploi des formes du pluriel de l'article indéfini

L'article *un* s'appliquant à des êtres ou à des choses suffisamment engagés dans le processus de particularisation pour se distinguer des autres individus du même type, il est clair que le pluriel, où l'indétermination est constante, s'accommode mal de l'article. Les formes du pluriel de l'article *un* sont donc réservées à des cas d'emploi bien précis, ceux où l'article détermine des substantifs impliquant un ensemble d'éléments complémentaires.

— L'ensemble peut commencer avec deux éléments symétriques : *unes narines* = « le nez », *unes forces* = « des ciseaux ».

La valeur est souvent celle d'« une paire » :

♦ et por garder que ses mains blanches
ne halassent, ot *uns* blans ganz. *Rose,* Lorr., 561

« Pour éviter que ses mains blanches ne brunissent, elle portait une paire de gants ».

♦ chauciez refu par grant mestrise
d'*uns* sollers decopez, a laz. *Rose,* Lorr., 825

« Elle était aussi chaussée parfaitement d'une paire de chaussures échancrées, à lacets ».

— Les éléments peuvent être beaucoup plus nombreux :

♦ Et li preudons venoit a pié et menoit par la main un chevalier a *unes* armes vermeilles.

Queste, 7, 22

« Le vieillard était à pied et tenait par la main un chevalier revêtu d'une armure vermeille ».

[*unes armes* : l'ensembles des pièces constituant l'armement du chevalier]

♦ et troeve a l'entree *unes* prosnes de fer qui estoient serrees et jointes en tel maniere que len n'i poïst mie legierement entrer.

Queste, 57, 32

« Il entre mais la grille du choeur est si solidement fermée qu'il est très difficile de la franchir ».

[*unes prosnes* : l'ensemble des barreaux formant la grille du chœur]

De la même façon, *uns degrez, uns dras, uns vers* signifient « un escalier », « l'habillement », « un poème ».

Il s'agit là d'un pluriel interne, procédé qui consiste à tenir pour « unité mentale » certains ensembles de choses dont l'esprit possède une idée permanente, quitte à indiquer par le signe du pluriel *-s* qu'à l'intérieur de cette unité mentale il y a plusieurs objets.

1.4. **Un** *peut fonctionner comme un pronom*

Il peut être anaphorique d'un substantif du cotexte de gauche immédiat : il a alors le rôle d'un pronom et peut recevoir une détermination par un adjectif qui le qualifie :

♦ Robins en mena un sommier
et *un* autre li messagiers. *J. et B.*, 2036
« Robin emmène une bête de somme et le messager une autre ».

2. L'article défini

Étant donné qu'il suppose une particularisation antérieure, l'article défini peut être qualifié de « mémoriel » ou d'« anaphorique ».

2.1. L'article défini s'applique à un être ou à un objet déjà mentionné dans le cotexte

Si l'on reprend le début du *Mire de Brai*, on relève :

♦ Li ami *au* vilain parlerent
et *au* chevalier demanderent
sa fille a oes *lou* païsant. (v.19-21)

♦ *La* pucele, qui ert mout sage,
ne vost escondire son pere. (v.26)
« Les amis du paysan s'adressèrent au chevalier pour lui demander de lui accorder sa fille »
« La jeune fille, qui était très docile, ne voulut pas s'opposer à la décision de son père ».

— les amis sont apparus au vers 9 :

♦ Mes por feme qu'il ne prenoit
lou blasmoient mout ses *amis*.

— le vilain, au vers 1 :

♦ Jadis ert uns *vilains* mout riches

— le paysan, au vers 19 :

♦ Li ami au *vilain* parlerent

— la jeune fille, au vers 21 :

♦ sa *fille* a oes lou païsant.

© ARMAND COLIN. La photocopie non autorisée est un délit.

■ ***Remarque :*** l'anaphore peut être fidèle, avec reprise du même nom et changement du seul déterminant (vers 19 : *ami* et *vilain,* au vers 20 : *chevalier*) ou infidèle, lorsque la reprise s'accompagne d'un changement lexical : le nom de reprise est un synonyme ou un équivalent du premier (vers 21 : *païsant* et vers 26 : *pucele*).[6]

2.2. L'article défini peut s'appliquer à tout substantif dénommant une notion qui appartient à un univers de référence commun au locuteur et à son destinataire

La notoriété du référent peut être plus ou moins étendue.

2.2.1. La notoriété peut être limitée

L'article détermine des substantifs désignant des êtres ou des objets non mentionnés jusqu'alors dans le cotexte mais appartenant au contexte culturel, social ou religieux du locuteur (narrateur) et du destinataire (lecteur/auditeur).
a) Contexte socio-culturel
— Exemples 1 :

♦ Cartage virent la cité
dont Dido tint *la* fermeté. *Ené.*, 376
« Ils aperçoivent la cité de Carthage dont Didon gouverne la forteresse. »

♦ Iluec sont *li* mural asis. *Ené.*, 421
« C'est là que sont établis les murs d'enceinte. »

♦ et *li* ponz li fu abeissiez
et la porte overte abandon. *Yv.*, 878-879
« On lui abaissa le pont et on lui ouvrit la porte toute grande. »

♦ Lors entra en *la* sale a cheval une molt bele damoisele.
Queste, 1, 5

Le château fort, les murailles de protection, le pont-levis, la porte, la grande salle sont autant d'éléments qui n'ont pas encore été évoqués à cette étape des récits considérés mais indissociables de la représentation de la cité médiévale ou de la demeure seigneuriale.
— Exemples 2 :

♦ Les destriers hurtent des [de + *les*]
esperons tranchans. Grans cops se donnent
sor *les* escus devant. *Am. et Am.,* 1476-77
« De leurs éperons acérés ils frappent les flancs de leurs chevaux. »

♦ Dou chief li ostent *le* vert elme burni
si li desceingnent *le* brant d'acier forbi ;
dou dos li traient *le* bon hauberc treslis. *Am. et Am.,* 1738-40
« On lui défit son heaume étincelant; on lui enleva son épée d'acier poli et le solide haubert qu'il portait sur le dos. »

Les éperons, le bouclier, le heaume, l'épée, la cotte de mailles sont des accessoires attendus de l'équipement traditionnel du chevalier.

— Exemples 3 :

♦ *Li* bois recuevrent lor verdure […] *Rose,* Lorr., 53

♦ *Li* oisel, qui se sont teü
tant qu'il ont froit eü […] *idem,* 67

♦ *Li* rossignox lors s'esforce
de chanter […]. *idem,* 74

♦ Lors se deduit et lors s'envoise *li* papegaux
et *la* kalandre. *idem,* 77

« Les bois retrouvent leur verdure […], les oiseaux se sont tus tant qu'ils ont senti le froid […], le rossignol s'évertue alors à chanter […]. Alors s'amusent et se divertissent le perroquet et l'alouette. »

Nous retrouvons dans ce tableau du printemps le cadre (les bois) et le bestiaire (oiseaux, rossignol…) habituels dans ce type de description.

Dans tous les exemples envisagés, l'article défini s'applique donc à des objets qui, étant donné le sujet, s'annonçaient comme déductivement utiles, nécessaires ou probables à un haut degré.

b) Contexte religieux

♦ La vos requistrent *li* troi roi voirement […] *Am. et Am.,* 1286

♦ Jonas sauvas el ventre dou [de + *le*] poisson
et Daniel en la fosse *au* lyon *idem,* 1764-65

« C'est là sans aucun doute que les trois rois t'adressèrent leurs prières […]. Tu sauvas Jonas du ventre du poisson et Daniel de la fosse au lion. »

♦ Tu as bien oï des trois serjanz a qui *li* riches hons bailla *les* besanz a acroistre et monteploier.

Queste, 68, 15-16

« Tu m'as bien entendu parler des trois serviteurs à qui le puissant maître confia les besants pour les faire fructifier. »

La communauté chrétienne médiévale retrouvait là des motifs bibliques familiers : les mages (*Matthieu* 2, 1-12), le poisson instrument de la punition infligée à Jonas par l'Eternel (*Les prophètes, Jonas* 2), les lions qui épargnèrent Daniel (*Les prophètes, Daniel* 6), le maître et les talents de la Parabole (*Matthieu* 25, 14-30).

2.2.2. La notoriété peut être universelle

2.2.2.1. *L'article défini détermine des substantifs dénommant des objets uniques*

♦ Onques si bele n'ot el [en + *le*] mont. *B.I.,* 2244

« Il n'y avait pas de plus belle femme au monde. »

♦ mes seulemant de l'acontance
voel feire une brief remambrance
qui fu feite a privé consoil
entre *la* lune et *le* soloil. *Yv.,* 2400

« Je veux seulement faire un bref rappel de l'entrevue qui eut lieu en privé entre la lune et le soleil. »

© ARMAND COLIN. La photocopie non autorisée est un délit.

♦ Tant cevaucha puis li rois Boorth par ses journees k'il vint a *la* mer
Trist., prose, 83, 25.

« Au bout de longues étapes, le roi Boorth finit par arriver à la mer. »

♦ *Li* vanz aquialt les autres nes — *Ené.*, 257

« Le vent attaque les autres navires. »

♦ N'avoit vestu fors sa chemisse
qui plus estoit blance a devise
que n'est *la* nois quis ciet sor branche. — *B.I.*, 2407

« Elle ne portait que sa chemise, plus parfaitement blanche que la neige tombée sur les branches. »

Les substantifs désignant les éléments : eau, feu, air, terre, connaissent le même traitement :

♦ Lors devient *la* terre si gobe
qu'el velt avoir novele robe — *Rose,* Lorr., 59

« La terre devient alors si fière qu'elle veut avoir une robe nouvelle. »

♦ Car en *l'*eve le fis seoir — *Ren.*, 9758

« Je le fis asseoir dans l'eau. »

♦ *Lo* feu mistrent en la cité — *Ené.*, 1160

« Ils mirent le feu à la cité. »

2.2.2.2. *L'article défini détermine également des notions relevant d'une expérience universelle : la vie, la mort, le temps...*

♦ Ele clot les oils, si se pasme
por la destrece de son fil
que il lessa en tel peril
et entre *la* mort et *la* vie. — *Dole*, 3995

« Elle ferme les yeux et s'évanouit, desespérée par la détresse de son fils abandonné en grand danger, entre la vie et la mort. »

♦ Tant parollent entr'aux que *li* jors fu biax et clers.
Queste, 22, 20

« Tandis qu'ils sentretenaient, le jour s'était levé dans toute sa splendeur. »

♦ Je la feré au [a + *le*] soir haitié — *Do mire,* 63

« le soir, je la rendrai heureuse. »

♦ En ma meson n'a point de pain
car, quant j'en parti *au* matin
devoit en aler au molin. — *Do Mire,* 283

« Il n'y a plus de pain chez moi car lorsque je suis parti ce matin c'était pour aller au moulin. »

♦ si tost com *l'*aube creva — *Ren.*, 9899

« Dès que l'aube parut »

2.2.2.3. *L'article défini s'utilise enfin pour déterminer une fraction d'un ensemble*

a) devant les noms désignant les parties du corps

Dans la plupart des cas, le possesseur est mentionné clairement.

♦ El ot un poi basses *les* hanches — *Dole*, 4359
« elle avait les hanches plutôt basses »

♦ *lo* cuer avez dur et serré — *Ené.*, 1805
« Vous avez le cœur dur comme la pierre »

♦ *Le* nés ot bien feit a droiture
et *les* ieuz vers comme faucons [...]
le col ot de bone moison
la char plus soëf que toison. — *Rose*, Lorr., 530-538
« Elle avait le nez droit et bien dessiné, les yeux brillants comme ceux d'un faucon [...] son cou était bien proportionné et la peau en était plus douce que la fourrure. »

■ ***Remarques***

a) Cet emploi n'est toutefois ni obligatoire ni général. L'article défini alterne avec le quantifiant possessif :

♦ Ahi ! dist ele, frans chevaliers de pris,
entre *ses* dens, que nus ne l'entendit — *Am. et Am.*, 1435
« Elle dit tout bas, entre ses dents, sans que personne ne l'entende : "ah! nobles et illustres chevaliers" »

Les deux peuvent être juxtaposés :

♦ Sa dolor li fesoit mouiller
des larmes dou [de + *le*] cuer *son* visage — *Dole*, 3823
« La douleur qui lui brise le cœur inonde son visage de larmes ».

La liberté de choix n'existe d'ailleurs pas forcément. Certaines contraintes peuvent rendre l'emploi du possessif quasi obligatoire :
— l'adjonction d'une qualité descriptive (sous forme d'un adjectif qualificatif ou d'une proposition relative)

♦ Por coi detort *ses* beles mains? — *Yv.*, 1490
« Pourquoi tordre ainsi ses belles mains ? »

♦ Tel cop li donroi de *ma* pate,
que je ai fort et charnue et plate [...]
que je l'abatrai en la place — *Ren.*, 9377
« Je lui donnerai un tel coup de ma patte, qui est puissante, musclée et bien plate [...] que je l'abattrai sur place. »

— un risque d'ambiguïté sur la personne du possesseur :

♦ El chief li a *ses* doiz envox — *Tresces*, 196
« il lui entoure la tête de ses doigts »

[le chief et les doigts ont deux possesseurs distincts]

♦ li donai anguile un tronçon
dont il delecha *son* menton — *Ren.*, 9786
« Je lui donnai un morceau d'anguille dont il se pourlècha les babines »

[le possessif invite à considérer *dont* comme un complément du verbe et non comme un complément déterminatif du substantif *menton*]

b) Il arrive que le possesseur ne soit mentionné qu'indirectement :

♦ Et vos, Tiebert, ou est *la* queue? — *Ren.*, 7175
« Et vous Tibert, où est votre queue ? »

© ARMAND COLIN. La photocopie non autorisée est un délit.

b) devant un numéral cardinal désignant une fraction d'un ensemble

♦ et vaslet corent contre lui
quatre, sel desarment *li* dui *Perc.*, 3060

L'existence du tout — le corps, un nombre déterminé d'objets ou d'êtres — implique celle des parties.

L'article défini de « notoriété », réduite ou universelle, est toujours un anaphorique mais on parlera dans ce cas d'anaphore associative : le groupe nominal anaphorique renvoie à un référent identifié indirectement par une communauté linguistique disposant d'une même connaissance générale du monde.

2.3. La présence de l'article défini peut servir à annoncer que le substantif va être restreint dans son extension sémantique par une détermination quelconque

2.3.1. La détermination est apportée par un syntagme nominal en fonction de complément déterminatif du nom

♦ Par Libe nonce ceste fame
la felenie de la dame *Ené.*, 1567

« Cette rumeur annonce par toute la Lybie la trahison de la dame »

♦ car je voil que vos sachiez que en cest jor commenceront *les* granz aventures et *les* granz merveilles dou Saint Graal.

Queste, 6, 5

« Sachez que c'est aujourd'hui que commenceront les grandes aventures et les grands prodiges du Saint Graal »

Aventures et *merveilles* sont des noms de sens nombrable au pluriel, *fame* est un nom abstrait, deux cas relevant de façon générale de l'absence d'article (*cf.* 3). Ce sont les compléments déterminatifs subséquents qui entraînent dans les passages considérés l'emploi de l'article défini.

■ ***Remarque :*** le pronom adverbial en peut fonctionner comme complément déterminatif et justifie la présence de l'article au même titre que n'importe quel syntagme nominal dans la même situation :

♦ Compains de la Table Ronde sui je, Dieu merchi, ki *la* grasse m'en dona et *l'*ounour.

Trist., prose, 109, 6.

« Je suis compagnon de la Table Ronde et je rends grâces à Dieu qui m'en a accordé la faveur et l'honneur. »

2.3.2. La détermination apparaît aussi sous forme d'une proposition relative déterminative

♦ Je dot mout, se je te croi
la tricherie et *la* non foi
que j'ai an mainz autres trovee *Ren.*, 9568

« Je crains fort, en te faisant confiance, la tromperie et la perfidie que j'ai trouvées chez maint autre »

■ ***Remarque :*** on peut comparer :

♦ Et quant la pucele lo voit,
o *le* grant mal que ele avoit
voust rire… *Do Mire,* 260

« À ce spectacle, malgré la cruelle douleur qu'elle ressent, la jeune fille ne peut s'empêcher de rire »

et

♦ Qui toz tens a sa volanté
n'onques n'a *mal* esparmenté,
ce m'est avis, ja ne savra
a negun jor que *bien* sera *Ené.*, 324 et 326

« celui qui a toujours ce qu'il désire et qui n'a jamais affronté le malheur ne connaîtra jamais, à mon avis, le bonheur »

2.3.3. La détermination est apportée par un nom propre apposé au substantif

Souvent le substantif est un titre :

♦ Chele nuit se coucha *li* rois Bans auques par tant, car les nuis estoient courtes.

Lanc., Ia, 15.

« cette nuit-là, le roi Ban se coucha d'assez bonne heure, car les nuits étaient courtes »

♦ *Li* quens Rabel est chevalier hardiz *Rol.*, 3352

« Le comte Rabel est un chevalier plein de courage »

Mais ce n'est pas une obligation :

♦ Li baron vienent a l'espine,
devant eus vient *li* nains Frocine *Trist.*, Bér., 1328

« les barons se rendent auprès de l'aubépine, précédés par le nain Froncin »

♦ *L'*ermite Ogrins mot les sarmone *Trist.*, Bér., 1393

« l'ermite Ogrin leur fait un long sermon »

Il est rare que l'article défini soit omis dans ce cas. Il y a cependant des exceptions :

♦ S'avint un jor apres disner
parlout a ses barons *roi* Marc *Trist.*, Bér., 1337

« Un jour après le repas, le roi Marc était en conversation avec ses barons »

2.4. L'article défini peut être nominalisé et fonctionne comme un pronom anaphorique d'un substantif mentionné dans le cotexte de gauche immédiat

Il est alors susceptible de recevoir différentes sortes de déterminations.

2.4.1. Par un adjectif épithète

♦ Se feme avoit a non Cassine,
li plus cortoise et *li* plus fine
qui onques esteüst en Ronme. *Era.*, 120

« Sa femme s'appelait Cassine : c'était la plus noble et la plus parfaite qui vécut jamais à Rome »

© ARMAND COLIN. La photocopie non autorisée est un délit.

— Le rôle d'épithète peut être joué par un qualifiant possessif :

♦ ma gent et *la* soe soit une *Ené.*, 633

« que mon peuple et le sien ne fassent qu'un »

— Il peut s'agir également d'un indéfini :

♦ si soutilement entrebatue
s'est l'une couleur dedens *l'*autre
que on ne set de *l'*une a *l'*autre *J. et B.*, 288-289

« les deux couleurs sont si intimement mêlées que l'on ne saurait distinguer l'une de l'autre »

■ ***Remarque :*** il ne faut pas confondre cet emploi de l'article défini nominalisé et déterminé par un adjectif possessif ou indéfini avec celui de l'adjectif possessif ou indéfini substantivé que l'on rencontre en l'absence de tout nom auquel référer l'article :

♦ Del [de + *le*] suen li ad offert assez *Elid.*, 628

« il lui a offert une grande partie de ses biens »

♦ Un des [de + *les*] suens fist utre passer
la porte ouvrir et desfermer *Elid.*, 915

« il fait entrer l'un de ses hommes pour qu'il déverouille et ouvre la porte »

♦ *des* miens le mendre, je dis voir,
de me desavouer s'avance *Test.*, 181

Le cotexte n'offre aucun nom dont *le* ou *les* pourraient être des anaphoriques. Ils demeurent des articles définis et c'est le possessif (*suen, suens, miens*) qui est alors nominalisé au sens général de *ce/ceux qui lui/m'appartient/appartiennent* (richesses du roi, suite d'Eliduc, parenté de Villon)[7].

De même on peut faire la différence entre :

♦ S'ot mise une main a s'atache
et si tint a *l'*autre sa resne *Dole*, 4536

« une main sur l'attache de son manteau, elle tenait de l'autre les rênes de son cheval »

et

♦ Quant povres jentiex hom demeure
en son païs une seule eure
on li devroit les iex crever,
car il ne fait fors que grever
lui et tous ses parens qui l'aiment,
et *li* autre caitif le claiment *J. et B.*, 30

« Si un gentilhomme pauvre demeure dans son pays ne serait-ce qu'une heure, on devrait lui crever les yeux car il se fait du tort ainsi qu'à tous ses parents qui l'aiment, et les autres le traitent de misérable »

2.4.2. Par un nom ou par un syntagme nominal complément déterminatif

♦ Lors se parti li rois Mordrains de sa nef et entra en *la* Nascien
Queste, 208, 10

« le roi Mordrain quitta alors son navire pour se rendre dans celle de Nascien »

♦ [li rois] fist trois sairemanz entiers
l'ame Uterpandagron son pere,
et *la* son fil et *la* sa mere *Yv.*, 664

« le roi prononça trois serments solennels sur l'âme d'Uterpandragon son père, sur celle de son fils et celle de sa mère. »

2.4.3. Par un pronom complément déterminatif

♦ Et s'i voldrai tant demorer
que chevaliers soie noviax [...]
de vostre main, non de *l'*autrui *Clig.*, 347

« je voudrais demeurer ici assez longtemps pour y être fait chevalier [...] de votre main et d'aucune autre »

3. L'absence d'article

L'absence d'article signale de manière générale qu'un nom est pris dans une extensité invariable, étroite (cas des noms dits « propres ») ou large. On distinguera donc les noms propres et les noms communs.

3.1. Les noms propres

« Le nom propre éveille à l'esprit l'idée d'un individu et d'un seul ». Autrement dit, « c'est un nom applicable en un seul point de l'espace et non transposable à plusieurs »[8]. *A priori*, il ne nécessite donc pas de détermination. L'usage peut varier cependant selon le sémantisme du nom envisagé (nom de personne, nom géographique) et selon l'époque.

3.1.1. Les noms propres de personnes

Ils évoquent des êtres uniques, spécifiques et n'ont pas besoin d'être plus amplement déterminés : *Lancelot, Kahedin, Yseut, Guenièvre, Vivien, Jehan, Renart, Hercelot*... on pourrait convoquer ici tout le personnel des différents genres littéraires médiévaux[9]. On pourrait ajouter les noms prêtés à certains animaux (les chevaux *Beaucent, Machepere, Folatile*...) ou à certains objets précieux (les épées *Durandal, Joyeuse, Escalibur*...)

3.1.2. Les noms géographiques

a) Les noms de pays, régions, provinces

Anciennement, ils s'emploient sans article et au XIIIe siècle encore cet usage est bien représenté :

♦ et li autre troi dient qu'il sont de *Danemarche*
Queste, 267, 31

« les trois autres disent qu'ils sont du Danemark »

© ARMAND COLIN. La photocopie non autorisée est un délit.

♦ n'i ot si contrefet nee emflé
qui otroiast por *Normandie*
qu'il eüst graignor maladie — *Do Mire,* 335

« aucun d'eux n'est assez bancal ou boursouflé pour reconnaître qu'il est le plus malade de tous, lui offrît-on en échange la Normandie ! »

Mais c'est à partir de ce même siècle que l'article se développe :

♦ Et par ceste aventure puet len bien conoistre que ce est cil qui metra a fin les aventures de *la* Grande Bretagne — *Queste,* 10,15

« Cette aventure montre bien que c'est lui qui mènera à terme les aventures de la Grande Bretagne »

Avec une exception, qui est restée en vigueur jusqu'en français moderne : derrière les prépositions *en* et *de*, à valeur locative[10] :

♦ En *Cornuaille* n'en set on nule nouvele du monde, fors tant voirement que on dist (...) que mesire Tristrans s'est departi de *Cornuaille.* — *Trist.*, prose, 111, 17

« en Cornouaille on ne sait absolument rien; on dit seulement [...] que monseigneur Tristan a quitté la région. »

b) Les noms de villes

Ils sont employés sans article, ce qui est encore la règle aujourd'hui :

♦ Il avint ja de fors *Compiegne*
trois avugle un chemin aloient [...]
s'en aloient devers *Senlis* — *Av. Comp.*, 12 et 21

« Il arriva un jour que, près de Compiègne, cheminaient trois aveugles [...] ils suivaient la route de Senlis »

c) Les noms de rivières et de fleuves

À l'origine, ils s'emploient sans article et l'usage se maintient pendant toute la période de l'ancien français :

♦ Si estoit poi moindre de *Saine* — *Rose,* Lorr., 112

« Elle était un peu plus petite que la Seine ».

d) Les noms de peuples employés au pluriel

— Anciennement, on ne fait guère de différence entre le cas où le nom désigne l'ensemble du peuple et celui où il ne s'applique qu'à un groupe particulier engagé dans une situation définie.

♦ Dist Blancandrins :
Francs sunt mult gentilz home... — *Rol.,* 377

♦ Dient *Franceis* : Dehet ait ki s'en fuit ! — *Rol.,* 1047

« Les français disent : Malheur à celui qui s'enfuit ! »

— L'emploi de l'article se développe d'abord lorsqu'il s'agit de désigner un groupe restreint et déterminé d'individus. Il concurrence alors la détermination zéro. On peut comparer :

♦ Venus la deesse d'amor,
qui est sa mere, li a noncié
que *Troïen* sont trebuchié *Ené.*, 34

« Vénus, la déesse de l'amour, sa mère, lui a annoncé la défaite des troyens. »

et :

♦ dous granz liues et plus avoit
de la ou sa meison estoit
de si la ou *li Greu* ardoient. *Ené.*, 45

« Il y avait plus de deux grandes lieues entre sa maison et l'endroit où les Grecs allumaient leurs incendies. »

— Il se généralise peu à peu, y compris lorsqu'il s'agit de désigner l'ensemble de la collectivité.

♦ Les contes ke jo sai verrais
Dunt *li Bretun* unt fait les lais
Vos conterai assez briefment. *Guig.*, 20

Gérard Moignet, qui a fait le compte des emplois de l'article devant les noms de peuples pris dans leur sens général dans *Les Lais* de Marie de France, a dénombré 22 emplois de l'article contre 4 seulement d'omission[11].

3.2. Les noms communs

Les cas d'absence d'article devant les noms communs sont — je l'ai souligné en introduction — nettement plus nombreux en ancien français qu'en français moderne.

En effet, chaque fois que le mouvement de particularisation exprimé par *un* est un peu engagé, l'article indéfini est omis et il en va de même pour l'article défini lorsque le mouvement de généralisation est bien engagé. Il arrive aussi que l'actualisation du substantif se fasse par d'autres moyens.

3.2.1. Le nom est pris dans son sens générique

Il désigne tout élément de l'ensemble qu'il définit lexicalement (tout x ayant la propriété p.). On se réfère alors à la classe et non à l'individu.

♦ Or t'ai trouvé, non pas en tel maniere com *peres* doit trouver *fil* ains t'ai trouvé en cestui point comme le plus mortel anemi que ge onques trouvaisse.

Trist., prose, 145, 8-9.

« Je t'ai retrouvé, non pas comme un père doit retrouver son fils mais comme le plus mortel ennemi que j'aie jamais rencontré ».

Le cas est fréquent dans les propositions qui énoncent une sentence, une maxime, une vérité relevant d'un savoir ou d'une morale plus ou moins traditionnels :

♦ tant grate *chievre* que mau gist *Prov.*, 2297

« À trop gratter, chèvre est mal couchée ».

© ARMAND COLIN. La photocopie non autorisée est un délit.

3.2.2. Le signifié substantiel est difficilement cernable

3.2.2.1. Nous avons affaire à un nom dont l'extension est de l'ordre du discontinu, au pluriel

L'absence d'article signifie un nombre indéterminé d'individus ou d'unités.

♦ Granz *rues* ot en la cité
et *palés* riches a planté [...]
la vendoit an le voir et le gris
coltes de paile, *covertors,*
porpres, pailles, dras de colors,
pierres... *Ené.*, 450-460

« Il y avait dans la ville de larges rues et quantité de demeures somptueuses [...]. On y vendait des fourrures, des matelas de soie, des couvertures, des pièces d'étoffe précieuse, des tapisseries, des vêtements aux mille couleurs, des pierreries... »

3.2.2.2. Nous avons affaire à un nom dont l'extension est de l'ordre du continu c'est-à-dire à un nom abstrait ou à un nom désignant une matière (à condition qu'il s'agisse d'une quantité indéterminée de celle-ci)

— nom abstrait :

♦ Ains ala en estrange terre
pour *preu* et pour *honnour* conquerre *J. et B.*, 46

« Il se rendit en terre étrangère pour conquérir richesse et honneur ».

Les abstractions personnifiées relèvent évidemment de ce traitement : on a alors affaire à de véritables noms propres, semblables à des noms de personne.

♦ mon segnor Guillaume de Dole
cui *Nature* polist et dole
de biauté, de sens et de pris *Dole,* 3659

« Mon seigneur Guillaume de Dole que Nature a poli et façonné pour lui donner beauté, intelligence et valeur. »

— nom de matière :

♦ desus le chief me mistrent *sel,*
vin et *oille, farine* et *cendre.* *Ené.*, 1040-1041

Il s'agit alors de signifier une portion indéterminée de la matière considérée. On peut comparer avec :

♦ Dist li vallés : En verité
li pains, *li* vins et li pasté
ont bien cousté plus de X saus. *Av. Comp.*, 130

Cependant l'ancien français commence à développer dans ce cas un autre type d'article, l'article dit « partitif ». J'y reviendrai dans la dernière partie de ce chapitre (4).

3.2.3. Certaines constructions syntaxiques entraînent une absence de l'article

3.2.3.1. Quand le substantif est en apostrophe

♦ *Tornoieor*, vous que direz
qui au jor du Juyse irez? *Comp. Outr.*, 135

« Habitués des tournois, que direz-vous au moment du Jugement dernier ? »

L'absence d'article répond d'abord aux exigences d'une syntaxe expressive, la nécessité de désigner l'allocuteur de la façon la plus directe possible[12]. Mais surtout, en apostrophe, le substantif devient un qualifiant de l'allocuté (un pronom personnel de la P2 pouvant toujours être sous-entendu).

3.2.3.2. *Quand le substantif est attribut*

♦ bien i pert que vos estes *fame* *Yv.*, 1654

« On voit bien là que vous êtes une femme ».

Dans sa fonction d'attribut, le substantif se trouve adjectivé : en effet, le substantif sans article forme avec la copule *estre* ou ses substituts un verbe de discours, comme le ferait un adjectif (*cf.* vous êtes belle → vous estes fame). C'est l'ensemble copule + substantif qui constitue la forme verbale et apporte une qualification au support sujet.

3.2.3.3. *Quand le substantif se trouve en proposition comparative*

♦ si s'escrïe forment et huie
ausint com *veneor* qui chace *Ren.*, 9947

« Alors il pousse des cris et des huées comme un chasseur à la chasse. »

Le substantif en proposition comparative se trouve en contexte virtualisant : le comparant ne réfère à aucun objet du monde réel de l'énoncé ; il n'est exprimé qu'en tant que support des propriétés sur lesquelles porte la comparaison. Il devient l'équivalent d'un adjectif marquant une qualité.

3.2.3.4. *Quant le substantif est associé avec un verbe ou avec une préposition*

a) Avec un verbe, il forme une locution verbale

♦ il s'en part atant de l'abeïe et prent *congié* as preudoumes de laiens.
Trist., prose, 90, 12

« il quitte aussitôt l'abbaye, après avoir pris congé des religieux ».

♦ Cil dient tuit, del repairier
ne del combatre n'est *mestier* *Ené.*, 72

« Ils répondent tous qu'il est inutile de rester et de combattre ».

À l'origine il s'agit de locutions à valeur générale et dont les éléments (verbe et nom) sont étroitement liés. Les verbes entrant dans ces groupes sont essentiellement des verbes rudimentaires :

— *avoir* + *paor, pitié, cure* (= « se soucier »), *tort, faim, honte, talent* (= « désirer »)…
— *estre* + *avis, merveille*…
— *faire* + *semblant, compaignie, justice, tort, honte, duel* (= « manifester son chagrin »)…
— *prendre* + *conseil, conroi* (= « prendre soin »)…

Avec d'autres verbes, on peut citer : *rendre grace, tenir parlement* (= « avoir une conversation »), *donner congié, crier merci*…

© ARMAND COLIN. La photocopie non autorisée est un délit.

b) Avec une préposition, il forme une locution adverbiale

♦ et ce fu provance veraie
qu'ancor estoit leanz, *sanz faille*,
cil qui ot faite la bataille
et qui l'avoit mort et conquis. *Yv.*, 1183

« C'était la preuve manifeste que se trouvait encore parmi eux, sans nul doute, l'agresseur qui avait vaincu et tué leur seigneur. »

On rencontre encore : *a (grant) peine, a devise* (= « parfaitement »), *a merveille* (= « de façon étonnante »), *a terre, a pié, a cheval, sans doute, sans dangier, sans demorance* (= « aussitôt »), *par nuit, de chief en chief* (= « de bout en bout »)...

À l'origine, la préposition est un mot grammatical qui précise le cas d'emploi du nom (elle intervient en effet lorsque le système flexionnel est impuissant à jouer ce rôle). L'ancien français juge que la détermination apportée par la préposition suffit et l'absence d'article maintient la notion substantivale au maximum de sa généralité. Le groupe préposition + substantif correspond à un adverbe de manière.

3.2.3.5. *Chaque fois que la phrase comporte une indétermination quelconque*

a) Parce que le contexte n'est pas pleinement thétique

Ce sont les phrases négatives, interrogatives ou hypothétiques qui sont concernées.

— en phrase négative :

♦ n'i a cil qui ne tiengne *espié*
ou bon *levrier* ou *arc* ou *hache* *Ren.*, 9836

« Pas un qui ne soit muni d'un épieu, d'un bon lévrier, d'un arc ou d'une hache ».

— en phrase interrogative, directe :

♦ A dons soz ciel ne *roi* ne *conte*
qui eüst an ma fille honte? *Erec*, 533

« Y a-t-il sur terre un roi ou un comte qui ait honte de ma fille ? »

ou indirecte :

♦ ne sai si ot blé,
ne *borc*, ne *vile*, ne *cité.* *Ené.*, 348

« Je ne sais si l'on trouve ici cultures, bourg, ville ou cité. »

— en phrase hypothétique :

♦ Certes, fet Galaad, se je *compaignie* vousisse avoir, je ne te refusasse mie
Queste, 35, 20

« Assurément, répond Galaad, si je voulais un compagnon, j'accepterai ta proposition. »

Dans le contexte négatif le référent substantiel du nom étant déclaré nul, ce dernier n'est pas actualisé. Dans le contexte interrogatif ou hypothétique, le doute exprimé sur la réalité du référent a la même conséquence pour le nom.

■ ***Remarque :*** il arrive que plusieurs critères puissent se conjuguer pour justifier l'omission de l'article. Quelques exemples :

♦ estes vos devenuz *guilieres*? *Ren.*, 10502

« es-tu donc devenu menteur ? »

[interrogation + fonction attribut]

♦ mes qui juenes *poucins* eüst [...]
bien i poïssiez atendre — *Ren.*, 10448

« mais si l'on avait de jeunes poulets [...] vous auriez toutes les raisons de compter dessus ».

[relative hypothétique + pluriel]

♦ ne vos devez mie esmaier
se vos avez eü *peör*
an ceste mer, *mal* et *dolor* — *Ené.*, 313-314

« vous ne devez pas vous alarmer si vous avez connu sur cette mer la peur, le malheur et la souffrance »

[hypothèse + noms abstraits (*peör, mal, dolor*) + locution verbale (*peör*)]

b) Parce que le nom est qualifié par des épithètes indéfinies

— Il s'agit souvent des caractérisants *autre, tel, autretel...*

♦ einz *tel* mançonge ne deïs — *Yv.*, 1612

♦ n'en fera mes *autre* jornel — *Ren.*, 9364

« il n'accomplira pas d'autre tâche ».

— Il peut s'agit également de *certain* dont le rôle de quantifiant se double d'une valeur de caractérisation sémantique :

♦ j'en sai bien *certaine* novele — *Dole*, 3708

« J'ai sur elle des renseignements certains ».

ou de *tot* :

♦ Hé! Dex, dist elle, qui formas *toute* jant. — *Am. et Am.*, 1277

3.2.4. L'actualisation du substantif est assurée par d'autres moyens

a) Par un quantifiant possessif, démonstratif ou indéfini

Leur présence exclut celle de l'article, leur rôle d'actualisateur du nom étant identique à celui de l'article même s'ils en signifient une actualisation particulière.

♦ *vostre* proesce qu'est elle devenue? — *Am. et Am.*, 1527

♦ L'acheison de *cel* jugement
voil raconter asez briement — *Ené.*, *99*

« Je vais vous raconter en quelques mots les circonstances de ce jugement ».

♦ An *mainte* guise se porpanse — *Ren*, 9467

« il retourne le problème dans tous les sens ».

♦ Entemes cil qui a amor
Ne doit avoir *nule* paor — *B.I.*, *3115*

« Surtout, celui qui est amoureux ne doit avoir aucune crainte ».

♦ La nuit fu serviz au mangier
de *tanz* mes que trop en i ot — *Yv.*, 5433

« Le soir, au repas, on lui servit tant de mets qu'il y en eut à profusion ».

© ARMAND COLIN. La photocopie non autorisée est un délit.

b) Par un numéral cardinal

De manière générale, le numéral cardinal exclut l'article, étant comme ce dernier, un quantifiant du nom :

♦ Atant Eneas a choisiz
dis chevaliers proz et hardis — *Ené.*, 358

Cependant, si la règle ne souffre pas d'exception dans le cas de *un*, le numéral peut devenir compatible avec l'article défini :

♦ *Li troi* avugle a l'oste ont dit :
Sire, nous avons un besant — *Av. Comp.*, 148

Le numéral perd son rôle de quantifiant pour exprimer une caractérisation : il devient une épithète du nom actualisé par l'article.

■ ***Remarque :*** le numéral ordinal, qui est un caractérisant, s'accomode sans problème de l'article (défini ou indéfini). On relève pourtant des occurrences où l'article est omis :

♦ [...] revenrai dedenz *jor quarantisme* — *Am. et Am.*, 1785
« Je reviendrai dans un délai de quarante jours » [= « avant le quarantième jour »].

4. L'article partitif

Il associe l'article de généralisation *le* au morphème *de* qui joue un rôle d'« inverseur », empêchant le mouvement de généralisation engagé par *le* de parvenir à son terme.

Il intervient en français moderne pour signifier une portion d'une notion indéterminée de l'ordre du continu (*manger du pain*) mais c'est là le résultat d'une assez longue évolution qui a commencé dès les origines de l'ancien français.

4.1. L'article partitif s'est développé vraisemblablement à partir d'emplois de la préposition de *derrière négation*

♦ En ma meson n'a point *de* pain — *Do Mire*, 282

ou derrière des adverbes de quantité (*molt, poi, trop, assez, le plus, ...*)

♦ Mais nonpourquant durement estoit navrés et mout avoit perdu *de* sanc — *Trist.*, prose, 142, 54

4.2. Le plus souvent, en ancien français, il signifie une portion d'un tout bien déterminé

♦ Tant avoit *du* sanc perdu que a grant painne se pooit il tenir en estant — *Trist.*, prose, 135, 40
« Il avait tant perdu de son sang que c'est à peine s'il pouvait tenir debout ».
[= « du sang que contient son corps »]

♦ S'au bacin viax *de* l'eve prendre — *Yv.*, 395
« Si tu veux prendre de l'eau de la fontaine ».
[= « de l'eau de la fontaine dont il est question »]

4.3. On le rencontre également devant une notion de l'ordre du discontinu

Il signifie alors une portion indéterminée d'un ensemble d'individus/ d'objets déterminé.

♦ Sire cevaliers [...] estes vous *des* cevaliers de madame Genievre...
Trist., prose, 108, 2

« Seigneur chevalier [...] faites-vous partie des chevaliers de la reine Guenièvre... »

♦ La nuit fu serviz au mangier
de tanz mes que trop en i ot;
Li aporter enuier pot
as sergenz qui *des* mes servirent. *Yv.*, 5435

« Le soir, au repas, on lui servit des mets à profusion, de quoi lasser les serviteurs qui les apportaient. »

4.4. Il apparaît déjà aussi – mais c'est beaucoup plus rare :

a) pour signifier une portion d'un tout indéterminé :

♦ et fist *du* charbon et feu metre *Av. Comp.*, 104

♦ *de la* vitaille, *dou* pain querrai por Dé. *Am. et Am.*, 2306

« Je quêterai de la nourriture et du pain, au nom de Dieu. »

*b)*pour signifier une portion d'un ensemble indéterminé d'êtres ou d'objets :

♦ Et la dame fu en la tor
de son chastel montee an haut [...]
et vit gisanz par terre
des afolez et *des* ocis. *Yv.*, 3185

« La dame, montée en haut de sa tour [...] voit gisant à terre des blessés et des morts en grande quantité. »

Ce dernier type d'emploi achemine vers l'article indéfini pluriel du français moderne.

■ ***Remarque :*** historiquement, l'extension de l'article partitif est parallèle à l'adoption de l'article défini le devant les noms de sens continu (noms abstraits et noms de matière).

Notes du chapitre XXIII

1. On ne confondra pas extensité et extension. L'extension est l'ensemble des objets du monde auxquels un nom (N) ou un groupe nominal (GN) est applicable. l'extensité est la quantité d'objets du monde auxquels N ou GN est appliqué. On peut dire que l'extension d'un nom est son extensité virtuelle.

© ARMAND COLIN. La photocopie non autorisée est un délit.

2. Nous reprenons ici, en la simplifiant, la description du système proposée par G. Moignet, *Systématique de la langue française*, Klincksieck, Paris, 1981, p. 132 et s., description qui se situe dans la perspective guillaumienne (*cf.* G. Guillaume, *Le problème de l'article et sa résolution dans la langue française*, Nizet, Paris, 1975.
3. Il est préférable de parler d'« absence d'article » plutôt que d'« article zéro », si l'on considère que l'article fait varier l'extensité du nom : en effet, lorsque le nom est employé sans article c'est qu'il est invariable en extensité, *cf.* ci-dessous (3).
4. Nous ferons la distinction entre le contexte (situationnel), environnement spatio-temporel dans lequel s'effectue l'énonciation et le cotexte (discursif), environnement linguistique de l'occurrence envisagée.
5. *Fabliaux français du Moyen Age*, VII, édit. P. Ménard, Droz, 1979.
6. Sur les différents types d'anaphore, on pourra se reporter à M. Riegel, J.-C. Pellat, R. Rioul, *Grammaire méthodique du français*, chapitre XXI, la structuration du texte, p. 610 et s.
7. Je reviendrai sur la question dans le chapitre consacré aux mots possessifs.
8. Définition donnée pas P. Guillaume, *Le Problème de l'article...*, p. 289.
9. L'usage moderne est identique sur ce point.
10. En fait, le français moderne traite de façon différente derrière *en* et *de* les noms féminins, dépourvus d'article : *aller en Chine, en Normandie, être natif/venir de Belgique* et les noms masculins, qui conservent leur article : *aller au Danemark, revenir du Pérou...*
11. Grammaire de l'ancien français, p. 106.
12. *Cf.* G. Guillaume : « Le vocatif est une sorte d'impératif nominal : son but est de provoquer immédiatement chez l'interlocuteur un cours d'impressions ». *Le Problème de l'article...*, p. 300.

CHAPITRE XXIV

LES MOTS POSSESSIFS

Les mots possessifs font partie des déterminants du nom c'est-à-dire des morphèmes qui entourent le nom (avec lequel ils constituent le syntagme nominal) et servent soit à sa quantification, soit à sa caractérisation, soit aux deux.

Les mots possessifs appartiennent à cette dernière catégorie. Nous avons vu que, morphologiquement, ils se répartissaient en formes atones et en formes toniques[1]. Du point de vue syntaxique, on peut dire que les premières servent à la quantification (comme l'article ou l'adjectif numéral cardinal), les autres à la caractérisation (comme l'adjectif qualificatif ou certains indéfinis). Les quantifiants possessifs sont des déterminants spécifiques, les caractérisants des déterminants non spécifiques.

1. Les quantifiants possessifs

Ils servent à ajouter une référence personnelle à la signification des articles définis *le, la, les.*

1.1. Ils fonctionnent, en effet, en grande partie comme l'article défini

a) Comme l'article défini, ce sont des actualisateurs qui permettent de faire passer le nom de la langue au discours.

b) Comme lui aussi, ce sont des quantifiants qui permettent de faire varier l'extensité du nom.

c) Comme lui enfin, ce sont des articles de deuxième tension, qui supposent une particularisation antérieure et réengagent le nom particularisé dans la voie de la généralisation[2].

1.2. Là s'arrêtent les similitudes

À la différence de ce qui se passe dans le cas de l'article défini, le mouvement vers la généralité qu'ouvre le possessif se trouve arrêté par la référence à l'une des personnes du système de la personne ordinale (première, deuxième ou troisième). Le possessif implique toujours, en effet, un pronom personnel qui réfère à un être situé par rapport à l'auteur de l'acte de langage : ce pronom est automatiquement mis en incidence à la notion substantive qu'actualise le possessif :

♦ Molt s'esmaient *si* compaignon *Ené.*, 239

[= « les compagnons à lui » / « les compagnons qui se définissent par rapport à lui »]

© ARMAND COLIN. La photocopie non autorisée est un délit.

■ ***Remarques***

a) Le quantifiant possessif assurant l'actualisation du nom, il exclut en théorie la présence de tout autre article (de la même façon que *le* et *un* s'excluent mutuellement) :

♦ Par *mon* chief, ge le vueill savoir *Artu,* 3, 13

*le mon chief / *un mon chief / *cest mon chief.

Cependant, le moyen français a parfois pratiqué l'association du démonstratif et du quantifiant possessif :

♦ En *ce son* premier voyage
vaca le bon marchant l'espace de cinq ans *Cent nouvelles,* 126, 16-8

b) Lorsque le quantifiant possessif féminin singulier (*ma, ta, sa*) se trouve devant une initiale vocalique, l'ancien français l'élide : «*m'*espee», «*t'*entente», «*s'*anemie»[3].

Cettc pratique disparaît progressivement entre le début du XIVe siècle et la fin du XVe siècle On va utiliser alors les formes correspondantes du masculin : *mon, ton, son*[4].

2. Les caractérisants possessifs

Ils abandonnent la quantification du nom à un article défini (éventuellement à un démonstratif) ou à un article indéfini (parfois à un numéral). Ils jouent le rôle d'un adjectif qualificatif et peuvent être nominalisés.

2.1. Le caractérisant possessif s'associe à certains quantifiants du nom

2.1.1. L'article défini

Le caractérisant possessif a la fonction d'une épithète. L'article défini n'apporte aucune information que ne contienne déjà un quantifiant possessif; il ne semble donc pas qu'il faille traduire de façon particulière la séquence article défini + caractérisant possessif :

♦ Que ferons nos? Nos avons perdu *le nostre* chemin
Artu, 48, 19

« Qu'allons-nous faire ? Nous avons perdu notre chemin »

Seul un contexte d'opposition peut suggérer une insistance sur le possesseur :

♦ *La meie* mort me rent si anguissus! *Rol.,* 2198

« Ma propre mort me rend si plein d'angoisse! »

2.1.2. L'article indéfini

À la différence de ce que l'on vient de noter à propos de l'association avec un article défini, l'article indéfini ajoute au caractérisant possessif une précision ignorée du seul quantifiant, puisqu'il introduit une particularisation.

C'est le contexte qui permet de décider de la valeur à attribuer à la séquence article indéfini + caractérisant possessif.

a) L'emploi du possessif marque l'insistance sur l'idée du possesseur.

♦ [Lancelot] leur dit que il l'en convient aler en *un suen* afere ou il ne puet pas grant compaignie mener

Artu, 61, 3

« Lancelot leur dit qu'il lui faut se rendre à une affaire personnelle où il ne peut pas emmener grand monde »

b) L'article indéfini prend une valeur proche de celle du numéral, et la construction une valeur partitive.

♦ Mes je i ferai ja aler
un mien garçon qui molt tost cort — *Yv.,* 1829

« Mais j'enverrai auprès de lui l'un de mes valets, parmi les plus rapides »

■ ***Remarque :*** le caractérisant possessif s'associe d'ailleurs avec n'importe quel numéral :

♦ *Deus suens* nevuz qu'il mut ama — *Elid.,* 751

c) Des hésitations sont possibles sur la valeur de la construction :

♦ Quant li rois Artus se fu partis de Taneborc entre lui et la reïne, il chevaucha le premier jor jusqu'a *un suen* chastel que l'on apeloit Tauroc

Artu, 48, 4

Deux traductions sont possibles ici : soit « un château qui lui appartenait », soit « l'un de ses châteaux ».

2.1.3. Le quantifiant démonstratif

L'association quantifiant démonstratif + caractérisant possessif combine une information sur le possesseur et un apport déictique qui localise le nom déterminé dans l'espace ou dans le temps. Elle peut être glosée de diverses façons :

♦ Preudon, fait il, ça entendés :
Cest vostre poulain me vendés — *Era.,* 1420

« Seigneur, lui dit-il, écoutez-moi : vendez-moi le petit cheval que vous avez là »

♦ Vassal, fet cil, *cist miens* chemins
a tel loy com ge te dirai — *Thèb.,* 296

« Mon brave, dit-il, ce chemin qui mène jusqu'à moi soumet à l'obligation que je vais t'exposer »

♦ Dist Oliviers : Par *ceste moie* barbe… — *Rol.,* 1719

« Olivier dit : par ma barbe… »

2.2. Le caractérisant possessif est utilisé seul

Il peut, en effet, apparaître sans déterminant :

♦ Cele qui maintenoit l'onor
a tot guerpi por *soe* amor — *Ené.,* 1432

« Celle qui gouvernait le royaume a tout abandonné par amour pour lui »

© ARMAND COLIN. La photocopie non autorisée est un délit.

Mais c'est un emploi relativement rare, en dehors de quelques syntagmes absolus du type *toe/soe/vostre merci, mien escïent, moie colpe, mau gré* ou *maleoit gré mien/tuen/suen*... Il s'agit de syntagmes sans lien syntaxique avec le reste de la phrase dans laquelle ils se trouvent.

— Ils peuvent être l'équivalent :

a) d'une proposition indépendante elliptique du verbe *estre* au subjonctif présent de souhait et à valeur attributive :

♦ Sire, firent il, od vus irum
E ceo que vus ferez ferum.
Il lur respont : *Vostre merci.* *Elid.*, 165

« Seigneur, disent-ils, nous vous accompagnerons et nous ferons comme vous. Il leur répond : grâce vous soit rendue! »

[mot à mot : « que la grâce soit vôtre! », « que la grâce soit à vous! »]

♦ Or m'en repent, Diex! *Moie coupe* *Ren.*, 1110

« Je m'en repents, mon Dieu! c'est ma faute »

[mot à mot : « que la faute soit mienne »]

b) d'une proposition participiale elliptique du verbe *estre* au participe présent.

♦ Je quier ce que je ne vi onques
mien escïant, ne ne quenui *Yv.*, 4895

« Je suis en quête de quelqu'un que jamais, je crois bien, je n'ai vu ni connu »

[mot à mot : « la connaissance étant mienne », « à ma connaissance »]

— On peut hésiter entre l'équivalent d'une proposition au subjonctif de souhait ou une participiale. C'est le cas pour la construction *mau gré* + possessif ou *maleoit gré* + possessif :

♦ se vous la damoisele ne poés desfendre encontre moi, je l'enmenerai *mau gré vostre*
Trist., prose, 127, 18

« Si vous ne pouvez défendre la demoiselle contre moi, je l'emmènerai malgré vous »

♦ Je voeil que, *maleoit gre soen*,
Fache mon plaisir et mon boen *Nic.*, 1490

« Je veux que, malgré lui, il fasse mon plaisir et ma volonté »

L'existence du tour *mau gré que* + *avoir* au subjonctif fait pencher plutôt pour l'équivalent d'une proposition au subjonctif de souhait.

■ ***Remarque :*** exceptionnellement, le caractérisant possessif peut céder la place au quantifiant dans ce type de syntagme :

♦ Mut en fust liez, *mun escïent* *Guig.*, 421

« Il s'en serait réjoui, je crois »

♦ La dame o son ami se couche
qui longuement i fust, *son vueil* *Tresc.*, 177

« La jeune femme se couche avec son ami, qui serait bien resté là longtemps, s'il avait pu »

[exactement : « la volonté étant sienne », « si cela n'avait tenu qu'à lui »]

2.3. Le caractérisant possessif peut avoir la fonction d'attribut

Il se comporte en cela comme n'importe quel adjectif qualificatif. Il sert à dire sous forme d'une qualification ce que peut exprimer la préposition *a* suivie d'un pronom personnel *(a moi, a toi, a lui...)*. Il est attribut du sujet :

♦ Se je estoie damoisele,
je voudroie que la manche fust *moie* *Artu*, 25, 42

comme du complément d'objet direct :

♦ Toz est livrez a male voe
et terre et fame tient por *soe* *Ené.*, 1614

« Le voici sur une mauvaise pente; il considère que la terre et la femme lui appartiennent »

2.4. Le caractérisant possessif peut être mis en incidence à un article défini en l'absence de substantif

Il faut distinguer deux constructions différentes.

2.4.1. Le « pronom possessif »

Cette appellation désigne traditionnellement les pronoms de la série *le mien, le tien, le sien* :

♦ Onques vostre peres ne mesfist au *mien*, que je sace, ne vous a moi
Trist., prose, 122, 28

En réalité, l'élément formel pronominal est l'article. Il est un représentant, anaphorique d'un substantif énoncé antérieurement dans le cotexte (ici *peres*). Le possessif est un adjectif qui qualifie ce pronom[5].

La présence dans le cotexte de gauche d'un substantif auquel référer l'article-pronom est indispensable pour que l'on puisse parler de « pronom possessif ».

2.4.2. Le caractérisant possessif substantivé

Le « pronom possessif » est à l'origine de la possible substantivation du caractérisant possessif. En effet, le tour syntaxique article défini + caractérisant possessif est parfois utilisé en dehors de toute référence à une substance déjà évoquée; sa valeur de base est toujours « qui m'/t'/lui ... appartient ».

a) Il s'agit des formes du singulier du possessif.

♦ S'il ne vus vosist mut grant bien
Il ne vosist del *vostre* rien *Elid.*, 436

« S'il ne vous voulait pas beaucoup de bien, il n'aurait pas accepté vos cadeaux »

♦ Bel loisir ot del *suen* tot prendre *Ené.*, 48

« Il eut le loisir d'emporter tous ses biens »

Le mien / tuen / suen... signifie « mes / tes / ses... biens, richesses »[6].

© ARMAND COLIN. La photocopie non autorisée est un délit.

b) Il s'agit des formes du pluriel du possessif.

♦ et puis que vos envers mon seigneur avez empris si grant haïne, li *nostre* n'ont pas bon demorer ceanz

Artu, 36, 49

« et puisque vous avez conçu une telle haine envers mon seigneur, les nôtres n'ont rien à gagner à s'attarder ici »

[*li nostre* désigne « le lignage », c'est-à-dire « la parenté » du roi Ban]

♦ Ne voelt que nus des *suens* i vienge *Guig.*, 143

« Il ne veut pas que l 'un des siens vienne là »

Les miens/tuens/suens... représente donc de manière générale les parents, les proches[7].

Notes du chapitre XXIV

1. *Cf.* chapitre X.
2. On pourra se reporter à l'introduction du chapitre sur l'article (chap. XXIII)
3. *Cf.* chapitre X, 1.1.1. et 3.2.
4. Le français a conservé quelques survivances de l'ancien système. Jusqu'au XVIe siècle, on rencontre systématiquement *m'ame* dans le juron *par m'ame. M'amour* est encore employé au XVIIe siècle (c'est ainsi qu'Argan s'adresse à Béline dans *Le Misanthrope*) et est à l'origine du mot simple *mamour* — obtenu par agglutination — utilisé le plus souvent au pluriel (« faire des mamours à quelqu'un »). *M'amie* a évolué en *mamie*, terme d'affection dû à une agglutination, ainsi qu'en *ma mie*, résultat d'une agglutination puis d'un redécoupage différent, et qui est à l'origine du mot simple *mie*, au sens d'« amie » (on le relève encore au XIXe siècle dans *Les Lettres de mon moulin, Mistral* : « ... l'amour en fait un héros... Pour gagner le coeur de sa mie, la belle Estérelle, il entreprend des choses miraculeuses »). Enfin, *t'ante* s'est soudé en *tante*.
5. La question a été abordée dans le chapitre sur l'article (2.4.1.).
6. Le français moderne a conservé « *y mettre du sien* ».
7. Il s'agit là d'un emploi que le français actuel connaît encore pour désigner un groupe d'individus qui nous sont proches (parents, amis, partisans...) .

CHAPITRE XXV

LES MOTS DÉMONSTRATIFS [1]

Les morphèmes démonstratifs sont des « symboles indexicaux » ou « embrayeurs », c'est-à-dire des signes destinés à la désignation, à l'identification d'un référent mais de telle façon que cette identification ne peut se faire qu'en tenant compte de la situation d'énonciation[2]. Plus précisément, les mots démonstratifs sont des symboles indexicaux incomplets ou « opaques » puisque leur énonciation signale seulement qu'une référence est faite à un objet présent dans la situation d'énonciation de l'occurrence mais ne permet pas d'identifier directement le référent. On ne peut combler cette lacune qu'en se reportant à l'environnement énonciatif du démonstratif : on dit que ce dernier appelle une saturation ou « appariement référentiel ».

Cet appariement se fait en prenant en compte :

— le contexte, à savoir l'environnement spatio-temporel dans lequel a lieu l'énonciation. Il y a alors saturation exophorique ou « extradiscursive » ou « situationnelle » ;

— le cotexte, c'est-à-dire l'environnement linguistique de l'occurrence. La saturation est alors endophorique ou « intradiscursive ».

L'ancien français possède — en dehors du pronom neutre *ce* — deux séries démonstratives *cist* et *cil*, qui ne présentent pas, à l'origine, d'opposition fonctionnelle : *cist* et *cil* sont employés comme déterminants du substantif ou comme pronoms. En revanche, l'identification du référent (la saturation) ne se fait pas de la même manière selon qu'il s'agit de l'une ou l'autre série.

1. Le démonstratif neutre *ce*

Toujours pronom, *ce* sert à évoquer des notions en dehors de toute détermination de genre et de nombre. Il est d'un emploi beaucoup plus étendu qu'en français moderne.

1.1. Prédicativité et tonicité de ce

En ancien français, le pronom *ce* est prédicatif. Il peut donc fonctionner de façon autonome, ce qui se traduit par :

a) la capacité à occuper la première place accentuelle de la phrase.

♦ *Ce* vos dist Richart de Lison
qui translatee a ceste fable *Ren.*, 12922

© ARMAND COLIN. La photocopie non autorisée est un délit.

C'est le cas général dans les incises, où il est suivi directement du verbe et éventuellement du sujet, si ce dernier est nominal :

♦ Cil me porroit bien ensgagier
En tos païs, *ce* dist la biele — *B.I.,* 1639

♦ Et dist que si bele n'est mie
Com s'amie est, *ce* dist sans faille — *B.I.,* 1601

b) la capacité à figurer à la dernière place de la phrase.

♦ Mes or n'a ele pas fet *ceu,*
logiee s'est an franc aleu — *Yv.,* 1407
« Mais il [Amour] n'a pas agi ainsi; il s'est établi dans un noble domaine ».

♦ Et conment li avint *ce*? — *Trist.*, prose, 175, 25

c) la capacité à être régi par une préposition.

♦ Ge ne l'ai pas por *ce* en despit — *Dole,* 3574
« Je ne la méprise pas pour autant ».

1.2. Les fonctions grammaticales de ce

Ce peut assumer toutes les fonctions du nom.

1.2.1. Sujet

a)Il peut être sujet de n'importe quel verbe.

♦ Un doç baissier prendre cuida,
Quant la dame arriere se trait,
Se li a dist : *ce* ne me plaist — *B.I.,* 2450

b)Il est souvent utilisé devant les verbes impersonnels :

♦ *ce* li semble que la nuis estoit tant oscure merveilleusement que a painnes pooit il veoir le cemin.
Trist., prose, 97, 28

ou les locutions unipersonnelles :

♦ Et li rois comande que les napes soient mises, car il est tens de mengier, *ce* li est avis
Queste, 5, 1

c) Il peut être associé au verbe *estre*, avec lequel il constitue une tournure présentative. Le substantif qui suit le présentatif est attribut de *ce* :

♦ *c*'est granz diax que po a vescu — *Yv.,* 2097
« c'est un grand malheur qu'il ait si peu vécu »

Dans la construction interrogative, il est postposé au verbe :

♦ N'est *ce* Cligès? Oïl par foi.
N'est *ce* l'empererriz ansanble? — *Clig.,* 6365

Toutefois, lorsque l'attribut est un pronom interrogatif, il arrive que *ce* se trouve en tête de l'interrogation :

♦ et disoient : *Ce* que puet estre? — *Yv.,* 1111

1.2.2. Attribut

Ce apparaît comme attribut du sujet dans des constructions où un pronom personnel est sujet :

♦ Veraiement le sachiez vous, fait Boorz, que *ce* est il, et qu'il est vostre cousins prochains

Queste, 9, 27

On le rencontre aussi comme attribut du complément d'objet direct :

♦ *ço* qu'ele n'est l'ai apielee *B.I.*, 1265
« Je l'ai appelée ce qu'elle n'est pas ».

1.2.3. Complément

Ce a fonction de complément direct :

♦ Mais *ce* fis jou pour vostre bien *J. et B.*, 884

ou prépositionnel :

♦ De *ço* sui je molt bien certains *B.I.*, 1942

♦ Si l'em prent mout grant pitié et por *ce* li otroie il

Queste, 35, 25

1.3. Représentativité et fonctions sémantico-logiques de ce

De façon générale, *ce* est endophorique et renvoie au cotexte.

1.3.1. *Ce* représente aussi bien un énoncé qu'un élément nominal

a)Un énoncé :

♦ Mes trop en i verssai, *ce* dot *Yv.*, 439

[*ce* reprend l'affirmation antécédente]

♦ Et quant Galaad ot *ce*, si n'est point esbahiz *Queste*, 36, 19

[*ce* reprend l'ensemble de la phrase prononcée par le diable : « Eh! Galaad, Serjant Jhesucrist, n'aproche plus de moi, car tu me feroies ja remuer de la ou j'ai tant esté » 36, 17-18]

Les limites de l'énoncé représenté par *ce* sont très variables.

b)Un élément nominal :

♦ Quant Lancelos voit les Trois freres [...] il reconnoist tout maintenant que *che* sont li cevalier a qui il se doit combatre

Trist., prose, 69, 36

[*che* a pour référent le syntagme nominal *les Trois freres*]

♦ Cele estoit dame del castiel;
Molt ot le cors et gent et biel.
Ses pere n'ot oir fors que li.

© ARMAND COLIN. La photocopie non autorisée est un délit.

Encore n'avoit ele mari.
*C'*est la Pucele as Blances Mains *B.I.,* 1940

[*C'* a pour référent le pronom *ele* figurant dans le vers précédent et lui-même substitut de *dame*]

Il se produit alors une neutralisation du genre et du nombre, *ce* se substituant à n'importe quel pronom, personnel ou démonstratif (ici *ils* et *elle*).

■ ***Remarque :*** on dira de *ce* représentant un énoncé qu'il est un élément pro-positionnel, de *ce* représentant un nom ou un syntagme nominal qu'il est un élément pronominal.

1.3.2. *Ce* fonctionne comme un pronom anaphorique ou cataphorique

Il représente en effet un élément du cotexte de gauche :

♦ Et quel besoign, fet il, avez vos de moi? *Ce* verroiz vos bien, fet ele *Queste,* 1, 14

ou du cotexte de droite :

♦ *ce* dist cascuns sans devinaille :
Il est bons chevaliers, sans faille *B.I.,* 1673

« Et tous de dire sans avoir besoin d'être devin : c'est à coup sûr un bon chevalier ».

L'idée évoquée par cataphore peut se réaliser sous la forme d'une proposition relative :

♦ Et li quens adont l'aparla
De *çou* qu'ils orent devisé *J. et B.,* 209

d'une interrogative indirecte :

♦ *Ce* ne sai je mie se ce est verité ou non *Trist.*, prose, 125, 51

d'une complétive :

♦ car *ce* savez vos bien qu'il est assez mieldres chevaliers que je ne sui *Queste,* 6, 10

C'est à partir de ce type d'emploi que *ce* prépositionnel a servi à construire des locutions conjonctives variées :

— causale :

♦ *Pur ceo* qu'ele l'en escundist, Mut la laidi et avila *Lan.,* 318

« Parce qu'elle l'avait repoussé, il l'avait injuriée et humiliée ».

♦ Et *par ce* k'il estoit si errans et si boins cevaliers estoit renommé en toutes les contrees estranges *Trist.*, prose, 82, 7

— finale :

♦ Et *por ce* que tu eüsses prochain secors t'envoia il Galaad *Queste,* 46, 8

— temporelle :

♦ Dont n'ot mie granment alé, *après ce* k'il se fu departis de Palamidés, quant il a ataint Kex

Trist., prose, 122, 5

« Après avoir quitté Palamède, il avait fait peu de chemin lorsqu'il rejoignit Keu ».

— conditionnelle restrictive :

♦ Ja si desconseilliez ne fusses [...]
que tost ne fusses conseilliez
por ce que te vosisse aidier *Ren.*, 9725

« Tu ne serais pas si découragé [...] que tu ne fusses vite réconforté, pour peu que je voulusse t'aider ».

1.3.3. *Ce* peut avoir les deux fonctions anaphorique et cataphorique à la fois

C'est souvent le cas lorsque *ce* figure dans une incise située au milieu du discours rapporté :

♦ Od li s'en vait en Avalun,
Ceo nus recuntent li Bretun,
En un isle ki mut est beaus *Lan.*, 642

■ ***Remarque :*** la liberté syntaxique de *ce* s'est notablement réduite ultérieurement. S'il s'est généralisé devant le verbe *être* dans la forme *c'est*, tournure présentative ou support des constructions clivées, en revanche, il ne peut plus fonctionner comme complément direct ou prépositionnel du verbe — sauf cas de lexicalisations (*sur ce, pour ce faire*). Il a été supplanté par les formes renforcées *ceci*, *cela* et surtout par *ça*.

2. Les emplois de *cist* et *cil*

Les deux séries démonstratives *cist* et *cil* sont susceptibles d'être employées aussi bien comme déterminants du substantif que comme pronoms. Elles ne présentent pas d'opposition fonctionnelle ; celle-ci s'est développée à partir du moyen français. C'est donc sur un autre plan qu'il faut chercher la différence entre *cist* et *cil*. De manière générale, *cist* est un signe marqué quant à l'obligation de saturation contiguë, *cil* est un signe non marqué.

2.1. Les emplois de cist

L'emploi de *cist* indique que le référent à apparier au démonstratif est complètement identifié grâce aux informations qui se trouvent dans son double environnement : soit dans l'environnement spatio-temporel de l'énonciation qui le contient, soit dans l'environnement discursif du signe lui-même. L'appariement référentiel est contigu.

© ARMAND COLIN. La photocopie non autorisée est un délit.

2.1.1. Le référent est repérable dans l'environnement spatio-temporel de l'énonciation

L'appariement référentiel est assuré par le contexte et la saturation est exophorique.

a) Le référent se trouve dans l'environnement spatial de l'énonciation.

Le lieu désigné par *cist* est le plus proche de celui où «*cist*» est formulé :

♦ Li rois Hoël se met adont avant et leur crie tant com il puet : Signeur cevalier, retournés ariere et alés querre un autre passage, car a *cest* pont ne puet nus de vous passer.

Trist., prose, 140, 11

Seul l'environnement spatial de l'énonciation permet d'identifier le pont en question : c'est celui devant lequel est proféré «*cest pont*».

Dès que le repérage se fait à partir de l'occurrence du signe, peu importe que l'énonciateur soit un protagoniste de la fiction — comme c'est le cas dans *Tristan,* **prose,** 140, 11 — ou le narrateur lui-même :

♦ car en *cest* monde nule riens
n'est que ançois ne devenist
que de li ses talens fesist — *B.I.,* 2042

« car il n'était rien au monde qu'elle ne préférât subir plutôt que de se soumettre au désir de cet homme ».

Le narrateur peut d'ailleurs désigner ainsi sa propre création :

♦ [...] il s'en ralast en son païs, en cele tere meïsme que mesire Tristans li avoit donnee, quant il ochist le gaiant a l'escremie en tel maniere com nous vous avom devisé en *chest* livre cha ariere.

Trist., prose, 76, 18

■ ***Remarque :*** il résulte de ce qui précède que le pont, le monde ou le livre mentionnés sont perçus comme proches de celui qui a énoncé «*cest pont*», «*cest monde*», «*chest livre*», ce qui explique que *cist* a pu être défini comme le démonstratif locutorial (concernant «l'univers» du locuteur).

b) Le référent se trouve dans l'environnement temporel de l'énonciation.

Le moment désigné par *cist* est contemporain de celui où «*cist*» est proféré :

♦ Mais pour çou c'amender vous voel
le grant outrage et le mesfait
que je sans raison vous ai fait,
vous vieng chi veoir a *ceste* heure — *J. et B.*, 1193

« c'est parce que je veux réparer le grave tort et le mal que je vous ai faits sans raison que je viens vous voir ici à cette heure ».

2.1.2. Le référent est repérable dans l'environnement discursif immédiat du signe

L'appariement référentiel est assuré par le cotexte et la saturation est endophorique. L'identification du référent peut se faire par le rappel d'une séquence antérieure ou l'annonce d'une séquence postérieure au signe.

a) *Cist* rappelle une séquence présente dans son cotexte de gauche immédiat. Il y a anaphore. Il existe plusieurs sortes d'anaphores[3]. Il peut s'agir, par exemple, d'une anaphore duplicative (ou répétitive); il y a reprise pure et simple du substantif avec un changement du seul déterminant :

♦ Trestuit de joie se travaillent
et, a *ceste* joie reçoivent
lor seignor si com feire le doivent — *Yv.*, 2359

« Tous rivalisent d'allégresse et c'est dans cette allégresse qu'ils accueillent leur maître comme ils le doivent ».

Ou bien d'une anaphore conceptuelle (ou résomptive); l'expression anaphorique condense et résume le contenu d'une phrase, parfois même plus largement d'une série de phrases, sans reprendre un groupe nominal antérieur particulier :

♦ Mors soit ne dormira demain,
fet li rois, bone matinee!
Ceste parole mout agree
a ciaus qui erent las d'errer — *Dole*, 1797

« Que la mort s'empare, dit le roi, de celui qui ne dormira pas tard demain matin! Ces mots plurent beaucoup aux voyageurs fatigués par la route ».

♦ Sire, fet Agravains, il vos est si loiaus qu'il vos fet deseneur de la reïne vostre fame et qu'il l'a conneüe charnelment. Quant li rois entent *ceste* parole, si mue couleur [...]

Artu, 86, 31

« Sire, dit Agravain, il est si loyal envers vous qu'il vous deshonore avec votre femme la reine et qu'il a eu avec elle des relations charnelles. À ces mots, le roi changea de couleur [...] »

b) *Cist* annonce une séquence présente dans son cotexte de droite immédiat. Il y a cataphore.

Elle peut prendre la forme d'un complément déterminatif du substantif :

♦ Au roi Artus puis t'envoia,
qui *ceste* afaire te donna
de secorre la dameissele — *B.I.*, 3240

« Elle t'adressa ensuite au roi Arthur qui te confia la tâche de secourir la demoiselle »

ou d'une apposition :

♦ De Troies la Bele Doete
i chantoit *ceste* chançonete :
Quant revient la sesons
que l'erbe verdoie [...] — *Dole*, 4567

« La belle Doete de Troyes y chantait cette chansonnette : quant revient la saison où l'herbe reverdit [...] ».

L'essentiel à retenir est donc que l'emploi de *cist* n'est possible que s'il y a appariement référentiel contigu.

2.2. Les emplois de cil

À la différence de *cist, cil* est non marqué quant à cette obligation de saturation contiguë. Autrement dit, il n'y a pas nécessité d'identification complète du référent

© ARMAND COLIN. La photocopie non autorisée est un délit.

par les informations contenues dans le double environnement de son occurrence. Trois cas principaux se présentent : il n'y a pas de référent contigu ; il n'y a ni référent contigu ni référent non contigu ; il y a un référent contigu.

2.2.1. Il n'y a pas de référent contigu

a) Le référent à identifier est absent de l'environnement spatio-temporel immédiat de l'énoncé ainsi que de l'environnement discursif (même lointain) du signe. On le trouve, en revanche, dans l'environnement spatio-temporel lointain de l'énonciation.
— Dans l'environnement spatial :

♦ Lancelot, je vos di de par le roi Pellé que vos avec moi venez jusqu'en *cele* forest

Queste, 1, 12

Cele implique que le référent est perçu comme étranger au lieu de l'énonciation du signe.
— Dans l'environnement temporel :

♦ *Cele* nuit traisent au castel
Et furent servi bien et bel — *B.I.,* 1817

Cele indique que le réferent est perçu comme étranger au moment où le signe est énoncé. Seule *la nuit* où le signe est énoncé ne peut être désignée que par «*cele nuit*».

b) Le référent à identifier est absent de l'environnement discursif immédiat du signe. Il ne figure pas non plus dans l'environnement spatio-temporel (même éloigné) de l'énonciation. On le trouve dans l'environnement discursif lointain du signe :

♦ S'i amainnent lor marchandie
Par la mer, qui illuec les guie,
Dont li passages mout valoit
Que *cele* vile recevoit — *B.I.,* 1925

« La mer, qui les menait jusque là, leur permettait d'y acheminer des marchandises dont les droits faisaient la richesse de la ville »

Le référent est repérable bien en amont :

♦ Cent contes ens en la vile estoient — *B.I.,* 1901

Selon le même principe, *cil* sert à marquer un changement de protagoniste dans le récit :

♦ Si grant colee li donna
Que li chevaliers trebuça;
Tos estordis ciet en la place,
Sor une piere fiert sa face
Que ses vis trestos en torbla.
Cil maintenant sor lui ala — *B.I.,* 1788

« Il [= le Bel Inconnu] lui porta un tel coup que le chevalier tomba tout étourdi sur le sol, où une pierre heurta son visage qui blémit. L'Inconnu se précipita aussitôt sur lui »

et plus particulièrement un changement de locuteur dans le dialogue, en relation avec le verbe *respondre* :

♦ Diex ! fet ele, que voi ge la?
Qui est qui se demante ici?
Et *cil* respont : Et vos qui?
— Je sui, fet ele, une cheitive
La plus dolante riens qui vive.
Cil li respont : Tes, fole riens! *Yv.*, 3566 et 3569

« Dieu, dit-elle, que vois-je là ? Qui peut bien se lamenter ainsi ? Il lui répond : Et vous, qui êtes-vous ? — Je suis une captive, l'être le plus malheureux qui soit. — Tais-toi, réplique-t-il, créature insensée ! »

éventuellement avec *dire* :

♦ S'il vous pleust, fet Galaad, je i alasse, car si com je pens je m'en getasse mielz de vos. Et *cil* dit qu'il n'i entrera ja se li non. *Queste*, 41, 14

« Si vous y consentiez, dit Galaad, je prendrais cette voie car je pense pouvoir m'en sortir mieux que vous. Mais Mélyant réplique que personne d'autre que lui-même ne s'y engagera ».

ou, encore, avec *faire*, qui se substitue souvent aux verbes d'énonciation dans les incises :

♦ Et la reine demande au vaslet qui devant li estoit : Di moi, fet ele, vaslet, fus tu la ou ceste Queste fu acreantee? — Dame, fet *cil*, oïl. *Queste*, 18, 19

c) Le référent à identifier se trouve dans un autre discours que le discours considéré.

On parlera d'appariement référentiel transdiscursif[4].

Deux cas se présentent, propres tous deux à la littérature médiévale :

α. Le démonstratif emphatique.

♦ Et après Nymes, *cele* bone cité *Nymes*, 452

Les connaissances qui nous permettent (ou qui permettaient au lecteur médiéval) de déterminer le référent de *cele* ne sont pas fournies par la situation d'énonciation. Elles relèvent d'un savoir commun ou de croyances communes, acquis antérieurement et constituant le discours sous-jacent auquel réfère le démonstratif : la réputation d'opulence de Nîmes était bien établie dès le Moyen Âge.

Les occurrences du type :

♦ *Cil* sire qui forma le mont *B.I.*, 1646

♦ Par *cel* apostre qu'en quiert en Noiron Pré *Nymes*, 274

« Par l'apôtre qu'on prie dans les Jardins de Néron »

relèvent de cet emploi. En effet, la cataphore ne permet pas à elle seule de reprérer Dieu derrière *Cil sire*... et Saint Pierre derrière *cel apostre*... à moins de posséder déjà un semblant de culture religieuse.

β. Le démonstratif topique (dit aussi « épique »).

Là encore, les référents de *cil* ne sont repérables ni dans le contexte énonciatif ni dans le discours. En revanche, ils appartiennent à des topoï bien définis de la littérature médiévale comme l'éveil du printemps :

♦ Ce fu en mai el novel tens d'esté;
Florissent bois et verdissent *cil* pré,

© ARMAND COLIN. La photocopie non autorisée est un délit.

Ces douces eves retraient en canel,
Cil oisel chantent doucement et souëf. *Orange,* 39-42

« C'était en mai au retour de l'été; les bois fleurissent, les prés reverdissent, les douces eaux se retirent dans leur lit et les oiseaux chantent avec harmonie »

ou l'armée en marche :

♦ Luisent *cil* elme, ki ad or sunt gemmez,
E *cil* escuz e *cil* osbercs safrez,
E *cil* espiez, *cil* gunfanun fermez. *Rol.,* 1031-1033

« Les heaumes brillent avec leurs pierres serties d'or, les boucliers et les hauberts brodés, les épieux et les gonfanons fixés aux lances »

et ils en sont des constantes quasi obligatoires.

Cet emploi est caractéristique de la Chanson de Geste (ce qui explique la qualification d'« épique » qui a pu lui être attachée) mais il est bien connu des autres genres littéraires :

♦ Ceo fu el meis d'avril entrant
Quant *cil* oisel meinent lur chant *Yon.,* 52

♦ Ce fu au tans qu'arbre florissent,
fueillent boschaige, pré verdissent
et *cil* oisel an lor latin
dolcement chantent au matin *Perc.,* 71

■ ***Remarque :*** emphatique ou topique, *cil* ne peut être traduit par un démonstratif en français moderne. C'est l'article défini — du fait de son aptitude à marquer la notoriété[5] — qui permet de gloser *cil* avec le plus d'exactitude.

2.2.2. *Cil* n'a ni référent contigu ni référent non contigu

L'opacité naturelle de *cil* lui permet un certain nombre d'emplois pronominaux qui lui sont propres.

2.2.2.1. Cil *est un terme d'appel, support d'une détermination qui peut prendre diverses formes*

Le référent du démonstratif est déductible de la complémentation qui lui est apportée.

a) *Cil* est déterminé par un adverbe.

(1) ♦ si le dit en haut que tuit *cil* de laienz l'oient : sire chevaliers, aseez vos ci, car cist lex est vostre

Queste, 8, 15

(2) ♦ Nos volons, fet la damoisele, que vos mandez les chevaliers et les vavasors de ci entor [...]; et lor fetes jurier, a aux et a toz *cels* de ceanz, que ja mes ne maintendront ceste costume.

Queste, 49, 19

(3) ♦ Et il s'en sueffre atant et se couche en un lit que *cil* de laienz li firent

Queste, 72, 19

Ces trois occurrences montrent que *cil + adverbe* peut être paraphrasé de différentes manières; tout est affaire de contexte. *Cil de laienz/ceanz* signifie exactement «ceux de là/ d'ici à l'intérieur». À partir de cette valeur de base, on pourra le rendre par «ceux qui étaient présents» (1), «tous les habitants d'ici» (2) et même par l'indéfini «on» (3).

b) *Cil* est déterminé par un syntagme nominal.

Ce dernier est le plus souvent introduit par la prépostion *de* :

♦ Avés vos dont si grant volenté de combatre vous encontre *chiaus* du lingnage le roi Ban?

Trist., prose, 117, 28

« êtes-vous donc si désireux de vous battre contre les chevaliers de la parenté du roi Ban ? »

♦ Tuit ont juré *cil* del castiel [...]
Qu'envers celui ne feront gille
Qui au signor se combatra — *B.I.*, 1619

« Les habitants de la place-forte ont tous juré [...] qu'ils seraient loyaux envers celui qui se battrait avec leur seigneur »

Mais il peut aussi être introduit par la préposition *a* :

♦ A ! Dex ! fet l'une, qui est *cil*
a la cote de mustadole? — *Dole*, 2539

« Dieu! dit l'une d'elles, quel est donc cet homme qui porte une tunique de drap précieux ? »

c) *Cil* est déterminé par une proposition relative.

♦ car eles estoient honorees et chier tenues par *cels* de qui eles doutoient qu'il ne moreussent en la Queste.

Queste, 18, 15

« car elles craignaient que ceux qui leur témoignaient amour et tendresse ne périssent au cours de cette Quête »

— Cet emploi est fréquent dans la construction *com cil/cele... qui.*
Cil y prend la valeur d'un indéfini : «un homme / une femme», «quelqu'un».
En dépit de son allure comparative, la tournure a plutôt une valeur causale.
Le contexte permet de varier les traductions du démonstratif :

♦ [...] si li vint en talent,
com *cil* qui n'eut pas le cuer lent,
qu'il s'en iroit en Engletere. — *J. et B.*, 78

« Aussi prit-il la décision, en garçon énergique qu'il était, de partir pour l'Angleterre »

♦ Et Galaad ne l'enchauce plus, comme *cil* qui n'a talent de fere lui plus de mal que il a eu

Queste, 43, 9

« Mais Galaad ne le poursuit pas car il n'a pas l'intention de le châtier plus durement ».

voire d'en faire l'économie :

♦ Lors hurte maintenant cheval des esperons encontre son pere, com *chil* qui mie nel connois

Trist., prose, 141, 23

« Il éperonne aussitôt son cheval en direction de son père qu'il ne reconnaît pas le moins du monde »

© ARMAND COLIN. La photocopie non autorisée est un délit.

— Cet emploi de *cil* apparaît également dans les tours syntaxiques : *n'i a celui qui ne...*, exactement : « il n'y en a pas un qui ne... », c'est-à-dire « il n'y a personne qui ne... » ; doublement négative, la construction sert à traduire une totalité, soit « tous sans exception » :

♦ car, por ses lances solement
porter, sont il .VII.XX. vallet,
n'i a *celui* n'ait chapelet. *Dole,* 2460

« en effet, rien que pour porter ses lances, il y avait cent quarante jeunes gens, tous couronnés de fleurs ».

La totalité peut d'ailleurs commencer avec deux unités :

♦ Tant se combatent longuemant
que li jorz vers la nuit se tret ;
ne il n'i a *celui* qui n'et
le braz las et le cors doillant *Yv.,* 6200

« Le combat dure si longtemps que le jour décline ; tous deux ont le bras fatigué et le corps meurtri »

ou encore *il i a assez de cels qui...*, « il y a beaucoup de gens qui (pour)... » :

♦ [...] il i ot assés de *chiaus* ki bien dirent apertement et voiant monsigneur Lancelot meïsme que bien seüst Palamidés tout chertainement k'il aloit querant tel guerre dont il ne venroit ja a boin cief
Trist., prose, 119, 17

« beaucoup déclarèrent, et même devant Lancelot, que Palamède devait bien savoir qu'il cherchait une guerre qu'il ne terminerait pas à son avantage ».

2.2.2.2. Cil *ne reçoit aucune complémentation*

Il prend une valeur indéterminée.

a) Le démonstratif masculin (*cil*) associé au démonstratif féminin (*cele*) désigne une totalité d'individus.

Il est en concurrence, à ce titre, avec des couples antonymes comme *homes et fames, granz et petiz, biaus et laiz, fols et sages...*

On peut gloser la tournure par « tous sans exception » :

♦ Tot s'esmervellent *cil et cele*
K'Amors li fait son sens müer *B.I.,* 1730

« Tous sont stupéfaits qu'Amour lui ait ainsi fait perdre la raison ».

b) *Cil* devient l'équivalent du pronom indéfini *un tel.*

♦ En ce qu'il orent lessié a parler de ce, si regarderent par les sieges de la Table Reonde et troverent en chascun leu escrit : Ci doit seoir *cil.*
Queste, 4, 5

« Laissant là leur conversation, ils examinèrent les sièges de la Table Ronde et trouvèrent écrit sur chacun d'eux : Ici doit prendre place un tel ».

2.2.3. *Cil* a un référent contigu

Cil est alors un équivalent de *cist* et les deux démonstratifs sont utilisés indifféremment.

Comme dans le cas de *cist,* la saturation peut se faire par le contexte ou par le cotexte.

a) Saturation par le contexte

♦ Sire, fait il, estés, caele ;
Dites a *cele* damoissele
Qu'ele mon bracet n'en port pas *B.I.,* 1336

« Seigneur, dit-il, attendez, je vous en prie ; dites à cette jeune fille de laisser là mon petit chien ».

L'appariement référentiel est assuré par l'environnement spatial de l'énonciation qui contient le signe.

b) Saturation par le cotexte

♦ En teles paroles cevaucent li doi cevalier tant k'il sont venu dusques a l'abeïe dont Kahedins avoit devant parlé a Palamidés. *Cele* abeïe estoit a merveilles riche [...].

Trist., prose, 81, 22

« Tout en parlant de la sorte, les deux chevaliers poursuivent leur route jusqu'à l'abbaye dont Kahedin avait parlé à Palamède. Cette abbaye était prodigieusement riche [...] ».

Cele est ici anaphorique. Il fonctionne exactement comme le faisait *ceste* dans :

♦ Trestuit de joie se travaillent
et, a *ceste* joie reçoivent
lor seignor si com fere le doivent *Yv.,* 2359

La différence essentielle entre les séries *cist* et *cil* en ancien français réside dans le fait que la seconde ne nécessite pas de saturation contiguë. Autrement dit, *cil* ne peut pas être remplacé par *cist* s'il n'y a pas de possibilité d'appariement référentiel contigu.

En revanche, *cil* peut apparaître quel que soit le type d'appariement possible et même lorsqu'aucun appariement n'est possible. Il est donc toujours substituable à *cist.*

Par la suite, et l'évolution est sensible dès le moyen français, les séries en *-t* et en *-l* se sont opposées du point de vue fonctionnel, la série en *-t* étant réservée à la fonction de déterminant du substantif, la série en *-l* à la fonction de pronom[6].

Notes du chapitre XXV

1. Parmi toutes les théories proposées sur le système des mots démonstratifs en ancien français, nous avons retenu essentiellement celle de G. Kleiber, « L'opposition cist/cil en ancien français ou Comment analyser les démonstratifs? », *Revue de linguistique romane*, 1987, 201-202, t. 51, p. 5-35, reprise en partie par O. Soutet, *Études d'ancien et de moyen français*, p. 93-144 et par A. Queffelec et R. Bellon, *Linguistique médiévale*, p. 542 et s. Toutefois, la question a donné lieu à d'autres analyses, un peu plus anciennes dans l'ensemble mais non dénuées d'intérêt, parmi lesquelles on peut retenir : H. Yvon, « Cil et Cist, articles démonstratifs », *Romania,* 1951, 72, p. 145-181, et « Cil et cist, pronoms démonstratifs », *Romania,* 1953, 73, p. 433-446 ; G. Moignet, *Grammaire de l'ancien français*, p. 111-114 et 150-155 ; A. Dees *Étude sur l'évolution des démonstratifs en ancien et moyen français,* Groningen, Wolters, Nordhoff Publishing.

© ARMAND COLIN. La photocopie non autorisée est un délit.

2. Sur cette dénomination, *cf.* chapitre sur les pronoms personnels (Introduction et note 1).
3. Sur la question de l'anaphore, on pourra se reporter à M. Riegel, J.-C. Pellat, R. Rioul, *Grammaire méthodique du français*, en particulier aux chapitres XXI, 3, p. 610 et s.
4. *Cf.* O. Soutet, *Études d'ancien et de moyen français*, p. 118.
5. *Cf.* chapitre sur l'article, 2.2. a et b.
6. *Cf.* A. Queffelec et R. Belon, *Linguistique médiévale*, p. 548 et s. Les auteurs analysent les emplois de *cil* et *cist* dans le *Testament* de Villon.

CHAPITRE XXVI

LES PRONOMS PERSONNELS

La catégorie des pronoms dits «personnels» regroupe deux types d'éléments au fonctionnement sémantique différent :

— des pronoms «nominaux», sans antécédent. Signes destinés à la désignation, à l'identification d'un référent mais de telle façon que cette identification ne peut se faire qu'à partir de la situation de discours où ils sont employés, ce sont des «embrayeurs»[1]. Il s'agit des P. 1, 2, 4 et 5 : *je* désignant directement la personne qui le prononce; *tu* étant utilisé par le locuteur pour identifier son interlocuteur en tant que tel; *nous* renvoyant essentiellement à un ensemble de personnes comprenant le locuteur; *vous* désignant n'importe quelle pluralité de personnes qui intègre au moins un *tu*, mais exclut *je*;

— des pronoms «représentants», qui n'ont pas grand chose de «personnels» puisqu'ils servent à désigner n'importe quel objet de pensée :

♦ Li tens, qui s'en vet nuit et jor [...]
et *il* ne s'i areste point — *Rose,* Lorr., 361-366

De plus, lorsqu'ils réfèrent effectivement à une personne, celle-ci n'est jamais un protagoniste de l'acte d'énonciation. Il s'agit de *il* et de ses variantes morphologiques (ou allomorphes). Ce pronom fonctionne comme un anaphorique, ce qui explique qu'il varie — en partie du moins — en genre et en nombre, en fonction des caractéristiques de son antécédent (en partie puisque *li, les, lor* neutralisent l'opposition de genre et que *se, en, i* neutralisent l'opposition de nombre et de genre).

À cette distinction entre des pronoms nominaux et des pronoms représentants s'ajoute une opposition entre des formes non prédicatives et des formes prédicatives. Les premières sont conjointes au verbe, les secondes disjointes de celui-ci.

Enfin, sur le plan fonctionnel, une distinction s'impose entre les formes du sujet et celles de régime.

1. Le pronom personnel sujet

Contrairement au français moderne, l'ancien français n'exprime pas de façon constante le pronom personnel sujet. Le système médiéval constitue un intermédiaire entre le latin classique où l'expression du pronom sujet est totalement inutile (les morphèmes personnels indiquaient clairement à l'écrit comme à l'oral le rang de la personne agent du procès : *-o, -as, -at, -amus...* et l'adjonction d'un pronom eût été redondante) et de fait très rare, réservée aux cas où l'on recherchait une expressivité particulière, et le système moderne, où le pronom est à peu près indispensable en

© ARMAND COLIN. La photocopie non autorisée est un délit.

l'absence de différenciation des morphèmes personnels pour deux, trois, voire quatre formes selon les paradigmes (*tu viendras, il viendra/ je viens, tu viens, il vient/ je chante, tu chantes, il chante, ils chantent*). Entre ces deux extrêmes, le système de l'ancien français : c'est pendant cette période, en effet, que l'évolution phonétique et l'analogie ont commencé à neutraliser les oppositions désinentielles primitives et que, parallèlement, l'emploi du pronom sujet s'est développé.

À mesure que son emploi s'est étendu, le pronom a perdu le statut de mot prédicatif qu'il avait en latin et qu'il conservait encore intact en très ancien français.

1.1. Prédicativité du pronom personnel sujet

Aux origines de la langue, le pronom personnel sujet a le statut de mot prédicatif; autrement dit, il est autonome par rapport au verbe (comme n'importe quel substantif). Il va le rester pendant toute la période de l'ancien français. Des signes de changement se manifestent toutefois dans ce système dès le XIIe siècle.

Les marques (ou conséquences) de cette prédicativité sont multiples.

1.1.1. Le pronom sujet est apte à figurer en tête de phrase

Il sature alors la zone préverbale, fournissant l'élément tonique indispensable en début de phrase.

♦ *Il* le saisi sanz nule arestoison — *Alis.*, 393
« Il le saisit sans délai »

1.1.2. Il peut être séparé du verbe par un (des) mot(s) plein(s)

Cette capacité n'existe pas pour une forme non prédicative (par exemple pour les pronoms personnels régimes atones).
— Il peut s'agir de n'importe quel syntagme nominal complément du verbe (objet direct ou indirect, circonstanciel) :

♦ Dites a cele damoisele
qu'*ele* mon brachet n'en port pas — *B.I.,* 1337
« Dites à cette jeune femme de laisser mon chien »

♦ Mut s'esteit suvent repentiz
que *il* de lui esteit partiz — *Elid.,* 558
« Il s'était bien souvent repenti de s'être séparé d'Eliduc »

♦ et se *tu* en cele a destre entres, tost i porras perir
Queste, 41, 7
« et si tu prends la voie de droite, ta mort est proche »

— Il peut s'agir d'un adverbe :

♦ Mes quant li deables vit ce, si en fu molt dolenz et pensa que il vos corroit sus [...]. Et *il* si fist
Queste 45, 5
« Quand le diable s'aperçut de cela, il en fut très affligé et décida de vous attaquer [...]. C'est ce qu'il fit »

ou d'une locution adverbiale :

♦ Femme voleient qu'il preisist
Mes *il* del tut les escundist — *Guig.*, 646

« Ils veulent qu'il se marie, mais il refuse catégoriquement »

— Deux éléments peuvent fort bien se combiner :

♦ Cele respont : Dol doi avoir,
Ne *je* jamais joie n'orai — *B.I.*, 1565

« Elle répond : j'ai bien des raisons d'être triste et jamais plus je n'éprouverai de joie »

[adverbe + complément d'objet direct]

1.1.3. Il peut être coordonné à un autre pronom ou à un nom

♦ Car *vous* et *il* estes doi sot — *Rob. et M.*, 653

« car vous et lui êtes deux sots »

♦ Vait s'en Turpins, *il* et sa compaignie — *Aspr.*, 1113

« Turpin s'en va avec ses compagnons »

1.1.4. Il peut recevoir une détermination par un adjectif

Il s'agit souvent d'un numéral ou d'un indéfini :

♦ Par le palais nus mot ne sonne
Fors qu'*il* doi… — *B.I.*, 2289

« Dans la grande salle, personne ne dit mot, hormis eux deux… »

♦ Cui chaut, quant il ne le savra,
se *je* meïsmes ne li di? — *Clig.*, 985

« Qu'importe, puisqu'il ne le saura pas si je ne le lui dis moi-même ? »

Il s'agit parfois d'une proposition relative adjective (voire deux) :

♦ *je* qui soloie decevoir
genz et bestes pranre et traïr,
et toute loiauté haïr
et de bien fere me gardoie,
de toz biens toz dis abondoie — *Ren.*, 10624

« moi qui passais mon temps à tromper les gens, à prendre et trahir les bêtes, à haïr toute loyauté et qui me gardais de faire la moindre bonne action, j'étais toujours comblé de tous biens »

■ ***Remarque :*** le pronom sujet peut donc être le support d'un proposition relative et jouer le rôle d'antécédent d'un pronom relatif.

1.1.5. Il peut figurer en proposition elliptique du verbe

La prédicativité du pronom personnel compense l'absence du prédicat verbal.

a) Il apparaît en phrase coordonnée ou exceptive lorsque le verbe principal n'est pas repris.

© ARMAND COLIN. La photocopie non autorisée est un délit.

♦ Poeit parler a sun ami
De l'autre part, e *il* a li — *Laüs.*, 42
« Elle pouvait parler à son ami, de l'autre côté, et lui faisait de même »

♦ Par le palais nus mot ne sonne
Fors qu'*il* doi, qui forment s'entraisent — *B.I.*, 2289

b) Il peut être le support d'une interrogation partielle (portant sur le sujet).

♦ Il i a pain, sel et cresson.
Et *tu*? as tu rien, Marion? — *Rob. et M.*, 659

Lorsque le pronom offre deux formes, l'une atone, l'autre tonique (cas de la P1), c'est de préférence cette dernière qui est utilisée :

♦ — Ja fetes vos voz nes garnir.
— *Gié?* — *Ené.*, 1680
« — Vous faites déjà préparer vos navires. — Moi ? »

c) Il peut également constituer la réponse à une interrogation partielle :

♦ — Qui en a nul?
— *Jou*, uns quarrés — *Nic.*, 825
« Qui en a ? — Moi, et bien taillés »

ou à une interrogation totale, associé à l'adverbe de négation *non*, *nen* (*nen* + *je* > *naje, naie; nen* + *il* > *nenil*) ou à la particule affirmative *o* issue de *hoc*, « cela » (*o* + *je* > *oje, oie; o* + *il* > *oïl*; plus rare, *o* + *nos* et *o* + *vos*)

♦ Si m'aïst Diex, ci a bau non.
As an tu plus? Sire, *je* non — *Perc.*, 354
« Par Dieu, voilà un beau nom! En as-tu un autre ? — Non »

♦ — Rikeche, veïstes vos l'oste?
— *oie,* il est chaiens — *Feuil.*, 904
« Riquier, avez-vous vu notre hôte ? — Oui, il est là »

♦ — Conment? Ies tu donc si couart?
— Couart? *Nai, nai*, mes j'ai paor — *Ren.*, 2563

■ ***Remarque :*** dans le cas d'une réponse négative, si le pronom sujet apparaît sous sa forme tonique, il autorise l'emploi de la négation non prédicative *ne* (à la place de *non*) :

♦ Mes cist dom est? Dont est naïs?
Qui le conuist? — Ne *gié.* — Ne *gié* — *Clig.*, 4631
« D'où vient-il ? D'où est-il originaire ? Qui le connaît ? — Pas moi. — Moi non plus »

1.1.6. Il peut assumer d'autres fonctions que celles de sujet

a) Il peut être apposé au sujet.

♦ li niés Marsilie, *il* est venuz avant — *Rol.*, 860

b) Il peut être en apostrophe.

♦ *Tu,* comment faire le porroies? — *Ren.*, 10880

ou apposé à un nom en apostrophe :

♦ Et *tu*, vassal, ki m'as nafree
tel seit la tue destinee *Guig.*, 107
« Et toi, chevalier, qui m'as blessée, voici quelle sera ta destinée »

c) Il peut être attribut du sujet.

♦ Dunc n'ies tu *gié* et ge sui *tu ?* *Ené.*, 4945
« N'es-tu donc plus moi et moi, ne suis-je donc plus toi ? »

■ ***Remarque :*** dans bon nombre des emplois où nous l'avons relevé, le pronom personnel sujet a été progressivement remplacé par le pronom personnel régime prédicatif, en particulier en coordination, lorsqu'il doit recevoir une détermination adjectivale, en proposition elliptique du verbe, en fonction d'attribut ou d'apposition au sujet et en apostrophe.

1.2. Expression et non expression du pronom personnel sujet

1.2.1. Expression du pronom sujet

1.2.1.1. Jusqu'à la fin du XIIe siècle, la présence du pronom sujet étant facultative, son emploi relève souvent d'un souci d'expressivité

— Il peut ainsi servir à marquer une insistance :

♦ *Tu* comment faire le porroies? *Ren.*, 10880

♦ La irai *gié!* *Théo.*, 121
« C'est là que j'irai, moi! »

ou une opposition :

♦ La se repost en grant delit
o sa fame gise en son lit;
et *ge* de ça me contendré
a povreté, si com pourré *Thèbes,* 1353
« Qu'il se repose là-bas dans les plaisirs, couché dans son lit avec sa femme; moi je subsisterai avec ce que j'ai dans la gêne, comme je pourrai »

— L'ancien français exprime parfois le pronom sujet avec l'impératif, devant le verbe :

♦ Mais *vous* me donnés de quemun
trois de ches deniers qui sont rouge *Nic.*, 1099
« Mais mettez-vous plutôt d'accord pour me donner trois de ces deniers, les rouges »

ou derrière le verbe :

♦ Oz *tu*, chevaliers qui vas aventures querant, voiz ci deus voies
Queste, 41, 3
« Écoute, chevalier, toi qui vas en quête d'aventures, voici deux chemins »

1.2.1.2. Parallèlement, dès le XIIe siècle aussi, le pronom sujet peut être employé sans valeur d'insistance particulière et à mesure que l'on avance dans le temps, sa présence se généralise tandis qu'il perd de sa prédicativité pour devenir

© ARMAND COLIN. La photocopie non autorisée est un délit.

conjoint au verbe : l'évolution est patente dans la prose du XIIIe siècle C'est peu à peu l'absence de pronom sujet qui va faire figure d'exception. Nous pouvons signaler quelques particularités :

a) Le pronom *il* de la P3, attesté dès les plus anciens textes comme indice de l'impersonnel, ne devient usuel qu'au XIIIe siècle.

— Devant les verbes ou locutions marquant l'événement, l'obligation, l'appréciation (*avenir, covenir, peser, sembler, plaisir, estre bel, estre a vis, estre merveille…*), il est concurrencé par le pronom démonstratif neutre *ço, ce* :

♦ Jehans atant son oirre atorne,
Il li samble que trop sejorne — *J. et B.*, 90
« Jehan prépare son voyage; il lui semble qu'il tarde trop »

mais :

♦ Si s'asisent tuit, *ce* me samble
Dames et chevalier ensamble — *J. et B.*, 4869
« il me semble qu'ils s'assoient tous, les dames avec les chevaliers »

— Les locutions *il i a, il est, il puet estre* se réduisent fréquemment à *i a / a, est, puet estre* :

♦ Or sachiés k'*il* n'a mie encore granment de tans que uns cevaliers de cest païs fonda cest castel — *Trist.*, prose, 18, 10

♦ *il* n'est hons qui si sages soit
qui aucune eure ne foloit — *Ren.*, 10867
« il n'est personne d'assez sage pour ne pas se montrer fou parfois »

♦ *il* ne puet estre milleur vie
que cele d'ami et d'amie — *J. et B.*, 2279

mais :

♦ Bien voi *ne puet estre* autrement — *J. et B.*, 1879

b) L'emploi du pronom sujet peut servir à marquer un changement de sujet et éviter ainsi toute ambiguïté référentielle.

♦ Li reis, quant la novele oï, […]
Jus de la tur est descenduz
E encuntre Eliduc venuz.
De sun bienfait le mercïa
E *il* [Eliduc] les prisuns li livra — *Elid.*, 258
« À cette nouvelle, le roi […] descend de la tour à la rencontre d'Eliduc; il le remercie de son exploit. Eliduc lui remet les prisonniers »

c) On assiste au développement du pronom sujet indéfini *on*.

On (*en, an*) est à l'origine le CSS du substantif *(h)om/(h)ome* et la présence possible de l'article devant *on* témoigne de sa nature originelle de substantif. Mais c'est de bonne heure — dès le XIe siècle — qu'il prend la valeur de sujet animé indéterminé.

♦ Ensi puet *on* fol conforter — *J. et B.*, 940
« C'est ainsi que l'on calme les fous »

Il peut conserver sa forme ancienne :

♦ Une si grant clarté jetoit
Hom ne vit onques sa parelle — *B.I.*, 3133
« Elle répandait une telle lumière que jamais on n'en vit de semblable »

Comme les autres pronoms sujets, *on* est d'abord prédicatif avec pour conséquence une aptitude à être disjoint du verbe :

♦ Mes par l'apostre qu'*en* a Rome requiert — *Orange*, 386
« Par l'apôtre qu'on invoque à Rome »

Mais il perd peu à peu de cette autonomie et apparaît de plus en plus souvent conjoint au verbe, soit devant :

♦ *On* aloit disant par le monde que u roiaume de Logres avoit greigneur pais que en nul autre païs
Trist., prose, 122, 20

soit derrière :

♦ Autres paroles ne dist *on* orendroit de monsigneur Tristan
Trist., prose, 111, 20

1.2.2. La place du pronom personnel sujet

1.2.2.1. Il peut figurer devant le verbe

Son caractère prédicatif le rendant apte à ouvrir la phrase, il peut être antéposé au verbe en l'absence d'autre élément tonique dans la zone préverbale.

♦ Et ele dit : *Je* vos creant
Le congié jusqu'a un termine — *Yv.*, 2564
« Je vous accorde ce congé, lui répond-elle, pour un temps seulement »

1.2.2.2. Il prend place derrière le verbe

a) Dans les phrases assertives commençant par un élément tonique (syntagme nominal complément ou adverbe).

♦ Sire, fet ele, le respit de quarante jorz pren *ge* — *Artu*, 68, 25

♦ Einsi poez *vos* veoir en ceste aventure la senefiance de la Passion Jhesu Crist
Queste, 39, 19

C'est la forme tonique du pronom qui peut être choisie dans ce cas (pour la P1) :

♦ La irai *gié!* — *Théo.*, 121

■ ***Remarque :*** si c'est un adverbe de phrase (*neporquant, certes, sempres, porquoi*…) qui ouvre la phrase, le pronom sujet peut demeurer devant le verbe :

♦ Et certes *il* m'est moult bel que je le sai — *Artu*, 28, 16
« Assurément, je suis très heureux de l'apprendre »

b)Dans les phrases interrogatives.

© ARMAND COLIN. La photocopie non autorisée est un délit.

Il peut alors être séparé du verbe par un (voire deux) pronoms régimes non prédicatifs :

♦ Volés le *vos*, biau sire, avoir? *Am. et Yd.*, 4154

♦ Si dit : Sire or ai grant envie
que je seüsse vostre non;
direiez le me *vos?* *Chev. Char.*, 1922

c) Dans les incises insérées dans le style direct ou indirect pour indiquer à qui sont attribués les propos rapportés.

Le pronom sujet est postposé au verbe d'énonciation (*dire, respondre*...) ou plus souvent au verbe *faire* utilisé comme substitut d'un verbe d'énonciation :

♦ Sire, fet *ele*, encore i a plus *Artu*, 52, 50

1.2.3. Non expression du pronom sujet

Si l'on met à part la tendance ancienne à n'exprimer le pronom sujet que pour des raisons d'expressivité, l'omission du pronom se justifie généralement par la présence dans la zone préverbale d'un élément tonique.

En effet, dès que la zone préverbale est occupée par un syntagme complément ou un adverbe, le verbe prenant de préférence la deuxième place dans la phrase, le sujet se trouve automatiquement rejeté en troisième position[2]. Mais à la différence d'un sujet nominal (exprimé effectivement), le sujet pronominal est dans la plupart des cas omis.

a) La place 1 peut être occupée

— par un syntagme nominal complément d'objet direct :

♦ uns revelins avoit [il] chauciez *Perc.*, 602

« il avait aux pieds une paire de chaussures grossières »

■ ***Remarque :*** un infinitif en fonction nominale, complément d'un verbe conjugué, peut jouer ce rôle :

♦ Li Biaus Descouneüs dist : Sire,
proier le vos vauroie [je] et dire
que vos nos laissiés aler *B.I.*, 2800

— par un syntagme nominal complément circonstanciel :

♦ et a l'endemain a hore de prime le fist [il] chevalier
Queste, 3, 8

« le lendemain, dès le lever du jour, il le fit chevalier »

— par un syntagme nominal attribut :

♦ Puis li a dit : Li miens amis,
conquis m'avés, vostre serrai [je] *B.I.*, 2263

(= attribut du sujet)

♦ A mari, sire, vos prendrai [je] *B.I.*, 2275

(= attribut du complément d'objet direct)

b) La place 1 peut aussi être occupée par un adverbe ou une locution adverbiale.

♦ Si chevauchent [il] le droit chemin tant qu'il vindrent a Escalot
Artu, 37, 2

■ ***Remarque :*** et est par nature une conjonction de coordination. Normalement, elle n'entraîne pas de postposition du sujet au verbe :

♦ Mes je ne conterai hui mes,
se ma dame m'an leisse an pes
et *je* li prie qu'ele s'an teise *Yv.*, 121

Toutefois, sous l'influence de l'adverbe *si*, avec lequel elle peut alterner en début de phrase, il arrive que la conjonction dépassant son sens habituel, devienne l'équivalent de « cependant », « pourtant » ou de « par conséquent », et prenne alors une valeur adverbiale déterminant une inversion du sujet[3].

Par extension, *et* peut entrainer l'inversion du sujet — donc l'omission du pronom sujet — même lorsqu'il reste simple conjonction :

♦ Mais, por Diu, nel prendés a ire
que j'en i voise herbergier,
et jostera [je] au chevalier[4] *B.I.*, 2558

« Mais pour l'amour de Dieu, ne vous fâchez pas si je vais me loger là; et je combattrai le chevalier »

c) *Il* indice de l'impersonnel connaît le même sort que n'importe quel pronom sujet.

♦ Molt i ot [il] gent de grant noblesce *Yv.*, 2161

« Il y avait à beaucoup de seigneurs de haute noblesse »

♦ Sire, la aval desoz vostre palés a [il] un perron grant que j'ai veu floter par desus l'eve
Queste, 5, 14

« Sire, j'ai vu là-bas au pied de votre château un gros bloc de pierre flotter sur l'eau »

2. Les pronoms personnels régimes

Du point de vue syntaxique, les pronoms personnels régimes se répartissent en deux grandes catégories : des formes non prédicatives, conjointes au verbe et des formes prédicatives, autonomes. Par rapport à l'opposition morphologique formes atones vs. formes toniques, on peut dire que les formes atones sont toujours « non prédicatives » et conjointes, que les formes toniques sont la plupart du temps prédicatives et autonomes mais qu'elles peuvent avoir également des emplois conjoints.

2.1. Confusions possibles entre certaines formes de pronoms régimes

2.1.1. Confusion entre *li* et *lui*

Au XIIIe siècle, une confusion s'opère parfois entre les formes *li* et *lui*, favorisée par la tendance à réduire [ẅi] à [i].

a) *li* apparaît à la place de *lui* comme pronom prédicatif masculin.

© ARMAND COLIN. La photocopie non autorisée est un délit.

♦ Morir! fet la damoisele, Dex l'en gart; certes ce fust trop doulerex domages, car apres *li* ne demorast plus preudom el monde

Artu, 38, 22

[*li* a pour référent Lancelot]

b) *lui* apparaît à la place de *li* pour représenter un féminin.

♦ Et por la grant biauté que je vi en *lui*, la requis ge d'amors n'a pas granment

Artu, 35, 30

« Il y a en elle une telle beauté que j'ai sollicité son amour voilà peu de temps »

[*lui* a pour référent la demoiselle d'Escalot]

2.1.2. Confusion entre le pronom réfléchi *soi* et le pronom représentant

2.1.2.1. Les emplois du pronom réfléchi soi

Ils sont plus nombreux qu'en français moderne. Il est utilisé comme substitut de *se* chaque fois que le discours requiert l'emploi d'une forme tonique.

a) Il peut être conjoint, derrière le verbe.

♦ Vest *soi* d'un peliçon d'ermine — *J. et B.*, 1147

Cet emploi est courant dans les incises derrière le verbe *faire* substitut d'un verbe d'énonciation :

♦ Tibert, par ta confessïon,
fet *soi* Renart, di moi verté — *Ren.*, 11639

ou derrière un infinitif :

♦ Si n'i a que de ferir *soi* en l'ost — *Artu*, 112, 8

« Nous n'avons plus qu'à attaquer l'armée »

b) Il peut être disjoint, en particulier derrière préposition. Il concurrence alors le pronom représentant (*li/lui*).

— En proposition indépendante, il représente au CR la même personne que le sujet, même si ce dernier est déterminé et même s'il est au pluriel :

♦ Et Josephes l'apela a *soi* et cil i vint — *Queste*, 33, 11

« Josèphé l'appela et l'homme approcha »

— En proposition subordonnée, il peut représenter le sujet de la principale :

♦ [...] el demenot grant tristor
De son ami que ele voit
Qui pres de *soi* combatre doit — *Ené.*, 9314

« Elle manifeste une grande douleur pour son ami qu'elle voit sur le point de combattre à ses côtés »

Il peut représenter aussi une personne autre que le sujet, qu'il s'agisse d'un singulier :

♦ et si tost come il le vit, si li souvint de *soi* — *Queste*, 110, 7

« Dès qu'il le vit, il se souvint de lui »

ou d'un pluriel :

♦ Li quens mengea avec le roi
Et Jehan servi devant *soi* — *J. et B.*, 168
« Le comte mangea en compagnie du roi et Jean fit le service devant eux »

2.1.2.2. L'emploi du pronom représentant à la place du réfléchi

Si le pronom réfléchi peut faire concurrence au pronom représentant, comme nous venons d'en voir des exemples, l'inverse est également possible :

♦ Toute jor entendirent a *eus* logier — *Artu*, 108, 14
« Ils consacrèrent toute la journée à s'installer »

même dans le cas où le sujet est indéterminé :

♦ Tex donc boen consoil autrui
qui ne savroit conseillier *lui* — *Yv.*, 2536
« Tel donne à autrui de bons conseils, qui ne saurait se conseiller soi-même »

Il arrive que seul le contexte permette de décider du référent à attribuer au pronom représentant :

♦ Olivier sent qu'il est a mort nasfret,
De *lui* venger jamais ne li ert sez — *Rol.*, 1965
« Olivier sent qu'il est mortellement blessé; il ne sera jamais rassasié de se venger »

2.2. Les formes non prédicatives

Ce sont des formes clitiques, le plus souvent proclitiques, parfois enclitiques, c'est-à-dire qu'elles ont perdu leur accent propre au profit du verbe qui les suit (« proclitiques ») ou qui les précède (« enclitiques »), le verbe et le pronom ne constituant plus qu'un seul groupe accentuel. Appartenant à la zone verbale, les clitiques sont indissociables du verbe dont ils ne peuvent être séparés que par une autre forme conjointe. Leur manque d'autonomie par rapport au verbe réduit à un petit nombre les fonctions des pronoms clitiques : ils sont compléments d'objet primaire ou secondaire.

2.2.1. Les emplois antéposés au verbe : position proclitique

2.2.1.1. C'est l'emploi courant dans toute proposition énonciative, à deux conditions :

— qu'il n'y ait pas de recherche de mise en valeur du pronom,
— que la phrase commence par un élément tonique.

Cette seconde condition mérite un rappel.

Nous avons noté par ailleurs que la phrase simple, en ancien français, pouvait être divisée en trois zones comportant chacune un accent d'intensité (préverbale, verbale, postverbale) et que, du moins jusqu'au XIIIe siècle, une phrase ne pouvait commencer par un élément atone puisque la zone préverbale serait alors dépourvue d'accent. On ne peut donc envisager une séquence du type :

© ARMAND COLIN. La photocopie non autorisée est un délit.

*z. préverbale	+	z. verbale	+	z. postverbale
*pr. pl. rég. non prédicatif	+	verbe	+	(sujet)

Mais dès que la phrase s'ouvre sur un élément tonique qui sature la zone préverbale, l'ordre

z. préverbale	+	z. verbale	+	z. postverbale
élément tonique	+	pr. pl. rég. non prédicatif /verbe	+	(sujet)

non seulement devient possible mais constitue déjà l'ordre canonique des constituants de la phrase simple.

Jouent la rôle d'élément tonique : le sujet (qu'il s'agisse d'un nom propre, d'un syntagme nominal, d'un pronom, voire d'une proposition), un adverbe, un complément quelconque. En revanche, les conjonctions de coordination ou de subordination — en extraposition — ne sauraient en tenir lieu.

a) La zone préverbale est saturée par le sujet.

♦ Girflés *li* jure qu'il n'en parlera ja — *Artu,* 11, 30

♦ La fille Charle *le* tenait embracié — *Am. et Am.,* 1927
« La fille de Charles le tenait dans ses bras »

♦ Et il *se* lieve et essuie ses eulz — *Queste,* 22, 24

♦ Amis, on *m'*apele Connart — *Nic.,* 599

♦ Ce qu'il se desguisa en semblance de novel
chevalier *m'*en toli la connoissance — *Artu,* 30, 39
« Sa façon de se présenter comme un chevalier nouvellement adoubé m'a empêché de le reconnaître »

■ ***Remarque :*** dans une proposition relative introduite par *qui* (= sujet), le pronom personnel régime non prédicatif précède normalement le verbe :

♦ Il ne voit chose qui *li* pleise — *J. et B.,* 650

b) La zone préverbale est saturée par un adverbe.

♦ Et quant il l'ot ensemble mis, si *l'*apela la Mort Artu — *Artu,* 1, 10
« Quand il l'eut jointe au reste, il l'appela La Mort Artu »

Ne adverbe de négation placé en tête de la phrase permet l'antéposition du pronom personnel régime conjoint au verbe :

♦ Ne *l'*oi mie bien salüé
Quant il me vint a l'estrié prendre — *Yv.,* 198
« À peine l'avais-je salué, qu'il vint me prendre à l'étrier »

c) La zone préverbale est saturée par un complément quelconque.

— un complément d'objet direct :

♦ Tel cop *li* donroi de ma pate [...]
que je l'abatrai en la place — *Ren.,* 9377
« Je lui donnerai un tel coup de patte que je l'étendrai raide »

— un complément d'objet indirect :

♦ Mais d'une chose *me* remembre — *Tresc.,* 67
« Mais je me souviens d'une chose »

— un complément d'attribution :

♦ Blonde *le* disent erroment
que Jehans ne puet mengier mes *J. et B.*, 640
« Elles courent dire à Blonde que Jean ne peut plus manger »

— un complément circonstanciel :

♦ Desuz le chief *me* mistrent sel,
vin et oille, farine et cendre *Ené.*, 1040

— un participe, dans le cas d'un verbe conjugué à un temps composé :

♦ [...] li miens amis,
conquis *m*'avés, vostre serrai *B.I.*, 2275

— une proposition :

♦ Ainz qu'il i muire, *se* sera chier vendu *Alis.*, 316
« Avant de mourir, il aura vendu cher sa vie »

La proposition circonstancielle temporelle fonctionne comme une construction nominale du type « avant sa mort ».

d)La zone préverbale peut être occupée par deux ou plusieurs éléments toniques.

♦ Apres mangier, par mi ces sales,
cil chevalier *s*'atropelerent *Yv.*, 9

(deux compléments circonstanciels + sujet)

♦ de ses plaies mout *se* dieut *Tresc.*, VIII, 218
« Ses blessures la font énormément souffrir »

(complément circonstanciel + adverbe)

♦ et son heaume luisant
encontre terre *li* fu aval pendanz *Alis.*, 12
« Son heaume brillant pendait à son cou »

(sujet + complément circonstanciel)

■ ***Remarques***

a) Le pronom régime conjoint est susceptible d'enclise lorsqu'il est associé à certains monosyllabes. Les combinaisons les plus fréquentes sont celles de *le, les* avec le pronom sujet *je*, l'adverbe de négation *ne,* l'adverbe *si* et la conjonction *se*. On les rencontre jusqu'à la fin de l'ancien français même si elles perdent du terrain dans le courant du XIIIe siècle, surtout dans les textes en prose.

-je + le > jol, jel

-je + les > jes

-ne + le > nel

-ne + les > nes

-si + le, se + le > sil/ sel

-si + les, se + les > sis, ses

— *Le* et *les* se combinent encore avec *qui* et *que* sous les formes *quil, quel, quis, ques* mais ces associations sont moins bien représentées.

© ARMAND COLIN. La photocopie non autorisée est un délit.

— En revanche, l'enclise de *me, te, se* est rare et témoigne d'un état ancien de la langue (on ne la rencontre plus à partir du milieu du XIIe siècle) :

-ne + me > nem

-se + me > sem

b) Le pronom régime conjoint est également susceptible de s'élider devant une initiale vocalique. Le phénomène est quasi systématique dans le cas de *me, te, se, le, la.* Les exceptions sont dues à des contraintes métriques. Pour *li* (masculin et féminin), l'élision ne se produit guère que devant les pronoms adverbiaux *en* et *i* :

♦ Si *l'*en set mout bon gré — *Alis,* 1260

« Il lui en est très reconnaissant »

Elle n'est d'ailleurs pas obligatoire :

♦ Si se blame de ce que il ne creï Galaad, car il *li* en est ja mescheü
Queste, 42, 14

« Il se reproche de ne pas avoir écouté Galaad, car cela lui a déjà coûté cher »

Et d'un autre côté, *li* s'élide parfois devant un autre mot que *en* ou *i*, sans doute pour des raisons de métrique :

♦ [...] en pou d'eure estranglé *l'*avra
toz ses bues, ja nus nel savra — *Ren.,* 9471

(*l'= li*)

« En un rien de temps (l'ours) lui aura étranglé tous ses boeufs, sans que personne ne le sache »

c) À partir du XIIIe siècle, la nécessité d'avoir un élément tonique en zone préverbale devient moins impérative.

Le pronom personnel régime conjoint peut apparaître devant le verbe dans une proposition énonciative coordonnée, derrière la conjonction de coordination :

♦ Si s'entresaluent et *se* metent en leur chemin et *s'*en vont ensemble parlant de meintes choses
Artu, 30, 25

« Ils se saluent et se mettent en route ensemble, devisant de choses et d'autres »

ainsi que dans une proposition subordonnée, derrière la conjonction de subordination, ou le pronom relatif complément :

♦ En la moitié a el assez
de sa beauté por estre dame
ou d'un empire ou d'un roiaume,
se *m'*en as la verité dite — *Dole,* 814

« Si tu m'as dit la vérité à son sujet, la moitié de sa beauté est suffisante pour faire d'elle la suzeraine d'un empire ou d'un royaume »

♦ L'empereres le tint mout cort
que *li* a preïst une dance — *Dole,* 3411

« L'empereur le presse fort de lui apprendre une danse »

♦ Par cele foi que *me* devez — *Dole,* 1154

2.2.1.2. Dans les phrases impératives négatives ou commençant par un adverbe ou un complément nominal quelconque

De façon générale, l'ancien français n'exprime pas le sujet de l'impératif : il n'y a donc pas de saturation possible de la zone préverbale par ce type d'élément tonique. En revanche, dès qu'un autre élément tonique ouvre la phrase, on retrouve l'ordre : élément tonique + pronom personnel régime non prédicatif + verbe.

a) Impérative négative.

♦ Bele, ne *m'* escundites mie — *Guig.*, 506
« Ma chère, ne me repoussez pas »

La présence de l'adverbe de négation en tête de l'impérative permet l'antéposition de *m'* au verbe.

b) Impérative positive.

— commençant par un adverbe :

♦ veraiement *le* sachiez — *Artu*, 24, 30
« Sachez-le, en vérité »

La présence fréquente devant l'impératif d'adverbes qui renforcent l'injonction permet d'antéposer le pronom régime atone au verbe (*car, or, dont*) :

♦ [...] car *me* dit
se tu es boene chose ou non — *Yv.*, 326
« Dis-moi donc si tu es ou non une bonne créature »

— commençant par un complément nominal quelconque :

♦ De chele cocue grimuche
Et de ce vilain a l'aumuche
Me devisés que che puet estre — *Nic.*, 507
« Ce magot à la tête en pointe et ce manant au bonnet, dites-moi de quoi il peut bien s'agir »

■ ***Remarque :*** à partir du XIIIe siècle, comme nous l'avons noté à propos des phrases énonciatives, le pronom personnel régime atone peut figurer en tête d'une impérative coordonnée, derrière la conjonction de coordination :

♦ alez a cele tombe la, et *la* levez, et je vos di que vos troveroiz desoz aucune grant merveille
Queste, 36, 5
« Approchez-vous de cette pierre tombale et soulevez-la. Vous assisterez alors, je vous l'assure, à un spectacle stupéfiant »

2.2.1.3. Dans les interrogations partielles ou dans les interrogations totales s'ouvrant sur un adverbe quelconque

a) L'interrogation partielle, qui porte sur l'un des constituants de la phrase autre que le verbe, commence par un terme interrogatif (pronom ou adverbe) qui sature la zone préverbale.

♦ Dunt vient ele? Ki *l'*amena? — *Guig.*, 776

♦ Ribauz, neanz, que *vos* avoie ge forfet qui en dormant m'avez navré?
Artu, 64, 43
« Crétin, moins que rien, que vous ai-je fait de mal pour que vous me blessiez ainsi pendant que je dormais ? »

© ARMAND COLIN. La photocopie non autorisée est un délit.

♦ Mes por quoi *l'*avez vos dit? *Artu,* 53, 35

b) L'interrogation totale se traduisant systématiquement par la postposition du sujet au verbe, le pronom personnel régime atone se place devant le verbe à condition qu'un élément tonique autre que le sujet figure en zone préverbale. Tout adverbe peut faire l'affaire, en particulier l'adverbe de négation *ne*.

♦ Dont *m'* avroies tu bien trové,
se de tes mains iere eschapé? *Ren.,* 9511

« Est-ce que tu m'aurais retrouvé si je m'étais échappé de tes mains ? »

♦ Ne *me* diroiz voz autre chose? *Artu,* 41, 26

« N'avez-vous rien d'autre à me dire ? »

2.2.1.4. *Le pronom personnel régime d'un infinitif ou d'un gérondif régi par un verbe conjugué est antéposé au syntagme verbal*

♦ Sire, dist ele, mout *me* puis merveillier
De dant Amile vostre compaignon chier *Am. et Am.,* 2008

« Seigneur, dit-elle, je m'étonne beaucoup du comportement de messire Amile votre compagnon bien aimé »

♦ Li paroschien sanz contredit
Le vont tantost mout fort prenant *Av. Comp.,* 314

« Sans hésiter, les paroissiens le saisissent de vive force »

— L'usage vaut même dans le cas d'un infinitif prépositionnel, régi par *a* :

♦ Lors *le* comance a escorchier;
le cuir li fant desus la cote *Yv.,* 3454

« Il se met alors à le dépouiller, lui fendant le cuir au-dessus des côtes »

— Il vaut également lorsque la périphrase qui inclut le gérondif dépend elle-même d'un verbe conjugué :

♦ Li clers erraument se pourvoit
qui *les* veut aler falordant *Av. Comp.,* 39

« Le clerc, qui veut leur jouer un bon tour, se met aussitôt à réfléchir »

2.2.1.5. *L'ordre des pronoms personnels régimes objet direct et objet second*

a) Dans le cas d'un verbe à trois valences, admettant deux compléments d'objet pronominaux, le complément d'objet direct se trouve toujours en première position, quelle que soit la personne de l'objet second.

♦ Por ce, fet il, que je vos vueil demander un don; si vos pri que vos *le me* donnez
Queste, 40, 24

♦ Bien *le vus* dis qu'en avendreit *Yon.,* 321

« Je vous avais bien prédit ce qui arriverait »

♦ Savez vos coment ceste espee a non? — Damoisele, font il, nanil. Vos *la nos* devez nommer
Queste, 227, 26

« Savez-vous le nom de cette épée ? — Non, mademoiselle, c'est vous qui devez nous le dire »

■ ***Remarque :*** le picard fait apparaître un phénomène de métathèse : *le mes, le tes,* pour *les me, les te* :

♦ Non, mais pour Dieu le glorious
le mes dites, et jes orrai *Chev. Bar.*, 281
« Non, mais par Dieu le Tout-Puissant, dites-les moi et j'écouterai »

♦ Nequedent je *le tes* dirai,
que ja de mot n'en mentirai *Mar. Eg.*, 917
« Cependant je te les confesserai sans le moindre mensonge »

b) Lorsque les deux compléments sont de la troisième personne, sasn qu'il y ait vraiment incompatibilité entre les pronoms, le plus souvent le complément d'objet direct est omis.

♦ Aportez ça l'espee ; si la metrai as piés dou lit. Et ele *li* [= la li] aporta *Queste,* 223, 26
« Apportez l'épée ici, je la mettrai au pied du lit. Elle la lui apporta »

On le rencontre cependant de façon épisodique, vraisemblablement pour des raisons de métrique :

♦ Lors dist qu'il se voloit couchier
o son seignor et ovuec lui [...]
Et la dame *le li* ostroie *Tresc.*, 53
« Il lui dit qu'il désirait coucher avec elle et avec son mari [...]. La dame le lui accorda »

2.2.2. Les emplois postposés au verbe

Ils sont plus rares que les emplois antéposés.

Les pronoms *le, la, les, li* sont postposés au verbe tels quels.

■ ***Remarque :*** seuls les dialectes de l'Ouest ont créé des formes toniques *lei, lai,* analogiques de *mei, tei, sei,* pour cet emploi :

♦ Li traïtres s'en vait : veez *lei*, veez *lei!* *Beck.*, 1919
« Le traitre s'enfuit : regardez-le! »

En revanche *me, te* et *se* sont le plus souvent postposés sous leur forme tonique (*moi, toi, soi*) mais sans devenir pour autant prédicatifs. Ils restent conjoints au verbe, par rapport auquel ils n'ont pas plus d'autonomie que lorsqu'ils lui sont antéposés :

♦ Certes, sire, ge vos puis bien dire que mar vos vi onques. — Por quoi? damoisele? fet Lancelos, dites *le moi*
Artu, 57, 15
« Oui, seigneur, je peux bien dire que c'est pour mon malheur que je vous ai rencontré. — Pourquoi, mademoiselle, demande Lancelot, dites-le moi »

La différence de traitement entre *le, la, les, li* d'une part et de *me, te, se* d'autre part peut s'expliquer : dans le cas de *le, la, les, li,* l'emploi d'une forme tonique derrière le verbe neutraliserait l'opposition objet direct/objet indirect (la forme tonique étant unique). Par exemple, l'objet atone *le* et l'objet indirect atone *li* se confondraient en *lui.* Dans le cas de *me, te, se* les régimes direct et indirect sont déjà confondus dans une forme atone unique : on n'éprouve pas le besoin d'établir une différenciation dans la forme tonique[5].

© ARMAND COLIN. La photocopie non autorisée est un délit.

L'emploi des formes toniques *moi, toi, soi* n'est cependant pas général. En fait, il est facultatif dès que le pronom ne se trouve pas sous l'accent c'est-à-dire qu'il ne termine pas le groupe verbal :

♦ Haste *toi*, frere, mout en ai grant mestier — *Alis.*, 1956

♦ Creez *moi*, lessiez vostre mestre — *Théo.*, 90

mais :

♦ Deguerpiroiz *me* vos ainsi? — *Ené.*, 1683
« Me quitterez-vous ainsi ? »

♦ Que avez donc? — Falt *me* li cuers — *Ené.*, 1274
« Qu'avez-vous donc ? — Le cœur me manque »

Le pronom complément est inséré dans le groupe verbal, devant le sujet pronominal ou nominal ; *me* et *te* peuvent alors être élidés :

♦ Fui ! fet ele, lesse *m'*en pes — *Yv.*, 1649

■ ***Remarques***

a) La forme élidée est obligatoirement *me* ou *te*, les formes toniques *moi, toi, soi* ne pouvant en aucun cas subir l'élision.
b) La graphie du texte peut masquer une élision que le compte des syllabes rend indispensable :

♦ Biax Sire Dex, menez *me* a salveté
Jusqu'a Orenge, ma mirable cité — *Alis.*, 1187

L'emploi des formes atones *me, te, ṣe* derrière le verbe, mais en dehors de l'accent, n'a rien de dialectal. En revanche, la présence de la forme atone en fin du groupe verbal est plus caractéristique des parlers du Nord, en particulier du picard :

♦ Diva ! biaus crestïens, tais *te*, ne pleure ! — *Nic.*, 1262

2.2.2.1. *Dans les phrases impératives positives ne commençant ni par un adverbe ni par un complément nominal*

♦ Biax filz, fet il, je vos otroi
Vostre pleisir, et dites *moi*
Que vos volez que je vos doingne — *Clig.*, 98
« Mon cher fils, dit-il, je ferai selon votre volonté; dites-moi donc ce que vous désirez »

■ ***Remarques***

a) On rencontre de même le pronom conjoint postposé à la particule présentative *ez* « voici » (< *ecce*).

♦ ez *vos* la dame changiee — *Yv.*, 1751
« Voilà déjà la dame de tout autre humeur »

ainsi que derrière *este(s)*, dû à la confusion de *ez* avec une forme conjuguée de *estre* :

♦ Que qu'ele s'aloit dementant,
estes *vos* II. serjanz lo roi — *Do Mire*, VII, 123
« Tandis qu'elle se lamentait, voici que surgirent deux messagers du roi »

b) Si le verbe a deux compléments pronominaux COD et COS, ils lui sont tous deux postposés dans l'ordre COD + COS.

♦ A pié descendent, ez *les vos* desmontez — *Alis.*, 2130
« Ils descendent de cheval, les voilà par terre »

2.2.2.2. *Dans les interrogations totales ne commençant pas par un adverbe*

Le verbe prend la première place et le pronom conjoint le suit directement :

♦ Volés *le* vous, biau sire, avoir? — *Am. et Yd.*, 4154

Lorsque le verbe a deux compléments pronominaux, objet direct et objet second, ils se trouvent postposés dans le même ordre qu'antéposés, à savoir objet direct + objet second :

♦ Si dit : Sire or ai grant envie
que je seüsse vostre non;
direiez *le me* vos? — *Chev. char.*, 1922

■ ***Remarque :*** à partir du XIIIe siècle, on commence à rencontrer le pronom personnel régime non prédicatif en tête de l'interrogation totale :

♦ Beax sire, dites moi por Dieu :
me dites vos tout ce par geu? — *Tresc.*, 372

2.2.2.3. *Dans les phrases énonciatives où le sujet est omis ou postposé au verbe et en tête desquelles ne figure aucun autre élément tonique*

L'omission ou la postposition du sujet relève généralement d'un choix stylistique. Il s'agit d'une construction ancienne; elle est fréquente dans les premières chansons de geste, en particulier avec les verbes de perception *veoir* et *oïr* :

♦ Voit *le* li cuens, le sens cuide changier — *Orange*, 897
« À ce spectacle, le comte faillit devenir fou »

♦ Ot *le* Guibor, lou san cuida desver — *Chev. Viv.*, 1303
« À ces mots, Guibourg faillit perdre la tête »

Elle devient plus rare par la suite mais on la rencontre encore dans les chansons de geste tardives, avec les mêmes verbes de perception :

♦ Voit *le* Guillelmes, si commence a plorer — *Alis.*, 1006

mais aussi avec d'autres verbes :

♦ Va *s'en* Amiles, li prouz — *Am. et Am.*, 2042

et elle n'est pas ignorée d'autres types de textes :

♦ Demande *li* cumfaitement
Il est venuz e de queil tere — *Guig.*, 308

[le sujet est omis]

♦ Que avez donc? — Falt *me* li cuers — *Ené.*, 1274

[le sujet nominal est postposé]

© ARMAND COLIN. La photocopie non autorisée est un délit.

■ ***Remarque :*** cette construction peut se rencontrer en incise :

♦ En non Dieu, sire, fet *soi* li escuiers, ge ne sei qui il est
Artu, 41, 117

« Par Dieu, seigneur, répond le jeune homme, je ne sais pas qui il est »

2.2.2.4. Derrière un infinitif

Il a été vu par ailleurs (*cf.* 2.1.1.4.) que le pronom personnel complément d'un infinitif régi par un verbe conjugué se plaçait de façon générale devant le syntagme verbal.

L'ancien français connaît une autre construction, qui rejette le pronom complément derrière l'infinitif.

Elle apparaît souvent dans le cas d'un infinitif prépositionnel :

♦ Je ai plus grant volenté de combatre *moi* encontre chiaus du lingnage le roi Ban que a nul autre cavalier
Trist., prose, 117, 29

« Je suis bien plus désireux de me battre contrer ceux du lignage du roi Ban que contre tout autre chevalier »

Mais il peut s'agir également d'un infinitif régi directement :

♦ Se li cevaliers ki vous conduit ne vous veut desfendre et combatre *soi* encontre moi, je vous enmenrai, bien le sace il
Trist., prose, 127, 6

« Si le chevalier qui vous escorte ne veut pas vous défendre en vous disputant à moi par les armes, je vous emmènerai, qu'il en soit averti »

■ ***Remarque :*** attention à certains emplois de lui :

♦ Assez purrez aveir leisir
De mustrer *lui* vostre plaisir — *Elid.,* 454

Il ne s'agit nullement d'un emploi atypique de la forme prédicative derrière l'infinitif mais le résultat de la confusion relevée parfois dans les manuscrits du XIIIe siècle entre *li* et *lui* (*cf.* 2 Remarque).

2.2.3. Le pronom personnel complément d'intérêt et le « datif éthique »

Il s'agit de deux cas particuliers du complément d'objet second. Le pronom peut être antéposé ou postposé au verbe mais il s'agit toujours d'une forme non prédicative.

2.2.3.1. Le complément d'intérêt

Le pronom personnel représente la personne en faveur ou au détriment de laquelle se fait le procès :

♦ Vos *m'*en irez au seneschal,
Si porterez cest affichal — *Dole,* 4290

« Vous irez de ma part porter au sénéchal cette broche »

2.2.3.2. Le « datif éthique » (pour reprendre l'appellation accolée à cette construction en latin)

Le pronom sert à prendre à témoin les auditeurs (ou les lecteurs), à attirer ou à retenir leur attention. Il s'agit toujours alors d'un pronom de la deuxième personne. Cet emploi apparaît essentiellement dans la tournure *(A tant) ez vos...* :

♦ Ez *vos* la damme qui tant fu effraee
De la merveille est cheüe pasmee *Am. et Am.*, 3193
« Voilà la dame si bouleversée par ce miracle qu'elle tombe sans connaissance »

Ez laisse éventuellement la place à *estes* par confusion avec une forme conjuguée de *estre*. Le rapport *es* (P2 du présent de l'indicatif de *estre*) > *estes* (P5) a déterminé *ez* > *estes*.

♦ Que qu'ele s'aloit dementant,
estes *vos* II. serjanz lo roi *Do Mire*, 123

Si la particule *ez* régit également un pronom personnel complément d'objet direct, celui-ci, selon la règle habituelle, s'intercale entre le verbe et le complément d'intérêt.

♦ Iluec sont andui descendu.
Estes *les vos* andos ansanble *Enéas*, 1521
« Ils sont descendu [dans la grotte]. Les voilà tous les deux ensemble »

La tournure du « datif éthique » est difficilement transposable en français moderne. S'il est possible de traduire le caractère d'immédiateté du procès[6] (« voici/voilà que »), on est obligé, en revanche, de faire l'économie du datif d'intérêt.

■ ***Remarque :*** l'emploi de ces deux types de complément est resté bien vivant dans la langue. On le rencontre couramment à l'époque classique :

♦ On lui lia les pieds, on *vous* le suspendit
La Fontaine, *Le meunier, son fils et l'âne.*

Aujourd'hui il convient parfaitement à la langue familière en raison de sa valeur expressive :

♦ Enterre les babas, Jean-Alain. Tu es un yuppie. Mets-*nous* ça à la poubelle !
Jannin et Honorez, *Germain et nous...*, n° 13.

L'association du complément d'intérêt et du « datif éthique » permet des effets inattendus :

♦ Une bouteille de beaujolais, et vlan, il *te m'*invente l'essuie-main à moteur
Franquin, *Gaston Lagaffe*, n° 7.

♦ J'aurais dû garder Balladur, tiens ! il *te m'*aurait privatisé la Corse vite fait !
[attribué à M. Rocard] Faizant, *Le Figaro*, mars 1989.

2.2.4. Les pronoms adverbiaux *en* et *i*

2.2.4.1. Sémantique de en *et* i

A) *EN.*

a) Le plus souvent, *en* équivaut pour le sens à un pronom complément régi par la préposition *de*, celle-ci pouvant exprimer diverses relations.

© ARMAND COLIN. La photocopie non autorisée est un délit.

— Son référent peut être une chose :

♦ Ele estoit d'un samit vestue [...]
La pene *en* fu molt bien ouvree *B.I.*, 2247

« Elle était vêtue d'un manteau de soie; la doublure en était somptueusement travaillée » [complément déterminatif]

♦ Puis trest l'espee, qui d'or est enheudie
Ce fu Joieuse ou durement se fie,
Tot *en* fendi un Turc tresqu'a l'oïe *Alis.*, 532

« Il tire alors son épée à la garde d'or; c'était Joyeuse en qui il avait toute confiance. Il en pourfend un Turc jusqu'aux oreilles » [complément circonstanciel de moyen]

— Son référent peut également être une personne :

♦ Ceste meschinne au gent cors afaitié [...]
Un fil *en* ai, celui tenez vos chier *Am. et Am.*, 2203

« Cette jeune femme au corps magnifique [...], j'ai eu un fils d'elle, prenez soin de lui »

♦ Sire, je vos ameign nostre norriçon [...] que vos *en* façoiz chevalier
Queste, 2, 26

« Seigneur, je vous amène cet enfant que nous avons élevé [...] afin que vous le fassiez chevalier »

■ ***Remarques***

a) Il peut être l'équivalent d'un complément direct dans une construction négative en relation avec un auxilliaire de la négation.

♦ Biax filz, ja plus ne la retien,
La pucele, mes laisse l'i.
A celui mie n'abeli,
Qu'il jure qu'il n'*en* rendra point *Chev. char.*, 1715

« Cher fils, ne retiens pas davantage cette jeune fille et rends-la à celui qui l'accompagne. Le jeune homme, mécontent, jure qu'il ne la rendra pas »

b) Il peut compléter un numéral.

♦ Je vos di por voir que g'*en* ai ocis par ma main dis et uit
Artu, 3, 19

c) Il peut avoir pour référent une autre personne que la troisième.

♦ Or *en* serai demain delivres,
Maugrez en ait vostre visages *Théo.*, 373

« Demain je serai débarrassé de vous, quelque vilaine figure que vous fassiez »

— *En* évoque aussi souvent une idée énoncée antérieurement; il est alors anaphorique :

♦ Mes par Mahom, mon cheval me rendez [...]
Et voz neveus toz quites *en* ravrez *Alis.*, *1654*

« Par Mahomet, rendez-moi mon cheval [...] vos neveux retrouveront alors leur entière liberté »

ou bien il annonce une idée à venir; il est alors cataphorique :

♦ Molt *en* est en grant anguisse
comment celui retenir puisse *B.I.*, 2285

« Elle est très anxieuse de trouver un moyen de le retenir »

■ ***Remarque :***

On peut hésiter sur le référent exact de *en* :

♦ Quant cil cuverz nos ot ce dit,
si se tolt apres un petit;
veïmes le mesaaisié,
tuit *an* aümes grant pitié *Ené.*, 1068

« Quand le traître nous eut raconté tout cela, il se tut; le voyant en si piteux état, nous en eûmes tous grand pitié/ nous eûmes tous grand pitié de lui » [de cela/de lui]

b) L'emploi de *en* est parfois redondant.

Il reprend un élément du cotexte de gauche immédiat :

♦ De ton servise t'*en* ai loier rendu *Alis.*, 1371

« Je t'ai récompensé pour ton service »

ou annonce un élément du cotexte de droite immédiat :

♦ Que vous *en* semblet d'Arrabiz e de Francs? *Rol.*, 3511

« Que pensez-vous des Arabes et des Francs ? »

c) Commutable avec *de là*, *en* peut garder la trace de son sens locatif d'origine (*inde* = « de là »). C'est le cas avec des verbes signifiant le mouvement (*aler, torner, corir…*).

♦ Et quant ele s'*en* est tornee
s'est sa joïe en dolor tournee *J. et B.*, 665

« Mais quand elle a quitté la chambre, le bonheur de Jehan s'est transformé en douleur »

À partir de ce type d'emploi, *en* a pu prendre la valeur d'un simple indice aspectuel du verbe. Il traduit alors essentiellement l'aspect inchoatif du procès et fonctionne déjà comme un préverbe (*cf. s'en aller, s'en fuir, s'en partir…*) :

♦ Mar s'*en* ira, si l'averons desmembré *Alis.*, 1266

« Avant qu'il ne s'en aille, nous l'aurons taillé en pièces »

En ancien français, *en* reste toutefois indépendant du verbe : il peut en être séparé ou lui être postposé :

♦ Issi nos *en* porons aler *B.I.*, 2348

« Nous pourrons ainsi nous en aller »

♦ A tant Renart hors du crues saut,
vis li est aler s'*en* puet bien *Ren.*, 9703

« Renart saute alors du trou, bien persuadé qu'il peut s'en aller »

En peut même s'associer à des verbes ne signifiant plus le mouvement mais la perception (*regarder, entendre…*), l'énonciation (*apeler, araisnier, escrier…*), voire tout autre sémantisme. Là encore il permet de marquer l'aspect inchoatif ou perfectif du procès[7].

♦ Et li autre *en* ont tuit chanté *Dole*, 5112

« Et les autres se sont tous mis à chanter »

Il peut devenir intraduisible en français moderne :

♦ Mes sires Guillames s'*en* rit :
Certes, fet il, mout a bien dit *Dole*, 1563

« Messire Guillaume sourit et dit : voilà qui est bien parlé »

© ARMAND COLIN. La photocopie non autorisée est un délit.

B) I.

De façon générale, ses valeurs sont plus réduites que celles de *en* .

a) Il conserve souvent une valeur locale : « là », « à cet endroit ».

♦ Un grant cheval fist de fust faire, [...]
Dedanz lo fist molt bien chever,
Et s'*i* fist faire granz estages — *Ené.*, 893

« Il fit construire un grand cheval de bois [...] il le fit creuser avec soin pour y aménager de vastes plates-formes »

♦ A la fontaine est tost venus,
la bareil tout de plain *i* boute,
mais ainc dedens n'en entra goute — *Chev. Bar.*, 439

« Il s'est rendu aussitôt à la source et y a plongé entièrement le tonneau mais pas une goutte d'eau n'y a pénétré »

Mais par extension métonymique, *i* peut équivaloir à un pronom régi par la préposition *a* et exprimer diverses relations comme la cause, l'accompagnement, le moyen...

♦ N'en ai ja longue reneance,
que tu n'*i* puez riens conquester — *Ren.*, 9447

« Ne continue pas à refuser, tu n'as rien à y gagner »

b) *I* peut référer à un objet, une notion, tout un énoncé (*cf.* les exemples précédents) mais également à une personne[8]. Il concurrence alors le pronom complément d'objet second atone *li*. Cet emploi est courant avec des verbes d'énonciation comme *dire, mander, parler*..., des verbes de mouvement (*aler, venir, avenir...)* ainsi qu'avec le verbe *envoier*.

♦ Ses messages *i* enveia
e par ses letres li manda
que de sun païs ert eissuz — *Elid.*, 111

[*i* a pour référent « le roi »]

« Il lui dépêcha ses messagers, lui faisant savoir par lettres qu'il avait quitté son pays »

♦ Biax filz, ja plus ne la retien,
la pucele, mes laisse l'*i* — *Chev. Char.*, 1713

« Cher fils, ne retiens pas davantage cette jeune fille et rends-la à celui qui l'accompagne »

c) Comme *en*, *i* peut faire redondance avec l'élément qu'il représente, qu'il s'agisse d'un complément de lieu (en relation avec un verbe de mouvement)

♦ Mar *i* entrerent paien en cel regnez — *Alis.*, 2185

« Les païens ont eu grand tort de pénétrer dans ce pays »

ou d'un autre type de complément (lorsque l 'énoncé ne comporte pas de verbe de mouvement) :

♦ Cuidiez *i* vos riens gaaignier
En Renart ainsi menacier? — *Ren.*, 274

« Croyez-vous gagner quelque chose en menaçant ainsi Renart ? »

■ ***Remarque :*** en revanche *i* peut ne pas être exprimé dans la locution présentative *(il) i a, (il) i ot, (il) i avoit*..., lorsqu'un complément de lieu figure déjà dans l'énoncé :

♦ Onqes au grant siege de Troie
n'*ot* home si bien entechié — *Dole,* 41

« Jamais, pendant le célèbre siège de troie, il n'y eut d'homme doué de telles qualités »

ou bien lorsqu'il s'agit d'exprimer le temps :

♦ Ha ! Dex, cele grant amistiez
qu'il avoit au bon chevalier
n'*ot* encore que tierz jor hier,
qui l'a fete si endurcir? — *Dole,* 3646

« Mon Dieu ! cette grande amitié, qu'il y a seulement trois jours hier il portait au valeureux chevalier, qu'est-ce qui a pu la troubler ? »

d) Enfin, *i* peut avoir une valeur extrêmement atténuée, renvoyant aux circonstances plus ou moins précises du procès.

♦ Car le lïons d'une corroie ;
Sachiez quë il est forsenez.
Dist li vallez : "Vos *i* mentez !
Je sai mout bien que ge me di" — *Dole,* 3952

« Attachons-le avec une courroie. Il est complètement fou. "C'est faux, répliqua le jeune homme. Je sais très bien ce que je dis" »

2.2.4.2. *Place des pronoms* en *et* i

Les pronoms adverbiaux *en* et *i* sont des pronoms régimes conjoints. Leur syntaxe est identique à celle de n'importe quel pronom régime non prédicatif.

a) Le plus souvent ils sont antéposés au verbe.

α. Dans les phrases énonciatives, de manière générale, *en* et *i* sont antéposés au verbe, à condition qu'un élément tonique figure dans la zone préverbale.

— La zone préverbale est occupée par le sujet :

♦ Quant Agravains se fu aperceüz de la reïne et de Lancelot, il *en* fu liez durement — *Artu,* 5, 2

« Lorsqu'Agravain eut découvert la liaison qui existait entre la reine et Lancelot, il en fut comblé de joie »

♦ Amurs *i* lance son message — *Elid.,* 304

« Amour lui adresse son message »

— La zone préverbale est occupée par un adverbe :

♦ Et quant il la [la tombe] volt prendre par le gros chief, si *en* voit issir une fumee et une flamme aprés — *Queste,* 36, 20

« Mais quand il voulut soulever la pierre par le haut, il en voit sortir une fumée puis une flamme »

♦ S'*i* mis trestote ma puissance
si qu'an pieces vola ma lance — *Yv.,* 531

« J'y ai mis toute ma force si bien que ma lance a volé en éclats »

© ARMAND COLIN. La photocopie non autorisée est un délit.

— La zone préverbale est occupée par un complément nominal quelconque :

♦ Quant li rois March est venus a l'eglise et il est descendus, grant joie *en* font et grant feste tout cil de Cornuaille

Trist., prose, 87, 26

« Lorsque le roi Marc fut arrivé à l'église et descendu de cheval, tous les gens de Cornouaille l'accueillirent avec des manifestations de joie et de fête »

♦ Trop de tans *i* meteroie
Se tout voloie deviser
Cou que on i puet aviser *J. et B.*, 272

« J'y passerais un temps infini, si je voulais décrire tout ce qu'on peut y observer »

■ ***Remarque :*** à partir du XIIIe siècle, comme n'importe quel autre pronom régime non prédicatif, *en* et *i* peuvent apparaître dans une phrase coordonnée derrière la conjonction de coordination et devant le verbe.

— en énonciative :

♦ De ceste nouvele estoient il mout durement esbahi et *en* avoient le greigneur merveille du monde

Trist., prose, 69, 6

« Cette nouvelle les étonnait beaucoup; elle les troublait aussi extrèmement »

— en impérative :

♦ Va t'en droit au Chastel as puceles et *en* oste les mauveses costumes qui i sont

Queste, 46, 28

« Va droit au Chateau des pucelles pour y abolir les coutumes funestes qui y règnent »

β. Dans les interrogations partielles.

♦ Ou *an* vas tu, vaslez, di va? *Perc.,* 882

« Allons, jeune homme, où t'en vas-tu ? »

♦ Qu' *i* feïs? Chevalier m'a fait
Li rois, qui bone avanture ait *Perc.,* 1365

γ. Dans une impérative commençant par un adverbe ou un complément nominal.

♦ Respunt la dame : « Or *i* alums » *Guig.,* 287

« La dame répond : Allons-y donc ! »

δ. *en* et *i* compléments d'un infinitif régi par un verbe précèdent le syntagme verbal.

♦ Ja n'iert jorz que del mien ne praigne
tot ce que il *an* puet ateindre *Yv.,* 3853

« Pas un jour ne se passe sans qu'il ne ravisse tout ce qu'il peut atteindre de mes biens »

♦ N'en fai ja longue reneance,
que tu n'*i* puez riens conquester *Ren.,* 9447

« Ne continue pas à refuser, tu n'as rien à y gagner »

Que l'infinitif soit prépositionnel ne change rien à la construction :

♦ Mes Lancelos, qui *i* beoit a estre en tel maniere que nus nel conneüst dist [...] que il n'i porroit aler en nule maniere

Artu, 5, 7

« Mais Lancelot, qui voulait s'y rendre incognito, dit [...] qu'en aucun cas il ne pourrait y aller »

b) *En* et *i* sont parfois postposés au verbe.

α. En interrogation totale ne commençant pas par un adverbe.

♦ Si m'aïst Dex, ci a biau non.
As *an* tu plus? *Perc.*, 354

« Pour autant que Dieu me protège, voilà un beau nom. En as-tu encore un autre ? »

♦ Cuidiez-*i* vos riens gaaignier
En Renart ansi menacier? *Ren.*, 274

■ ***Remarque :*** à partir du XIIIe siècle, ils peuvent figurer en tête de l'interrogation totale :

♦ Queles nouveles dient il en la maison le roi Artu des boins cevaliers du monde? — *En* tiennent il grant parlement?

Trist., prose, 106, 10

« Dans la maison du roi Arthur, que dit-on des meilleurs chevaliers du monde ? — En parle-t-on beaucoup ? »

♦ *I* a il nus de vos bleciez? *Ren.*, 9237

« L'un de vous est-il blessé ? »

β. Derrière l'infinitif.

en et *i* étant non prédicatifs, ils ne peuvent prendre place devant l'infinitif (seule une forme prédicative étant admise — comme nous le verrons plus loin — dans ce cas). Ils peuvent être remplacés par *de ce*, *a ce*, quand ils sont pronoms, par *de la, la,* quand ils sont adverbes de lieu. Mais, le plus souvent, ils sont simplement postposés à l'infinitif :

♦ Lors a si grant faim d'aler *i* qu'il ne li sovient del deffens qui li avoit este fet

Queste, 255, 31

« Il éprouve une telle envie d'approcher qu'il oublie l'interdiction qu'on lui a faite »

♦ Et cil le recontent as autres qui moult estoient engrant de savoir *en* la verité

Artu, 71, 59

« Et ils le racontent aux autres qui étaient très avides de connaître la vérité à ce sujet »

c) *En* et *i* peuvent être associés à d'autres pronoms régimes conjoints ou entre eux.

α. Associés à d'autres pronoms personnels, ils leurs sont postposés.

— Que ce soit devant le verbe (lorsque la zone préverbale est saturée) :

♦ Pluseurs *l'en* requistrent suvent *Guig.*, 63

« Beaucoup le lui offrirent »

[l' = le]

♦ Ne *l'en* covient avoir paor *B.I.*, 1625

« Il ne faut pas qu'il ait peur »

[l' = li]

♦ Or *m'en* lessiez dont couvenir *Av. Comp.*, 98

« Laissez-moi donc m'occuper de cela »

© ARMAND COLIN. La photocopie non autorisée est un délit.

♦ Sire, nous avons un besant [...]
Quar *nous en* rendez le sorplus — *Av. Comp.*, 151

« Patron, nous avons là un besant, [...] rendez-nous donc la monnaie »

♦ Mout les redoute, ne *vos en* quier mentir — *Alis.*, 120

« Il les craint beaucoup, je ne veux pas mentir à ce sujet »

♦ Mout grant damage *leur i* est avenu — *Alis.*, 311

« Ce fut là un bien grand désastre pour eux »

— Ou derrière le verbe (en l'absence d'élément tonique en zone préverbale) :

♦ Ha! sire, por Dieu, ne me lessiez morir en ceste forest, mes portez *m'en* en aucune abeie ou j'aie mes droitures — *Queste*, 42, 22

« Seigneur, au nom de Dieu, ne me laissez pas mourir dans cette forêt mais emportez-moi dans une abbaye où je puisse recevoir les derniers sacrements »

♦ Tien, va *t'en* et porte cest escu au serjan Jhesucrist — *Queste*, 29, 19

« Prends cet écu et va t'en le porter au serviteur du Christ »

♦ Et cele dit : Garce, tes *t'an!* — *Perc.*, 5486

« Espèce de chipie, crie-t-elle, tais-toi »

♦ Quant ge nol puis mes retenir,
alt *s'en*, moi estovra morir — *Ené.*, 1856

« Puisque je ne puis le retenir davantage, qu'il s'en aille; moi, j'en mourrai »

♦ Quex corpes et quel tort ont il?
Doi *les an* ge blasmer? Nennil — *Clig.*, 496

« De quelles fautes, de quel tort sont-ils coupables? Dois-je les en blâmer? Assurément non »

♦ Rois, por li vois, ce dist Brengain,
Acordez *m'i*, si ferez bien — *Trist.* Béroul, 524

« Roi, reprend Brangien, je vais le chercher; mais réconciliez-moi avec lui et vous ferez une bonne action »

♦ Biax filz, ja plus ne la retien,
la pucele, mes laisse *l'i* — *Chev. Char.*, 1713

β. Lorsque *en* et *i* sont associés enre eux, c'est dans l'ordre *en + i*.

♦ Mes des paiens est la Terre vestie;
Trop *en i* a; le cors Deu les maudie! — *Alis.*, 525

« Cependant la Terre est couverte de païens. Ils sont très nombreux; que Dieu les maudisse! »

■ ***Remarque :*** sur ce point la syntaxe médiévale diffère de celle du français moderne : « *il y en a beaucoup* ».

2.3. Les formes prédicatives

Toniques, elles sont utilisées chaque fois que le discours nécessite une certaine autonomie du pronom par rapport au verbe. Leurs fonctions sont plus variées que celles des formes non prédicatives : leur aptitude à être régies par des prépositions leur permet en particulier toutes sortes de fonctions circonstancielles.

2.3.1. La forme prédicative est obligatoire lorsque le pronom est régi par une préposition

♦ Sire, ma mere m'enseigna
que vers les prodomes alasse
et que a *aus* me conseillasse — *Perc.*, 1400

« Seigneur, ma mère m'a enseigné à m'adresser aux personnes respectables, pour prendre conseil auprès d'elles »

♦ N'averiés vous mais de *moi* garde — *Nic.*, 204

« Vous n'auriez plus rien à craindre de moi »

♦ Contre *lui* est Dido venue — *Ené.*, 721

« Didon s'est avancée vers lui »

2.3.2. La forme prédicative est utilisée lorsque le pronom est coordonné à un autre pronom ou à un substantif

a) à un autre pronom.

♦ *Moi* ne autrui jamais ne forferez — *Alis.*, 1705

« Vous ne ferez plus jamais de mal ni à moi ni à personne »

♦ Se je les tenoie a Bouorges et vous et *eus* — *Lanc.*, XIV, 23

« Si je les avais avec moi à Bourges, eux et vous »

■ ***Remarque :*** le pronom prédicatif peut être, comme ici, anaphorique d'un pronom conjoint antéposé au verbe : *les* → *eus* .

b) à un substantif.

Un pronom personnel complément est rarement coordonné à un substantif mais lorsque le cas se présente, c'est la forme prédicative du pronom qui est utilisée :

♦ Onc païen ne feri de son brant
que n'oceïst ou *lui* ou l'auferrant — *Alis.*, 449

« Il n'a jamais frappé un seul païen de son épée sans le tuer, lui ou son cheval »

Ainsi coordonné à un substantif, le pronom personnel peut apparaître en fonction de complément déterminatif d'un nom dans une construction à morphème zéro (alors que de façon générale, le pronom personnel est exclu de ce type de construction) :

♦ Et coi? fet il. -Que vous cresroiz
le consoil vostre mere et *moi* — *Perc.*, 1413

« De quelle promesse s'agit-il? — Que vous suivrez le conseil de votre mère et de moi (et le mien) »

2.3.3. Le pronom prédicatif peut être utilisé pour des raisons stylistiques d'expressivité

a) Il peut traduire un souci de focalisation, que le pronom soit postposé au verbe :

♦ Trestuit veulent qu'il ait le regne,
et vous, dame, serez sa fame;

© ARMAND COLIN. La photocopie non autorisée est un délit.

le regne aiez ensemble o lui,
qu'il vous ait et vous aiez *lui* — *Thèbes*, 458

« Tous veulent qu'il règne et que vous, madame, soyez son épouse. Règnez avec lui, soyez à lui et que lui soit à vous »

♦ Se il sentist ce que ge sent,
qu'il amast *moi* si com ge lui,
ne partisson ja mes andui — *Ené.*, 1829

« S'il ressentait ce que je sens, s'il m'aimait, moi, autant que je l'aime, nous ne nous séparerions jamais tous les deux »

ou qu'il ouvre une phrase :

♦ *Lui* doit on croire et fere son talant — *Alis.*, 1518

« C'est en lui que l'on doit croire et lui que l'on doit servir »

[cette affirmation péremptoire clôt la profession de foi du païen Aérofle qui vient de chanter les louanges de Mahomet]

♦ — Mes fis vos ge onques de rien?
— *Moi* n'avez vos fait el que bien — *Ené.*, 1751

« — Vous ai-je nui en quoi que ce soit ? — À moi, vous ne m'avez fait que du bien »

Le pronom peut être déterminé par *meïsme(s)* qui le renforce :

♦ *Lui meïsmes* devant Noël [...]
fis ge peschier en un estanc — *Ren.*, 9759

« C'est encore lui, qu'avant Noël, j'ai fait pêcher dans un étang »

Le pronom prédicatif figure ainsi dans des formules de bénédiction, devant le verbe :

♦ Et *toi* beneïe,
Auberrons ! Con as esploitié? — *Nic.*, 341

« Qu'il te bénisse, toi aussi, Aubéron ! Comment ça a-t-il marché ? »

ou derrière celui-ci :

♦ Dex beneïe *toi*, biau frere — *Perc.*, 1360

Ce type de formule s'est toutefois assez vite figé. On peut se demander si elle n'a pas perdu dès lors de sa force et si l'emploi du pronom prédicatif ne relève pas plus de l'usage consacré que d'une quelconque mise en relief.

Il en va de même pour la construction « ce poise *moi* (*toi, lui...*) », qui alterne avec *ce me poise, si me poise, il me poise...*, tours dans lesquels le pronom personnel régime demeure conjoint et antéposé au verbe :

♦ Certes, dame, fet Boorz, ce poise *moi* — *Artu*, 36, 47

« Assurément, madame, répond Bohort, cela me chagrine »

♦ Pour coi fait il dont demoree?
Certes, je croi ce poise *lui* — *J.et B.*, 2947

« Pourquoi tarde-t-il tant ? Je crois vraiment que c'est malgré lui »

mais :

♦ Certes, fist li rois, s'il est deshaitiez, il *me* poise qu'il n'est ceanz — *Artu*, 67, 10

« En vérité, dit le roi, s'il est malade, je suis désolé qu'il ne soit pas ici »

Il en va de même encore pour la tournure solennelle «*(par la) foi que doi*» + pronom personnel complément :

♦ Dame, fait il, foi que doi *vos* — *Ren.*, 2124

« Madame, dit-il, par la foi que je vous dois »

ainsi que pour les formules marquant l'indifférence du type *moi ne chaut, moi que chaut?, moi que monte?* :

♦ Ha! Las, dolent, et *moi* que chaut? — *Trist.* Béroul, 981

« Hélas! malheureux que je suis, que m'importe? »

♦ Si m'aïst Diex, dame, fait la roine, *moi* ne puet gaire caloir orendroit qui je soie

Lanc., III, 9

« Par Dieu, madame, répond la reine, peu m'importe maintenant qui je suis »

b) Il peut servir à marquer une opposition.

♦ il n'a damoisele el monde [...] qui par droit ne me lessast et retenist *lui*

Artu, 27, 26

« Il n'y a pas de jeune fille au monde [...] qui ne me laissât à juste titre pour le choisir, lui »

♦ Mon cheval prist et *moi* lessa — *Yv.*, 544

« Il a pris mon cheval, et moi, il m'a laissé là »

■ ***Remarque :*** le pronom prédicatif peut dans ce cas être antéposé ou postposé au verbe.

2.3.4. Le pronom prédicatif est obligatoire en phrase elliptique du prédicat verbal

Son caractère prédicatif lui permet de jouer un rôle compensatoire.

2.3.4.1. La phrase est elliptique de tout verbe conjugué

a) Ainsi, lorsqu'un verbe est commun à deux phrases coordonnées, il peut ne pas être repris dans la seconde, ce qui justifie l'emploi du pronom prédicatif dans celle-ci.

♦ Ge ne voudroie en nule maniere qu'il me blesçast ne ge *lui*

Artu, 64, 15

« Pour rien au monde je ne voudrais que l'un de nous blessât l'autre »

♦ Deduiz la tint par mi le doi
a la querole et ele *lui* — *Rose*, Lorris, 835

« Déduit dansait en la tenant par le doigt, et elle également »

b) De même dans le cas d'un verbe conjugué à un temps composé, l'ellipse de l'auxilliaire peut amener l'emploi de la forme prédicative du pronom dans la seconde phrase.

♦ en pou d'eure estranglé l'avra,
toz ses bues [...]
et *lui* mort, ainçois qu'on le sache — *Ren.*, 9473

« en un rien de temps (l'ours) lui aura étranglé tous ses boeufs [...] et il l'aura tué, avant qu'on ne le sache »

© ARMAND COLIN. La photocopie non autorisée est un délit.

c) C'est tout naturellement le pronom prédicatif qui figure dans la construction exceptive «*ne...se...non*» («*ne...si...non*» dans les dialectes de l'Ouest où se produit une confusion entre la conjonction hypothétique *se* et l'adverbe *si*).

♦ il n'i entrera ja se *li* non — *Queste,* 41, 15

« il n'y entrera jamais personne à part lui »

[*li*= *lui*, *cf.* 2.2.1.]

♦ Kar a sa femme aveit premis [...]
que il n'amereit si *li* nun — *Elid.,* 465

« Il avait promis à sa femme de n'aimer qu'elle »

■ ***Remarque :*** le système comprend deux propositions :

— *il n'entrera ja / il n'amereit* sont des régissantes;

— *se li non / si li nun* sont des subordonnées circonstancielles hypothétiques elliptiques du verbe *entrer / amer* : mot à mot, « il n'y entrera ja [personne] se il n'i entre » / « il n'aimerait [personne] si il ne l'aimait ».

d) Le pronom prédicatif peut faire phrase à lui seul.

♦ Amer? Et cui? — *Vos*, dame chiere.
— *Moi?* — Voire voir... — *Yv.,* 2023-2024

« Aimer? Et qui donc? — Vous, dame très chère. — Moi? — C'est pure vérité »

2.3.4.2. *La phrase comporte un verbe conjugué mais celui-ci a subi une subduction par rapport à sa valeur plenière et donc perdu de sa prédicativité*[9]

— C'est le cas des comparatives dans lesquelles le verbe principal n'est pas répété mais rappelé par le verbe substitut *faire* :

♦ Si crurent plus l'anemi qu'il ne firent *lui* — *Queste,* 39, 5

« Les hommes firent plus confiance au diable qu'à lui »

— C'est également le cas lorsque le verbe est un semi-auxilliaire modal :

♦ Ge ne vis mes dame ne damoisele
que l'en deüst mieuz amer
que l'en devroit *vos* — *Artu,* 38, 66

« Je n'ai jamais rencontré dame ou demoiselle qui méritât plus que vous d'être aimée »

2.3.5. Le pronom prédicatif est employé de façon constante devant l'infinitif et la forme en *-ant*

Cet emploi se justifie par le manque de prédicativité de l'infinitif et de la forme en *-ant,* formes verbales dépourvues des marques du temps et de la personne, et par la nécessité de compenser ce manque par une forme pronominale prédicative, ayant l'autonomie d'un substantif.

L'infinitif est souvent prépositionnel :

♦ De ceo ke ele iert bele et gente
En *li* garder mist mut s'entente — *Yon.,* 26

« Comme elle était belle et gracieuse, il mit tout en œuvre pour la surveiller »

Mais il peut être non prépositionnel :

♦ Voire. Volez *moi* foïr *Ené.*, 1680
« En vérité, vous voulez me fuir »

♦ Il ne seit tant crier ne braire
ne debatre ne *sei* detraire
qu'ele en vueille merci aveir *Lanv.*, 348
« Il a beau crier, pleurer, se débattre et se tourmenter, elle refuse d'avoir pitié de lui »

■ ***Remarques***

a) Dans le cas où l'infinitif est prépositionnel, l'emploi de la forme prédicative n'a rien à voir avec le présence de la préposition; cette dernière régit l'infinitif et n'a aucun rapport syntaxique avec le pronom personnel complément dont elle ne peut donc déterminer la forme. *Cf.* la différence entre :

♦ [...] il couvenoit que li sires du castel se venist a *lui* combatre
Trist., prose, 30, 24
« il fallait que le seigneur du château vînt se mesurer à lui »

[le pronom complément *lui* est régi par la préposition]
et :

♦ et savés vous comment vous avés boine ocoison de *lui* destruire?
Lanc., VII, 6
« savez-vous que vous avez une bonne occasion de le détruire ? »

[*lui* est complément de l'infinitif régi par la préposition]

b) L'emploi du pronom complément prédicatif devant l'infinitif est à peu près général. On rencontre peu d'exceptions :

♦ Ne ja mes ne fausist l'aventure que li pecheur n'i fussent toz jors entrepris, se Diex ne vos i eüst amené pour *la* mener a chief
Queste, 39, 28
« Cette aventure aurait duré à jamais, pour le plus grand malheur des pécheurs, si Dieu ne vous avait envoyé pour y mettre fin »

c) L'ancien français connaît plusieurs façons de mettre en relation un pronom personnel régime avec un infinitif dont il est l'objet primaire ou secondaire. Nous avons vu (*cf.* 2.2.1.4.) que dans le cas d'un infinitif référé directement, ou à l'aide de la préposition *a*, à un verbe conjugué le régissant et signifiant une modalité de procès (*pooir, devoir, voloir, savoir, covenir, estovoir, faire, laissier...*), le pronom complément précède généralement le semi-auxilliaire sous sa forme « atone ».

En dehors de ce cas, lorsqu'un pronom personnel régime doit être mis en rapport direct avec un infinitif (le plus souvent parce que l'infinitif n'est pas l'objet direct du verbe conjugué), deux constructions sont en concurrence : infinitif + pronom personnel régime non prédicatif (*cf.* 2.2.2.4.) et pronom personnel prédicatif + infinitif (*cf.* 2.3.5.). Elles présentent des avantages différents. La première associe étroitement le pronom à l'infinitif de sorte qu'ils ne forment qu'un seul mot de discours. Il y a coalescence des deux éléments. La seconde établit un équilibre entre les deux éléments en leur donnant un relief égal : la prédicativité conférée à l'élément régi compense la prédicativité restreinte de l'infinitif[10]. Quant au choix de l'une ou l'autre formule, il n'est pas absolument clair; on constate cependant que le pronom prédicatif

© ARMAND COLIN. La photocopie non autorisée est un délit.

antéposé réfère toujours à des êtres animés, qu'en revanche, le pronom est toujours postposé et conjoint quand il ne désigne pas une personne. De fait, l'ancien français pratique peu l'emploi de formes prédicatives pour évoquer les inanimés.

2.3.6. Le pronom prédicatif peut remplacer en position initiale de phrase un pronom conjoint, en l'absence d'élément tonique

— Cet emploi est fréquent à date ancienne pour le régime des verbes impersonnels avant le développement de l'indice *il* de l'impersonnel :

- ♦ *Mei* est avis que trop targe! *Rol.*, 659
  « Il me semble qu'il tarde beaucoup! »

- ♦ Cil unt sun commandement fait :
  u *eus* seit bel u *eus* seit lait *Lanv.*, 386
  « Ils lui ont tous obéi que cela leur plaise ou non »

— Il n'implique pas — apparemment — d'expressivité particulière. Il fournit seulement l'élément tonique indispensable en zone préverbale. *Cf.* la différence avec :

- ♦ [...] en lor cuers a de joie tant
  qu'il *lor* estuet chanter par force *Rose,* Lorris, 73
  « il y a tant de joie en leur coeur qu'elle les force à chanter »

[la présence de *il* en tête de la phrase permet l'antéposition de la forme conjointe *lor* au verbe]

■ ***Remarque :*** dans certains cas, le pronom semble pourtant avoir une valeur d'insistance :

- ♦ Quant ge nol puis retenir,
  alt s'en, *moi* estovra morir *Ené.*, 1856
  « Puisque je ne puis le retenir, qu'il s'en aille; moi j'en mourrai à coup sûr »

[valeur d'opposition (?)]

— Le pronom prédicatif apparaît alors directement derrière une conjonction de subordination :

- ♦ Iceste nouvele me plet, fet Lancelos, car or m'en puis aler quant *moi* plera *Artu,* 55, 12
  « Voilà une bonne nouvelle, répond Lancelot, maintenant je pourrai m'en aller quand cela me plaira »

2.3.7. Le pronom prédicatif figure dans des syntagmes absolus à valeur circonstancielle

2.3.7.1. *En relation avec la forme en* -ant *des verbes* oïr *et* veoir.

- ♦ Et ce dist orendroit oiant *moi* et oiant mon seigneur le roi uns tex chevaliers que vos croiriez bien d'une parole...
  Artu, 36, 33
  « C'est ce qu'a rapporté, en ma présence et devant monseigneur le roi, un chevalier que vous devriez croire sur parole... »

- ♦ veant *moi* en a deux ocis *Yv.*, 3860
  « il en a tué deux sous mes yeux »

Le pronom personnel régime assure en fait la fonction d'agent de la forme en *-ant* (au même titre que le syntagme nominal *monseigneur le roi* dans le premier exemple cité).

2.3.7.2. *En relation avec un numéral ordinal*

♦ *Soi* tierz de compegnons s'en ist
dou chastel mout priveement *Dole,* 3228
« Avec deux autres compagnons il quitte la ville en secret »

♦ Li vilains n'ot pas grant cointie,
Il n'ot que *soi* cart de maisnie *Del Mun.,* 158
« Le paysan n'avait pas une grande famille. Ils n'étaient en tout que quatre personnes »

■ **ANNEXE :** l'ancien français emploie parfois le substantif *cors* précédé du déterminant possessif (de la première, deuxième ou troisième personne) comme substitut du pronom personnel. Selon Ph. Ménard, il servirait « pour les gens du Moyen Âge à traduire la concept de personne »[11] :

♦ Se vos par ci volés passer,
Molt vos estera ains lasser
As armes encontre *mon cors* *B.I.,* 1989
« Si vous désirez passer, il vous faudra d'abord mener un dur combat contre moi »

♦ [...] se aucuns cevaliers i venoit par aventure ki par *son cors* seul peüst mener les VI. cevaliers a outrance, il couvenoit que li sires du castel se venist a lui combatre
Trist., prose, 30, 23
« [...] si d'aventure un chevalier se présentait, qui fût capable à lui seul de vaincre les six chevaliers, il fallait que le seigneur du château vînt se mesurer à lui »

© ARMAND COLIN. La photocopie non autorisée est un délit.

Notes sur le chapitre XXVI

1. Cette appellation est la traduction du terme *shifters* employé par R. Jakobson, *Essais de linguistique générale*, édit. de Minuit, 1963, chap. 9, p. 178-179. On utilise également le terme de *déictiques*, dont G. Kleiber donne la définition suivante : « [des unités linguistiques] dont le sens implique obligatoirement un renvoi à la situation d'énonciation pour trouver le référent visé » ; « Déictiques, embrayeurs, token réflexives, symboles indexicaux, etc., comment les définir ? », *L'Information grammaticale*, n° 30, 1986, p. 12.
2. *Cf.* le chapitre sur l'ordre des constituants de la phrase (XXI).
3. Cela ne veut pas dire que *et* à valeur d'opposition ou de conséquence entraîne forcément l'inversion du sujet.

Cf.

♦ Ja n'estoient pas descendu
Cil que j'ancontrai an la lande
Et *vos* volez que je descende *Perc.*, 986

« Ils n'étaient pas à pied ceux que j'ai rencontrés sur la lande et pourtant vous voudriez que je descende de mon cheval »

4. *Jostera* est une forme picarde pour la P1 josterai.
5. *Cf.* Ph. Ménard, *Syntaxe de l'ancien français,* p. 59.
6. L'adverbe *a tant*, « à cet instant », qui figure souvent en tête de la construction, exprime de façon redondante cet aspect d'immédiateté.
7. Ph. Ménard parle à ce propos de valeur « explétive » de *en* ; *cf. Syntaxe de l'ancien français*, p. 70.
8. Le français moderne connaît encore des emplois de *en* avec référent personnel, mais ils font l'objet de règles précises. Quant à *i*, il est totalement exclu de la représentation personnelle *cf.* J. Pinchon *Morphosyntaxe du français*, chap. II, en particulier p. 114-126.
9. Le phénomène de subduction et ses conséquences sont abordés de façon plus détaillée dans le chapitre consacré à l'infinitif.
10. *Cf.* l'étude consacrée à ce problème par G. Moignet, *Le pronom personnel avec l'infinitif dans La Mort Artu,* Mélanges Frappier, t. II, p. 831-844.
11. *Cf. Syntaxe de l'ancien français,* p. 75.

CHAPITRE XXVII

LA NÉGATION

La négation est un procédé logico-sémantique qui consiste en une inversion de la valeur de vérité : elle donne pour fausse une assertion préalablement tenue pour vraie.

En ancien français, comme en français moderne, la négation peut être totale ou partielle. Totale, elle n'implique ni limitation ni exclusion; partielle, elle implique une limitation ou une exclusion. Exemples :

— Limitation :

je ne vous connais plus (vs je vous connais encore)

il ne la voit guère (vs il la voit souvent)

il ne la voit jamais (vs il la voit toujours)

— Restriction :

je n'aime que les gâteaux au chocolat

Sur le plan grammatical, la négation se traduit par l'utilisation de différents outils, qui permettent de nier toute la phrase (en fait, le prédicat/verbe) ou seulement l'un des constituants de la phrase. Les outils de base de la négation sont les adverbes *non* et *ne*, issus morphologiquement d'un même étymon latin, l'adverbe *non*, qui a subi deux traitements phonétiques différents :

— ou bien il se trouvait en position accentuée et il s'est conservé sans affaiblissement donc sans changement : *non.;*

— ou bien il était proclitique (devant le verbe) et il s'est affaibli, le résultat étant alors *nen* devant voyelle, *ne* devant consonne.

Non et *ne* sont respectivement une négation tonique ou prédicative et une négation atone ou non prédicative : *non* n'appelle pas de complémentation (*cf.* sa faculté de faire phrase à lui seul) alors que *ne* ne fonctionne qu'en situation de satellite, conjoint au verbe.

Outre cette opposition prédicatif vs non prédicatif qui caractérise les deux adverbes, on peut dire que leurs rôles sont différents, qu'ils ne nient pas de la même façon :

— *Non* nie pleinement ce sur quoi il porte (verbe, substantif, adjectif, adverbe), c'est-à-dire qu'il nie résultativement : il marque que le mouvement de négativation a atteint son terme et que le résultat de ce mouvement est acquis effectivement.

— *Ne* nie opérativement, c'est-à-dire qu'il traduit l'engagement de l'opération signifiée par le verbe dans un mouvement de négativation allant du positif au négatif sans que celui-ci soit obligatoirement atteint. Il initie le mouvement de négativation, qui s'oppose alors à une proposition implicite marquée positivement (nier, c'est, en effet, toujours s'inscrire contre une proposition positive

© ARMAND COLIN. La photocopie non autorisée est un délit.

implicite : c'est pourquoi on utilise parfois l'appellation de *discordantiel* pour décrire le rôle de « décrochage du positif » assumé par *ne*).

On peut figurer ainsi le mouvement traduit par *ne* :

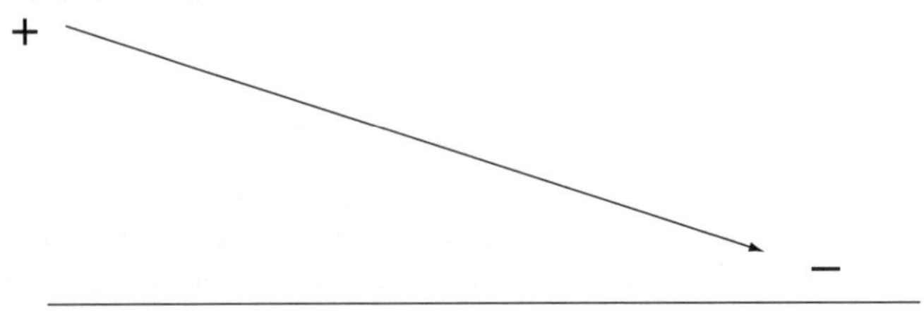

Le cinétisme que signifie *ne* peut être saisi à divers moments de son développement, livrant des degrés de négativation plus ou moins avancée :

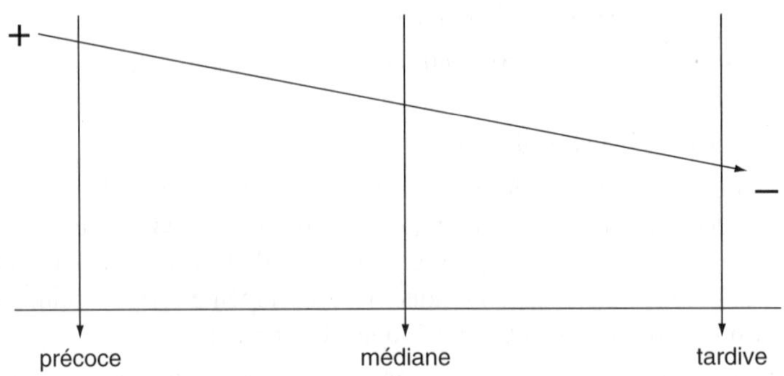

On peut évoquer comme cas de saisie précoce la négation implicite (*cf.* « ils étaient plus nombreux au retour qu'ils *ne* l'étaient au départ »), comme cas de saisie médiane celui de la négation restrictive.

Disons que l'emploi de *ne* laisse toujours la possibilité d'une inversion du mouvement (vers le positif) alors qu'elle n'existe pas pour *non*[1].

1. Les emplois de *non*

Forme prédicative de la négation, *non* s'emploie pour nier tout ce qui n'est pas le prédicat de la phrase, à savoir le verbe conjugué à un mode personnel (et en sémantèse plénière lorsqu'il s'agit d'un verbe susceptible de subduction).

1.1. **Non** ***peut faire phrase à lui seul***

Il apparaît lorsque le verbe n'est pas exprimé, jouant alors le rôle de *prophrase*.

1.1.1. *Non* répond directement à une question posée

♦ Ja ne l'en voel je tolir rien.
Tolir? *Non* voir! Ce ne vuel non. *Clig.*, 897

« Je ne prétends rien lui ravir. Lui ravir? Non assurément, je ne le veux pas »

Cependant, la réponse par *non* seul reste rare en ancien français, qui préfère visiblement une réponse de type verbal. C'est pourquoi *non* est le plus souvent accompagné d'un pronom sujet, de forme non prédicative :

♦ Savés vous ki cis cevaliers est, encontre qui je me sui combatus? — Certes, sire, fet Kex, je *non*.
Trist., prose, 146, 10.

La présence du pronom sujet sous-entend celle d'un verbe omis (celui de la question).

■ ***Remarque :*** cet emploi ne doit pas être confondu avec celui de *ne* + pronom sujet prédicatif (ce qui est possible pour la P1 qui dispose de *je* et de *gié*) :

♦ Mes cist dom est? Dont est naïs?
Qui le conuist? — *Ne* gié. — *Ne* gié. *Clig.*, 4631

« D'où vient-il donc? Où est-il né? Qui le connaît? — Pas moi. — Ni moi. »

L'adverbe de négation porte alors sur le pronom et non sur un quelconque verbe sous-entendu.

1.1.2. *Non* constitue une phrase interrogative totale

♦ [...] einz vos mercïerai
de quan que vos me voldroiz feire,
que riens ne me porroit desplaire.
— *Non*, sire? Et se je vos oci? *Yv.*, 1981

L'adverbe *non* résume l'énoncé antécédent et permet de le mettre sous interrogation.

1.1.3. *Non* s'oppose à un verbe positif dans un système hypothétique à alternative

♦ Tel cop li dona de s'espee
Que la cuisse li a colpee.
Le lorain laist u voelle u *non* *J. et B.*, 4327

« [Jehans] lui assène un tel coup d'épée qu'il lui a coupé la cuisse. L'autre lâche bon gré mal gré (exactement « qu'il le veuille ou non ») la bride. »

Non constitue à lui seul une proposition subordonnée hypothétique coordonnée à une première proposition de même type. Le verbe de cette première proposition — *voloir* au subjonctif présent — n'est pas repris dans la seconde : l'élément prédicatif verbal faisant alors défaut, c'est un élément adverbial prédicatif qui le remplace.

© ARMAND COLIN. La photocopie non autorisée est un délit.

1.1.4. *Non* figure dans les constructions exceptives, le plus souvent en relation avec *ne*...

♦ Nostre escu por coi furent fet? [...]
C'est un avoirs qui rien ne valt
S'a estor *non*, ne a assalt. *Clig.*, 1296

« Pourquoi les boucliers ont-ils été faits? [...] C'est un bien qui n'a de valeur qu'en la bataille et au combat. »

Le système complet est *ne... se... non.* Il est constitué d'une première proposition, la régissante, dont le prédicat est nié par *ne* puisqu'il s'agit d'un verbe conjugué à un mode personnel et d'une seconde proposition, subordonnée conjonctive hypothétique introduite par *se/s'* et elliptique du verbe. L'emploi de *non* y compense l'absence de prédicat verbal (mot à mot : « il ne sert à rien s'il ne sert dans la bataille... »).

■ ***Remarques***

a) Si nous considérons le mouvement de négativation instauré par *ne*, l'exception correspond à une saisie médiane de celui-ci. La négativation est relativement avancée mais laisse encore la place pour un élément qui peut en être soustrait et qui est confirmé dans sa positivité par une inversion du mouvement; le signe de cette inversion est la conjonction hypothétique *se*.

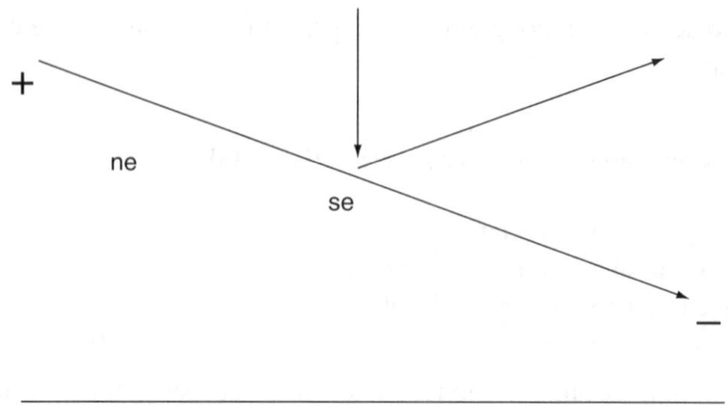

b) Cette façon d'exprimer l'exception en ancien français est à l'origine de notre *sinon* actuel. Le moyen français marque une étape intermédiaire : il utilise déjà la conjonction hypothétique sous sa forme *si* et les deux éléments, conjonction et adverbe, sont antéposés au terme sur lequel porte l'exception, mais ils ne sont pas encore soudés :

♦ Et ne la vueil manifester
Si non ou royaume de France *Test.,* 784

1.1.5. *Non* constitue une proposition subordonnée complétive introduite par *que* ou une interrogative indirecte

♦ Si m'est avis que vous ne m'en devez pas pal gré savoir. Et il li respont que *non*, puisqu'il est ensi avenu.
Artu, 46, 31

« Il me semble que vous ne devez pas m'en vouloir. [Lancelot] répond qu'il ne lui en gardait pas rancune puisque les choses s'étaient passées ainsi »

♦ Et saces que ge i envoierai prochainnement pour savoir vraiement s'il i est u *non*.

Trist., prose, 165, 21

« Et sache que je vais bientôt y envoyer un émissaire pour savoir s'il y est ou non. »

1.2. **Non** ***sert à nier les verbes*** **estre, avoir** ***et*** **faire** ***quand ils sont auxiliaires ou suppléants, en l'absence de l'élément auxilié ou suppléé***

La situation d'auxiliaire comme celle de suppléant implique un évidement sémantique des verbes considérés. Auxiliaires, *estre* et *avoir* se trouvent au maximum de leur subduction[2]; ils deviennent des mots grammaticaux inaptes à constituer, en discours, un entier de signification. La subduction s'accompagne donc d'une perte de prédicativité, perte compensée par l'emploi de *non*. Suppléant, *faire* se trouve également très en deça de sa sémantèse plénière.

► ***Exemples***

a) *Avoir*

♦ Tu a veü, si com je croi,
les enges dont la gent se plaignent,
qui ocient quan qu'il ataignent.
— Voir, *non* ai, mere, *non* ai, non. *Perc.*, 399

■ ***Remarque :*** c'est de la même façon *non* qui apparaît devant le verbe *avoir* des locutions verbales, en l'absence du substantif porteur de la matière notionnelle[3].

♦ si le salue et aseüre,
et dit : Vallet, n'aies peor!
— *Non* ai ge, par le Salveor *Perc.*, 170

b) *Estre*

♦ Lunete seule le convoie
et li prie tote voie
que ja par li ne soit seü
quel chanpïon ele ot eü.
Sire, fet ele, *non* iert il. *Yv.*, 4637

c) *Faire*

♦ Celui jor dist li rois a Boort qu'il venist a cort, lui et sa compaignie, et il dist que *non* feroit devant qu'il seüst noveles de Lancelot [...]

Artu, 44, 2

■ ***Remarques***

1) Par assimilation, il arrive que ces verbes soient niés par *non* alors qu'ils se trouvent en sémantèse plénière :

♦ Ha, las! dist ele, biaus amis,
Com vous serés en grief point mis
Quant vous savrés qu'autres m'avra!
Avra? Voir, certes *non* avra *J.et B.*, 2252

« Hélas! mon malheureux ami, dit-elle, comme vous serez malheureux quand vous apprendrez qu'un autre va me posséder. Me posséder? Non, certainement pas »

© ARMAND COLIN. La photocopie non autorisée est un délit.

2) Il en va de même pour des verbes comme *pooir*, qui peut fonctionner par ailleurs comme semi-auxiliaire ou *voloir*, qui n'est pourtant pas susceptible de subduction.

♦ [...] et s'i fet aucune foiz pendre,
que sa mere non peut defendre.
Non peut ses peres, Queurs Failliz — *Rose,* Meun, 9515

Pooir a bien ici son sens plein de « être capable », « avoir la capacité ».

♦ Dist Chantecler : Renart cousin,
Vos me volez traire a enging.
— Certes, ce dist Renart, *non* voil. — *Ren.*, 4365

« Chantecler lui dit : Renart, mon cousin, vous voulez me prendre au piège. — Mais non, répond Renart »

3) En revanche, la présence d'un pronom rappelant la matière notionnelle du verbe suppléé permet l'emploi de l'adverbe non prédicatif *ne* devant *faire* :

♦ Or me grieve ce que je voi.
Grieve? *Nel* fet, ençois me siet — *Clig.*, 473

« Ce que je vois là me déplaît. Me déplaît? Non, me plaît, bien au contraire »

1.3. Non *sert à nier tout ce qui, dans la phrase, n'est pas le verbe à un mode personnel*

1.3.1. Il nie un terme dans un groupe antithétique à deux éléments

♦ [...] connois je tout certainnement que vous amés cele que je aim et *non* autre

Trist., prose, 102, 10

Il peut être reforcé par *pas* ou *mie* :

♦ Et se vos volés, si alés encontre a un autre, et *non pas* a moi [...]

Trist., prose, 92, 46

« Si cela vous convient, allez vous en prendre à un autre mais pas à moi »

♦ Secorez moi et aidiez en cest besoing, *non mie* por l'amor de moi, mes por l'amor de li

Artu, 80, 9

L'élément nié peut être un syntagme nominal, un adjectif, un adverbe mais également une proposition toute entière :

♦ Je faz a vos touz ma complainte : *non mie* por ce que vos le me puissiez amender jamés, mes por ce que ge vos connois a la plus preude gent del monde

Artu, 71, 10

1.3.2. Il nie les formes nominales du verbe

— La forme en *-ant*, de même que l'infinitif (en dehors de ses emplois comme noyau verbal de la phrase) sont normalement précédés de *non*, cela en raison de leur manque de prédicativité.

♦ Trop avez esté fammenine,
fait il, voirement et mout fole
qui mon conseil et ma parole
as dou tot mise en *non* chaloir *Ren.*, 11107

« Tu t'es bien montrée femme, dit-il, oui vraiment, et bien folle en ne tenant aucun compte de mon conseil et de mes paroles »

♦ Les oils ot beaus por esgarder [...]
sorcils bien fez, lons et tretiz
non pas joignanz, c'est veritez *Dole*, 708

« Elle avait de beaux yeux vifs [...], des sourcils bien faits, longs et finement dessinés, espacés -c'est la stricte vérité »

— Cette pratique a donné naissance à des adjectifs négatifs comme *non sachant, non savant, non veant...*, dans lesquels *non* devient une sorte de préfixe. L'adverbe et la forme en *-ant* peuvent être ou non soudés :

♦ Ne soiez pas si *nonsachant*
Que vous perdeiz la grant clartei
Des cielz, qui est sans oscurtei *Pouille*, 52

« Ne soyez pas insensés au point de perdre la clarté des cieux, qui est sans pareille »

♦ cil n'anblent pas les cuers qui ainment,
si a tex qui larrons les claiment
qui en amer sont *non veant* *Yv.*, 2733

— Elle est aussi à l'origine de substantifs formés à partir de l'infinitif, comme *nonsavoir, nonchaloir...*

♦ Plorer li fet son *nonsavoir* *Gries. E.*, 43

« Sa bêtise le fait pleurer »

■ ***Remarque :*** par extension, on a construit des adjectifs et des substantifs de sens négatif à l'aide de *non* et d'adjectifs ou de substantifs quelconques : *non droiturier, non foi, non cure, non puissance...*

— On lui doit enfin des adverbes comme *nonportant, nonpourquant, nonporuec* (« non pour autant », « non pour cela », c'est-à-dire « cependant »).

♦ *Nonpourquant* a vostre voloir
Me voel esjoïr ou doloir *J. et B.*, 1303

« Cependant, mon bonheur ou mon malheur dépendront de votre volonté »

■ ***Remarque :*** ces formes sont en concurrence avec *neportant, neporquant, neporuec.*

2. Les emplois de *ne*

En ancien français, *ne* est la négation essentielle : il suffit à lui seul à nier le prédicat. Cependant, il peut être renforcé par un certain nombre d'éléments (des « forclusifs »), adverbes, substantifs, adjectifs ou pronoms indéfinis, conjonctions de coordination, qui forment avec lui une négation composée.

© ARMAND COLIN. La photocopie non autorisée est un délit.

2.1. La négation simple ne

Jusqu'à la fin du XIIIe siècle, *ne* seul suffit à nier le prédicat : le plus souvent il s'agit du verbe conjugué à un mode personnel mais aussi parfois de l'infinitif noyau verbal de phrase voire d'un adverbe ou d'un pronom prédicatifs.

Ce n'est qu'en moyen français que commence à se mettre en place le système moderne dans lequel *ne* seul apparaît essentiellement en contexte marqué de virtualité.

Auparavant, on rencontre *ne* seul dans tout type de contexte.

2.1.1. *Ne* nie le verbe conjugué à un mode personnel

2.1.1.1. En contexte marqué de virtualité

a) Il nie un verbe au subjonctif

Il figure alors presque toujours en proposition subordonnée.

♦ il ne puet estre, se il eüst esté, que il *n'*eüst parlé a moi et que ge *ne* l'eüsse conneü

Artu, 38, 8-9

La mise sous négation du verbe régissant entraîne une virtualisation du procès énoncé dans la complétive.

♦ Sovente feiz requist le rei
Qu'il escundit de li preïst
E que losenge *ne* creïst *Elid.*, 50

« Plusieurs fois, il supplia le roi de le laisser se défendre et de ne pas croire les calomnies »

Le sémantisme du verbe régissant (verbe de prière) est virtualisant.

♦ Il n'ot vallet en sa meisun
Ne face engin, reis ou laçuns *Laüs.*, 96

L'antécédent de la relative étant nié, le procès qui en dépend est automatiquement virtualisé.

b) Il nie une locution verbale formée d'un verbe conjugué (*pooir, voloir, devoir, oser...*) et d'un infinitif

♦ Mut esteient amdui a eise
Fors tant k'il *ne* poent venir
Del tut ensemble a lur pleisir *Laüs.*, 47

« Ils étaient donc très heureux tous les deux à ceci près qu'ils ne pouvaient se rejoindre à leur gré »

♦ Nos ne chevaucherons entre moi et toi fors de nuiz, car por nule riens ge *ne* voudroie estre conneüz [...] *Artu*, 9, 7

♦ Li chamberlencs qu'ele apelot
Li a duné conseil leal :
Ne li deit hum turner a mal *Elid.*, 354

♦ El *ne* l'osot areisuner
E il dutë a li parler *Elid.*, 503

« Elle n'ose prendre la parole et lui, de son côté, redoute de lui parler »

c) Il nie les verbes *estre, avoir, faire* ou des verbes qui peuvent par ailleurs être employés comme semi-auxiliaires modaux (*devoir, savoir...*)

- n'il *n*'est chose qu'ele tant hace
  com honor contre son voloir — *Dole*, 3840

  « il n'est rien qu'elle haïsse autant que son honneur quand il s'oppose à son désir »

- *N*'a si bon cien en Cornouaille — *B.I.*, 1860

- Si vos recorroceriez
  et m'en remenaceriez.
  — *N*el ferai, je t'en asseür. — *Yv.*, 1689

- Certes, sire, dient li pastour, nous *ne* savom ki il est [...]
  Trist., prose, 180, 5

d) Il nie le verbe mis sous hypothèse ou sous interrogation

- Sire, ge vos diroie une chose a conseill, se ge *ne* cuidoie que il vos en pesast
  Artu, 6, 8

  « Sire, je vous dirais bien une chose en privé si je ne craignais qu'elle ne vous fâche »

- E l'anelet mist en sun dei [...]
  — *N*el receut il pur druërie? — *Elid.*, 431

  « Il a mis l'anneau à son doigt [...] -Ne l'a-t-il pas reçu comme un gage d'amour ? »

2.1.1.2. *En contexte non marqué de virtualité*

- Ore est la reïne maubaillie, car ele *ne* trouvera qui por lui entre en bataille contre Mador
  Artu, 67, 71

  « Voici la reine dans une mauvaise situation car elle ne trouvera personne qui se batte pour elle contre Mador »

De façon générale, les exemples sont beaucoup moins nombreux si l'on s'en tient aux textes en prose, où l'on peut être sûr que l'absence d'un forclusif n'est pas due à de simples contraintes métriques. S'agit-il là d'un début d'évolution vers le système moderne? Sans doute ne faut-il pas être trop catégorique car, à l'inverse, les forclusifs *pas* et *mie* apparaissent dans des contextes marqués de virtualité :

- Grant piece dure li premiers assaus en tel maniere que on *ne* peüst *pas* legierement connoistre le meilleur des deus
  Trist., prose, 15

  « Le premier assaut dura très longtemps et il n'aurait pas été facile de dire lequel des deux était le meilleur »

2.1.1.3. Ne *négation « implicite » ou négation « explétive »*

Ne peut figurer seul dans quelques types de phrases où sa présence n'est pas — selon certains grammairiens — « logiquement nécessaire » et a pu être considérée comme le calque d'une construction latine. En fait, on peut distinguer deux emplois de *ne* selon la nature des phrases où on le rencontre et, partant, selon qu'il conserve ou non une valeur négative[4].

© ARMAND COLIN. La photocopie non autorisée est un délit.

a) *Ne* négation « implicite »

L'adverbe conserve une valeur négative. C'est le cas :

— dans des subordonnées comparatives en liaison avec un adjectif ou un adverbe qui pose un rapport d'inégalité ou d'altérité et dépendant d'une régissante positive.

♦ Mut furent plus al revenir
qu'il *n'*esteient al fors eissir *Elid.*, 236

Ne est une négation minimale et nous nous trouvons en saisie très précoce du mouvement de négativation qu'il symbolise. Il a pour rôle de traduire le signe « - » dont se trouve affecté le second terme de la comparaison quand le premier est affecté du signe « + » : « plus al revenir qu'il *n'*esteient al fors eissir » n'implique pas qu'ils n'étaient pas nombreux en partant mais qu'ils *ne* l'étaient *pas* autant.

La valeur négative de ce *ne* ressort de ce qu'il ne s'oppose pas à *ne... pas* ; d'ailleurs, à l'époque classique, il a pu alterner avec *ne... pas*, la présence de *pas* soulignant alors plus fortement la négation :

♦ Vous avez plus faim que vous *ne* pensez *pas* *L'étourdi,* IV, 2

♦ Tu juges mes desseins autres qu'ils *ne* sont *pas*
Clitandre, IV, 6

— dans les subordonnées complétives dépendant d'un verbe factitif d'empêchement (*garder que..., jeter que..., laissier que...*).

♦ Que qu'aveigne de la bataille
gardez que l'en *ne* m'i conoisse *Yv.*, 3725

« Quoi qu'il advienne du combat, veillez à ne pas révéler qui je suis »

Là encore *ne... pas* est substituable à *ne*. Ce dernier rappelle dans la complétive la négativité inhérente au verbe d'empêchement. Bien entendu, lorsque le verbe d'empêchement est lui-même sous négation, *ne* perd sa valeur négative :

♦ Quant la reïne entent ceste parole [...] si ne se puet tenir que les larmes *ne* li viengnent as euz.
Artu, 36, 68

b) *Ne* négation « explétive »

L'adverbe perd toute valeur négative. Il s'oppose à *ne... pas* (*je crains qu'il ne vienne* vs *je crains qu'il ne vienne pas*).

Cet emploi apparaît :

— dans des subordonnées complétives dépendant d'un verbe ou d'une locution exprimant la crainte (*doter, criembre, avoir peor, avoir dotance...*).

♦ pour ce k'il avoient paour et doutance k'il *ne* fuissent illuec aresté en aucune maniere, tournerent il une autre voie
Trist., prose, 147, 36

« Comme ils craignaient d'être arrêtés de quelque manière, ils prirent une autre voie »

Ne marque la discordance entre l'affirmation d'un procès (« qu'ils soient arrêtés ») et le souhait d'une réalisation contraire, les verbes de crainte exprimant une volonté négative.

— dans des subordonnées complétives dépendant d'un verbe de défense.

Là encore, *ne* s'oppose à *ne... pas*, « défendre que *ne... pas* » revenant à « ordonner que... » :

♦ ge li veeroie del tout l'ostel monseigneur le roi et li deffendroie que il *ne* fust jamés[5] tant hardiz que il meïst ceanz le pié.
Artu, 34, 35

« je lui interdirais absolument la maison du roi et lui défendrais d'avoir jamais l'audace de mettre les pieds ici »

Ne marque la même discordance que dans les propositions dépendant d'un verbe de crainte.

— dans les subordonnées circonstancielles d'exclusion.

Elles sont introduites par *sans (ce) que* :

♦ Esteit a sun seignur medlez
E empeiriez e encusez,
Que de la curt le cungea
Sans ceo qu'il *ne* l'areisuna. *Elid.*, 46

« Il fut calomnié, accusé et noirci auprès de son seigneur qui le chassa de la cour sans lui donner une explication »

— dans les constructions traduisant l'imminence contrecarrée.

Elles s'ouvrent par *por poi (que), a poi (que), par poi (que), pres(que)*, exactement : « il s'en faut/fallut de peu que... ».

♦ Quant Bueves l'entendi, a pou *n*'est enragiez *Barb.*, 2323

♦ Pur poi *ne* l'apelet ariere *Elid.*, 384

« Elle faillit le rappeler »

♦ L'amirant l'ot, pres *n*'a le sens desvé *Ay. Nar.*, 3552

« À ces mots, l'émir fut sur le point de perdre la raison »

— dans les subordonnées circonstancielles de temps énonçant un procès postérieur à celui de la régissante.

Ces propositions sont introduites par *ainz que, avant (ce) que, devant (ce) que.*

♦ Car en grant paine vueil ma jovente user
Ainz que cist rois *n*'ait ses granz heritez *Cor. Lo.*, 2213

« Je veux user mes jeunes années en me donnant de la peine tant que ce roi ne sera pas maître de son héritage »

■ ***Remarque :*** l'emploi de *ne* implicite ou explétif n'est jamais obligatoire. À côté des occurrences citées ci-dessus, on relève également :

— derrière un verbe de crainte :

♦ Certes, fet ele, chevaliers
je criem que mal soiez venuz *Yv.*, 979

— dans une subordonnée temporelle introduite par *devant que* :

♦ S'il l'avoit amee merveilleusement devant k'il la conneüst, il l'ama puis assés plus
Trist., prose, 132, 29

« S'il l'avait aimée passionnément avant de la posséder, il l'aima ancore bien plus après »

© ARMAND COLIN. La photocopie non autorisée est un délit.

2.1.2. *Ne* nie un élément prédicatif autre que le verbe conjugué à un mode personnel

a) *Ne* est la négation habituelle de l'infinitif noyau verbal de la phrase

L'infinitif constituant le prédicat logique de la phrase, la négation non prédicative suffit[6] :

♦ Diva, fet el, *ne*l me celer! — *Elid.*, 419
« Allons, dit-elle, ne me cache rien »

b) *Ne* sert à nier un pronom ou un adverbe prédicatifs

— Un pronom sujet :

♦ Mes cist dom est? Dont est naïs?
Qui le conuist? — *Ne* gié. — *Ne* gié. — *Clig.*, 4631

— Un adverbe :

C'est le cas des adverbes de phrase *portant, porquant, poruec*. S'ils admettent la négation par *non* (*cf.* ci-dessus 1.3.2. Remarque), ils sont souvent précédés de *ne*[7]. La négation peut être ou non soudée à l'adverbe :

♦ *Nepourquant* au plus bel qu'il puet
Pour le gent conforter l'estuet — *J. et B.*, 1779
« Cependant, à cause des gens qui sont là, il lui faut autant que possible faire bon visage »

♦ Et *ne poroec*, je nel di mie
seulemant par son grant renon — *Yv.*, 2414
« Toutefois, je ne dis pas cela pour le seul éclat de son beau nom »

C'est également le cas des adverbes de quantité comme *mes, plus* ou *gaires*.

♦ Cinc anz vesqui puis Karlles et *ne* mes — *Cor. Lo.*, 163

♦ Elle sent ja de voir
que del conte pourra avoir
jusqu'a *ne* gaires grant mestier — *Gal.*, 5337
« Elle comprend qu'elle pourra avoir besoin du comte avant peu »

■ ***Remarques***

1) On a sans doute affaire là à des phrases elliptiques d'un verbe sous-entendu.

2) Ces constructions sont à l'origine des tours comparatifs et exceptifs *ne plus que..., ne mais que..., ne mais..., ne que...* (« non plus que », « sauf », « excepté ») :

♦ Si m'esgarda, ne mot ne dist,
*ne plus c'*une beste feïst — *Yv.*, 322
« Il me fixa sans dire un mot, non plus que n'eût fait une bête »

♦ Li torel estoient orgueillex et tuit vairié *ne mes* troi
Queste, 149, 17
« Les taureaux avaient fière allure et tous avaient la robe tachetée, sauf trois »

♦ Franceis se taisent, *ne mais que* Guenelun — *Rol.*, 217

♦ [...] ja veoir ne le porra
nus hom, tant ait les ialz overz,

ne que le fust qui est coverz
de l'escorce, [...] *Yv.*, 1036

« Personne ne pourra le voir, même en écarquillant les yeux, pas plus qu'on ne voit le fût couvert par l'écorce »

2.2. *La négation renforcée ou* ne *suivi d'un forclusif*

Le renforcement de *ne* peut se faire par des adverbes, des substantifs, des adjectifs ou pronoms indéfinis ou encore par la conjonction de coordination *ne* (« ni »).

Nous avons noté que *ne* engageait le procès signifié par le verbe dans un processus de négativation. La présence d'un forclusif ouvre, après cette première tension, une seconde tension qui conforte le mouvement au-delà du seuil de négativité. Le forclusif renforce la négation en la rendant irréversible. On parle alors de négation bi-tensive.

Il existe deux sortes de forclusifs : ceux qui orientent la forme négative vers une négation partielle, plus exactement qui focalisent la négation selon les deux champs principaux de la temporalité ou de la quantification indéfinie et ceux qui nient de façon totale le procès.

■ ***Remarque :*** la concurrence entre les emplois de *ne* seul et ceux de *ne* + forclusif n'est intéressante que dans ce dernier cas.

2.2.1. *Ne* renforcé par un adverbe

Il s'agit d'une négation partielle impliquant une limite. On différencie deux types d'adverbes selon leur origine et leur sémantisme courant en ancien français : des adverbes de temps et des adverbes quantitatifs.

2.2.1.1. Ne *renforcé par un adverbe de temps*

Les associations habituelles sont *ne... ja, ne... jamés, ne... onques.*

L'ordre *ne/forclusif* est interchangeable. On peut comparer :

♦ ele l'en savra maugré si grant a son escient qu'il *ne* trouvera *jamés* pes envers li.

Artu, 14, 22

« Elle lui garderait une telle rancune qu'à son avis il ne pourrait jamais rentrer en grâce auprès d'elle »

avec :

♦ [...] *jamés* jor de sa vie *ne* sera bien de moi ne ge de lui

Artu, 34, 32

« Jamais plus nous ne pourrons nous accorder, lui et moi »

À l'origine, tous ces adverbes avaient une valeur positive, qu'ils ont d'ailleurs conservée en ancien français chaque fois qu'ils se trouvent en contexte positif :

♦ Mal ait qui si acostuma
Et qui *jamais* jor le fera *B.I.*, 1260

« Malheur à celui qui a agi ainsi! Malheur à celui qui le fera un jour! »

© ARMAND COLIN. La photocopie non autorisée est un délit.

♦ Onbre li fet li plus biaus arbres
c'*onques* poïst former Nature — *Yv.*, 383

« Elle [la fontaine] est ombragée par le plus bel arbre que Nature ait jamais créé »

Ils ne prennent une valeur négative qu'en relation avec *ne*.

a) *ne... ja, ne... jamés* s'utilisent pour le temps à venir, éventuellement pour le temps présent

Le sens général de ces constructions est « ne... jamais », « ne... désormais », « ne... plus ».

— *Ja* et *jamés* apparaissent surtout dans des phrases au futur :

♦ Se vous dites verité, je m'acorderai tout maintenant a vous ne *ja ne* vous contredirai de riens
Trist., prose, 92, 34

♦ *Jamés n'*avrai joie de ma vie — *Elid.*, 400

— On les rencontre aussi dans des phrases à la forme en *-roit* (futur dans le passé) :

♦ Ki sus eüst sun chief tenu
Jamais le peil *n'*avreit chanu — *Guig.*, 180

« Celui qui poserait sa tête dessus n'aurait jamais les cheveux blancs »

— Ils figurent encore dans des phrases au subjonctif présent, voire au subjonctif imparfait; le premier, correspondant aux visées du discours à travers lesquelles est envisagé un développement du procès en direction de l'avenir, a une valeur naturellement prospective. Le second, utilisé dans un récit au passé, peut correspondre à un futur dans la narration au présent :

♦ Galehols li proia moult qu'il *ne* s'esmaiast *ja* de ceste chose
Artu, 53, 15

« Galehaut le supplia de ne plus se tourmenter pour cela »

— Ils s'utilisent enfin en phrase impérative :

♦ Agravains, biaus niés, *ne* dites *jamés* tel parole, car ge ne vos en creroie pas
Artu, 6, 24

Ne... ja et *ne... jamés* sont donc réservés aux cas où la visée est prospective.

b) *Ne... onques* s'utilise pour le temps passé

La valeur de la construction est « ne... jamais ».

♦ — Ge nel doi mie mout amer
qu'il *n*el vout *onques* deservir — *Dole*, 5588

« Je ne dois pas lui manifester beaucoup d'affection car il n'a jamais cherché à la mériter »

■ ***Remarque :*** *onques* est parfois renforcé par *mes* mais le sens reste identique :

♦ *Onques mais* nus hom de tel aise
Ne caï en si grant mesaise — *J. et B.*, 1741

« Jamais homme n'est tombé d'un tel bonheur dans un si grand malheur »

2.2.1.2. Ne *suivi d'un adverbe de quantité*

Les associations les plus courantes sont *ne... mais (mes), ne... plus, ne... gaires.* On relève également *ne... preu.*

À l'origine, il s'agit d'adverbes de quantité et ils le restent de façon générale en ancien français en association avec *ne*; toutefois *mais* et *plus* prennent à l'occasion une valeur temporelle.

a) *Ne... mais*

Mais a pour origine le latin *magis*, adverbe de quantité signifiant «plus», «davantage».

C'est cette valeur primitive que nous retrouvons le plus souvent dans *ne... mais* : «ne... pas davantage», «ne... pas plus» :

♦ Ensemble vunt *ne* targent *mes* — *Guig.*, 291

« Elles se mettent en route sans tarder davantage »

Cependant, *mais* s'appliquant dans bien des cas à une quantité de temps, l'adverbe peut prendre le sens de «désormais», «plus désormais» :

♦ J'ai le laüstic enginnié
Pur quei vus avez tant veillié.
Des or poëz gisir en peis :
Il *ne* vus esveillerat *meis* — *Laüs.*, 110

« J'ai capturé le rossignol qui vous a tant fait veiller. Désormais, vous dormirez tranquille. Il ne vous réveillera plus! »

b) *Ne... plus*

Plus conserve très souvent sa valeur étymologique quantitative et *ne... plus* est l'équivalent de notre *ne... pas davantage* :

♦ A celui lieu, ce dist Boors de Gaunes, me mainnes! Je *ne* te demant *plus.* — *Trist.*, prose, 83, 25

Mais il présente parfois une valeur temporelle : «ne... désormais».

♦ Morir! fet la damoisele. Dex l'en gart; [...] car aprés li *ne* demorast *plus* preudom el monde. — *Artu*, 38, 22-23

« Mourir! dit la demoiselle, Dieu l'en préserve; [...] avec lui toute prouesse aurait disparu du monde »

c) *Ne... gaires*

D'origine francique (**waigaro*), cet adverbe conserve en ancien français sa valeur étymologique : «beaucoup».

♦ Si *n'*ot *guieres* chevauchié qu'il trouva une trop bele fonteinne desouz deus arbres — *Artu*, 74, 7

« Il n'avait pas parcouru beaucoup de chemin quand il trouva une très belle source au pied de deux arbres »

d) *Ne... preu*

Preu est le résultat phonétique du bas latin **prode* considéré comme le neutre d'un adjectif **prodis*, issus du découpage erroné de l'ancien verbe unipersonnel

© ARMAND COLIN. La photocopie non autorisée est un délit.

prodest (« il est utile »). Pris adverbialement, *preu* signifie « beaucoup »[8], « bien » et en rapport avec *ne* il peut être glosé par « du tout » :

♦ Mout est Kahedins pensis et esbahis estrangement. Il *ne* set *preu* k'il doie faire ne dire

Trist., prose, 89, 36

« L'accablement et le désarroi de Kahédin sont extrêmes; il ne sait pas du tout ce qu'il doit faire ou dire »

2.2.2. *Ne* renforcé par un substantif

La négation est alors totale et la construction s'oppose directement à l'emploi de *ne* seul.

À l'origine, ces substantifs désignent des objets très petits : *pas, mie, point, goute.* Mais à mesure que leur emploi s'est répandu (à partir du XIIe siècle), ils se sont vidés de leur contenu sémantique pour devenir de simples auxiliaires de la négation *ne.* L'ordre des éléments est interchangeable comme dans le cas de l'association *ne* + adverbe :

♦ Vos la volez sanz jugement
Ardoir en feu, ce *n'*est *pas* gent
Qar cest mesfait *ne* connoist *pas* — *Trist.* Béroul, 1097

« Vous voulez la faire brûler sans la juger, ce n'est pas bien car elle ne reconnaît pas avoir commis ce forfait »

♦ Se li demandent que il a,
Mais il *mie* dit *ne* leur a
Tout le voir de sa maladie. — *J. et B.*, 672

« Ils lui demandent ce qu'il a, mais il ne leur dit pas toute la vérité au sujet de son mal »

♦ Si fait oscur *ne* voient *gote,*
ne ne sevent tenir lor rote[9] — *Enéas*, 195

■ ***Remarques***

a) *Point* constitue une exception. Entré tard dans l'usage, il reste très près de sa signification originelle (« un point »), que l'on sent nettement dans un bon nombre d'exemples. La présence d'un complément déterminatif met souvent en évidence sa nature de substantif :

♦ Vos irez a la cort le roi,
Si li direz qu'armes vos doint.
*De contredit n'*i avra *point.* — *Perc.*, 512

« Vous irez à la cour du roi et vous lui demanderez qu'il vous arme. On ne vous refusera rien », très exactement « il n'y aura pas l'ombre d'une opposition »

b) Ces auxiliaires de la négation ne doivent pas être confondus avec les substantifs compléments de l'objet interne que l'on rencontre derrière les verbes de prix ou d'appréciation :

♦ Met jus le pot et le baston
car je ne te pris un *festu* — *Nic.*, 610

« Mets-là le pot et la baguette! Vraiment, je ne t'estime pas un fifrelin »

Le substantif complément de prix exprime bien une valeur minimale mais son emploi relève d'une recherche stylistique : il est là pour faire image, ce qui n'est pas le cas des auxiliaires de négation. En outre, il est toujours pourvu d'un déterminant, le plus souvent l'article indéfini *un* (au sens de « un seul »), parfois aussi, par extension, d'un adjectif numéral :

♦ Ne leur valurent *.II. escorces*
Li escus qui as cols lor pendent — *B.I.*, 3020
« Les boucliers pendus à leur cou ne leur furent d'aucune utilité »

Enfin, la présence d'un complément de prix n'exclut pas l'auxiliaire de négation :

♦ Dist Haucebier : Quar laissiez cel gloton !
La soe force *ne* vaut *pas un bouton* — *Alis.*, 373
« Laissez cette canaille, dit Haucebier, sa force ne vaut pas un clou »

c) Pas s'est imposé rapidement aux dépens de *mie*, cela dès la fin du XIIe siècle *Point* et *goute* ont toujours été plus épisodiques.

2.2.3. *Ne* renforcé par un mot indéfini

Il peut s'agir d'adjectifs ou de pronoms, sujets ou compléments. À l'origine, ils sont positifs ou négatifs. Ce sont essentiellement *nul* et *rien*. On rencontre à l'occasion *nïent (noient)* et *aucun*.

2.2.3.1. Nul

Étymologiquement, *nul*, issu de *nullus*, a une valeur négative. Mais, en dehors de l'association avec *ne*, il prend en ancien français le sens positif de « quelque », « quelqu'un ».

a) Il peut être adjectif et déterminer un substantif

— sujet :

♦ Tel mervoille *nus* hom *ne* vit — *Yv.*, 2652

— complément :

♦ Mais *nul* mot *ne* li respondi — *J. et B.*, 4210

b) Il peut être pronom

— sujet :

♦ il velt estre en ce tournoiement en tel maniere que *nus ne* l'i connoisse — *Artu*, 11, 11

— complément :

♦ [...] il *n*'i avoit *nul* qu'on ne tenist a preudome et a bon chevalier — *Artu*, 66, 5

2.2.3.2. Rien

À la différence de *nul, rien* a d'abord une valeur positive puisqu'il s'agit d'un substantif signifiant « une chose » (conformément à son étymon *res, rei*). Pendant tout l'ancien français et même bien au-delà, jusque dans la langue classique, *rien*

© ARMAND COLIN. La photocopie non autorisée est un délit.

a pu conserver ce statut de substantif, admettant alors la détermination par un article quelconque.

Il ne prend un sens négatif qu'en contexte négatif, associé avec *ne*. Il perd dans ce cas sa nature de substantif et devient un adverbe auxiliaire de la négation :

♦ Et li rois lour dit tout plainnement
k'il *n'* en savoit *riens* — *Trist.*, prose, 148, 16

2.2.3.3. *Nïent (noient)*

Vraisemblablement issu de **ne gente, nïent* est, par son origine, un pronom indéfini négatif signifiant « rien », « nulle chose » sans le secours de la négation *ne*.

Il figure ainsi dans des locutions verbales : *estre nïenz* (« être impossible », « être inutile »), *torner a nïent* (« réduire à rien », « anéantir ») et adverbiales : *de nïent* (« de rien », « sans raison »), *por nïent* (« inutilement ») :

♦ Il trueve assés et uns et autres qui le voelent reconforter, mais tout ce *est noiens* [...]
Trist., prose, 159, 38

« Il trouve bien des gens qui cherchent à le réconforter mais tout cela est inutile/est peine perdue »

En relation avec *ne*, *nïent* prend la valeur adverbiale de « nullement », « rien » :

♦ *Ne* sot *nïent* de la dolur
U il esteit puis qu'il la vit — *Elid.*, 458

« Elle ne savait rien de la souffrance qu'il ressentait depuis qu'il l'avait rencontrée »

On le rencontre ainsi dans la locution impersonnelle *n'i a nïent de* (« cela ne sert à rien de », « il est inutile de », « il n'est pas question de ») :

♦ Du retourner *n'i a noient*; par chi nous couvient a passer
Trist., prose, 140, 25

« Il n'est pas question de faire marche arrière, nous devons passer par ici »

2.2.4. *Ne* renforcé par la conjonction de coordination *ne* (= « ni »)

Le coordonnant peut être exprimé une seule fois, devant le second terme de la coordination ou devant chacun des deux termes (sans qu'il y ait dans ce cas un souci particulier d'insistance) :

♦ A l'endemain se revigora au plus que il pot et fist semblant que il *n'*eüst *ne* mal *ne* douleur
Artu, 41, 5

« Le lendemain, il rassembla ses forces du mieux qu'il put, faisant mine de ne plus éprouver ni mal ni douleur »

♦ *N'*i aveit bare *ne* devise — *Laüs.*, 37

« Il n'y avait ni obstacle ni séparation »

■ ***Remarque :*** *ni* apparaît au XIIIe siècle mais reste rare encore en moyen français. Ce n'est qu'au XVIIe siècle qu'il élimine complètement *ne*.

2.3. Ne *et la négation restrictive*

La négation restrictive (ou exceptive) correspond à une saisie médiane du mouvement de négativation instauré par *ne* avec une inversion de ce mouvement en direction du positif.

2.3.1. Ne… que

C'est l'adverbe *que* qui joue ici le rôle d'inverseur : il permet d'exclure de la négation tous les éléments qui se trouvent à sa droite :

♦ A sun eos *ne* retient *que* treis
chevals ki li erent loé *Elid.*, 260
« Il ne garde pour lui-même que trois chevaux qui lui avaient été attribués »

La construction exceptive est sans doute dérivée de l'emploi de *que* en structure comparative (*ne… mais… que, ne… plus… que, ne… el… que, ne… autre… que*).

■ ***Remarques***

a) Ne… que est en concurrence avec *ne… fors (que)* :

♦ *N'* i out *fors* une sule entree *Guig.*, 223

Ne… fors… que marque une transition entre la structure comparative et la structure exceptive.

b) La négation restrictive *ne…que* est commutable avec l'adverbe *seulement*. Cependant, le processus mental impliqué par la tournure restrictive est différent. Celle-ci marque un début de négativation puis un mouvement inverse. L'adverbe ne contient aucun mouvement de négativation. *Ne… que* a un caractère plus analytique que *seulement*.

2.3.2. Ne… se… non

Cette construction a été commentée ci-dessus (1.1.4.). Nous nous bornons donc à rappeler que c'est la conjonction hypothétique *se* qui sert dans ce cas d'inverseur :

♦ S'ele eüst tout l'avoir du monde,
Mout volentiers donné l'eüst
Par si que ses amis *n'*eüst
A cele jouste *se* bien *non* *J. et B.*, 4156-57
« Elle donnerait volontiers tout l'or du monde pour que son ami sorte sain et sauf du combat ».)

© ARMAND COLIN. La photocopie non autorisée est un délit.

Notes du chapitre XXVII

1. Sur le mécanisme de la négation, on peut se reporter à G. Moignet, *Systématique de la langue française*, p. 204 et s., § 334-337.
2. À propos du phénomène de subduction, *cf.* le chapitre sur l'Infinitif, 2.2.1.2. et note 6. Dans le cas de *avoir,* on peut considérer qu'il s'agit seulement de l'avant dernier degré de sa subduction, le dernier étant représenté par son utilisation comme morphème des futurs ; *cf.* G. Moignet, *Systématique de la langue française*, p. 267-269.
3. Dans ce type de construction, en effet, *avoir* apporte une simple forme verbale, la matière notionnelle étant fournie par le substantif. Les deux éléments sont indispensables à la constitution d'une unité de sens et à l'accès au statut de prédicat. On peut comparer dans l'exemple cité, *n'aies peor!* avec la négation par *ne* du prédicat *avoir peor* et *non ai* avec la négation par *non* de la forme verbale non prédicative.
4. *Cf.* R.-L. Wagner et J. Pinchon, *Grammaire du français classique et moderne,* p. 427-432.
5. L'adverbe *jamés* a ici sa valeur positive de « un jour quelconque ».
6. *Cf.* le chapitre consacré à l'infinitif (3.1.1.).
7. Nous laissons de côté *nequedent*, « néanmoins », « malgré cela », qui remonte à un syntagme latin *non quid de inde*, dont les éléments se sont sans doute soudés dès la fin du IIIe siècle, à la différence de *neportant, neporquant, neporuec* qui datent de l'ancien français. *Cf.* F. de la Chaussée, *Initiation à la Morphologie...*, p. 328-329.
8. On conserve la trace de l'adverbe *preu* dans la locution *peu ou prou*, au sens propre « peu ou davantage ».
9. *Gote* pourrait bien conserver ici son sens originel, si l'on se réfère à ce qui est dit un peu plus haut : « tone et *pluet*, vante et esclaire » (v. 191).
10. *Cf.* le chapitre sur l'article (1.2. a.).

CHAPITRE XXVIII

L'INFINITIF

Introduire à une étude du mode infinitif, c'est faire apparaître l'ambivalence essentielle de celui-ci. Appelé parfois « forme nominale » du verbe, l'infinitif relève du fonctionnement du nom en même temps que de celui du verbe : il est, en effet, une forme verbale qui n'est ni temporelle (la référence temporelle est donnée par le contexte et l'existence de deux formes, l'une simple, l'autre composée, ne traduit qu'une opposition d'aspect : inaccompli vs. accompli) ni personnelle (l'agent de l'infinitif est indiqué par le cotexte discursif ou la situation) ; de plus, il est indifférent à la voix, ce qui peut se traduire, en particulier, par l'emploi d'une forme active pour un sens passif. En revanche, il admet des compléments à la façon du verbe, c'est-à-dire des compléments verbaux spécifiques (comme le complément d'objet direct).

La problématique d'une telle étude se fonde donc tout naturellement sur la distinction entre traits et emplois nominaux de l'infinitif d'une part, traits et emplois verbaux d'autre part et un classement de ses diverses utilisations peut se faire, depuis l'infinitif substantivé jusqu'à l'infinitif verbe en passant par l'infinitif en fonction nominale et en périphrase verbale. Il est possible de montrer ainsi qu'il n'y a pas de rupture mais une continuité entre les emplois nominaux et verbaux de l'infinitif.

1. L'infinitif nominalisé

C'est l'une des caractéristiques de l'infinitif que de pouvoir être décatégorisé en substantif (opération de « conversion », de « translation »)[1].

1.1. Les marques morpho-syntaxiques de l'infinitif nominalisé

1.1.1. La possibilité de variation en cas et en nombre

L'infinitif nominalisé se décline sur le modèle des substantifs masculins du type *roi*.

— En fonction de sujet singulier, il est pourvu d'un *-s* désinentiel :

- ♦ Li tres grans *desiriers* que nos avions de vos veoir [...] nos a mis en queste de vos

Artu, 45, 32

« L'extrême désir que nous avions de vous voir [...] nous a lancés à votre recherche »

■ ***Remarque :*** à mesure que le substantif tend à perdre sa flexion, les exemples d'infinitifs sujet singulier sans *-s* se multiplient :

© ARMAND COLIN. La photocopie non autorisée est un délit.

♦ Mauvés *torner* fet maint home morir — *Alis.*, 691

« Une fausse manœuvre conduit bien des hommes à la mort »

[On note par ailleurs dans cette chanson de geste tardive — XIIIe siècle — une tendance nette à négliger la déclinaison]

— En fonction de régime pluriel, l'infinitif prend également le morphème *-s* :

♦ Poeit a sun ami parler [...]
et lur *aveirs* entrechangier — *Laüs.*, 43

« Elle pouvait s'entretenir avec son ami [...] et ils échangeaient des cadeaux »

1.1.2. La présence possible d'un actualisateur devant l'infinitif

a) L'article défini

C'est le cas le plus fréquent :

♦ La nuit le guete deci a *l'esclairier* — *Alis.*, 1074

« Il le veille toute la nuit jusqu'au lever du jour »

♦ Mes des que la chose est alee
si n'i a que *del [de + le] consirrer* — *Yv.*, 3115

« Puisque c'est une chose perdue, il ne reste plus qu'à y renoncer »

■ ***Remarque :*** l'omission de l'article devant un infinitif nominalisé est due à des raisons propres à la syntaxe médiévale : l'infinitif-nom est dépourvu d'article chaque fois qu'un substantif quelconque le serait également. Par exemple :

— lorsqu'il est pris dans sa valeur la plus générale :

♦ Mieus vaut bons *taires* que fous *parlers* — *Prov.*, 1254

« Mieux vaut un bon silence qu'un sot discours »

— lorsqu'il constitue avec le verbe auquel il est étroitement lié une locution verbale :

♦ Asez purez aveir *leisir*
De mustrer lui vostre pleisir — *Elid.*, 453

« Vous aurez tout le loisir de lui exposer vos désirs »

De même lorsqu'il constitue, avec une préposition, une locution adverbiale :

♦ Bien li purrat tut a *leisir*
mustrer et dire sun curage — *Guig.*, 472

« Elle pourra ainsi à loisir lui révéler ses sentiments »

— en proposition négative, qu'il soit ou non lui-même sous le coup de la négation :

♦ Puis ai perdu tant vaillant chevalier
ou je n'avrai mes nul jor *recouvrier!* — *Alis.*, 1943

« Depuis, j'ai perdu tant de valeureux chevaliers auprès desquels je ne trouverai plus jamais d'aide! »

Dans ce cas, toutefois, comme n'importe quel nom, l'infinitif peut être précédé du morphème *de* :

♦ Li cuens monta sanz plus *de demorier* — *Alis.*, 1032

« Le comte monta à cheval sans délai »

On peut comparer avec :

♦ Se li rois n'avoit point *de* fame *J. et B.*, 565

Dans cet emploi, *de* a un rôle d'« inverseur ». Le procédé de négativation tendant à maintenir la notion substantivale dans le plan du virtuel et donc à en refuser l'actualisation, l'emploi d'un article irait à l'encontre de ce que recherche la négativation. Le morphème *de* remplace l'article pour symboliser le maintien de la notion substantivale dans la virtualité. Autrement dit, il inverse le mouvement vers l'actualisation et le rend caduc.

b) L'article indéfini

♦ Voel l'empereor losangier
d'un *boivre* qu'il avra molt chier *Clig.*, 3241

« Je veux régaler l'empereur d'un breuvage qu'il appréciera beaucoup »

c) D'autres déterminants que l'article

— le quantifiant possessif :

♦ [Lancelot] fiert un chevalier qu'il encontra premier en son *venir* si durement que il porta a terre et lui et le cheval
Artu, 18, 3

— le quantifiant démonstratif :

♦ Amis, dist ele, a cest *mangier*
Voel l'empereor losangier *Clig.*, 3239

— le quantifiant indéfini :

♦ Pres est de ma fin, n'i ai nul *recovrier* *Alis.*, 135

« Ma fin est proche, je n'ai aucun moyen de l'éviter »

1.1.3. La caractérisation possible par l'adjectif qualificatif

♦ Certes dame, fet Boorz [...] li nostre n'ont pas bon *demorer* ceanz
Artu, 36, 49

« Certes, madame, dit Bohort [...] les nôtres n'ont rien à gagner à demeurer ici »

Cf. également : *mauvés torner* (*Alis.* 691), *bons traires, fous parlers* (*Prov.* 1254), li tres *grans desiriers* (*Artu* 45, 35)...

1.1.4. La capacité à gérer des compléments de type complément du nom

a) Un syntagme nominal complément déterminatif du nom

♦ Forment demeine grant dolur
Al *departir* de sun seignur *Elid.*, 82

« Elle manifeste un grand chagrin à l'instant de se séparer de son époux »

b) Une proposition relative adjective

♦ Lors s'estent del grant duel qu'il ot, et a l'*estendre* qu'il fist li escrieve sa plaie
Artu, 40, 21

« Il s'allongea alors sous l'effet de la douleur et le mouvement fit rouvrir sa blessure »

© ARMAND COLIN. La photocopie non autorisée est un délit.

1.2. Caractère verbal de l'infinitif nominalisé

En ancien français, l'infinitif nominalisé peut régir des compléments verbaux spécifiques.

1.2.1. Un complément d'objet direct

♦ Au *metre* le en terre, poïssiez veoir mout granz pleurs
Artu, 102, 14

« Que de larmes au moment de le mettre en terre »

1.2.2. Un complément circonstanciel

♦ Et Lancelos se seigne a l'*entrer* el champ *Artu,* 150, 17

« Au moment d'entrer dans le champ, Lancelot fit son signe de croix »

La complémentation peut prendre la forme d'un adverbe :

♦ Mult furent plus al revenir
qu'il esteient al fors *eissir* *Elid.,* 2362

1.3. Les fonctions de l'infinitif nominalisé.

Ce sont celles de n'importe quel substantif.

1.3.1. L'infinitif nominalisé peut être sujet.

♦ Car ge sui si durement navrez que li *chevauchiers* me porroit moult nuire
Artu, 21, 16

1.3.2. Il peut être complément du verbe

a) Complément d'objet, direct

♦ Le *mangier* et le *boire* pert
Si que li cuirs as os s'ahert *Am. et Yd.,* 335

« Il perd le boire et le manger au point qu'il n'a plus que la peau sur les os »

ou indirect :

♦ Tant ont al *parler* entendu
que il sont el castiel venu *B.I.,* 4100

« Tout en parlant ainsi, ils étaient entrés dans la ville »

b) Complément circonstanciel

L'infinitif est alors introduit par une préposition qui précise la nature de la circonstance (temps, manière, moyen, but…)

♦ Mut furent plus al *revenir*
qu'il esteient al fors *eissir* *Elid,* 235-236

♦ Bien li purrat tut a *leisir*
Mustrer et dire sun curage — *Guig.*, 472

♦ A Deu prie k'en prenge cure,
K'a sun *poeir* l'ameint a port — *Guig.*, 202

« Il prie Dieu de prendre soin de lui et, par sa puissance, de le conduire à bon port »

1.3.3. Il peut être complément du nom

♦ De son *aler* ont grant anui — *B.I.*, 3897

« Tous se désolent de son départ »

1.3.4. Il peut être le noyau d'un phrase nominale

Le tour syntaxique «*or del (dou)* + infinitif» constitue une phrase nominale exclamative. Il peut traduire une simple constatation :

♦ Ha! Bertran, sire, or del *contraïer*! — *Cor. Lo.*, 1178

« Hé! seigneur Bertrand, vous êtes en train de me contrarier! »

Mais le plus souvent, il a valeur jussive :

♦ Et dist li rois : Or tost dou *pandre*! — *Ren.*, 2092

« Et le roi s'écrie : Allons, vite, qu'on le pende! »

■ ***Remarque :*** la valeur étymologique temporelle de l'adverbe *or* (« maintenant ») s'estompe dans cet emploi : il sert à renforcer l'exhortation, au sens de « donc ».

On peut conclure sur l'infinitif nominalisé en faisant remarquer qu'en ancien français, tout infinitif peut subir une translation et devenir substantif, ce qui n'est plus le cas aujourd'hui, les infinitifs susceptibles d'être employés comme substantifs constituant une classe finie.

2. Du nom au verbe : l'infinitif en fonction nominale et en périphrase verbale

Même s'il n'est pas substantivé, l'infinitif peut assumer les fonctions du nom. D'autre part, il entre dans la construction de périphrases verbales, glissant ainsi vers la catégorie du verbe, mais sans être encore noyau verbal de la phrase (et donc sans être encore prédicatif). Qu'il soit en fonction nominale ou en périphrase verbale, l'infinitif présente à la fois des traits nominaux et des traits verbaux.

2.1. L'infinitif en fonction nominale

2.1.1. Les fonctions nominales de l'infinitif

2.1.1.1. Sujet

♦ einz m'en irai, si ne vos poist,
que plus *demorer* ne me loist — *Yv.*, 4020

« Je vais partir, n'en soyez pas fâché, car je n'ai plus le temps d'attendre »

© ARMAND COLIN. La photocopie non autorisée est un délit.

Il peut être pourvu du morphème -*s* du CSS masculin :

♦ Voir *dires* a cousté a maint — *Comp. Guill.*, 157

« Dire la vérité a nuit à bien des gens »

L'infinitif sujet peut être introduit par la préposition *de*. Cet emploi de la préposition a sans doute servi primitivement à isoler le thème du prédicat dans une construction où le prédicat précédait le thème :

♦ Peciés n'est de feme *traïr* — *B.I.*, 1245

Mais la préposition a pu être conservée même dans le cas où le thème était en première position :

♦ De moi *ocire* est grant fourfait — *Trist.*, prose, 163, 64

■ ***Remarque :*** l'infinitif sujet est parfois introduit par *a* :

♦ Enuiz sereit a *aconter*
Toz cels ki abatu i furent — *Ené.*, 9412

« Il serait ennuyeux d'énumérer tous ceux qui sont tombés là »

2.1.1.2. *Complément déterminatif d'un nom ou d'un adjectif*

a) Complément de nom, il est introduit par la préposition *de*

♦ Cist conseilz sereit trop hastis
d'*otrïer* vus ceste priere — *Guig.*, 511

« La décision d'exaucer votre prière serait prématurée »

♦ de la *aler* n'aiés envie — *B.I.*, 2514

Notons que l'infinitif peut être distribué à droite comme à gauche du nom qu'il complète.

b) Complément d'un adjectif, il est généralement introduit par *de*, à droite de l'adjectif :

♦ Enuieus estes, et vilains
de *tancier* a voz compaignons — *Yv.*, 91

« Vous êtes fâcheux et odieux de chercher querelle à vos compagnons »

ou à gauche :

♦ Ne soiés pas de *joster* sos — *B.I.*, 2670

« Ne soyez pas maladroit au combat »

Il peut aussi être introduit par *a* :

♦ Car trop a esté sa plaie perilleuse a *guerir* — *Artu*, 38, 20

« Sa blessure a été très difficile à guérir »

2.1.1.3. *Complément d'objet d'un verbe transitif*

a) Complément d'objet direct

♦ Jehans veut *savoir* qui il sont — *J. et B.*, 2473

♦ Ne set que fere, vers els n'ose *guenchir* — *Alis.*, 121

« Il ne sait que faire et n'ose obliquer vers eux »

♦ Les esclices en font voler
Si haut que on poroit *jeter* *B.I.*, 2660

« Ils en font voler les éclats aussi haut que l'on serait capable de les jeter » (« à une hauteur incroyable »)

b) Complément d'objet indirect

L'infinitif est introduit par les prépositions *de* ou *a* :

♦ Tuit le menacent de *ferir* en l'entraigne *Alis.*, 630

« Tous menacent de lui transpercer les entrailles »

♦ Si avint couvertement au tournoiement por ce que nus ne refusast a *jouster* a lui par connoissance

Artu, 30, 45

« Il est venu au tournoi ainsi dissimulé pour éviter que, le reconnaissant, on refuse de l'affronter à la lance »

2.1.1.4. *Complément circonstanciel d'un verbe*

Le plus souvent, l'infinitif est introduit par une préposition qui indique la nature de la circonstance.

— le but :

♦ Venuz estes por moi *desfandre* *Yv.*, 4402

— la cause :

♦ Se il ad mal por li *amer*... *Guig.*, 425

« S'il souffre à cause de l'amour qu'il lui porte... »

— la manière :

♦ mes sanz faille ce que je vos en porrai descovrir sanz moi *mesfere* vos en dirai ge

Artu, 13, 13

« mais je suis prêt à vous dire tout ce que je peux vous en découvrir sans me faire de tort »

— le moyen :

♦ Poeit parler a sun ami [...]
E lur aveirs entrechangier
E par *geter* e par *lancier* *Laüs.*, 44

« ...ils échangeaient des cadeaux en les jetant et en les lançant »

— la concession :

♦ Je ne leroie por la teste a *coper* [...]
que devant li ne voise ore joster *Alis.*, 2079

« Rien ne m'empêcherait — dût-on me couper la tête — d'aller sous ses yeux immédiatement au combat »

■ ***Remarques***

a) La préposition *por* est polysémique en ancien français. Elle permet d'exprimer le but, la concession (valeurs qu'elle conserve en français moderne) mais également la cause, emploi qui n'est plus possible aujourd'hui qu'avec un infinitif passé (*cf.* « pour avoir manqué son train, il est arrivé en retard ».)

© ARMAND COLIN. La photocopie non autorisée est un délit.

b) L'agent d'un infinitif complément circonstanciel n'est pas obligatoirement celui du verbe principal :

♦ Pur *remaneir* tant li fera
Dunt a tuz jorz le loera — *Elid.*, 632
« Pour qu'Eliduc reste, le roi fera en sorte qu'il n'ait qu'à se louer de lui »

[L'agent de *remaneir* est Eliduc ; celui du verbe régent *fera* est le roi]

2.1.1.5. *Terme complétif (ou « séquence ») du présentatif ou d'un verbe unipersonnel.*

a. Terme complétif du présentatif.

♦ Ceo est lur dreit de *mesparler* — *Guig.*, 18

On peut dans ce cas user de l'appellation de « sujet réel » pour l'infinitif puisqu'il est possible de revenir à une construction pluripersonnelle en effaçant le présentatif : *mesdire est lur dreit.*

b. Terme complétif d'un tour unipersonnel

♦ M'estuet mon pencei *descovrir* — *Nvelle Comp. Outr.*, 3
« Il me faut exposer mon sentiment »

L'infinitif apparaît ainsi dans des constructions à valeur exceptive du type « *n'(i) a que (de)* », « *n'(i) a fors (que) (de)* », « *n'(i) a se (de) ... non* », signifiant « il n'y a qu'une chose à faire, à savoir... » :

♦ Si n'i a que de *ferir* soi en l'ost — *Artu*, 112, 8
« Nous n'avons plus qu'à attaquer le camp »

2.1.1.6. *Complément de progrédience*[3]

L'infinitif exprime un fait qui prolonge et justifie le procès exprimé par le verbe régent. On le rencontre après les verbes de mouvement, essentiellement après ceux qui donnent de ce mouvement la représentation la plus abstraite (*aller* et *venir*) mais aussi après certains autres au sémantisme plus précis comme *corir* :

♦ Tant com vivons, alons paiens *ferir* ! — *Alis.*, 170

♦ *Reveoir* le venoit souvent — *J. et B.*, 1474

♦ Viviën vit, si le cort *enbracier* — *Alis.*, 147

Le mouvement dans l'espace exprimé par *aler, venir* ou *corir* a comme motivation une attitude en perspective (*ferir, reveoir, enbracier*) et c'est l'infinitif qui signifie cette attitude.

2.1.2. Les traits nominaux et verbaux de l'infinitif en fonction nominale

2.1.2.1. *Les traits nominaux*

a) L'usage possible de la préposition *de* — qui peut être analysée comme l'équivalent de l'article devant le substantif — en particulier devant l'infinitif sujet (*peciés n'est de feme traïr*) et devant l'infinitif séquence du présentatif (*ceo est lur dreit de mesparler*) ou du tour unipersonnel (*si n'i a que de ferir*).

b) La pronominalisation possible de l'infinitif

— Elle peut se faire sous forme d'un pronom personnel représentant ou d'un pronom démonstratif.

♦ Jehans veut *savoir* qui il sont

→ savoir qui il sont, Jehans *le* veut

♦ Venuz estes por moi *desfendre*

→ venuz estes por *ce* (*cela*)

Dans le cas d'une construction segmentée, si le verbe recteur est susceptible de subduction et de semi-auxiliarisation[4], il conserve son sémantisme plein, dans le cas de *pooir*, par exemple, celui d'« être capable de » :

♦ Si haut que on poroit *jeter*

→ jeter si haut, (qu') on *le* poroit

La pronominalisation peut d'ailleurs être effective. Ainsi, lorsque l'infinitif est terme complétif d'un présentatif, il est représenté cataphoriquement par le pronom démonstratif neutre *ce* :

♦ *Ceo* est lur dreit de *mesparler*

— Dans le cas de l'infinitif de progrédience, la pronominalisation se fait par le pronom adverbial *i* (*y*) :

♦ Vivïen vit, si le cort *enbracier*

→ … il *i* cort

c) La neutralité diathétique de l'infinitif

Bien qu'il possède une forme composée de la voix passive (*oïr* vs. *estre oï*), l'infinitif manifeste une indifférence à la voix verbale, qui se traduit par la possibilité d'employer une forme active avec un sens passif :

♦ Por ce est bone la chançon a *oïr* — *Alis.*, 708
« C'est pourquoi cette chanson est digne d'être écoutée »[5]

2.1.2.2. Les traits verbaux

a) L'existence d'un support agentif

Le sujet grammatical se définissant d'un point de vue morphosyntaxique comme ce qui transmet ses marques de personne, de nombre et éventuellement de genre à la forme verbale, l'infinitif ne possède pas au sens strict de sujet. Mais son signifié implique un support, agent ou siège du procès qu'il exprime.

Ce trait devient évident lorsque l'infinitif n'a pas le même agent que le verbe recteur :

♦ Pur *remaneir* tant li fera
Dunt a tuz jorz le loera — *Elid.*, 632

ou dans le cas de l'infinitif terme complétif du présentatif ou d'un tour unipersonnel :

♦ M'estuet mon pencei *descovrir* — *Nvelle Comp. Outr.*, 3

♦ Ce est proesce, ce dist, de lui *garir* — *Alis.*, 690
« Il se dit que c'est un exploit de se défendre »

© ARMAND COLIN. La photocopie non autorisée est un délit.

b) La capacité de régir des compléments verbaux spécifiques.
— le complément d'objet direct :

♦ Et sachiez que ge le di por la vostre honte *vengier*
Artu, 6, 10

— le complément d'attribution :

♦ Assez purrez aveir leisir
De *mustrer* lui vostre pleisir *Elid.,* 454

— le complément de progrédience, derrière un verbe de mouvement :

♦ Talent li prist d'aler *chacier* *Guig.,* 76

2.2. L'infinitif en périphrase verbale

L'infinitif peut se combiner avec un semi-auxiliaire pour constituer une périphrase verbale. Il glisse alors vers la catégorie du verbe mais sans être encore noyau verbal (et donc sans être encore prédicatif). La principale difficulté touchant à la classe des périphrases verbales est celle de leur définition en extension. Autrement dit, si l'on prend deux phrases grammaticalement homonymes :

(a) ♦ Jehans veut savoir qui il sont *J. et B.,* 2473

(b) ♦ por un cop en vet .C. recueillir *Alis.,* 695

comment — autrement que par la seule intuition — décider que le syntagme verbal de l'énoncé (a) représente la rection par un verbe fléchi d'un infinitif en fonction de complément d'objet direct alors que celui de l'énoncé (b) constitue une périphrase verbale?

2.2.1. Critères de définition de la périphrase verbale

2.2.1.1. La non pronominalisation de l'infinitif

Le caractère verbal de l'infinitif en (b) interdit sa pronominalisation :
*en recueillir .C., il *le* vet/il *i* vet
alors qu'elle est possible en (a)

2.2.1.2. La subduction et la semi-auxiliarisation du verbe fléchi

Pour qu'il y ait périphrase verbale, il faut que le verbe fléchi ait subi au moins un début de subduction interne (ou «ésotérique»).

Rappelons que la subduction interne est l'abstraction sémantique progressive qui fait descendre certains lexèmes au-dessous de leur acception plénière et les conduit par paliers successifs jusqu'à un sémantisme ténu, parfois même les vide de tout contenu sémantique. Devenant alors insuffisant à signifier par lui-même, le verbe appelle un complément notionnel avec lequel il est apte à constituer en discours un entier de signification[6].

C'est la caractère d'évidement sémantique du verbe fléchi qui lui permet de passer au stade de mot grammatical et de devenir semi-auxiliaire.

■ ***Remarque :*** on peut juger de l'évidement sémantique du verbe fléchi par le test de l'effacement. En effet, si l'on supprime l'infinitif complément d'un syntagme verbal, on renvoie le verbe fléchi à une construction absolue sans que celui-ci subisse une modification de sens perceptible. Que l'on dise « Jean veut savoir qui ils sont » ou « Jean veut », c'est toujours un vouloir qui est signifié. En revanche, l'infinitif d'une périphrase verbale ne peut être supprimé sans provoquer la transformation du semi-auxiliaire en mot pleinement lexical. Dire « il va » au lieu de « il va recevoir cent coups », c'est inverser le processus d'abstraction sémantique et atteindre la sémantèse plénière de *aller.*

2.2.1.3. *La prédisposition du verbe fléchi à la construction infinitive.*

Les verbes susceptibles d'emplois périphrastiques ont une propension à se construire avec l'infinitif, construction qui peut avoir un caractère

a) exclusif

— en construction directe : ainsi *pooir*, qui refuse tout complément de nature nominale.

— en construction indirecte : des verbes comme *commencier, prendre,* normalement transitifs, admettent un complément d'objet direct nominal mais, dès qu'ils offrent une construction indirecte, leur complémentation ne peut se faire que par un infinitif :

♦ Baucent l'entent, si *commence a henir* — *Alis.,* 1146

♦ Elidus *prist a purpenser* — *Elid.,* 885
« Eliduc commença/se mit à réfléchir »

b) non exclusif

Le verbe admet un complément nominal ou infinitif mais ce dernier cas coïncide toujours avec un emploi subduit du verbe qui lui confère le statut de semi-auxiliaire. C'est le cas de *devoir*, qui n'atteind son acception plénière « avoir une dette matérielle » qu'avec un objet nominal, dans un énoncé du type :

♦ Oïl, dist il, .X. saus *devez* — *Av. Comp.,* 143

En deça, toutes ses valeurs d'emploi sont plus ou moins subduites :

♦ Par cele fei que je *dei* vus — *Guig.,* 344

[obligation morale]

♦ Mes jeo ferai a vostre pleisir
que que me *deive* avenir — *Elid.,* 678

[possibilité]...

À partir des critères[7] que nous venons d'énumérer, il est possible de définir ainsi la périphrase verbale : la combinaison d'un semi-auxiliaire et d'un verbe à l'infinitif; où l'infinitif, dont le rôle est de porter la matière notionnelle du procès désigné, a un caractère impérativement non pronominalisable; et où le verbe fléchi, outre sa prédisposition à se construire avec l'infinitif, a fait l'objet d'un évidement sémantique qui le porte à ne plus signifier que l'une des quatre catégories fondamentales relatives au verbe (temporelle, aspectuelle, modale ou actantielle).

© ARMAND COLIN. La photocopie non autorisée est un délit.

2.2.2. Les principales périphrases verbales construites avec l'infinitif

2.2.2.1. Les périphrases temporelles

Elles permettent de situer le procès par rapport à l'énonciation. Elles servent à traduire
a) le futur proche

Il s'agit de *voloir + infinitif* et *devoir + infinitif*, au sens de «être sur le point de», «être prêt à» :

♦ Ja vodrunt la ville *assaillir*
et de si k'as portes *venir* — *Elid.*, 149-150

«Ils sont sur le point d'attaquer la cité et de parvenir aux portes»

♦ Quant la pucele dut *monter* — *Dole*, 4082

«Quand la jeune fille fut prête à monter à cheval»

b) le futur

— Il s'agit essentiellement de *aler + infinitif, devoir + infinitif* ou *pooir + infinitif* :

♦ Se plus demeure, por fol se puet tenir
Quant por un cop en vet .C. *recueillir* — *Alis.*, 695

«Il serait fou de rester là quand, pour un coup donné, il va en recevoir cent»

♦ Par foi, fet Lancelos, se ge ne vois a l'assemblee qui doit *estre* au chastel a Taneborc, ge ne porroie mie guerir — *Artu*, 41, 30

«Par ma foi, dit Lancelot, si je ne me rends pas au tournoi qui doit avoir lieu au château de Tannebourg, je ne pourrai guérir»

♦ Ce est a dire qu'il n'ont garde que orgueil se puisse *entrer* en els — *Queste*, 156, 31

«Je veux dire qu'ils n'ont pas à craindre de donner prise à l'orgueil»

■ ***Remarque :*** *devoir + infinitif* et *pooir + infinitif* peuvent présenter une nuance d'obligation morale, de nécessité ou d'éventualité.

— *Cuidier* («s'imaginer à tort que») + *infinitif* peut traduire l'imminence d'un procès qui n'a pas eu lieu; on passe de l'idée de *être/ avoir été sur le point de* à celle de *faillir* :

♦ Dou tot cuida *estre* esbahie
quant cest chevalier me carca — *B.I.*, 2716

«J'ai bien été sur le point de/j'ai bien failli desespérer lorsque le roi m'a confié ce chevalier»

2.2.2.2. Les périphrases aspectuelles

Elles envisagent le procès dans l'un ou l'autre des différents moments de sa durée interne.

a) Elles peuvent traduire l'aspect inchoatif

Il s'agit de *commencier a + infinitif, prendre a + infinitif* :

♦ de si haut con il pot crïe
me comança a *desfïer* — *Yv.*, 490

♦ Jehans l'en prist a *mercïer* — *J. et B.*, 158

b) Elles peuvent traduire la répétition ou la permanence d'un procès

Il s'agit de *soloir + infinitif* :

♦ Ne purrai mes la nuit lever
N'aler a la fenestre ester
U je soil mun ami *veeir* — *Laüs.*, 129
« … où j'avais l'habitude de voir mon ami »

2.2.2.3. *Les périphrases modales*

Elles traduisent le point de vue de l'énonciateur sur ce qu'il dit. Les périphrases intégrant l'infinitif peuvent exprimer trois des modalités principales définies par les logiciens : modalité aléthique (ce que le sujet peut faire), modalité déontique (ce que le sujet doit faire), modalité épistémique (ce que le sujet connaît)[8].

Elles sont construites essentiellement à partir des verbes *devoir* et *pooir*, accessoirement à partir de *avoir a, faire a* et *savoir.*

a) Devoir + infinitif

— De façon générale, *devoir + infinitif* marque l'obligation, matérielle :

♦ Dedenz quida hummes truver
ki la nef deüssent *garder* — *Guig.*, 168
« Il pensait trouver à l'intérieur du navire des hommes chargés de le garder »

ou morale :

♦ […] Dame, misericorde,
doit an de pecheor *avoir* — *Yv.*, 6771

— *Devoir + infinitif* peut traduire également une obligation atténuée au sens de « avoir des raisons de », « avoir lieu de » :

♦ Durement en dei *estre* lié — *Elid.*, 522
« J'ai toutes les raisons de m'en réjouir »

Dans les deux cas, la périphrase exprime une modalité déontique : l'obligatoire ou le permis (droit de faire quelque chose par rapport à une autorité, loi morale ou raison).

— *Devoir + infinitif* peut encore traduire le possible :

♦ Mes jeo ferai vostre pleisir
que que me deive *avenir* — *Elid.*, 678
« …quoiqu'il puisse m'arriver »

— *Devoir + infinitif* peut enfin traduire le probable (modalité épistémique) :

♦ […] mes sire Yvains s'an venoit
au feu ou an la vialt ruer,
tot ce li dut forment *grever* — *Yv.*, 4322
« Mon seigneur Yvain, qui arrivait près du brasier où l'on s'apprêtait à la jeter, dut en concevoir une grande inquiétude »

b) Avoir a + infinitif, faire a + infinitif

Ces deux périphrases traduisent la modalité déontique : elles sont des équivalents de *devoir* (marquant l'obligation) + *infinitif* :

© ARMAND COLIN. La photocopie non autorisée est un délit.

♦ U que li reis deüst errer
Il aveit la tere a *garder* *Elid.*, 34

« Quand le roi devait s'absenter, il [Eliduc] était chargé de veiller sur le royaume »

♦ Lors vint Gerris qui tant fait a *douter* *Ra. Cam.*, 3568

« Alors s'avança Gerri, le redoutable »

c) *Pooir + infinitif*[9]

— Le plus souvent, *pooir + infinitif* traduit le caractère possible de l'effection du procès :

♦ Mout bon essample i puet en *retenir* *Alis.*, 715

« Il est possible d'en retirer un excellent exemple »

— *Pooir + infinitif* peut traduire aussi le caractère probable du procès :

♦ Bien me purrat *venir* a pis
Se jeo n'ai sucurs ne aïe *Guig.*, 456

« Il m'arrivera sans doute malheur si je n'obtiens ni aide ni secours »

— *Pooir + infinitif* (comme *devoir + infinitif*) sert parfois à traduire une obligation atténuée au sens d'« avoir des raisons de » :

♦ Se plus demeure, por fol se puet *tenir* *Alis.*, 694

« S'il reste là, il a toutes les raisons de se considérer comme un sot »

— *Pooir + infinitif* peut enfin signifier « avoir l'autorisation » par référence à une autorité matérielle :

♦ Par les forez poeit *chacier* *Elid.*, 37[10]

« Il était autorisé à chasser dans la forêt »

d) *Savoir + infinitif.*

Construit avec l'infinitif, *savoir* perd le statut de verbe plénier qu'il a lorsqu'il est construit avec un complément nominal. Il devient un verbe puissanciel marquant la capacité (et non plus la possession d'une connaissance), l'aptitude à l'action ; sa valeur est alors proche de celle de *pooir*[11] :

♦ Cungié vus doins [...]
D'amer cele kil defferat
E ki *despleier* le savrat *Guig.*, 562

« Je vous autorise [...] à aimer celle qui le [le noeud] défera et sera capable de le dénouer »

2.2.2.4. *Les périphrases actantielles ou d'immixtion*

Immixtion désigne le mode de participation du sujet à la réalisation du procès.

Actantielle qualifie des périphrases qui permettent de modifier le nombre des actants du procès et d'en préciser le rôle logique.

L'ancien français connaît essentiellement les périphrases d'immixtion causative et tolérative mais la périphrase d'immixtion exécutive est également attestée. Elles se construisent à partir des verbes *faire* et *laissier.*

a) *Faire + infinitif*

— De manière générale, il s'agit d'une immixtion causative (un actant supplémentaire intervient activement pour provoquer l'exécution du procès) :

♦ A sun mangier feseit *venir*
Les chevaliers mesaesiez — *Elid.*, 138
« À son repas, il faisait venir les chevaliers pauvres »

♦ Un veisselet ad fet *forgier* — *Laüs.*, 149
« Il a fait forger un coffret »

■ ***Remarque :*** l'agent causatif (actant supplémentaire) du procès occupe la fonction syntaxique de sujet grammatical de la périphrase. L'agent exécutif (ou « physique ») est le plus souvent le complément d'objet direct du verbe recteur (« les chevaliers » dans *Elid.* 138) mais il peut être omis (*Laüs.* 149) : seul apparaît alors le complément de l'infinitif (actant patient) mais non son support agentif.

— Parfois, *faire + infinitif* constitue simplement une périphrase d'immixtion exécutive (l'actant causatif et l'actant exécutif ne faisant qu'un) :

♦ Unques mes n'i parlai fors ier
Et or le faz d'amur *preier* — *Elid.*, 394
« Je lui ai parlé hier pour la première fois et maintenant je lui déclare mon amour »

Faire perd toute valeur factitive et la construction est à paraphraser par le verbe simple. Cet emploi relève le plus souvent d'un procédé stylistique d'atténuation.

b) *Laissier + infinitif*

Il s'agit d'une périphrase d'immixtion tolérative :

♦ Voirs Dex, li torz an seroit tuens
se tu l'en leisses *eschaper* — *Yv.*, 1211
« Vrai Dieu, le tort sera de ton côté si tu le laisses s'échapper »

Le sujet grammatical de la périphrase est présenté comme actant passif du procès qu'il n'empêche pas.

2.2.3. Les traits verbaux et nominaux de l'infinitif en périphrase verbale

a) Un trait verbal : la non pronominalisation de l'infinitif

Contrairement à ce qui se passe quand il est substantivé ou en fonction nominale, l'infinitif ne peut plus se pronominaliser dès qu'il glisse vers la classe verbale. Une construction segmentée redonnerait automatiquement son sémantisme plein au verbe fléchi et modifierait le sens de l'énoncé initial. On peut comparer :

♦ Se plus demeure por fol se puet *tenir* — *Alis.*, 694

où *pooir* a le sens de « avoir des raisons de » et « il *le* peut », où *pooir* signifie forcément « en être capable ».

♦ Ja vodrunt la ville *assaillir* — *Elid.*, 149

où *voloir* signifie « être sur le point de » et « il *le* vodrunt », où il signifie « en avoir la volonté ».

b) Un trait nominal : la neutralité diathétique.

Une forme active peut avoir valeur passive :

♦ Puis fist la chasse *enseeler* — *Laüs.*, 155
« Il fit ensuite sceller [être scellée] cette châsse »

© ARMAND COLIN. La photocopie non autorisée est un délit.

3. L'infinitif prédicatif

Il assure le rôle de noyau verbal de la phrase dont il constitue le prédicat logique. Il peut figurer en proposition non dépendante comme en proposition dépendante.

3.1. En proposition non dépendante

3.1.1. L'infinitif en phrase à modalité jussive

Le plus souvent précédé de l'adverbe de négation *ne*, il sert à exprimer la défense : il se substitue ainsi à un impératif négatif :

♦ Amis, fait il, ne t'*esmaier* *B.I.*, 2675

« Ami, dit-il, ne crains rien »

Le caractère prédicatif de l'infinitif est attesté par l'emploi de la forme conjointe du pronom personnel régime (*t'* = *te*). On sait que devant un infinitif non prédicatif régi par un verbe fléchi c'est obligatoirement la forme disjointe du pronom qui est utilisée :

♦ Femme jolive de mestier
Se deit lunc tens faire preier
Pur *sei* cherir… *Guig.*, 516

« La femme aux moeurs légères doit se faire prier longtemps, pour se donner de la valeur… »

Il s'agit d'un tour expressif, relevant d'un choix stylistique : l'exhortation est rendue plus énergique par l'emploi du mode le plus direct (ne nécessitant aucune accommodation au temps ni à la personne).

3.1.2. L'infinitif dans l'interrogation directe

Il a valeur délibérative :

♦ Dame que *dire ?* Que *teisir ?* *Clig.*, 4264

3.2. En proposition dépendante

3.2.1. L'infinitif dans l'interrogation indirecte

♦ Si est tant a malese qu'ele ne set quel conseill *prendre* de soi
Artu, 32, 34

« Elle éprouve un tel désarroi qu'elle ne sait quelle décision prendre »

Il est l'équivalent de l'infinitif délibératif de l'interrogation directe. Il apparaît également dans des propositions relatives substantives proches de l'interrogative indirecte derrière des verbes comme *avoir, faire, laissier, trover, veoir…*, la régissante étant généralement négative :

♦ Dunc ne faz jo que *creire* *Rol.*, 987
« Je ne fais rien qui mérite d'être cru »

♦ Tot li gehist, n'i lessa que *conter*
de ce qu'il pot savoir et remembrer *Alis.*, 982
« Il lui avoua tout, n'omettant rien de ce qu'il savait et qui lui revenait en mémoire »

3.2.2. L'infinitif en « proposition infinitive »

L'appellation a été parfois mise en cause[12]. Nous la réservons à des cas d'emploi précis où un certain nombre de critères sont réunis.

a) L'infinitif possède un agent différent de celui du verbe recteur

♦ Li cuens Guillelmes vit ses homes *morir* *Alis.*, 48

■ ***Remarque :*** ce critère ne permet pas de différencier la proposition infinitive de tours structurellement analogues comme « je fais chanter les enfants » ou « j'empêche le coq de chanter ».

b) L'infinitif n'est pas pronominalisable

À partir d'un énoncé du type :

♦ Ki n'ot le laüstic *chanter* *Laüs.*, 85

on peut pronominaliser le syntagme nominal *le laüstic*, complément du verbe fléchi et agent de l'infinitif (« ki ne *l'*ot ») mais en aucun cas *l'* ne peut représenter l'infinitif. Le test du pluriel le montre clairement. Soit :

♦ A ce me samble que je voie
Les chiens *foïr* devant le lievre *Clig.*, 3803

La seule pronominalisation que l'on puisse faire est celle de *les chiens* : « ce me samble que je *les* voie » et non * « …que je *le* voie ».

■ ***Remarque :*** ce critère permet de distinguer la proposition infinitive de la construction du type « j'empêche le coq de chanter » où l'infinitif, au même titre que le syntagme nominal complément peut être remplacé par un pronom : « je *l'en* empêche ».

c) Le verbe régissant conserve son sens plein

♦ Cil virent *monter* Eliduc *Elid.*, 159

■ ***Remarque :*** ce critère permet de distinguer la proposition infinitive de la périphrase verbale d'immixtion du type *faire + infinitif* dans laquelle le verbe *faire* se trouve à son plus haut degré de subduction. Pour être en sémantèse plénière, *faire* doit pouvoir se gloser par « fabriquer », « confectionner ». On est loin du compte dans un tour comme :

♦ Mes je sai bien que coardise
vos *fet* ma fille refuser *Yv.*, 5489[13]

De ce qui précède, il ressort que l'on réserve l'appellation de « proposition infinitive » aux cas où l'infinitif dépend d'un verbe de perception : *veoir, oïr, escouter, apercevoir, sentir…*

© ARMAND COLIN. La photocopie non autorisée est un délit.

Toutefois, on rencontre en ancien et en moyen français des propositions infinitives derrière les verbes d'énonciation ou de commandement :

♦ [le roi] les portes cumande a fermer
E les genz sur les murs *munter* — *Elid.*, 240

Il s'agit là de constructions calquées directement sur le latin.

3.3. Caractère nominal de l'infinitif prédicatif

Même noyau verbal, l'infinitif conserve sa neutralité diathétique. Le support de l'infinitif peut, en effet, être l'agent du procès :

♦ Quant ne voi mon chier oncle *venir* — *Alis.*, 195

mais il peut aussi être le siège du procès, la forme simple de l'infinitif prenant une valeur passive :

♦ Quant Lancelos voit son oste si durement *porter* a terre, si en fu moult durement corrouciez

Artu, 19, 2[14]

Notes du chapitre XXVIII

1. Les grammaires traditionnelles parlent aussi de « dérivation impropre ».
2. Aujourd'hui, l'infinitif substantivé a perdu cette capacité de régir les compléments verbaux spécifiques.
3. L'appellation est dûe aux grammairiens Damourette et Pichon. *Cf. Essai de Grammaire de la langue française.*
4. Nous reviendrons sur ces notions un peu plus loin (§ 2.2.).
5. Nous verrons que, même en fonction verbale, l'infinitif conserve ce trait nominal. On retrouve d'ailleurs cette neutralité diathétique en français moderne. Comparons : *J'ai acheté un fer à repasser* et *J'ai apporté ce fer à réparer.*
6. Considérons l'exemple simple du verbe *être*. Soit l'énoncé (a) : « Je pense donc je *suis* » : *être* a son sémantisme plein (on dit aussi qu'il est en sémantèse plénière), le processus de formation de sa matière notionnelle étant conduit jusqu'à son terme. *Être* est commutable avec « *exister* ».

(a)

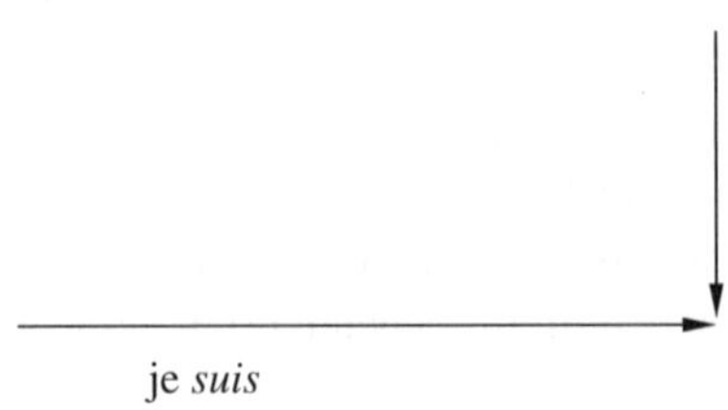

Soit maintenant l'énoncé (b) : « La France est une république » : *être* ne peut plus constituer à lui seul un entier de signification (**La France est*), la sémantèse étant arrêtée à un stade plus précoce.

(b)

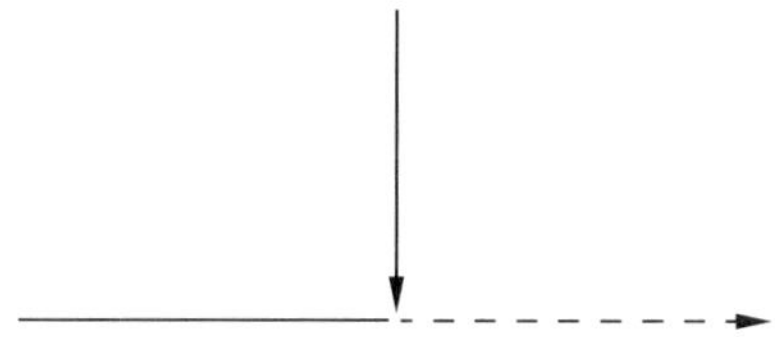

La France *est* une république

Il nécessite une complémentation, qui se fait ici par un attribut. Son incomplétude sémantique se manifeste aussi dans le fait qu'on ne peut plus le paraphraser par « *exister* » (même s'il peut encore commuter avec des verbes de sens pleins comme « *équivaloir* », « *constituer* »). *Être* devient ainsi de moins en moins lexical et de plus en plus grammatical et l'on aboutirait en définitive dans un énoncé du type *il est parti* à son degré le plus élevé de subduction. Il n'est plus alors qu'un auxiliaire (traduisant l'aspect extensif) non paraphrasable.

7. Si l'on considérait le français moderne, il faudrait en ajouter deux. Le premier, absolu, est la coalescence des deux éléments de la périphrase. L'ancien français, en revanche, insère sans problème un syntagme nominal entre le verbe fléchi et l'infinitif :

   ♦ Ja *vodrunt* la ville *assaillir* — *Elid.,* 149-150

   Le second, relatif, est l'invariabilité du participe de *faire* dans la périphrase actantielle *faire + infinitif.* Sur ce point encore, l'ancien français procède différemment. À côté de :

   ♦ et l'amirez les avoit *fet* mander — *Alis.,* 2064

   on rencontre en effet :

   ♦ Qui avroit toz *fez* amasser
   Voz chevaliers por cest afaire — *Yv.,* 6554

8. Chacune de ces modalités comporte quatre degrés. Pour la modalité aléthique, le nécessaire, le contingent, l'impossible, le possible ; pour la modalité déontique, l'obligatoire, le facultatif, le défendu, le permis ; pour la modalité épistémique, le certain, l'incertain, l'improbable, le probable.
9. Nous n'envisageons ici que les cas où *pooir*, ayant subi une subduction, n'est plus glosable que par « être capable ».
10. Le droit réservait la forêt à l'usage exclusif du seigneur. Si Eliduc jouit de ce privilège, c'est grâce à ses qualités qui le rendent indispensable à son roi.
11. Les deux verbes ne sont pas tout à fait équivalents. *Savoir* marque l'aptitude acquise définitivement (*on sait nager* : on le saura toujours), *pooir*, la capacité (*on peut nager* : dans telle ou telle circonstance). L'opposition sémantique ne s'efface que dans le cas d'un emploi au futur hypothétique et sous négation (*je ne saurais = je ne pourrais*).
12. G. Moignet en nie même totalement l'existence. *Cf.* en particulier *Systématique de la langue française*, p. 66-67.
13. Le français moderne ajouterait à cela un critère distributionnel : le complément d'objet direct qui constitue l'agent exécutif du procès à l'infinitif peut se distribuer à gauche comme à droite de celui-ci : *j'entends le rossignol chanter* ou *j'entends chanter le rossignol.* Ce qui n'est pas le cas dans la périphrase verbale d'immixtion : *je fais*

© ARMAND COLIN. La photocopie non autorisée est un délit.

chanter les enfants mais **je fais les enfants chanter*. L'ancien français admettait les deux distributions, aussi bien en proposition infinitive :

- ♦ Et quant li rois voit monseigneur Gauvain *revenir* — *Artu,* 24, 4
- ♦ Cil virent *monter* Eliduc — *Elid.,* 159

qu'en périphrase d'immixtion :

- ♦ Fai mes compaignuns *returner* — *Guig.,* 135
- ♦ A sun mangier feseit *venir*
  Les chevaliers… — *Elid.,* 138

14. La neutralité diathétique de l'infinitif peut être source d'ambiguïté. Si l'on considère l'exemple suivant : «j'ai vu manger des chiens», deux interprétations sont possibles : ou bien les chiens mangent, ou bien…! Seule la distribution du complément d'objet direct du verbe fléchi peut remédier à ce risque d'amphibologie : sa place à gauche de l'infinitif en fera obligatoirement le complément du verbe fléchi et l'agent de l'infinitif.

CHAPITRE XXIX

LES FORMES EN *-ANT*

Le français moderne distingue trois formes en *-ant :*

— Le participe présent, noyau d'un syntagme participial, qui relève à la fois de l'adjectif et du verbe puisque son rôle dans la phrase est celui d'un adjectif, mais que, dans son syntagme, il conserve un comportement verbal :

• Je respire largement, tel Pelléas sortant du souterrain et retrouvant la vie, l'odeur des roses (R. Barthes)

Les syntagmes *sortant du souterrain* et *retrouvant la vie, l'odeur des roses* prennent la place d'un adjectif épithète de Pelléas, mais *sortant* et *retrouvant* ont les constructions intransitive et transitive de *sortir* et *retrouver.*

— L'adjectif verbal, qui provient d'un glissement du participe de la classe du verbe à celle de l'adjectif : si le syntagme participial se réduit à la seule forme du participe, celui-ci quitte en effet la catégorie du verbe pour devenir adjectif.

• Convaincant/plus convaincant que jamais, l'avocat a réussi à réduire la peine de l'accusé

— Le gérondif, forme en *-ant* précédée de la préposition *en*, fonctionne comme un complément circonstanciel par rapport au verbe principal :

• il s'est coupé en se rasant

• il est entré en sifflant

Cette distinction claire entre les trois formes en *-ant* n'existait pas en ancien français : le gérondif n'était presque jamais prépositionnel et ne se distinguait du participe et de l'adjectif que par son invariabilité; ces deux derniers étaient morphologiquement identiques, variant en cas et en nombre (en tant qu'épicènes, ils ne discriminaient pas les genres)[1].

Le classement des formes en *-ant* en ancien français peut se faire selon le critère de leur appartenance ou de leur non appartenance à la classe du verbe.

© ARMAND COLIN. La photocopie non autorisée est un délit.

1. Les formes en *-ant* n'appartenant pas à la classe du verbe

1.1. La forme en **-ant** *nominalisée*

— La forme en *-ant* peut être substantivée : il y a changement de classe grammaticale selon le procédé de la translation (ou de « dérivation impropre »)[2].

♦ Or orroiz ja merveilles, bonne gent,
Que tex n'oïstez en tout vostre *vivant* — *Am. et Am.*, 3017

« Écoutez donc, bonnes gens, voici une scène extraordinaire, telle qu'on ne vous en conta jamais en toute votre vie »

♦ La nuit fu coie et la lune leva,
A l'*anjornant* un petit espoissa. *Alis.*, 1085
« La nuit était calme, la lune s'était levée; au point du jour, le temps s'assombrit un peu »

♦ Mort sont mi home, n'i a nul *eschapant* *Alis.*, 2272
« Tous mes hommes sont morts, il n'y a pas un seul survivant »

♦ Touz li monz ne vos porroit a ce mener que vos ne fussiez mort einçois que vos eüssiez chevauchié le *montant* d'une l iue englesche
Artu, 41, 21
« Rien au monde ne pourrait empêcher que vous ne soyez mort avant d'avoir parcouru l'équivalent d'une lieue anglaise »

— Comme un nom quelconque, la forme en *-ant* substantivée admet les déterminants du nom : l'article (*l'*anjornant), le déterminant possessif (*vostre* vivant) ou indéfini (*nul* eschapant), l'adjectif qualificatif :

♦ L'uns de voz douz a en moi part moult grant
Et s'est Amiles li hardis *combatans* *Am. et Am.*, 3141
« L'un de vous deux partage ma vie : c'est Amile le valeureux guerrier »

— D'un point de vue syntaxique, la forme en *-ant* substantivée peut avoir toutes les fonctions du nom : complément essentiel (*nul eschapant*), complément prépositionnel à valeur circonstancielle (*en vostre vivant, a l'anjornant*)...

1.2. Les formes en -ant *adjectivales : l'adjectif verbal*

1.2.1. Sémantique

— De manière générale, l'adjectif référé à un substantif exprime une qualité de celui-ci, une manière d'être :

♦ Si fiert Hardré sor son elme *luisant* *Am. et Am.*, 1563

♦ Vivïen vit jesir sor un estanc,
Desoz un arbre foillu et *verdoiant* *Alis.*, 787

1.2.2. Critères d'identification

a) Du point de vue morphologique
Le critère d'accord n'est pas opératoire en ancien français pour discriminer l'adjectif verbal et le participe, ce dernier prenant les marques du cas et du nombre :

♦ ...vont tant qu'il ont ancontré
chevaliers, dames et sergenz
et dameiseles *avenanz* *Yv.*, 3800
« tandis qu'ils avancent, ils rencontrent des chevaliers, des dames, des serviteurs et des jeunes filles, tous très avenants »

(CRP de l'adjectif verbal)

♦ Fortune les bons clers fait pain *querans* *Floi.*, 2516
« Fortune oblige les bons clercs à aller en quête de leur pain »

(CRP du participe présent)

b) Du point de vue distributionnel

— L'adjectif verbal n'a aucune capacité à régir les compléments verbaux.

— Il peut être coordonné à un autre adjectif :

♦ Et prist en sa main tel ghisarme
Qui fu *tranchans et* esmolue — *J. et B.*, 3901
« Il prit en main une hallebarde tranchante et aiguisée »

♦ N'estïez mie estout *ne ramponant*,
Desor vos pers orgueilleus ne *proisant* — *Alis.*, 836-837
« Vous n'étiez ni agressif ni moqueur, ni orgueilleux ni méprisant envers vos pairs »

— Il admet les marques du degré :

♦ Quant iestes mort, mout puis estre dolant :
Si sui je voir et mout *desconfortant* — *Alis.*, 857
« Puisque vous êtes mort, j'ai toutes les raisons d'être plongé dans le chagrin. Et, en vérité, je suis peiné et très désolé »

c) Du point de vue fonctionnel

L'adjectif verbal est apte à fonctionner comme épithète ou comme attribut (du sujet ou du complément d'objet direct) à l'image de n'importe quel adjectif qualificatif :

♦ Nos i ferimes a noz espiez *tranchant* — *Alis.*, 2259
« Nous avons frappé de nos lances tranchantes »

♦ A la fonteine dont li doit sont *bruiant* — *Alis.*, 788
« Près de la source dont les eaux murmuraient »

♦ Di va, Ami, com te voi *non sachant!* — *Am.et Am.*, 1812
« Allons, Ami, comme te voilà insensé! »

♦ De sa dolor mar ira nus parlant,
Quar trop la meine doloreuse et *pesant* — *Alis.*, 821
« Il serait vain de parler davantage de sa souffrance : elle se manifeste d'une façon vive et cruelle »

2. Les formes en *-ant* appartenant à la classe du verbe

Il s'agit du participe présent et du gérondif; le premier est référé à un support nominal, le second à un support verbal.

2.1. Le participe présent

2.1.1. Critères d'identification

— Le participe se différencie de l'adjectif par sa capacité à régir les compléments verbaux :

♦ Se Lancelos fust rois *tenanz* terre, ne cuidassent mie moult de genz qu'il assemblast si grant chevalerie
Artu, 106, 13

(complément d'objet direct)

© ARMAND COLIN. La photocopie non autorisée est un délit.

♦ N'onques ne fust de proesce *ventant* — *Alis.*, 838
(complément d'objet indirect)

♦ Ja en Orenge ne me verrez *tornant* — *Alis.*, 816
(complément circonstanciel)

♦ En son corage vet Damledeu proiant
Que si meffet li soient *pardonant* — *Alis.*, 803
(complément d'objet second)

Il s'en différencie également par sa valeur aspectuelle : il ne traduit pas une qualité ou une manière d'être, c'est-à-dire un état, mais donne une vue du procès en train de s'accomplir.
— Le participe présent s'oppose au gérondif par sa variabilité, ainsi que par un trait nominal que ne comporte pas le gérondif, sa neutralité diathétique[2]; comme l'infinitif, le participe peut avoir une valeur passive :

♦ Saint pareïs vos est *abundonant* — *Rol.*, 522
« Le saint Paradis vous est grand ouvert », mot à mot : « vous est étant offert »

♦ Que si meffet li soient *pardonant* — *Alis.*, 803
« Que ses fautes lui soient pardonnées »

♦ Se je le felon, le cruel,
que ci nos vet contraliant
pooie feire *humiliant* — *Yv.*, 4146
« Si je pouvais humilier l'ignoble, le cruel qui nous poursuit de ses persécutions »

2.1.2. Fonctions du participe présent

Elles se rattachent à la classe des adjectifs qualificatifs puisque le participe peut être épithète ou attribut :

♦ Si com il gist desoz l'arbre en l'Archant
Ses blanches mains desor son piz *croisant* — *Alis.*, 792

♦ Ja en Orange ne me verrez *tornant* — *Alis.*, 816

2.2. Le gérondif

Invariable, le gérondif a pour support un verbe, en l'absence dans son voisinage immédiat d'un nom auquel le référer. Sa fonction n'est plus celle d'un adjectif mais d'un adverbe : il exprime une circonstance de l'action principale, un procès secondaire par rapport au procès principal. Il peut arriver, cependant, que le verbe recteur perde son sémantisme plein et concret : un seul procès est alors perceptible, celui que traduit la forme en *-ant*.

2.2.1. Le gérondif élément de périphrase verbale

Associé à *estre* ou à *aller*, la forme en *-ant* peut servir à construire une périphrase verbale.

2.2.1.1. Estre + *gérondif*

La périphrase indique le plus souvent que le procès est en cours d'accomplissement :

♦ Si s'esbahi, n'en soiez *merveillant* — *Am. et Am.*, 3133

Mais le sémantisme perfectif du verbe s'accorde parfois mal avec l'idée de durée et la périphrase exprime un procès instantané :

♦ Li compaingnon n'i furent *arrestant*
Jusqu'a l'Eglise ou estoit Belissans — *Am. et Am.*, 3126

2.2.1.2. Aller + *gérondif*

Cette séquence correspond en réalité à deux constructions :

a) Une construction non périphrastique au sens strict du terme puisque *aller* y conserve sa valeur pleine et traduit un déplacement concret (il ne subit aucune subduction)[3] ; chacune des deux formes verbales est donc porteuse d'un procès indépendant, le gérondif signifiant la modalité selon laquelle se fait l'action principale :

♦ Li cuens Guillelmes *vet poignant* par l'estor — *Alis.*, 24
« Le comte Guillaume s'élance dans la bataille en éperonnant son cheval »

♦ En Paradiz en irommez *chantant* — *Am. et Am.*, 3007

On peut substituer à la forme en *-ant* un groupe nominal à valeur circonstancielle : « à coups d'éperons », « avec des chants ».

b) Une construction périphrastique, dans laquelle *aller* se vide de son contenu notionnel

Il ne signifie plus un procès indépendant mais entre dans la formation du verbe de sens plein qui l'accompagne. Il devient un simple élément formel, un semi-auxiliaire.

— La périphrase a le plus souvent une valeur aspectuelle durative. En fait, cette valeur ressort du sémantisme imperfectif du verbe accompagnateur. Il peut s'agir par exemple, d'un verbe d'énonciation (*dire, reclamer, proiier, soi dementer, gaber, conter…*), d'un verbe traduisant un état ou une manifestation psychologique (*penser, doter, redoter, plorer, mener duel/joie…*), d'un verbe de perception (*garder, regarder, oïr…*) :

♦ En son corage vet Damledieu *proiant* — *Alis.*, 802

♦ Si s'an vont grant joie *menant* — *Yv.*, 5803

♦ N'ala mie molt *regardant*
mes sire Yvains cele mervoille — *Yv.*, 3349
« Mon seigneur Yvain ne s'attarda guère à contempler ce prodige »

♦ La mort l'angoisse, mout le vet *destraignant* — *Alis.*, 805
« La mort le harcèle, lui inflige d'horribles tourments »

— Il arrive que le verbe ne traduise aucune activité réelle de la part du sujet (*attendre, dormir, atargier…*) :

♦ Ne sai qu'alasse *demorant*
a conter le duel qu'ele an fist — *Yv.*, 2915
« Je ne sais pourquoi je tarderais à décrire la douleur qu'elle manifesta »

© ARMAND COLIN. La photocopie non autorisée est un délit.

♦ Car vostre cors va mout *affoibloiant* — *Am. et Am.*, 2835

« Car vous vous affaiblissez peu à peu »

— La valeur perfective du verbe peut empêcher de voir dans la périphrase la moindre valeur durative :

♦ Au duel qu'il maine est cheüz de Bauçant,
Encontre terre s'en vet sovent *pasmant* — *Alis.*, 823

« De douleur, il est tombé de Baucent; à même la terre, il s'évanouït à plusieurs reprises »

♦ Terre, car oevres, si me va *transglotant*[4]
Et si reçoif ce chaitif las dolant! — *Alis.*, 813

« Terre, ouvre-toi pour m'engloutir et reçois le misérable accablé de douleur que je suis! »

2.2.2. Le gérondif accompagnant un verbe pour signifier une circonstance du procès principal

En dehors des périphrases verbales, le gérondif peut être associé à n'importe quel verbe : il fonctionne comme un complément circonstanciel traduisant la manière, le temps, la cause…

♦ Li quens Guillelmes vint cele part *corant* — *Alis.*, 789

♦ ce duel *menant* la chambre a deffermee — *Am. et Am.*, 3187

« Tout en se lamentant, elle ouvrit la porte de la chambre »

♦ el ciel monta tout *chantant* Te Deum — *Am. et Am.*, 2813

♦ Asez est melz que moerium *cumbatant* — *Rol.*, 1517

« Il est préférable de mourir en combattant »

■ ***Remarque :*** de façon générale, la place de la forme en *-ant* n'est pas fixe. Elle peut être distribuée à gauche ou à droite du verbe exprimant le procès principal, ce qui est caractéristique de la fonction circonstancielle :

♦ *Plorant* li bese le piz et la facele — *Alis.*, 875

« En pleurant, il lui couvre de baisers la gorge et la poitrine »

♦ Et quant il le voit venir […] en crie merci tendrement *plorant* — *Queste,* 153, 19

2.2.3. Le gérondif construit avec une préposition

L'effet de sens est identique à celui de la construction précédente; la forme en *-ant* équivaut toujours à un complément circonstanciel mais le lien sémantique unissant le procès principal et le procès au gérondif est explicité par la préposition.

— Rapport de manière :

♦ En *seant* ierent, s'ont grant joie menee — *Am. et Am.*, 3190

« Ils étaient assis, tout réjouis »

♦ traïnant s'an maine a l'ostel
la quise a grant joie *faisant* *Ren.*, 11149

« Elle s'en retourne chez elle traînant la cuisse [de l'âne], le cœur en joie »

— Rapport de moyen :

♦ N'i a païen, Sarrazin ne Persant
Se je l'ateing d'une pierre en *ruant*
Ne le conviegne cheoir de l'auferrant *Alis.*, 2361

« Il n'y a pas un païen — qu'il soit Turc ou Persan — qui ne tombe de cheval si je l'atteinds en lui lançant une pierre »

— Rapport de concession :

♦ Ne vos lerroie por les membres *perdant* *Orange*, 1427

« Je ne vous abandonnerais pas, dussé-je y perdre les membres »

— Rapport de concomitance dans le temps :

♦ Ribauz, neanz, que vos avoie ge forfet qui en *dormant* m'avez navré?
Artu, 64, 43

« Espèce de rustre, moins que rien, quel mal vous avais-je fait pour que vous m'ayez blessé pendant que je dormais ? »

■ ***Remarque :*** cette dernière occurrence montre que contrairement à la règle actuelle, le gérondif n'a pas obligatoirement le même agent que le verbe principal.

2.2.4. Le gérondif dans un syntagme absolu

Avec les verbes de perception *oïr* et *veoir,* le gérondif peut constituer un syntagme absolu (sans lien syntaxique direct avec le reste de l'énoncé) à valeur circonstancielle :

♦ car d'un mien anemi mortel
me vencha, don si lié me fist
que tot *veant mes ialz* l'ocist *Yv.*, 4906

« car il m'a vengé d'un ennemi mortel et m'a comblé de joie en le tuant sous mes yeux »

Si l'agent du gérondif est un pronom personnel régime, ce dernier figure obligatoirement sous sa forme tonique :

♦ Et ce dist orendroit *oiant moi* et oiant monseigneur le roi uns tex chevaliers que vous croiriez bien d'une parole...
Artu, 36, 33

« C'est ce qu'a rapporté en ma présence et devant monseigneur le roi un chevalier que vous croiriez sur parole »

Cependant, l'agent du gérondif peut ne pas être mentionné de façon explicite :

♦ Toute pasmee a la terre s'estant [...]
Au redrescier i corrent plus de cent.
Quant se redresce, si parole *en oiant...* *Am. et Am.*, 3137

« Elle tombe évanouïe [...]. Plus de cent personnes se précipitent pour la relever. Une fois debout, devant tous, elle dit... »

© ARMAND COLIN. La photocopie non autorisée est un délit.

Notes du chapitre XXIX

1. *Cf.* chapitre sur les adjectifs qualificatifs, 2.1.2.1., 2.1.2.2. et note 6. C'est en 1679 seulement que l'Académie française a opposé le participe et l'adjectif verbal, sur le plan morphologique et orthographique d'une part (participe invariable vs adjectif variable), sur le plan sémantique d'autre part (le participe exprime « une action passagère », l'adjectif « une qualité ou un état durable »). Quant au gérondif, s'il est introduit par une préposition dès 1300, la généralisation de *en* ne date que de la fin du XVIIIe siècle.
2. C'est une caractéristique que nous avions relevée également pour l'infinitif *cf.* chapitre sur l'infinitif, 1.
3. La subduction, au moins partielle, du verbe recteur est nécessaire pour qu'il y ait semi-auxiliarisation de ce dernier et pour que l'on puisse parler de périphrase verbale. *Cf.* chapitre sur l'infinitif, 2.2.1.2.
4. Le choix de la périphrase peut être attribué aux contraintes de l'assonance, ce qui est fréquent dans les chansons de geste.

CHAPITRE XXX

LES EMPLOIS DU MODE SUBJONCTIF

Le « mode » au sens étroit du terme, c'est-à-dire le mode grammatical, désigne trois stades de représentation du temps en fonction de la personne et du temps présent :

1. Vision du temps n'isolant ni la personne ni le présent.
2. Vision du temps isolant la personne mais pas le présent.
3. Vision du temps isolant la personne et le présent.

À ces trois étapes modales, qui conduisent du virtuel à l'actuel, correspondent respectivement :

— les modes nominaux ;
— le mode subjonctif ;
— le mode indicatif.

Seules les deux dernières de ces étapes nous intéressent ici puisqu'il s'agit des deux modes qui sont en concurrence dans le système verbal et qu'il n'est guère possible de parler des emplois du subjonctif sans l'envisager par rapport à l'indicatif. La différence essentielle entre les modes réside donc dans leur capacité ou non d'isoler le présent, c'est-à-dire de parvenir ou non à une vision compartimentée des époques.

Le nombre de tiroirs comportés par chacun des deux modes laisse à penser qu'ils ne se réfèrent pas à une même représentation générale du temps (pour le subjonctif, pour l'ensemble du temps, à savoir les deux époques passé et futur + présent : quatre formes seulement alors que l'indicatif en comporte dix, si l'on inclut le « conditionnel »).

Tout se passe au subjonctif comme si le temps ne formait qu'une seule grande époque, ignorant la coupure du présent qui, seule, permet de diviser le temps en époques opposables. Cette synthèse des époques fait que les de subjonctif dit « présent » et de subjonctif dit « imparfait » sont en réalité une sorte de présent large n'entrant en opposition ni avec un futur ni avec un passé.

On utilise donc l'indicatif ou le subjonctif selon qu'il y a nécessité ou non d'insérer, de situer le procès dans le temps différencié, c'est-à-dire, qu'il y a nécessité d'actualiser le procès (de le situer dans le monde de ce qui est pour le locuteur) ou de le laisser à l'état virtuel.

Autrement dit, le choix du mode indicatif ou subjonctif dépend de la visée (actualisante ou virtualisante) que le discours se propose : il est conditionné, par la présence, dans l'esprit, d'une idée regardante à travers laquelle le procès est considéré, et cela qu'il s'agisse des propositions autonomes ou des propositions

© ARMAND COLIN. La photocopie non autorisée est un délit.

dépendantes (la différence étant que dans le premier cas l'idée regardante est implicite, dans le second, explicite).

Le problème revient donc à classer d'une part les idées actualisantes, d'autre part les idées virtualisantes. Disons que ce classement ne varie guère de l'ancien français au français moderne, la ligne de démarcation passant toujours à la limite du possible et du probable, ou, plus exactement, à la limite de ce qui est possible ou probable dans l'« univers de croyances » du locuteur, cet « univers de croyances » étant l'ensemble indéfini des propositions que le locuteur, au moment où il s'exprime, tient pour vraies ou qu'il veut accréditer comme telles[1].

Étudier les emplois du subjonctif implique toujours que l'on indique avec précision dans quelle catégorie de proposition on le rencontre. On peut donc adopter un plan simple à partir de la nature et de la fonction de la proposition où il figure.

1. Le subjonctif en proposition subordonnée

1.1. La subordination

Dans le sens usuel du terme, la subordination établit une relation asymétrique entre deux propositions dont l'une (« subordonnée » ou « enchâssée ») reçoit sa fonction de l'autre (« principale », « régissante » ou « matrice »), sans réciprocité.

Les subordonnées se reconnaissent en général à la présence d'un terme introducteur (« subordonnant »), conjonction de subordination (*que, si, quant, ainçois que, por que, mes que*...) ou pronom relatif.

Le subordonnant peut n'exprimer que la relation de dépendance, comme le *que* introduisant la proposition complétive. Il peut également cumuler deux rôles. Soit il marque la relation de dépendance et spécifie le rapport sémantique entre les deux propositions; c'est le cas des subordonnants introduisant une corconstancielle :

♦ il vangera, *s*'il puet, la honte
son cosin, *einz qu'il* retort — *Yv.*, 749

(*einz que* exprime le rapport de temps qui existe entre les deux propositions)

Soit il marque la relation de dépendance et a une fonction grammaticale dans la proposition qu'il introduit; c'est le cas du pronom relatif :

♦ Vos ne me diriez chose *que* je ne face — *Queste*, 67, 5

(*Que* est complément d'objet direct du verbe *faire*).

Cependant, certaines subordonnées n'ont pas de marques spécifiques (les interrogatives indirectes partielles, qui commencent par un adjectif, un pronom ou un adverbe interrogatif : *quel, que, pourquoi, comment*...). Surtout, en ancien français, la subordination peut se passer de tout terme introducteur. Il en va ainsi pour :

— Les complétives :

♦ Bien sai *ne puis longes durer* — *B.I.*, 3107

« Je sais bien que je ne pourrai résister très longtemps »

— Les circonstancielles (consécutives, adversatives…) :

♦ Une si grant clarté jetoit
Hom ne vit onques sa parelle — *B.I.*, 3132-3133

♦ n'i avoit cel, *tant petiz fust*,
ou cent chevaliers n'esteüst — *Ené.*, 895
« il n'y avait pas un logement, si petit fût-il, où l'on n'eût logé cent chevaliers »

— Les relatives :

♦ nen a baron en cest païs
ne soit por vos mes enemis — *Ené.*, 1724
« il n'y a pas un baron dans ce pays qui ne soit, à cause de vous, mon ennemi »

On parle alors de « subordination implicite » ou de « parataxe ».

1.2. Les subordonnées conjonctives

Elles sont introduites par une conjontion ou une locution conjonctive de subordination. Leur fonction est celle de complément d'objet direct du verbe régissant ou de complément circonstanciel[2].

1.2.1. Les subordonnées conjonctives complétives

En dehors des cas de parataxe, elles sont introduites par le morphème *que*. Dans cet emploi, *que* nominalise la phrase qui le suit : il lui permet de fonctionner comme un nom de discours, c'est-à-dire comme un nom provisoire. *Que* est alors un simple outil d'enchâssement syntaxique.

Que suffit à introduire une subordonnée complétive, mais l'ancien français utilise également des mécanismes corrélatifs annonçant par cataphore, à l'intérieur de la régissante, la conjonction qui suit. Le système le plus fréquent est *ce…que* :

♦ Pardonnés moi *ce que* je me sui a vous combatus
Trist., prose, 14, 8

Mais d'autres catégories que le démonstratif peuvent être utilisées, comme le pronom neutre *le* ou un syntagme nominal :

♦ Proier *le* vos vauroie et dire
Que vos nos laissiés aler — *B.I.*, 2089

♦ *Une cose* vos sai a dire
Que la dame a envoié querre
Trestous les barons de sa terre — *B.I.*, 2321

La subordonnée explicite le contenu de l'élément nominal antécédent.

L'emploi du mode dans les complétives dépend de manière générale du sémantisme du verbe régissant, ce sémantisme constituant l'idée regardante à travers laquelle est considéré le procès subordonné. Le sémantisme du verbe recteur peut être virtualisant : il implique que le procès subordonné n'appartient pas au domaine de l'actuel (il relève de ce qui peut arriver, de ce qui est souhaité ou voulu), et n'est pas situé dans le temps différencié. Le mode de la subordonnée est

© ARMAND COLIN. La photocopie non autorisée est un délit.

alors — à de rares exceptions près — le subjonctif. A l'inverse, le sémantisme du verbe recteur peut être actualisant; il installe le procès dans le temps différencié. On attend dans ce cas une subordonnée à l'indicatif. Toutefois, certains facteurs peuvent intervenir, qui empêchent l'actualisation du procès dépendant[3].

Enfin, certains verbes admettent dans la subordonnée qu'ils régissent le subjonctif comme l'indicatif. Le choix du mode peut alors permettre de préciser la constitution sémique exacte du verbe.

1.2.1.1. Les verbes régissants à sémantisme virtualisant

a) Verbes et locutions verbales exprimant la volonté

Il s'agit de *voloir, desirer, baer, covoitier, avoir talent...* Le procès énoncé dans la dépendante est voulu par le sujet mais sa réalisation est incertaine.

♦ Blonde la bele tout che fist
pour çou qu'ele ne voloit mie
que il *perdist* pour çou la vie — *J. et B.*, 824

♦ et cil baa [...]
que ja nus ne *saiche* lor estre — *Tresc.*, 36
« il désirait [...] que personne ne connût leur relation »

♦ Et li borgois forment covoite
Qu'a son ostel *fust revenuz* — *Av. Comp.*, 323

♦ j'oi lors talant que le vergier
alasse veoir et cerchier — *Rose*, Lorr., 1286
« J'eus alors envie d'aller voir le verger et de le parcourir »

b) Verbes et locutions verbales exprimant le commandement ou la prière

Ce sont *commander, demander, (re)querre, semondre, proiier, conjurer...*

Il signifient l'énonciation d'une volonté, la réalisation de cette dernière restant, comme précédemment, du domaine de l'incertain :

♦ Lors comande que len li *ameint* un cheval — *Queste,* 40, 51

♦ si demande a Boort que il li *die* por quoi la reïne s'est a li corrouciee — *Artu,* 60, 23

♦ Et aprés ce m'alés requerant
que je vous *die* mon non — *Trist.*, prose, 144, 37

♦ je vos pri et conjur [...] que vos me *dioiz* la verité de cest escu — *Queste,* 29, 32

♦ Mout me destraint iceste plaie,
qui me semont que je me *traie*
vers le boton qui m'atalante — *Rose*, Lorr., 1778
« Cette blessure qui m'invitait à aller vers le bouton qui m'attirait me tourmentait beaucoup »

■ ***Remarque :*** les verbes d'énonciation comme *dire, mande, enseigner...*, par nature thétiques, expriment à l'occasion une énonciation volitive. Ils sont alors suivis du subjonctif :

- et li clers ainsi fetement
  dist son garçon qu'il *atornast*
  son palefroi [...] *Av. Comp.*, 212

  « et le clerc ordonna alors à son valet de préparer son cheval »

- Artus, li boens rois de Bretaingne
  la cui proesce nos enseigne
  que nos *soiens* preu et cortois [...] *Yv.*, 3

  « Arthur, le noble roi de Bretagne, dont la valeur nous invite à être irréprochables [...] »

- A la reïne eneslepas
  Mande que a lui parler *veigne* *Clig.*, 1347

L'emploi du subjonctif derrière ces verbes implique la présence du sème « volonté » dans leur composition sémique. D'un point de vue pratique, il est souhaitable de les gloser par des verbes signifiant le commandement ou la prière : *ordonner, demander, commander...*

c) Verbes et locutions verbales exprimant la convenance ou la nécessité

Ce sont *covenir, estovoir, estre mestier, estre droiz, estre raisons...* :

- car il covient
  que il *face* vostre plesir *Rose*, Lorr., 1985

- mestier li est qu'aïde *truisse* *Yv.*, 3034

- droiz est que ma folie *boive* *Ren.*, 9674

  « il faut que je boive ma folie jusqu'à la lie »

d) Verbes de conseil

Ce sont *conseillier, loer, amonester...* :

- Et messire Gauvains li loe moult qu'il ne se *remut* de cele bone volenté ou il est
  Artu, 30, 101

- Et lors lo commence a parler de confession [...]
  et l'amoneste qu'il se *face* confés a lui *Queste*, 53, 31

e) Verbes de consentement vs de défense, d'empêchement

Ce sont *otroïer, souffrir, consentir* vs *deffendre, veer, noiier...* :

- ge otroi que ge ne *port* jamés coronne *Artu*, 53, 65

- car cil qui jusques ci m'a soufert a avoir victoire en touz les leus ou ge ai esté ne souferra pas par sa grace que il me *meschiee* en leu ou ge soie
  Artu, 60, 84

- cil dou chastel li deffendent que il n'*aille* avant
  Queste, 47, 20

- il ne puet noier qu'il ne *face* droit au chevalier [...]
  Artu, 67, 75

  « il ne peut refuser d'en faire droit au chevalier »

© ARMAND COLIN. La photocopie non autorisée est un délit.

♦ ce ne vos poons nos pas veer que vos n'*aiez* respit jusqu'a quarante jorz por conseillier vos de ceste chose

Artu, 68, 16

« nous n'avons aucun droit de vous refuser un délai de quanrante jours pour réfléchir à votre situation »

f) Verbes de crainte

Il s'agit de *criembre, doter, redoter, avoir paor, avoir dote, avoir doutance.* Ces verbes de sens négatif par rapport aux verbes de volonté (ils sous-entendent le désir qu'un procès n'ait pas lieu) se construisent généralement comme ceux-ci :

♦ Quar a la mer n'ai pas chalant ne haigne;
Et se g'i entre, je criem que trop n'i *baigne*! *Alis.*, 646

« Sur mer je n'ai ni bateau ni embarcation, et si je m'y aventure, je crains de m'y noyer! »

♦ pour ce k'il avoient paour et doutance k'il ne *fuissent* illuec aresté en aucune maniere, tournerent il une autre voie

Trist., prose, 147, 36

■ ***Remarques***

1) Les verbes d'empêchement, de défense ou de crainte peuvent être suivis de la négation « explétive » *ne* :

♦ Je criem que trop *n'* i baigne *Alis.*, 646

♦ cil dou chastel li deffendent que il *n'*aille avant

Queste, 47, 20

L'adverbe *ne* perd alors toute valeur négative; il sert seulement à traduire la discordance entre l'affirmation d'un procès et le désir d'une réalisation contraire. Autrement dit, il rappelle, dans la subordonnée, la valeur négative du verbe régissant[4]. Sa présence n'est en aucun cas obligatoire :

♦ crient, s'il li dit, qu'ele le demort *Ené.*, 1643

« il craint, s'il lui en parle, qu'elle ne le retarde »

2) Qu'un verbe régent à sémantisme virtualisant se trouve sous négation, sous interrogation ou sous hypothèse, n'a, de façon générale, aucun effet sur sa construction : le procès qui lui est subordonné demeure au subjonctif :

♦ N'a or plus talant qu'il li *gart*
son arc doré *Rose*, Lorris, 1304

« Maintenant, Amors n'a plus envie que Doux Regart lui garde son arc doré »

♦ as tu poor qu'il ne t'*assaille* *Ren.*, 10948

3) Toutefois, un autre mode que le subjonctif peut apparaître derrière les verbes et locutions à sémantisme virtualisant.

— On rencontre ainsi le futur à la place du subjonctif présent après les locutions exprimant la volonté (*avoir talent/corage/cuer/volenté...*) :

♦ En la fin, volantez me vint
qu'a mon oste covant *tanroie*
et que a lui m'an *revanroie* *Yv.*, 555-556

« Finalement, le désir me vint de tenir ma promesse envers mon hôte et de revenir chez lui »

de même derrière les verbes et locutions signifiant la crainte :

♦ E crient que, s'il vit longuement,
Qu'il ne l'en *laissera* neient — *Troie*, 748
« Pelée craint que Jason, s'il vit longtemps, ne lui laisse rien de sa terre »

L'indicatif implique que la réalisation du procès subordonné, qu'elle soit souhaitée ou refusée, est envisagée comme probable et non comme seulement possible.

— Le présent de l'indicatif peut également se substituer au subjonctif derrière les verbes ou locution de volonté ou de convenance, essentiellement lorsque le verbe régi est un auxiliaire modal (*pooir, devoir, voloir*) :

♦ En talent ai que mult vos *voeill* amer — *Rol.*, 521

♦ Reisons est que tote voies
doit chascuns panser et antandre
a bien dire et a bien aprandre — *Erec*, 10

Voloir et *devoir* rappellent dans la subordonnée le sème de volonté ou d'obligation contenu dans l'idée regardante. Il devient alors inutile de virtualiser le procès regardé.

— Enfin, les verbes de volonté, de commandement ou de défense admettent une complétive à l'impératif :

♦ or vos pri je que vous me *dites* quele aventure vous mainne vers Soreloys — *Trist.*, prose, 17, 36

♦ Gardez, se vos pansez folie
que por ce ne la *feites* mie — *Yv.*, 1327
« Veillez, si vous imaginez quelque folie, à ne pas la mettre à exécution pour autant »

1.2.1.2. Les verbes régissants à sémantisme actualisant

Impliquant position de faits, ces verbes régissent naturellement l'indicatif.

C'est le cas des verbes et locutions signifiant l'existence (*estre, ainsi estre, voirs estre*...), l'événement (*venir, avenir*), la perception (*veoir, oïr, entendre, percevoir, apercevoir, sentir*...), la connaissance (*savoir, connoistre*...), l'énonciation (*dire, mander, jurer, prametre, respondre, enseigner, noiier*...). C'est aussi le cas des syntagmes traduisant l'imminence contrecarrée : *a poi que, a petit que, faut petit que*...

Seules nous intéressent ici les occurrences où ces verbes et locutions sont suivis d'une complétive au subjonctif, ce qui se produit dès que le contexte n'est pas pleinement positif.

*a)*Le verbe régissant est sous négation, interrogation ou hypothèse

Ces pesées ont le plus souvent pour effet d'empêcher l'actualisation du procès subordonné :

— Négation :

♦ Je ne di pas que il aucune fois ne *trouvast* meilleur cevalier de lui — *Trist.*, prose, 138, 18

— Interrogation (directe ou indirecte) :

♦ Viax tu donc, fet ele, noier
Que par toi ne *soit* morz mes sires? — *Yv.*, 1763
« Prétends-tu nier que c'est toi qui a tué mon époux ? »

© ARMAND COLIN. La photocopie non autorisée est un délit.

♦ Et or me conseille et avoie
comment iert que ne *soit* seü — *Ren.*, 10127

« Conseille moi et explique moi comment faire pour que rien de tout cela ne soit su »

— Hypothèse :

♦ Et s'il avient par aventure k'il vous *abate*, je vous creant loiaument que je ne jousterai pas a lui

Trist., prose, 112, 23

■ ***Remarque :*** la combinaison de l'interrogation et de la négation ou une double négation peuvent cependant amener l'indicatif :

♦ Enne dis jou che *fu* pour nient? — *Nic.*, 911

« Mais n'ai-je pas dit que ce coup ne comptait pas ? »

b) Le locuteur adopte une attitude de réserve critique

Cette attitude se traduit de diverses façons, essentiellement :

— Par l'emploi d'adverbes modalisateurs qui ont une valeur de semi-négation (*malement, avisonques* « a peine », *pou* « peu »...) :

♦ Jo qu'en diroie? Il me pert malement
Que hom *soit* pris qui si bien se deffent — *Aspr.*, 2382

« Que dire ? J'ai du mal à imaginer qu'un homme qui se défend si bien puisse être pris »

♦ pou avient qu'on ne *mespraingne*
ou au chief ou a la parclose — *Ren.*, 11470

« il advient rarement qu'on ne finisse pas par commettre une erreur »

— Par l'emploi de semi-auxiliaires à valeur modale (*pooir*) :

♦ Et si puet estre chose vraie
Qu'il *ait* pieça a ce penssé — *Ver.*, 135

« Et il est peut-être vrai qu'il a pensé à cela depuis un moment »

c) Le verbe régissant est lui-même virtualisé

Si le verbe à sémantisme actualisant se trouve sous une idée regardante virtualisante, le procès qui lui est subordonné se trouve virtualisé et s'exprime au subjonctif.

♦ il estoit si boins cevaliers et si hardis que, s'il *seüst* tout certainement que ce *fust* Hestor de Marés, si s'osast il seürement combatre a lui

Trist., prose, 137, 14

♦ nus nes veïst adont si entreferir l'un sour l'autre que bien ne *desist* apertement que voirement *estoient* il mortel anemi

Trist., prose, 142, 5

1.2.1.3. *Les verbes suivis du subjonctif ou de l'indicatif*

a) Les verbes et locutions d'opinion et de croyance

— *Croire, cuidier, penser, sembler* (unipersonnel), *estre vis, estre avis...* sont actualisants lorsque l'opinion énoncée est présentée comme une constatation objective que rien ne vient mettre en doute, autrement dit, lorsqu'ils sont employés à la P1 du présent de l'indicatif (et pour les locutions unipersonnelles, lorsqu'elles ont les pronoms *me* ou *nous* comme régime) :

- Sire nous avons un besant
  Je croi qu'il *est* moult bien pesant — *Av. Comp.*, 150
- Ge cuit qu'il *fu* jour deveez
  Quant du destre braz vos seignastes — *Tresc.*, 356
  « Je crois que vous vous êtes saigné au bras droit un jour néfaste »
- Il m'est avis que cestui passage nous *couvient* acater mout chierement, se nous avoir le volom
  Trist., prose, 140, 16

— En dehors de ce cas, les verbes et locutions exprimant la croyance ou l'opinion sont généralement suivis du subjonctif. Il y a plusieurs cas de figure possibles :

α. Le verbe n'est pas à la P1, quel que soit le temps :

- Quant la roïne entent ceste nouvele, ele quide bien tout chertainnement que ce *soit* verité
  Trist., prose, 156, 2
- Et lors croient bien tuit cil de la place que Lancelot *die* voir, et que les letres du pont *soient* vraies
  Queste, 6, 26-27
  « Tous les assistants sont alors persuadés que Lancelot a dit la vérité et que l'inscription sur le pommeau de l'épée était véridique »
- quant vit la dame Tirïene,
  ce li fu vis que *fust* Dïene — *Ené.*, 1486

Le subjonctif traduit la «pesée critique» de celui qui rapporte l'opinion (en général, le narrateur) : par avance, il rend caduque cette opinion en la rejetant hors de l'actuel.

β. Le verbe est à la P1 mais à un autre temps que le présent de l'indicatif :

- Je quidai jadis que ma mere
  Amast mot les parenz mon pere — *Trist.*, Béroul, 74
- Itant com je cuiderai
  que il *aint* moi, tant l'amerai — *Ené.*, 9177

Il n'y a pas coïncidence entre le moment où l'opinion est énoncée par le locuteur et celui où il l'a conçue (dans le passé) ou la concevra (dans le futur).

γ. Que le verbe d'opinion, croyance soit sous négation, sous interrogation ou sous hypothèse est sans conséquence pour le mode de la complétive, qui demeure au subjonctif (quels que soient le temps et le personne). Il en va de même si le procès exprimé par le verbe d'opinion est lui-même virtualisé :

- Car je ne quit qu'il vos en *avenist* se honte non
  Queste, 28, 6
- Quides tu, fole, que je l'*aille*
  dedanz sa maison asaillir? — *Ren.*, 11178
  « Te figures-tu, espèce de folle, que je vais aller l'attaquer dans sa maison ? »
- Car ier soir nus hom ne quidast
  Qu'il ja mais un mot *sonnast* — *J. et B.*, 1452
  « Hier soir, personne n'aurait imaginé qu'il prononçât jamais plus une parole »

© ARMAND COLIN. La photocopie non autorisée est un délit.

■ ***Remarque :*** il arrive qu'à la P1 du présent de l'indicatif (et en l'absence de toute négation, interrogation ou hypothèse) les verbes d'opinion, croyance soient suivis du subjonctif. La pesée critique vient alors du locuteur, qui refuse d'affirmer de façon péremptoire ce dont il est pourtant à peu près certain. S'il n'y a pas véritable mise en doute de l'opinion exprimée il y a atténuation de sa portée :

♦ Par foi, fet Lyoniaus, je croi bien que ce *soit* il, car il resemble molt bien mon seignor

Queste, 3, 32

♦ Et de ce quit je bien que vous *aiiés* encore plus pour s'amour que je n'ai

Trist., prose, 104, 17

« Je pense assurément que votre amour pour elle vous donne encore plus de folie qu'à moi »

♦ Mais ne me caut de cele plaie;
Je croi c'autre maladie *aie* — *J. et B.*, 602

« Mais peu importe cette blessure, je crois que je pourrais bien avoir une autre maladie »

b) Les verbes factitifs

— Il s'agit des verbes signifiant « faire que », « veiller à ce que », « permettre que »… (en ancien français : *fere, donner, otroiier, garder…)* ou à l'inverse « ne pas faire que », « empêcher que », « renoncer à »… (en ancien français *laissier, remanoir, retenir, garir…*)

— Ils sont suivis du subjonctif chaque fois que la complétive traduit l'idée d'un résultat visé (mais non réalisé) :

♦ et ele fera par son augure,
par merveillos anchantement,
que s'amor ne me *griet* noiant — *Ené.*, 1940

« elle fera en sorte par son art magique et ses pratiques merveilleuses que son amour ne me tourmente plus »

♦ Or vos gardez bien come sages
que n'i *lessiez* la teste en gages — *Yv.*, 1332

♦ Atant otroi que l'en m'en *arde*
Se ne veez ce que je di — *Trist.* Béroul, 4333

« Je consens à ce que l'on me brûle si vous ne voyez pas ce que je viens de vous dire »

■ ***Remarque :*** si le verbe factitif est sous négation, interrogation ou hypothèse, le mode de la complétive est toujours le subjonctif :

♦ Ne puet remaindre que grand estor n'i *ait* — *Alis.*, 1315

« Il ne peut manquer d'y avoir là un rude combat »

♦ si tost comme il savroit la verité, il ne leroit por riens qu'il ne s'en *venchast* a son pooir

Artu, 67, 21

« Dès qu'il apprendrait la vérité, rien ne le retiendrait de se venger au mieux de ses moyens »

♦ ne nos guerroit or ne arganz
que nos ne *fusiens* afolé — *Ren.*, 10131

« ni l'or ni l'argent n'empêcherait que nous ne soyons mis à mal »

Si le procès exprimé par le verbe factitif est virtualisé, la complétive est également au subjonctif :

♦ Et ce doint Dex que il vos *pleise*! *Yv.*, 1693

♦ n'i ot si contrefet ne emflé
qui otroiast por Normandie
qu'il *eüst* graignor maladie *Do Mire*, 336

« Pas un n'était assez perclus ni bancal pour reconnaître, lui offrît-on la Normandie, qu'il était le plus malade »

— Lorsque la complétive traduit l'idée d'un résultat effectif ou probable, elle est à l'indicatif (présent ou futur) :

♦ A molt grant poinne se retient
mes sires Yveins, a que qu'il tort,
que les mains tenir ne li *cort* *Yv.*, 1304

« C'est à grand peine que mon seigneur Yvain se retient de courir lui retenir les mains, quoi qu'il en advienne »

♦ El m'a dit que el fera
que li vassaus *retornera* *Ené.*, 1928

« Elle m'a dit qu'elle ferait en sorte que le chevalier reviendrait »

c) Les verbes et locutions d'appréciation

Ces verbes et locutions sont extrêmemement variés en ancien français, l'appréciation pouvant être d'ordre intellectuel, moral ou affectif : *plaire, amer, haïr, peser, tarder, estre bel, estre bon, estre lait, estre droit, estre mieuz, estre mal, estre grief, estre dolor, soi merveillier…*

En français moderne, les verbes et locutions de ce type commandent normalement le subjonctif. En ancien français, ils peuvent être suivis du subjonctif comme de l'indicatif.

— Du subjonctif lorsque l'appréciation porte sur un procès dont la réalisation n'est qu'hypothétique :

♦ Sire, fet Boorz, je volroie ja que nos i fuissons, car moult me tarde que nos *aions* trouvé monseigneur mon cousin
Artu, 44, 51

♦ Mult het chascuns ke il *seit* cous *Guig.*, 216

« Tout le monde déteste être cocu »

♦ Si m'aïst Dex, mot me mervel
Que mes niés ma vergonde *ait* quise *Trist.* Béroul, 629

♦ Et s'est des ore mais bien tans
Qu'ele *ait* o li un escuier *J. et B.*, 195

■ ***Remarque :*** le subjonctif apparaît parfois dans la complétive alors même que le procès soumis à l'appréciation est réalisé :

♦ Laiz est que *soient* ennemi *Ren.*, 8282

— De l'indicatif lorsque l'appréciation porte sur un procès dont la réalisation est effective ou probable.

© ARMAND COLIN. La photocopie non autorisée est un délit.

♦ Mes ce me desabelist mout
Qu'eles *sont* de cors et de vout
Meigres et pales et dolantes *Yv.*, 5233

« Il me déplaît beaucoup qu'elles soient si affligées, si pâles, si maigres de corps et de visage! »

On pourrait dire, pour conclure sur les propositions subordonnées complétives, qu'elles mettent en lumière l'existence de deux types de subjonctif, l'un à valeur sémantique faible, l'autre à valeur sémantique forte.

Le subjonctif des complétives dépendant d'un verbe de volition (volonté, convenance, commandement, prière...) n'est qu'un marqueur secondaire : la modalité volitive est d'abord exprimée lexicalement par le verbe régissant (*voloir, covenir, commander, proïer...*) puis confirmée morphologiquement par le subjonctif. Sa valeur sémantique est faible.

En revanche, le subjonctif des complétives régies par un verbe admettant l'un ou l'autre mode permet de préciser la constitution sémique d'un verbe au sémantisme ambigu (cas des verbes d'énonciation), met en évidence l'idée que se fait le locuteur des chances de réalisation du procès (cas des verbes d'appréciation) ou encore symbolise les pesées critiques qui portent sur l'énonciation (cas des verbes d'opinion ou de croyance). Sa valeur sémantique est forte.

1.2.2. Les subordonnée conjonctives circonstancielles

À la différence des subordonnées compléments d'objet, les circonstancielles sont le plus souvent introduites par une conjonction ou une locution conjonctive qui exprime lexicalement l'idée regardante qui affecte le procès.

Certaines conjonctions et locutions ont un sémantisme actualisant et appellent l'indicatif; d'autres, de sémantisme virtualisant amènent le subjonctif. La conjonction peut toutefois ne pas avoir de sens propre (c'est le cas de *que*) ou avoir un sémantisme assez flou pour être suivie de l'un ou de l'autre mode.

Enfin — c'est un rappel — la subordination et par conséquent l'idée regardante peuvent être implicites (*cf.* 1.1.).

1.2.2.1. Les circonstancielles temporelles

Elles situent un procès (principal) par rapport à un autre procès (subordonné), qui peut lui être contemporain, antérieur ou postérieur. On distingue donc trois types de datation. Dans la perspective d'une étude des emplois su subjonctif, il est clair que ces trois types ne nous intéressent pas également.

1.2.2.1.1. Datation par rapport à un procès contemporain

Les conjonctions et locutions introductrices sont variées : *quant, com/come* (« lorsque », « quand ») ; *endementres que, endementiers que, entrues que, que que* (« pendant que ») ; *si com* (« tandis que ») ; *des que, si tost com/que, tant tost com/ que, lues que, tres que, maintenant que* (« dès que ») ; *toutes les foiz que...*

Elles se construisent de manière générale avec l'indicatif : le procès de la subordonnée ayant lieu en même temps que celui de la principale, il est le plus souvent actualisé.

♦ Quant il l'*oï*, mut en fu liez *Lanv.*, 171

♦ Cum cil de la cité *virent* l'ost de l'empereur Henri venir, si s'enfuirent *Const.*, 445

♦ Endementiers qu'ensi *hustinent,*
Li vint d'aus vers Blonde ceminent *J. et B.*, 4287

« Pendant qu'ils combattent, vingt autres ennemis s'approchent de Blonde »

♦ Que que il *parloient* ensi
Li rois fors de la chanbre issi *Yv.*, 649

♦ Par le lyeon l'a coneü
tantost com ele l'*a* veü *Yv.*, 6662

« Aussitôt qu'elle l'a aperçu, elle l'a reconnu à son lion »

♦ Si descendi lues qu'il la *vit* *Yv.*, 2379

« Il mit pied à terre dès qu'il la vit »

■ ***Remarques***

1) Com(e) est parfois suivi du subjonctif, vraisemblablement par imitation du latin :

♦ E cume uns de ces a senestre en *parlast* de une baillie, e altre de altre baillie, nus vint avant et estut devant nostre Seignur *Rois*, III, XXII

2) Derrière *tant com/que* traduisant la coïncidence de deux durées, on rencontre l'indicatif ou le subjonctif :

— l'indicatif, quand la durée est envisagée avec des limites définies :

♦ Nus essoines ne vos atant
Tant com vos *sovanra* de moi *Yv.*, 2600

« Nulle difficulté ne vous attend aussi longtemps que vous vous souviendrez de moi »

— le subjonctif, quand la durée est envisagée avec des limites indéterminées :

♦ Mes les trois paroles dont il a esté apelez n'a il pas oubliees ne n'oubliera ja mes tant come il *vive* *Queste*, 61, 27

« Mais il n'a pas oublié les trois termes dont il a été qualifié et il ne les oubliera pas aussi longtemps qu'il puisse vivre »

3) L'adverbe de lieu *ou* prend à l'occasion la valeur temporelle de « dès que » pour marquer la concomitance dans le début de deux procès. Cet emploi, caractéristique des chansons de geste, apparaît surtout devant le verbe *veoir :*

♦ *Ou* voit ses homes, ses a aresonez *Nymes*, 849

« Dès qu'il aperçoit ses hommes il se met à les haranguer »

De la même façon, les locutions adverbiales *la ou* et *ou que* peuvent signifier la coïncidence de deux procès, au sens de « tandis que », « dès que » :

© ARMAND COLIN. La photocopie non autorisée est un délit.

♦ *La u* il cevauchoient tout le grant chemin [...] il lour avint adont k'il encontrerent une damoisele et un esquier

Trist., prose, 130, 1

« Tandis qu'ils allaient le long du grand chemin [...] ils rencontrèrent une jeune fille et un écuyer »

♦ [...]il est venuz a la valee,
dedanz la cort ou li rois siet.
*Ou qu'*il le vit, as piez li chiet *Ren.*, 938

« il est arrivé dans la vallée, à la cour où siège le roi. Dès qu'il le vit, il tomba à ses pieds »

1.2.2.1.2. Datation par rapport à un procès antérieur

Les conjonctions introductrices sont *puis que* et *apres (ce) que.*

Ces propositions ne nous intéressent pas vraiment ici, dans la mesure où elles sont constamment à l'indicatif : le procès qui y est énoncé a eu lieu effectivement avant que celui de la principale ne se réalise :

♦ — Conment? fait Lanselos. Futes vous dont pris, *puis que* je me departi de vous?

Trist., prose, 44, 22

« Comment ? s'écrie Lancelot. Avez-vous donc été faits prisonniers depuis que je vous ai quittés ? »

♦ il atendent au pié du pont Lanselot, ki ne demeure mie granment *aprés che k'*il furent armé

Trist., prose, 69, 33

« ils attendent Lancelot au pied du pont. Celui-ci ne tarda pas longtemps après qu'ils se furent armés »

1.2.2.1.3. Datation par rapport à un procès postérieur

Lorsque le procès principal a lieu, le procès subordonné appartient encore au domaine du virtuel. On s'attend donc à un emploi général du subjonctif dans ce type de temporelle. Il faut toutefois distinguer deux cas.

a) La circonstancielle est introduite par une locution signifiant « avant que » : *ainz que, ainçois que, devant (ce) que, avant (ce) que*

Le mode est presque toujours le subjonctif :

♦ Molt pooist li sire huchier
ainz que d'ax *eüst* nul 'aïe! *Tresc.*, 93

« Le seigneur aurait bien pu s'égosiller avant de recevoir la moindre aide de leur part »

♦ Ainçois que ele *preïst* fin
De la dolour qu'ele demaine,
Perdi trois fois pous et alaine *J. et B.*, 1258

« Avant que sa douleur ne s'apaise, Blonde s'évanouït trois fois »

♦ Et sachiez que ge ne serai jamés a ese devant que ge *sache* qui il est

Artu, 20, 33

♦ Avant qu'il *peüssent* parler
Les estut entresaouler
De cinc cens baissiers saverous *J. et B.*, 1819

« Avant de pouvoir parler il leur fallut cinq cents baisers pour se rassasier l'un de l'autre »

■ ***Remarques***

1) Les deux éléments de la locution conjonctive peuvent être séparés :

♦ Bien sai que li marchiez es loing :
je avroie *ainz* maint pas marchié
que venuz fusse dou marchié *Ren.*, 10807-10808

« Je sais que le marché est loin et j'aurais bien des pas à faire avant d'en être revenu »

2) On rencontre des exemples de l'indicatif avec *devant (ce) que* et *avant que* (généralement le futur) :

♦ il ne finera ja mes d'errer devant que il *savra* coment ce est que li Sainz Graaux s'apert en tanz leux ou roiaume de Logres
Queste, 60, 27

« il ne cessera sa quête avant de savoir pourquoi le Saint-Graal se manifeste ainsi un peu partout dans le royaume de Logres »

b) La circonstancielle est introduite par une locution signifiant « jusqu'à ce que » : *tant que, tres que, josque, josqu'atant que, de ci que, dusques atant que*

— Elle est à l'indicatif si le procès dont le commencement met un terme au procès principal est posé comme acquis ou probable :

♦ Et li Descouneüs s'en vait
Tant que il *vint* a la cité *B.I.*, 2853

— Elle est au subjonctif (c'est le cas le plus fréquent) dès que le procès est pensé comme non atteint ou simplement possible :

♦ S'estez en pes tant que je *veigne* *Yv.*, 1336

« Restez tranquille jusqu'à ce que je revienne »

♦ amors l'argüe et demoine
ne la laira, ce m'est avis,
desi qu'ele *ait* un trebuch pris *Ené.*, 1970

« Amour la malmène et la torture, il ne la lâchera pas, je crois, jusqu'à ce qu'elle succombe »

♦ Entre nous deus ne puet avoir pais ne concorde [...] dusques atant que li uns de nous deus *soit* mis a mort u a outrance
Trist., prose, 144, 15

1.2.2.2. *Les circonstancielles finales*

Elles sont introduites par la conjonction *que* ou par les locutions *por (ce) que, a (ce) que.*

Le procès énoncé dans la circonstancielle de finalité est posé comme un but à atteindre et il ne saurait être question de le présenter comme actuel : il est toujours exprimé au subjonctif :

♦ s'espee tret et vint avant
et met l'escu devant sa face,
que la flame mal ne li *face* *Yv.*, 3361

« tirant son épée, il s'avance et met son bouclier devant lui afin que la flamme ne le brûle »

♦ Sachiez qu'il ne chevauche fors de nuiz por ce qu'il ne *soit* conneüz
Artu, 11, 24

« Sachez qu'il ne voyage que la nuit afin de ne pas être reconnu »

© ARMAND COLIN. La photocopie non autorisée est un délit.

1.2.2.3. *Les circonstancielles causales*

a) Elles peuvent être introduites par la seule conjonction *que*, qui prend alors la valeur de « car » ou « puisque » :

♦ Sire, fet il, or aiez pes,
que ja par moi nus nel *savra* — *Yv.*, 745

« Seigneur, dit-il, soyez tranquille car personne n'en saura rien de mon fait »

♦ Plaindre se doit qui est batuz ;
et je me plaing, si ai reison,
que vos m'*avez* de ma meison
fors chacié a foudre et a pluie — *Yv.*, 50

« Quiconque est battu doit se plaindre; et je me plains avec raison puisque vous m'avez chassé de ma maison par la foudre et la pluie »

La circonstancielle est normalement à l'indicatif.

■ ***Remarque :*** lorsque la conjonction *que* a la valeur de « car » on se trouve à la limite de la subordination et de la coordination. Si le subjonctif apparaît alors dans la proposition introduite par *que* il relève de la syntaxe des phrases non dépendantes ; il marque généralement l'irréel :

♦ le chevalier siudre n'osai
que folie feire *dotasse* — *Yv.*, 551

« je n'osai suivre le chevalier : j'aurais eu peur de commettre une folie »

b) Elles peuvent aussi être introduites par les locutions *por ce que, par ce que*, signifiant « parce que » et qui sont suivies de l'indicatif

♦ Quant li cevalier virent Lanselot, il nel reconnurent de riens por ce qu'il *faisoit* son escu porter couvert d'une houche vermeille
Trist., prose, 2, 14

■ ***Remarque :*** le fonctionnement de *que* (« car », « puisque ») est différent de celui des locutions *par ce que, por ce que* (« parce que »). « Parce que » introduit, en effet, la cause du fait énoncé dans la principale : « ils ne reconnaissent pas Lancelot *parce qu'*il a recouvert son écu d'une housse vermeille ». « Puisque » et « car » introduisent une justification de l'énonciation que le locuteur présente comme une vérité allant de soi (présupposée) : « soyez tranquille car personne n'en saura rien », « j'ai des raisons de me plaindre puisque vous m'avez chassé de ma maison ».

c) Elles peuvent enfin être introduites par des conjonctions ou locutions dont la valeur primitive est temporelle mais qui, à l'occasion, traduisent la causalité, au sens de « puisque » : *quant, dès que, puis que, des puis que*

La subordonnée est à l'indicatif :

♦ Or ai canques j'ai demandé,
Quant j'*ai* Cliquet et Pinchedé :
Mout les desirroie a veoir — *Nic.*, 72

« J'ai tout ce que je pouvais demander, puisque j'ai Cliquet et Pincedé; j'avais grande envie de les voir »

♦ Por Deu, ne me celez vos pas,
des que vos tant dit m'an *avez* — *Yv.*, 4943

« Par Dieu, puisque vous m'en avez tant dit, ne me cachez pas le reste »

♦ Dist la pucele : Dius aïe!
Puis qu'il vos *siet*, or i alons — *B.I.*, 2565

« A la grâce de Dieu! répondit la jeune fille, puisque vous y tenez, allons-y »

De manière générale, donc, la circonstancielle de cause est à l'indicatif. Il arrive toutefois que la cause énoncée soit niée en tant que cause du procès : c'est alors le subjonctif qui apparaît :

♦ g'en ai ocis par ma main dis et uit, non pas pour ce que je *fusse* mieudres chevaliers que nus autres, mais la mescheance se torna plus vers moi

Artu, 3, 20

« j'ai tué de ma propre main dix huit chevaliers, non pas que je me soie montré meilleur chevalier qu'un autre, mais le malheur s'acharna davantage sur moi »

1.2.2.4. Les circonstancielles consécutives

Elles expriment la conséquence simple (aujourd'hui « de telle sorte que », « si bien que », « dans des conditions telles que ») ou bien, lorsque la principale comporte une notion d'intensité, l'effet produit par cette intensité (« si… que », « tant… que »). Elles sont introduites par la conjonction *que* qui peut, à elle seule, marquer le lien de conséquence :

♦ Sor une piere fiert sa face
Que ses vis trestos en torbla — *B.I.*, 1787

« Son visage heurta une pierre de sorte qu'il blêmit »

Mais le plus souvent, la conjonction est annoncée dans la principale par un terme d'appel (corrélatif) : un adverbe comme *si* ou *tant*, un adjectif ou pronom indéfini comme *tel*.

Les circonstancielles consécutives admettent l'un ou l'autre mode.

a) La circonstancielle consécutive est à l'indicatif

La conséquence est posée par le locuteur comme effectivement réalisée :

♦ Et quant il parla, si dist si haut que tuit cil de laienz le *porent* bien oïr : Gauvain, Gauvain […]

Queste, 17, 16

b) La circonstancielle consécutive est au subjonctif

— La conséquence est posée comme visée ou comme relevant de l'irréel :

♦ S'il vous plaist, faites le mander
Si ke je *puisse* a lui parler — *J. et B.*, 1652

« … afin que je puisse… »

♦ Tant fist li rois Uterpandragon k'il ot la dame […] et tant li plot la compaignie de la dame que volentiers l'*eüst* li rois retenue

Trist., prose, 132, 16

« … la compagnie de la dame lui plut tant qu'il l'eût bien volontiers retenue »

© ARMAND COLIN. La photocopie non autorisée est un délit.

— Il suffit que le procès régissant soit sous négation, sous interrogation ou sous hypothèse (c'est-à-dire mis en doute d'une façon quelconque) pour que la subordonnée soit au subjonctif :

♦ mais il ne set tant retorner
que a dormir *puisse* assener — *Tresc.*, 186

« mais il a beau se retourner, il ne parvient pas à dormir »

♦ Comment, sire, fet la damoisele, n'est pas vostre cuers si abandonneement a vos que vos en *puissiez* fere a la vostre volenté? — *Artu,* 38, 68

♦ se il avoit si son cuer en sa baillie qu'il en *poïst* fere a sa volenté del tout, il seroit trop vilains s'il vos en escondisoit — *Artu*, 38, 53

« s'il disposait totalement de son cœur au point de pouvoir agir selon ses vœux, il serait le dernier des rustres de vous éconduire »

— Une principale au subjonctif suffit à justifier l'emploi du subjonctif dans la subordonnée :

♦ Et la contesse comander
Fist que on le servist si bien
Que il ne li *fausist* ja rien — *J. et B.*, 962

« La comtesse ordonna qu'on le servît si bien qu'il ne manquât de rien »

■ ***Remarque :*** une consécutive négative est souvent l'équivalent de *sans que* + subjonctif (ou de *sans* + infinitif).

Deux cas peuvent se produire. Ou bien il n'y a pas de reprise tautologique de la régissante par la subordonnée :

♦ Ne puis mais demouree faire
C'on ne *perçoive* nostre afaire — *J. et B.*, 1850

« Je ne peux demeurer plus longtemps sans qu'on découvre notre secret »

Ou bien il y a reprise tautologique de la régissante par la conjonctive :

♦ Bien se tinrent li cevalier
que l'uns ne l'autre ne *caï* — *B.I.*, 2649

« Les chevaliers restèrent bien en selle, pas un ne tomba »

Le lien logique se trouve alors à peu près annulé.

1.2.2.5. Les circonstancielles comparatives

La subordonnée comparative constitue un cas particulier : on peut la considérer comme circonstancielle à condition de donner à cet adjectif un sens large. En effet, elle n'est pas un complément de phrase comme les autres circonstancielles : la circonstance ne concernant pas l'ensemble de l'énoncé mais le seul élément de celui-ci qui précède la subordonnée. D'ailleurs, elle n'est que très peu mobile : elle est presque toujours postposée à la principale.

Deux termes peuvent introduire les circonstancielles comparatives selon qu'elles traduisent un rapport d'égalité, de conformité, d'analogie ou bien un rapport d'inégalité, d'altérité. Dans le premier cas, il s'agit de *com(e)* souvent annoncé par un corrélatif : *si, tant* (adverbes), *tel, itel, autel* (adjectifs)... ou bien les composés : *aussi com, autresi com, ainsi com, ensement com, issi com...* Dans le second cas, il s'agit de *que,* associé à un adjectif ou à un adverbe comparatif : *graindre, mendre, plus, meins, mieudre, pire, el, ainz, ainçois...*

■ ***Remarque :*** *que* est alors un adverbe. Il présente un degré de subduction moindre que dans son emploi de conjonction. Il n'est pas un simple outil d'enchâssement puisqu'il associe encore l'idée d'un degré d'intensité à sa capacité nominalisatrice.

a) Les comparatives introduites par *com(e)*

— De façon générale, elles sont à l'indicatif :

♦ Et dist que si bele n'est mie
Con s'amie *est*, ce dist, sans faille *B.I.*, 1601

« il affirme que nulle n'est plus belle que son amie, c'est ce qu'il dit »

— Le subjonctif est rare. Il apparaît lorsque la comparative dépend d'un procès lui-même soumis à une idée regardante virtualisante :

♦ Dieus me doinst tel vengance com j'*aie* desiree
Aiol, 10160

(idée regardante optative)

Il marque aussi parfois le caractère irréel du procès subordonné :

♦ a l'estendre qu'il fist li escrieve sa plaie; si en saut uns rais de sanc autresi granz comme il *feïst* d'une beste acoree
Artu, 40, 24

« Le mouvement qu'il fit pour s'allonger rouvrit sa blessure; il en jaillit un flot de sang comme d'une bête éventrée »

b) Les comparatives introduites par *que*

— Le plus souvent, le mode est, là encore, l'indicatif. Ce n'est toutefois pas une obligation :

♦ Lor s'en part que plus n'i demore,
mes einçois molt prié li ot
li sires, plus bel que il *pot*,
qu'il ses quatre filz an menast *Yv.*, 4300

Lorsque le verbe principal est positif, celui de la subordonnée peut être précédé de *ne* négation « implicite »[5] :

♦ or sont il plus dolant assés et plus courechié k'il n'estoient devant
Trist., prose, 16, 20

— Le subjonctif apparaît fréquemment dans la subordonnée comparative d'inégalité (précédé ou non de *ne*) lorsque la principale est positive :

♦ Par mi le pis plus grosse estoit
Que un vaissaeu d'un mui ne *soit* *B.I.*, 3138

« Son poitrail était plus gros qu'un tonneau d'un muid »

© ARMAND COLIN. La photocopie non autorisée est un délit.

Il est de règle lorsque le procès énoncé dans la comparative n'est qu'hypothétique :

♦ Biaus sire, fet li escuiers, se je le vous ai dit, je m'en repent, et vos en ai assez plus descouvert que ge ne *deüsse*

Artu, 41, 134

« Cher seigneur, dit l'écuyer, si je vous l'ai dit, je m'en repens, car je vous en ai révélé bien plus que je n'aurais dû »

Il s'impose également lorsque la comparative dépend d'un procès siginfiant une visée (commandement ou résolution) :

♦ Ainçois parte terre soz moi
… que je autre *doigne* m'amor *Ené.*, 1312-1314

(la visée de souhait se déduit implicitement du subjonctif présent)

♦ Il vaut miex que je muire seus
Que nous *soiions* honis andeus *J. et B.*, 1736

« Il vaut mieux que je meure seul plutôt que nous soyons tous deux deshonorés »

♦ Je vodroie mieuz estre en biere
que la promesse n'en *portasse* *Ren.*, 9439

« Je préfèrerais être dans une bière plutôt que de renoncer à ce que tu m'as promis »

La visée ressort du sémantisme des verbes recteurs.

■ ***Remarques***

1) Il existe une concurrence entre *que* « comparatif » et *que* « conjonctif ». Ainsi, lorsque la comparaison est, avec sa régissante, dans la dépendance d'un même verbe principal, le *que* conjonctif peut être omis :

♦ Por ce mius vel faire folie
Que ne soie loiaus m'amie *B.I.*, 1266

(exactement : *vel faire folie mius que [vel que] ne soie loiaus.* « Je préfère me rendre ridicule plutôt que de ne pas être loyal envers mon amie »)

2) Les comparatives hypothétiques introduites pas *com(e)* seul ou, plus souvent, par *com(e) se* sont au subjonctif imparfait à valeur d'irréel :

♦ Et lors commencierent damoiseles a aporter mes, comme s'il *fussent* bien porveü de la venue le roi

Artu, 49, 6

« Des jeunes filles se mirent à apporter des plats comme si l'on avait été prévenu de l'arrivée du roi »

Le subjonctif présent apparaît aussi parfois :

♦ Et la dameisele autresi
vet regardant environ li
con s'ele ne *sache* qu'il a *Yv.*, 3049

« La demoiselle regarde tout à l'entour, comme si elle ne savait ce qui se passe »

1.2.2.6. *Les circonstancielles concessives*

a. Les termes introducteurs

— À l'origine, en ancien français, on peut se dispenser de subordonnant. On ouvre simplement la proposition adversative par un adverbe temporel (*encore, ja*) ou quantitatif (*tant, tot, bien*) :

♦ N'i avra cil, tant *ait* le cuer osé,
Rois, amirés, n'aumaçor ne Escler
Qui de peor n'ait tot le sans müé *Alis.*, 1924

« Il n'y en aura pas un — roi, émir, prince, Sarrasin —, si audacieux soit-il, qui ne soit bouleversé de peur »

♦ Encore par *fust* il atains
Ses cuers en est un peu plus sains *J. et B.*, 1272

« Bien qu'il fût encore très malade, il n'en ressentait pas moins quelque réconfort »

♦ [...] tout *ait* Dex fetes les choses,
Au meins ne fist il pas le non *Rose*, Meun, 7054

« Même si Dieu a créé les choses, du moins ne leur a-t-il pas donné de nom »

On peut même se passer d'adverbe. C'est le cas pour les systèmes concessifs à alternative du type *veuille ou non, sache ou non, soie ou non* :

♦ et einsi malades comme il iert vouloit il venir au tournoiement, ou ses mires *volsist* ou non
Artu, 41, 105

« Malade comme il l'était, il tenait à se rendre au tournoi, que son médecin le veuille ou non »

♦ Sire cevaliers, fait Lanselos, u *soiés* faus u *soiés* sages, ne m'alés ensi reprendant
Trist., prose, 108, 24

« Seigneur, chevalier, interrompt Lancelot, que vous soyez sage ou fou, cessez vos critiques » [6]

— Cependant, durant la période de l'ancien français, se développent des constructions adversatives diverses.

À partir des adverbes *ja, tant, bien, encore*, on forme les locutions *ja soit (ce) que, tout soit (ce) que, bien soit (ce) que, encore soit (ce) que* (*ja soit ce que* étant la plus répandue) :

♦ *Ja soit ce qu'*il n'en fait sanblant
le cuer en a tritre et dolant *Ren.*, 2923

Sur le modèle des relatives indéterminées *qui que, quoi que...* et à partir de l'adverbe *come*, on construit les locutions *come que, comment que, combien que* (au sens propre « de quelque façon que », « quel que soit le nombre que »). Elles ont pris la valeur de « bien que » :

♦ Jehans, *comment que* il li grieve,
Se vest et huese et appareille *J. et B.*, 1982

« Bien que cela lui en coûte, Jean s'habille, se chausse et se prépare »

♦ Aprés, *combien que* il me couste,
Li prierai c'a Pentecouste
Me viegne faire honour et feste *J. et B.*, 4913

« Ensuite, même si cela me coûte, je le prierai de venir m'honorer de sa présence à la Pentecôte »

© ARMAND COLIN. La photocopie non autorisée est un délit.

Les conjonctions *se* (hypothétique) et *quant* (temporelle) peuvent prendre une valeur concessive, au sens de « même si » :

♦ Et *se* il avoit devant meintenu celui pechié si sagement et si couvertement que nus ne s'en estoit aperceüz, si le meintint aprés si folement que Agravains [...] s'en aperçut

Artu, 4, 10

♦ Et, je cuit, rien ne me vaudroie
Quant fet ocirre vos avroie — *Yv.*, 2008

« Et, à mon avis, je n'y gagnerais rien, même si je vous faisais tuer »

La locution *mes que*, qui traduit d'abord la condition restrictive, prend parfois le sens adversatif de « même si » :

♦ [...] je vos vueil demander un don; si vos pri que vos le me donez, car ce est une chose dont ja maus ne vos vendra. — Et je la vos otroi, *mes que* je en deusse estre grevez

Queste, 40, 26

En l'absence de tout introducteur, c'est le subjonctif qui, à lui seul, traduit l'idée de concession. On a là un subjonctif à charge sémantique forte.

b. La concession peut s'exprimer également par une proposition relative indéterminée introduite par une locution du type *qui que (*« quel que soit celui que »), *que que/quoi que* (« quel que soit ce que »), *cui que* (« quelque soit celui à qui ») :

♦ Je i ferrai, *qui qu'*en poit ne qui rie — *Alis.*, 519

« Je vais frapper, que cela plaise ou non », exactement : « quel que soit celui que cela chagrine ou fasse rire »

♦ mes *que qu'*il l'en aveigne aprés,
eidier li voldra il adés — *Yv.*, 3369

« quoi qu'il lui advienne ensuite, pour le moment, le chevalier veut l'aider »

♦ lo dit as deus li estuet faire,
a cui que viegne a contraire — *Ené.*, 1868

« il doit accomplir la volonté des dieux, quoi qu'il advienne »

On a pu dire que ces constructions étaient d'abord des interrogatives indirectes dépendant d'un verbe sous-entendu signifiant « sans se demander », « sans chercher à savoir », « peu importe »[7]. On rencontre d'ailleurs en ancien français des traces de cette origine :

♦ ne li chalt mes *que que* l'an die
an dasriere et an devant — *Ené.*, 1536

« peu lui importe ce que l'on pourrait en dire devant elle ou par derrière »

Dans cette hypothèse, le premier élément de la locution serait un interrogatif, antécédent du second (qui serait, lui, le relatif). Toutefois, certains ont plutôt vu dans ces constructions des dérivés des relatifs indéfinis latins : *qui que*, *que que* et *quoi que* provenant respectivement de *quis quis, quam quam* et *quid quid.*

■ ***Remarques***

Si le subjonctif apparaît presque toujours dans les subordonnées concessives — qui expriment pourtant un procès effectivement réalisé — c'est qu'il traduit une appréciation, celle d'une distorsion logique entre les deux procès (régissant et dépendant). Il permet d'abstraire le fait de la positivité que sa réalité lui confère pour en faire un objet d'appréciation[8].

1.2.2.7. Les circonstancielles de condition restrictive

Elles sont introduites par les locutions *par tel covent (covenant, condicion, achoison) que* : « à condition que » ; *por ce que, por quoi que, por quoi* : « pour peu que », « pourvu que » ; *mais que* : « à condition que » ; *que* : « à condition que ».

Mis à part *par tel covent que* et ses variantes, qui admettent une subordonnée au futur :

♦ Volontiers a vus m'atriwerai *par tel cuvent que* a chascun de vus l'oil destre *creverai*

Rois, I, XI

« J'accepterai de faire alliance avec vous à condition de crever l'œil droit de chacun d'entre vous »

les autres locutions commandent le subjonctif :

♦ nus n'est si pechierres, *por qu'*il requiere de bon cuer la misericorde Nostre Seignor, qu'il ne la truist

Queste, 55, 20

« même le pécheur le plus endurci obtient la miséricorde de Notre Seigneur, pourvu qu'il la demande sincèrement »

♦ mes la sanz faille vendra il *por quoi* il soit en cest païs et en sa delivre poesté

Artu, 37, 13

« il est sûr qu'il y viendra, pour peu qu'il soit dans ce pays et libre de ses mouvements »

♦ Sire, font il, de ce ne nos chaut, *mes que* nos puissons de par vos reclamer

Artu, 56, 19

« Seigneur, répliquèrent-ils, peu nous importe, pourvu que nous puissions nous réclamer de vous »

♦ ja, *que* je puisse, n'i morroiz! *Yv.*, 3717

« Vous ne mourrez pas, pour peu que je puisse l'empêcher! »

1.2.2.8. Les circonstancielles hypothétiques

La subordonnée hypothétique est considérée comme « circonstancielle » : elle est mobile dans la phrase comme n'importe quel complément circonstanciel. Cependant, du point de vue logique, elle n'énonce pas une circonstance adjointe à la phrase et donc facultative mais bien une condition essentielle à la réalisation du procès principal : la réalisation de ce dernier est liée à celle du procès subordonné par un rapport d'implication logique.

a) La subordonnée hypothétique en parataxe

— L'idée d'hypothèse peut s'exprimer par le simple emploi du subjonctif :

♦ Ne *fust* la volanté as deus [...]
ne rovasse de vos partir *Ené.*, 1769

« N'eût été la volonté des dieux [...] je n'aurais pas demandé à vous quitter »

© ARMAND COLIN. La photocopie non autorisée est un délit.

— Le phénomène de parataxe est constant dans les systèmes hypothétiques à alternative :

♦ [les sept frères] retenoient toutes les puceles qui en cest païs venoient ou *fust* a tort ou *fust* a droit

Queste, 34, 30

« Les sept frères retenaient, à tort ou à raison, toutes les jeunes filles qui se présentaient dans la contrée »

Les procès énoncés dans ce type de proposition relèvent du virtuel : ce sont deux hypothèses possibles, le locuteur ne se prononçant pas sur la véracité de l'une ou de l'autre. L'ensemble des deux propositions exprime une concession en regard du verbe régent[9].

— Le subordonnant est encore absent dans une hypothétique secondaire coordonnée à une première hypothétique introduite par *se* à l'indicatif (présent ou imparfait) :

♦ Se tu avoies .III. setiers
d'esterlins, ou *fussent* besanz [...] *Ren.*, 11213

« Si tu avais trois setiers de sterlings, ou même de besants [...] »

Le subjonctif de la coordonnée réintroduit la visée hypothétique en l'absence de l'indice *se.*

b) Les subordonnées hypothétiques introduites par *se*

L'ancien français connaissait trois types de phrases dont une seule nous intéresse vraiment ici puisque les deux autres utilisaient l'indicatif.

α. Les hypothétiques à l'indicatif

— Emploi du présent de l'indicatif dans la protase en relation avec le présent ou le futur de l'indicatif, l'impératif (ou le subjonctif présent pour les personnes ne comportant pas de forme à l'impératif) dans l'apodose :

♦ mes sergenz en vain se *travaille*
de fere servise qui valle,
se li servise n'*atalante*
au seignor cui l'en le presente *Rose*, Lorr., 2019

♦ si te *metrai* en haut degré
se mauvestié ne le te *tost* *Rose,* Lorr., 2025

« Je te placerai en un haut rang si quelque indignité ne t'en fait déchoir »

♦ Ne nou *tenez* mie por vil,
se nous *sommes* si povrement *Av. Comp.*, 83

♦ Puis dist : El cors me *fiere* goute,
se je ne *sai* s'il voient goute ! *Av. Comp.*, 32

« Que la goutte me frappe, se dit-il, si je n'arrive pas à savoir s'ils y voient quelque chose ! »

Le locuteur pose la réalisation du procès principal comme effective dans le présent ou comme probable dans un avenir plus ou moins lointain : l'hypothèse qui conditionne ce procès est elle-même considérée comme probable.

— Emploi de l'imparfait de l'indicatif dans la protase en relation avec la forme en *-roit* (futur hypothétique) dans l'apodose :

♦ [...] grant enor
vos an *vanroit* et grant baudor,
se laianz *estoit* li chevaus *Ené.*, 1131

« si le cheval se trouvait chez vous, une grande puissance et une grande force en découleraient pour vous »

L'hypothèse porte sur un procès dont la réalisation est présentée comme éventuelle dans le présent ou le futur. Cette construction présente l'avantage d'établir une chronologie entre l'hypothèse et sa conséquence (la première étant antérieure s'exprime à un temps passé, la seconde, postérieure, au futur).

β. Les hypothétiques au subjonctif

Plusieurs combinaisons sont possibles, qui font intervenir l'imparfait et le plus-que-parfait du subjonctif.

— Emploi de l'imparfait du subjonctif dans la protase et l'apodose :

Le subjonctif imparfait exprime à lui seul l'éventuel du passé (hypothèse réalisable dans le passé) et l'irréel du présent comme du passé (hypothèse invraisemblable). L'effet de sens dépend donc du contexte :

♦ [...] il *cuidast* bien estre repris
ou de murtre ou de larrecin,
se en s'estable *eüst* roncin *Rose*, Lorr., 1114-1116

« il aurait cru être blâmé comme d'un meurtre ou d'un larcin s'il avait eu dans son écurie une rosse »

(éventuel dans le passé : il correspond dans le temps du récit à la construction *se* + imparfait de l'indicatif en relation avec une forme en *-roit* dans le temps de la parole).

♦ Et certes, se vos ne *fussiez* si pechierres [...] ja li set frere ne *fussent ocis* par vos ne par vostre aide

Queste, 54, 22-23

« Assurément, si vous n'étiez pas un si grand pécheur [...], vous n'auriez pas tué ni aidé à tuer les sept frères »

(irréel du passé)

♦ Certes, se vos bone *fussiez*,
jamais par voie n'*alissiez* *Tresc.*, 337-338

« Certes, si vous aviez été une femme honnête, vous ne seriez pas allée courir les rues »

(irréel du présent)

Ce type de système est ancien mais domine jusqu'au milieu du XIIIe siècle Il ne ménage aucune chronologie entre l'hypothèse et la conséquence qui en est tirée.

— Emploi du plus-que-parfait du subjonctif dans la protase ou l'apodose, l'autre membre du système restant à l'imparfait du subjonctif :

♦ Ne ja mes ne *fausist* l'avanture [...] se Diex ne vos i *eust amené* por la mener a chief

Queste, 39, 27-28

« Jamais l'aventure ne se serait terminée [...] si Dieu ne vous avait conduit ici pour la mener à bien »

♦ Morz i eüsse esté et pris
Se ne *fust* vostre boene aïe *Yv.*, 3638

© ARMAND COLIN. La photocopie non autorisée est un délit.

Cet emploi du plus-que-parfait sert à traduire l'aspect accompli et non une antériorité quelconque du procès subordonné à celui de la principale.

— Emploi du plus-que-parfait du subjonctif dans la protase et dans l'apodose :

♦ grant mestier t'*eüst eü*
mon los, se l'*eüsses creü* *Ren.*, 11111
« mon conseil t'aurait été très utile si tu l'avais écouté »

Les deux procès se trouvent rejetés dans un passé révolu.

— Emploi du subjonctif dans la protase en relation avec un temps de l'indicatif dans l'apodose :

♦ onques ne *fu* meillor païenne
s'ele n'*eüst* amor soltaine *Ené.*, 2141-42
« il n'y aurait pas eu meilleure païenne si cet amour ne l'avait surprise »

Nous avons là un phénomène d'asymétrie : la conséquence est donnée comme actualisée alors que l'hypothèse qui conditionne sa réalisation n'est que virtuelle[10].

1.2.2.9. Les circonstancielles d'exclusion ou d'exception

Ces propositions excluent ou exceptent un procès de ce qui est énoncé dans la proposition principale. Elles sont proches, sémantiquement, des propositions de condition restrictive et des consécutives négatives (« sauf si », « pourvu que », « pour peu que », « sans que »).

a) L'exclusion traduite par une consécutive négative

La consécutive négative est souvent l'équivalent de *sans que* + subjonctif[11]. Lorsqu'elle est mise en relation avec une régissante elle-même négative, la construction marque l'exclusion :

♦ Ne ne porra none passer,
Qu'il *n'ait* einçois l'ame rendue *Clig.*, 5691
« Et le milieu de la journée ne passera pas qu'elle n'ait auparavant rendu l'âme »

b) L'exclusion traduite par des locutions signifiant « sans que », « excepté que » :

On rencontre *sanz (ce) que* « sans que », « mis à part que », ainsi que *fors que, fors tant que, mais que, ne mais que, sauf (ce) que...* (marquant plutôt l'exception).

— *Sanz ce que* se construit indifféremment avec le subjonctif ou l'indicatif :

♦ Sanz ce que nus d'als l'*oïst* dire
conoissoient trestut lo roi *Ené.*, 714
« Tous reconnaissaient le roi sans qu'aucun d'eux l'ait entendu nommer »

♦ Et quant vos orroiz ce, vos retorneroiz a Kamaalot sanz ce que vos n'*avroiz* gueres fet de vostre preu en ceste Queste
Queste, 159-33
« Quand vous aurez entendu cette réponse, vous retournerez à Camaaloth sans avoir tiré grand profit de cette quête »

— Les autres locutions se construisent avec l'indicatif lorsque le procès est posé comme un fait réel :

♦ Or n'i a donc nule autre chose,
Mes que je l'*aim* et soe *sui* *Clig.*, 1037

♦ Ele ne loe les vers n'ele nes blasme, fors tant voirement qu'ele *dist* du harpeour que merveilles a bien harpé

Trist., prose, 155, 10

avec le subjonctif si le procès est visé mais non atteint :

♦ Or n'i a plus mes que ça *veingne* — *Clig.*, 5518

« Elle n'a plus rien à faire qu'à venir »

1.3. Les subordonnées interrogatives indirectes

Il faut faire une distinction entre les interrogatives indirectes totales et les interrogatives indirectes partielles. Les premières sont introduites par la conjonction *se* et sont à classer dans les subordonnées conjonctives au même titre que les conjonctives pures introduites par *que* ou les circonstancielles. On notera cependant qu'à la différence de *que*, *se* cumule le marquage de la subordination et l'indication du caractère interrogatif de la dépendante. *Se* n'est pas vide sémantiquement : il correspond en subordination au *est-ce-que* de l'interrogation directe. Les secondes ne sont pas des conjonctives (ni des relatives) : elles occupent une place à part, la subordination se faisant par des pronoms, des adjectifs ou des adverbes interrogatifs. Ces termes ne sont d'ailleurs pas des marqueurs spécifiques de subordination puisqu'ils introduisent également l'interrogation directe (*qui, que, comment, pourquoi, ou...*).

Les interrogatives indirectes admettent les deux modes, indicatif et subjonctif.

1.3.1. Les interrogatives indirectes à l'indicatif

Les interrogatives indirectes sont le plus souvent à l'indicatif.

— Le procès principal est posé comme effectif :

♦ Or savez vos bien se je *mant* — *Yv.*, 327

♦ s'est merveille comant tant *dure*
bataille si fiere et si dure — *Yv.*, 849

♦ Signeur, vous savés bien por coi nous *sommes* cha venu

Trist., prose, 48, 2

— Il peut être seulement l'objet d'une visée :

♦ Dameisele, or me dites donc
se vos *avez* besoing de moi — *Yv.*, 3075

■ ***Remarque :*** le subjonctif n'est pas impossible dans ce cas :

♦ Ma dame, je fui en la Petite Bretaingne [...] et i demourai bien deus mois et plus pour savoir se je *peüsse* aucunes nouveles aprendre de monseigneur Tristan

Trist., prose, 152, 7

— Il est nié, ou mis en doute par une interrogation ou une hypothèse :

♦ ne vos sera mie celé
qui nos *somes* et de quelle terre — *Yv.*, 5247

© ARMAND COLIN. La photocopie non autorisée est un délit.

♦ Et avez le vos dit de moi
qui je *sui?* Naie, par ma foi *Yv.*, 6704

♦ Et la dameisele autresi
vet regardant environ li
con s'ele ne sache qu'il *a* *Yv.*, 3089

1.3.2. Les interrogatives indirectes au subjonctif

Le subjonctif apparaît dans plusieurs cas :

a) L'interrogation concerne la manière d'atteindre un but

♦ ge ne voi mie comment nus fors Dex
vos en *puisse* doner parfeitement guerison *Artu*, 41, 24

♦ mes or me dites de quel part
je le *siue* *Yv.*, 5020
« Mais dites moi de quel côté je dois le suivre »

b) La régissante exprime une idée d'impuissance devant une décision à prendre

♦ Las! dont je sui si abaubis
que ne sai que je faire *puisse* *J. et B.*, 1843
« Hélas! je suis si abasourdi que je ne sais que faire »

♦ Et cil est si dolenz qu'il ne set que il *doie* dire
Artu, 46, 20

♦ Car je ne puis pas en moi veoir coment je m'en *puisse* soffrir
Queste, 17, 11
« Je ne sais comment je pourrais supporter cette séparation »

c) La régissante exprime une indifférence devant le procès énoncé dans la subordonnée

♦ Il avoit son cheval molt chier
quar .XL. livres valoit;
mais des autres ne li chaloit
s'il i *fussent* bien ou malement *Tresc.*, 75
« ... mais peu lui importait que les autres fussent bien ou mal »

♦ Or ne m'est guere ki m'*ocie* *Lanv.*, 598
« Peu m'importe maintenant si l'on me tue »

1.4. Les subordonnées relatives

1.4.1. Introduction

1.4.1.1. La proposition relative est une proposition subordonnée introduite par un outil relatif. Selon que ce dernier possède ou non un antécédent, on distingue deux sortes de relatives : les adjectives et les substantives.

Les relatives adjectives font partie des modificateurs du nom, c'est-à-dire des éléments facultatifs et cumulables dans certaines limites, qui sont agrégés autour du nom ; elles fonctionnent comme de véritables compléments du nom avec lequel elles entretiennent un rapport restrictif (« déterminatif ») ou appositif (« explicatif »).

1.4.1.2. Les termes introducteurs sont tous, en ancien français, des termes simples (les termes composés du type *lequel, laquelle*... ne se développent qu'en moyen français).

a) Nature des termes introducteurs

Ce sont des pronoms :

— *Qui* et *que* ne marquent ni l'opposition du genre ni celle du nombre, ne se différenciant que par leur fonction (sujet vs complément).

— *Cui* (< Datif latin *cui*) est d'abord objet second mais son champ d'utilisation s'est considérablement étendu par la suite puisqu'il peut être complément déterminatif (« dont », « duquel », « de laquelle »), concurrencer *que* comme objet direct et surtout être régime prépositionnel :

♦ en dormant a veü celi
por cui ses cuers muert et cancele *B.I.*, 2467

— *Quoi* est réservé à peu près exclusivement à l'emploi prépositionnel, comme forme tonique de *que*. Son antécédent désigne une chose, un animal, bien plus rarement une personne.

Ce sont également des adverbes :

— *Dont* représente indifféremment un antécédent animé ou inanimé ; éventuellement toute une proposition. Dépourvu d'antécédent exprimé, il équivaut au moderne *ce dont* et introduit une relative apposée à l'ensemble de la régissante :

♦ Mort as le millor chevalier [...]
Dont nous avés mis en la joie *B.I.*, 2203

Il équivaut à un pronom relatif précédé de la préposition *de*, quelle que soit la fonction du groupe prépositionnel ainsi formé : origine, moyen, cause...

♦ En Escoce *dont* fu ses peres *B.I.*, 1829

♦ Des fueres traient les espees,
Dont il se donnent grans colees *B.I.*, 2154

♦ Un don vos vuel orendroit faire
Dont venu sont molt de contraire *B.I.*, 2266

— *Ou* est un adverbe pronominal admettant comme antécédent aussi bien des noms de choses que de personnes, des pronoms neutres ou des propositions toutes entières.

— *Que* est apte à être adverbe relatif avec un antécédent de sens temporel ou spatial :

♦ Le terme desire *que* vos aie *B.I.*, 2377
« J'attends avec impatience le moment où je vous posséderai »

b) Triple fonction des termes introducteurs

— Ils introduisent une proposition qu'ils subordonnent à un nom : ils sont des translateurs, permettant à une phrase de changer de catégorie pour devenir un adjectif de discours.

© ARMAND COLIN. La photocopie non autorisée est un délit.

— Ils sont coréférents à un groupe nominal, dit antécédent, de la principale ; ils sont donc un substitut de ce groupe nominal.
— Ils remplissent une fonction syntaxique (sujet, complément, attribut) dans la proposition relative.

1.4.2. Le mode dans les propositions relatives

Étudier le mode dans ce type de propostion implique que l'on distingue les relatives appositives et les relatives restrictives :

1.4.2.1. Les relatives appositives :

elles ne jouent pas de rôle dans l'identification référentielle de l'antécédent : elles expriment un détail non indispensable à la définition de celui-ci. Elles n'ont donc qu'un caractère accessoire et peuvent être, sans dommage, supprimées.

Le système des modes y est identique à celui des propositions indépendantes : c'est l'indicatif qui apparaît presque toujours :

♦ Mout est dame boneuree
Qui de si prodome *a* le cuer — *Dole*, 2545
« Elle est bien heureuse la femme qui possède le coeur d'un homme d'une telle valeur ».

Le subjonctif présent n'intervient que pour exprimer une visée optative :

♦ Jehan, dist il, a vous m'envoie
Vostres peres, qui Dix *doinst* joie — *J. et B.*, 1666
« Jean, dit-il, votre père m'envoie vers vous, que Dieu lui accorde la joie »

Le subjonctif imparfait peut traduire l'hypothèse n'ouvrant pas sur un avenir (irréel) :

♦ La dame o son ami se couche
qui longuement i *fust*, son vueil — *Tresc.*, 176
« La jeune femme se couche auprès de son ami, qui serait resté là longtemps, s'il l'avait pu »

1.4.2.2. Les relatives restrictives :

elles sont nécessaires à l'identification référentielle de l'antécédent : elles restreignent l'extension de celui-ci et leur effacement aurait pour conséquence de modifier totalement le sens de la phrase en étendant son champ d'application à un ensemble référentiel plus important, voire à la totalité des êtres qui peuvent être désignés par ce nom (*cf.* en français moderne : « le roman que je viens de lire me plaît beaucoup » vs « le roman me plaît beaucoup »). La relative et son antécédent formant un ensemble syntaxique étroitement lié, le mode utilisé dans la relative dépend de la pesée qui porte sur cet ensemble.
— Emploi de l'indicatif

L'indicatif apparaît chaque fois que l'existence de l'antécédent fait l'objet d'un constat :

♦ Si lors est venus au devant
Par une voie qu'il *savoit* — *B.I.*, 1399
« Il les rattrapa par un chemin qu'il connaissait »

— Emploi du subjonctif

a) La relative avec son antécédent est sous le coup d'une négation, d'une interrogation ou d'une hypothèse figurant dans la principale :

♦ En la vile n'a bon morsel
que vous n'*aiez* se vous volez — *Av. Comp.*, 95

L'antécédent n'étant pas actualisé — son existence même est niée — le mode de la relative qui en est l'expansion ne peut être que le mode du virtuel.

♦ Et Galaad demande se il a laienz home qui des plaies au chevalier se *sache* entremetre

Queste, 44, 2

« Galaad demande s'il y a là quelqu'un qui soit capable de s'occuper des blessures du chevalier »

♦ E s'il est om qui li *face* nul tort,
Ne deit guarir ne a plain ne a bos
De ci qu'il l'ait o recreant o mort — *Cor. Lo.*, 22

« S'il est un homme qui lui fasse quelque tort, ni plaine ni bois ne doivent le lui cacher jusqu'à ce qu'il l'ait vaincu ou tué »

La mise en doute de la réalité de l'antécédent par l'interrogation (ici indirecte) ou par l'hypothèse virtualise l'antécédent et le procès qui en découle.

b) L'antécédent est déterminé par une qualité superlative que restreint la relative ; il est donné comme rare ; il est extrait d'un tout par une tournure partitive :

♦ Car vous avez [...] menee la plus orde vie et la plus mauvese que onques chevaliers *menast*

Queste, 54, 20

♦ Et vit paiens venir par la charriere,
Plus de .X.M. ; poi i ot n'*ait* baniere — *Alis.*, 657

♦ Vous estes uns boins cevaliers, ce di je bien, un des boins que je *sache* orendroit

Trist., prose, 116, 30

« Vous êtes un valeureux chevalier et, je le déclare, un des meilleurs que je connaisse actuellement »

■ ***Remarque :*** plusieurs facteurs peuvent se conjuguer pour virtualiser l'antécédent :

♦ En'estïés vous li plus biaus,
Li plus legiers, li plus isniaus
Li mix servans et li plus sages
Qui ainc *issist* de nos langages? — *J. et B.*, 1134

« N'étiez-vous pas le plus beau, le plus svelte, le plus vif, celui qui servait le mieux et le plus sage qui fût jamais parmi les gens de ce pays ? ».

La proposition principale est interro-négative et l'antécédent qualifié par un superlatif.

c) L'antécédent est l'objet d'une visée exprimée dans la principale par le subjonctif ou l'impératif

♦ Or me doinst Dix service faire
De coi je *puisse* avoir vos gres — *J. et B.*, 229

© ARMAND COLIN. La photocopie non autorisée est un délit.

d) L'antécédent est indéterminé

— Il suffit que la proposition principale soit négative, interrogative ou hypothétique sans que l'antécédent soit lui-même sous négation, sous interrogation ou l'objet d'une hypothèse pour que la relative soit au subjonctif :

♦ Ja ne m'en fera main lever
par peor que j'*aie* de toi — *Ren.*, 10533

« Jamais tu ne me feras lever au petit jour par peur de toi »

♦ Si passai la mer pour savoir
Se je poroie un maistre avoir
Qui le mien service *apreïst* — *J. et B.*, 143

« J'ai passé la mer pour voir si je pourrais trouver un maître qui accepte mon service »

♦ Car se nus venoit de ceste part
Qui *aperceüst* nostre afairc,
Avoir en porions contraire — *J. et B.*, 1371

— Une principale au subjonctif suffit à justifier une relative au subjonctif :

♦ Ge crieng que en vos se soit mis
ou fantosme ou Enemis,
qui ainsi vos *ait* desvoié — *Tresc.*, 311

« Je crains qu'une hallucination ou même le diable ne se soient emparé de vous pour vous égarer »

♦ Miauz vosise estre sur un ais
de privee ou me *geüsse* — *Ren.*, 10999

« Je préférerais être couché sur un siège de latrine »

e) Le subjonctif peut conférer à la relative une valeur finale ou simplement consécutive. Il peut aussi traduire un irréel :

♦ Atant Enéas a choisiz
dis chevaliers proz et hardiz
qui lo païs *aillent* cerchier — *Ené.*, 359

« Aussitôt, Enéas a désigné dix chevaliers particulièrement valeureux pour qu'ils aillent faire le tour de la contrée »

♦ Et si aiiés pourcachié tant
Que seulement un palefroi
Qui ne *hanisse* par esfroi
M'amenés [...] — *J. et B.*, 1898

« Et faites en sorte de ramener seulement un palefroi qui ne henisse pas de peur »

♦ Si fu sage, simple et courtoise
Qui nis qui au main la *veïst*
Le jour puis ne li meskeïst — *J. et B.*, 361

« ... celui qui la verrait le matin n'aurait rien à craindre de toute la journée »

1.4.3. Les propositions relatives à valeur hypothétique

Une relative substantive (sans antécédent) au subjonctif imparfait en relation avec une régissante aux mêmes mode et temps fournit l'équivalent d'un système hypothétique introduit par la conjonction *se* et à sujet indéterminé : « si on... » :

♦ car qui *tenist* d'aus .II. parole,
il n'en *fussent* ja vergondeus — *Rose*, Lorr., 1270

« si l'on avait fait sur eux des réflexions, ils n'en auraient pas éprouvé la moindre honte »

♦ mes qui juenes poucins *eüst*,
chascun jor .I. oisonnet tendre,
bien i *poïssiez* atendre — *Ren.*, 10448

« si l'on avait de jeunes poulets et pour chaque jour un oison tendre, vous pourriez compter dessus »

■ ***Remarques***

1) Le sujet de la relative peut être différent de celui de la proposition principale.

2) Le système admet à la place du subjonctif imparfait la forme en *-roit* :

♦ Ki en *voldreit* dire verté,
Il *semblereit* que ce fust fable — *Ené.*, 7404

« Si l'on voulait dire toute la vérité, tout le monde penserait que c'est mensonge »

2. Le subjonctif en proposition non dépendante

2.1. Le subjonctif présent

2.1.1. Le subjonctif à valeur optative ou jussive

— En proposition non dépendante, le subjonctif présent sert à exprimer le souhait ou le commandement :

♦ Or vos *consaut* Diex, Sire preudom, fet Galaad
Queste, 47, 12

« Que Dieu vous assiste, valeureux chevalier, dit Galaad »

♦ Or i *voist* donc, fet ele — *Queste*, 1, 24

« Qu'il y aille donc, fit-elle »

C'est là la manière d'exprimer la volonté qui porte sur une troisième personne, celle qui est absente de la situation d'interlocution, l'impératif n'étant compétent que pour exprimer l'ordre adressé à l'interlocuteur (P2, 4 et 5).

■ ***Remarque :*** l'ancien français n'utilise que très rarement le morphème *que* — devenu usuel par la suite — devant le subjonctif optatif ou jussif. On en rencontre cependant quelques occurrences :

♦ Fel vilain, *que* Dex te maudie! — *Ren.*, 9717[12]

— Pour exprimer la volonté portant sur une deuxième, quatrième ou cinquième personne, le subjonctif apparaît également mais à peu près uniquement pour des verbes n'ayant pas d'impératif spécifique : *avoir, estre, savoir, voloir, pooir* :

♦ La dame dist : Or n'*aiez* soing — *Yv.*, 2942

« La dame lui dit : ne vous inquiétez pas »

♦ Et il respont : *Soiez* certainne,
je n'an istrai fors, de semainne — *Yv.*, 1575

© ARMAND COLIN. La photocopie non autorisée est un délit.

« Mais il lui répond : Soyez en sûre, je ne sortirai pas d'ici de longtemps »

♦ Cil li dit lués maintenant :
Que bien *puissiez* estre venuz ! *Dole*, 1485

♦ Veraiement le *sachiez* vos, fait Boorz, que ce est il *Queste*, 9, 27

Les autres verbes, pourvus des formes 2, 4 et 5 d'impératif mais susceptibles d'être employés à ces personnes, au subjonctif, sont assez proches par leur statut des verbes auxiliaires : *faire, venir, prendre, aler, oïr...* :

♦ Hestor, bien *veingniez* vos ! *Artu*, 74, 114

♦ De moi *faciez* en un feu cendre *Trist.* Béroul, 4288
« Brûlez-moi sur un bûcher »

♦ *Oies* ! Venuz sui ci a tei *Ducs*, 27895
« Écoute ! je suis venu ici vers toi »

2.1.2. Le subjonctif d'assertion ou « existenciel »

Il s'agit du subjonctif du tour syntaxique *si m'aïst Diex* et de sa variante *se Diex m'aïst.*

Si m'aïst Diex est la construction primitive. Elle est composée de l'adverbe *si*, qui introduit un groupe pronom personnel régime (*m'*) suivi du verbe *aidier* au subjonctif présent et de son sujet (*Diex*). La postposition du sujet au verbe s'explique par la présence d'un adverbe en zone préverbale. Elle admet une variante, *se Diex m'aïst* dans laquelle la conjonction *se* introduit le même groupe qu'auparavant mais avec des constituants distribués différemment (Sujet + Pronom Régime + Verbe). Cette variante a été très productive en ancien français : *aidier* a pu laisser la place à d'autres verbes comme *sequeure, sauver, conseillier...* voire à des syntagmes divers (*donner joie, donner bone aventure...*); le pronom régime *me* a pu être remplacé par *te*[13].

L'énoncé *si m'aïst Diex* vient toujours à l'appui d'un autre énoncé auquel il est corrélé :

♦ Ne vorroie por nule rien,
si m'aïst Diex, qu'il eschapast *Tresc.*, 121

♦ Dame, fet il, *si m'aïst Dex*,
ge ne sei qui il est *Artu*, 16, 13

Si l'on symbolise *Ne vorroie por nule rien qu'il eschapast* ou *ge ne sei qui il est* par [E1] et *si m'aïst Diex* par [si E2], on peut dire qu'à la véracité de [E1] est liée la légitimité de l'affirmation de [si E2] et la construction peut se gloser de la façon suivante : [que Dieu m'assiste] est un énoncé aussi vrai que (j'affirme que) [je ne voudrais pas qu'il s'échappe] ou [je ne sais pas qui il est]. Il est sous-entendu que si [E1] était faux, alors l'affirmation [si E2] serait complètement blasphématoire.

Le subjonctif utilisé ici traduit l'idée de réserve à travers laquelle est considéré le procès (même si le locuteur est assuré de pouvoir compter sur la protection divine, il ne saurait l'affirmer de façon péremptoire !) : soumis à un sémantisme d'atténuation, ce dernier se trouve maintenu à un stade antérieur à l'actualisation.

Il ne s'agit donc pas d'un subjonctif de souhait; il est de l'ordre du réel, de l'«existenciel», en ce qu'il considère simplement le procès dans son existence[14].

■ ***Remarques***

1) C'est pour effacer l'apparente discordance entre *si* (adverbe assertif) et le subjonctif que la langue a eu recours à une forme affaiblie de *si*, à savoir *se*, par ailleurs conjonction introductrice de système hypothétique ou d'interrogation indirecte. *Se* devient marqueur d'assertion mais conserve, dans ce rôle, son statut de conjonction, ce qui explique la place du sujet devant le verbe dans la construction *se Diex m'aïst.*

2) Si m'aïst Diex et ses variantes posent toujours un problème de traduction. Il est recommandé de bien expliciter la corrélation entre *si m'aïst Diex* et l'énoncé qui lui est lié : «pour autant (aussi vrai) que Dieu me protège, j'affirme que je ne voudrais pour rien au monde qu'il s'échappât/que je ne sais pas qui il est».

2.2. Le subjonctif imparfait

De manière générale, il signifie une éventualité, indépendamment de toute référence temporelle.

2.2.1. L'expression d'un souhait concernant une époque passée

♦ Sire, bien *venissiez* vos hui ceanz! Car vos m'avez fete trop grant joie de ceste promesse

Queste, 170, 9

« Ha! seigneur, comme vous aurez été le bienvenu! Votre promesse me remplit d'une telle joie »

2.2.2. L'expression du regret

Le regret intervenant lorsqu'une volonté, un souhait n'ont pu être satisfaits, il est logique que ce soit le subjonctif imparfait (à valeur rétrospective) qui serve à l'exprimer :

♦ Mes *pleüst* Deu, qui fist ciel et rosee,
Que il fust ore outre la mer Betee *Alis.*, 3252

« Si seulement il avait plu à Dieu, créateur du ciel et de la rosée, qu'il fût de l'autre côté de l'Océan Arctique »

Le subjonctif de regret est souvent renforcé par un adverbe comme *que* ou *car*, qui soulignent le caractère exclamatif de l'énoncé :

♦ Que *pleüst* a Deu, qui forma tote gent,
Que ci fust ore le palazin Bertran! *Orange*, 467

« Que n'a-t-il plu à Dieu, qui créa le monde, que le noble Bertrand fût ici en ce moment! »

♦ Quar *fusse* je et morte et enterree! *Alis.*, 2234

« Que ne suis-je morte et enterrée! »

♦ C'or *eüssons* passé le pont! *Av. Comp.*, 62

« Si seulement nous avions déjà passé le pont! »

© ARMAND COLIN. La photocopie non autorisée est un délit.

2.2.3. L'expression d'un potentiel ou d'un irréel du présent ou du passé

— Seul le contexte renseigne sur la valeur exacte du subjonctif :

♦ Molt *pooist* li sires huchier,
ainz que d'ax eüst nul'aïe! *Tresc.*, 92

« Le maître aurait pu s'égosiller avant d'obtenir une aide de leur part! »

(l'hypothèse concerne l'époque passée dans un récit au passé simple)

♦ Beax sire, se Diex me consalt,
fait ele, mielz *poïssiez* dire! *Tresc.*, 301

« Mon cher époux, réplique-t-elle, au nom de Dieu, vous pourriez vous expliquer! »

(l'hypothèse porte sur le présent dans un passage au style direct)

— On peut parfois hésiter entre l'irréel du présent et du passé :

♦ Molt li *plaüst* li remanoir,
mais il s'an va par estovoir *Ené.*, 1655

« Il aimerait/il aurait aimé rester, mais il s'en va par nécessité »

♦ Quiert les et requiert par la Terre
et encor les *peüst* il querre *Ren.*, 10782

« Il les [les courroies] cherche de tous côtés et il pourrait/aurait pu les chercher longtemps »

■ ***Remarque :*** les constructions traduisant l'imminence contrecarrée sont dans la plupart des cas à l'indicatif. On rencontre cependant parfois le subjonctif :

♦ Bien s'en *alast* li quens a sauveté
Quant li .VII. roi le vont fort escrïé *Alis.*, 1230

« Le comte était sur le point de repartir en sécurité quand les sept autres rois l'ont interpellé »

Notes du chapitre XXX

1. Dans *Temps et Verbe, Théorie des aspects, des modes et des temps*, p. 33, G. Guillaume propose une définition de ces deux notions : « le propre de la notion de *possible* est d'annuler la capacité d'actualiser (= chances d'être) par une capacité égale et contraire (= chances de ne pas être). Le propre de la notion de *probable*, de conférer à la capacité d'actualité une existence positive (les chances d'être l'emportant sur celles de ne pas

être). En d'autres termes : possible = capacité d'actualité zéro; probable = capacité d'actualité différente de zéro mais aussi petite que l'on voudra».

2. La notion de «circonstance» est parfois à nuancer. Certaines propostions dites «circonstancielles» ne le sont pas autant que leur nom le laisse entendre. C'est le cas par exemple des propositions hypothétiques ou des comparatives.
3. C'est ce que G. Moignet appelle les «pesées critiques», *Grammaire de l'ancien français*, p. 218.
4. *Cf.* Chapitre sur la négation, 2.1.1.3.b.
5. *Cf.* Chapitre sur la négation, 2.1.1.3.a.
6. *Cf.* §1.2.2.8.a. (les circonstancielles hypothétiques).
7. Ph. Ménard, *Manuel du français du Moyen Âge...*, p. 90-91.
8. G. Moignet, *Systématique de la langue française*, p. 72-74.
9. *Cf.* §1.2.2.6.a. (les circonstancielles concessives).
10. Il existe un troisième type de subordonnées hypothétiques : les relatives hypothétiques. Elles seront abordées dans le paragraphe consacré aux propositions relatives 1.4.4.
11. *Cf.* 1.2.2.4.b. Remarque.
12. Il ne faut pas confondre la particule *que* précédant le subjonctif de souhait et la conjonction à valeur finale qui apparaît derrière un verbe exprimant un ordre :

    ♦ Oiiés, oiiés, seigneur et dames,
    Que Dieus vous *soit* garans as asmes — *Nic.*, 2

    Que introduit ici un souhait dont la réalisation est liée à l'accomplissement d'un ordre antérieur («écoutez») : «écoutez, messieurs et mesdames, afin que Dieu vous vienne en aide».
13. *Mahomet* peut même se substituer à Dieu comme sujet :

    ♦ Se m'ame ait de *Mahomet* salu — *Alis.,* 1344
14. *Cf.* A. Duyé, «si m'aït Diex/se Diex m'aït, une formule de serment de l'ancien français» ou «la preuve par Dieu», *Acta Universitatis Wratislaviensis*, n° 1064, 1989, ainsi que C. Marchello-Nizia, *Dire le vrai : l'adverbe «si» en français médiéval. Essai de linguistique historique*, Droz, 1985.

© ARMAND COLIN. La photocopie non autorisée est un délit.

BIBLIOGRAPHIE DES TEXTES UTILISÉS

Alex. — *La Vie de Saint Alexis, poème du* XIe *siècle,* éd. J.M. Meunier, Génève, Droz, 1933.

Aiol — *Aiol*, éd. J. Normand et G. Raynaud, SAIF, Paris, 1877.

Alis. — *Aliscans,* éd. C. Régnier, CFMA, Paris, Champion, 1990.

Am. et Am. — *Ami et Amile,* éd. P.F. Dembrovski, CFMA, Paris, Champion, 1969.

Am. et Yd. — *Amadas et Ydoine,* éd. J.R. Reinhard, CFMA, Paris, Champion, 1971.

Artu — *La Mort le roi Artu,* éd. J. Frappier, TLF, Genève, Paris, Droz, 1964.

Aspr. — *La Chanson d'Aspremont,* éd. L. Brandin, CFMA, Paris, Champion, 1923.

Auc. — *Aucassin et Nicolette,* éd. M. Roques, CFMA, Paris, Champion, 1973.

Av. Comp. — *Des .III. Avugles de Compiegnes, Fabliaux français du Moyen Âge,* t. I, éd. Ph. Ménard, TLF, Genève, Droz, 1979.

Ay. Narb. — *Aymeri de Narbonne,* éd. L. Demaison, SATF, Paris, 1887.

Barb. — *Le Siège de Barbastre,* éd. J.-L. Perrier, CFMA, Champion, Paris, 1926.

Beck. — Guernes de Pont-Sainte-Maxence, *La Vie de Saint Thomas Becket,* éd. E. Walberg, CFMA, Paris, Champion, 1936.

Bern. — *Li Sermon Saint Bernard,* éd. W. Förster, Erlangen, 1885.

B.I. — Renaud de Beaujeu, *Le Bel Inconnu,* éd. G. Perrie Williams, CFMA, Paris, Champion, 1991.

Biscl. — Marie de France, *Bisclavret, les lais,* éd. J. Rychner, CFMA, Paris, Champion, 1968.

Cent Nouvelles — *Les Cents nouvelles nouvelles,* éd. F.P. Sweetser, TLF, Genève, Droz, 1966.

Charlem. — *Le Voyage de Charlemagne a Jerusalem et a Constantinople,* éd. P. Aebischer, TLF, Genève, Droz, 1965.

Chev. Bar. — *Le Chevalier au barisel*, éd. F. Lecoy, CFMA, Paris, Champion, 1967.

Chev. Char. Chrétien de Troyes, *Le Chevalier de la charrete*, éd. M. Roques, CFMA, Paris, Champion, 1969.

Chev. esp. *Li Chevaliers as deus espees,* éd. W. Förster, Halle, 1877.

Chev. Viv. *La Chevalerie Vivien*, éd. A.L. Terracher, Paris, 1909.

Clig. Chrétien de Troyes, *Cligés*, éd. A. Micha, CFMA, Paris, Champion, 1975.

Comp. Guill. Rutebeuf, *Complainte de Guillaume*, éd. E. Faral et J. Bastin, t. I, Paris, Picard, 1976.

Comp. Outr. Rutebeuf, *La Complainte d'Outremer*, éd. E. Faral et J. Bastin, t. I, Paris, Picard, 1976

Const. Villehardouin, *La Conquête de Constantinople,* éd. J. Dufournet, Paris, G.F. 1969.

Cor. Lo. *Le Couronnement de Louis,* éd. E. Langlois, CFMA, Paris, Champion, 1978.

Del. Mun. *Del Munier et des .II. clers, Fabliaux français du Moyen Âge,* t. I, éd. Ph. Ménard, TLF, Genève, Droz, 1979.

Dole Jean Renart, *Le Roman de la Rose ou de Guillaume de Dole*, éd. F. Lecoy, CFMA, Paris, Champion, 1970.

Do. Ma. *Doon de Maience*, éd. M.A. Pey, APF, Paris, 1859.

Do Mire *Do Mire de Brai, Fabliaux français du Moyen Âge*, t. I, éd. Ph. Ménard, TLF, Genève, Droz, 1979.

Ducs Benoît, *Chronique des ducs de Normandie,* éd. C. Falhin, Uppsala, 1951-1967.

Elid. Marie de France, *Eliduc, les Lais,* éd. J. Rychner, CFMA, Paris, Champion, 1968.

Ené. *Enéas,* éd. J.-J. Salverda de Grave, CFMA, Paris, Champion, 1973.

Era. Gautier d'Arras, *Eracle*, éd. G. Raynaud de Lage, CFMA, Paris, Champion, 1976.

Erec Chrétien de Troyes, *Erec et Enide,* éd. Mario Roques, CFMA, Paris, Champion, 1952.

Est. Gr. Robert de Boron, *Le Roman de l'estoire dou Graal*, éd. W.A. Nitze, CFMA, Paris, Champion, 1971.

Feuill. Adam le Bossu, *Le Jeu de la feuillée,* éd. E. Langlois, CFMA, Paris, Champion, 1968.

Floi. *Le Conte de Floire et Blancheflor,* éd. J.-L. Leclanche, CFMA, Paris, Champion, 1980.

Gal. Jean Renart, *Galeran de Bretagne,* éd. L. Foulet, CFMA, Paris, Champion, 1925.

Gorm. *Gormont et Isembart*, éd. A. Bayot, CFMA, Paris, Champion, 1931.

Greg. Angier, *La Vie de Saint Gregoire le Grand traduite du latin par frère Angier, religieux de Sainte-Frideswide,* éd. P. Meyer, Romania, 12, 1883, p. 145-208.

© ARMAND COLIN. La photocopie non autorisée est un délit.

Gries. E.	Rutebeuf, *La Griesche d'été*, éd. E. Faral et J. Bastin, t. I, Paris, Picard, 1976.
Guig.	Marie de France, *Guigemar, les Lais,* éd. J. Rychner, CFMA, Paris, Champion, 1968
J. et B.	Philippe de Rémi, *Jehan et Blonde,* éd. S. Lécuyer, CFMA, Paris, Champion, 1984.
Lanc.	*Lancelot,* éd. A. Micha, TLF, Genève, Paris, Droz, 1980.
Lanv.	Marie de France, *Lanval, les Lais,* éd. J. Rychner, CFMA, Paris, Champion, 1968.
Laüs.	Maire de France, *Laüstic, les Lais,* éd. J. Rychner, CFMA, Paris, Champion, 1968.
Mar. Eg.	Rutebeuf, *Sainte Marie Egyptienne,* éd. E. Farral et J. Bastin, t. II, Paris, Picard, 1976.
Mil.	Marie de France, *Milun, les Lais,* éd. J. Rychner, CFMA, Paris, Champion, 1968.
Mon.	*Le Moniage Guillaume*, éd. W. Cloetta, 2 vol., SATF, Paris, 1906-1911.
Nic.	Jehan Bodel, *Le Jeu de Saint Nicolas,* éd. A. Henry, Académie royale de Belgique, Bruxelles, 1980.
Nvelle Comp. Outr.	Rutebeuf, *La Nouvelle Complainte d'Outremer,* éd. E. Faral et J. Bastin, t. I, Paris, Picard, 1976.
Nymes	*Le Charroi de Nîmes,* éd. D. McMillan, Paris, 1978.
Orange	*La Prise d'Orange*, éd. C. Régnier, Paris, Klincksieck, 1977.
Pal.	Huon le Roi, *Le Vair palefroi,* éd. A. Långfors, CFMA, Paris, Champion, 1947.
Perc.	Chrétien de Troyes, *Le Conte du Graal (Perceval),* éd. F. Lecoy, CFMA, Paris, Champion, 1973-1975.
Pouille	Rutebeuf, *Le Dit de Pouille,* éd. E. Faral et J. Bastin, t. I, Paris, Picard, 1968.
Prestre	*Du Prestre et d'Alison, Fabliaux français du Moyen Âge,* éd. Ph. Ménard, t. I, TLF, Genève, Droz, 1979.
Prov.	*Proverbes français*, éd. J. Morawski, CFMA, Paris, Champion, 1925.
Ra. Cam.	*Raoul de Cambrai,* éd. P. Meyer et A. Longnon, SATF, Paris, 1882.
Ren.	*Le Roman de Renart,* éd. M. Roques, 6 vol., CFMA, 1948-1963.
Rois	*Les Quatre livres des rois,* éd. E.R. Curtius, Dresde, 1911.
Rob. et M.	Adam de la Halle, *Le Jeu de Robin et Marion,* éd. E. Langlois, CFMA, Paris, Champion, 1968.
Rol.	*La Chanson de Roland,* éd. G. Moignet, Paris, Bordas, 1969.
Rose, Meun	Jean de Meun, *Le Roman de la rose,* éd. F. Lecoy, CFMA, 3 vol., Paris, Champion, 1976-1982.
Rose, Lorr.	Guillaume de Lorris, *Le Roman de la rose,* éd. F. Lecoy, CFMA, 3 vol., Paris, Champion, 1976-1982.

Test. Villon, *Le Testament, Poésies,* éd. J. Dufournet, Paris, G.F., 1992.

Thèb. *Le Roman de Thèbes,* éd. G. Raynaud de Lage, CFMA, Paris, Champion, 1966-1968.

Théo. Rutebeuf, *Le Miracle de Théophile,* éd. E. Farral et J. Bastin, t. II, Paris, Picard, 1968.

Tresc. *Des Tresces, Fabliaux français du Moyen Âge,* t. I, éd. Ph. Ménard, TLF, Genève, Droz, 1979.

Trist., Béroul Béroul, *Le Roman de Tristan,* éd. E. Muret revue et corrigée par L.M. Defourques, CFMA, Paris, Champion, 1974.

Trist., prose *Le Roman de Tristan en prose,* éd. Ph. Ménard, TLF, Genève, Droz, 1987.

Troie Benoît de Sainte-Maure, *Le Roman de Troie,* éd. L. Constans, SATF, Paris, 1904-1912.

Ver. *La Chastelaine de Vergi,* éd. G. Raynaud et L. Foulet, CFMA, Paris, Champion, 1967.

Yon. Marie de France, *Yonec, les Lais,* éd. J. Rychner, CFMA, Paris, Champion, 1968.

Yv. Chrétien de Troyes, *Le Chevalier au lion (Yvain),* éd. M. Roques, CFMA, Paris, Champion, 1968.

© ARMAND COLIN. La photocopie non autorisée est un délit.

BIBLIOGRAPHIE LINGUISTIQUE

ANDRIEUX N., BAUMGARTNER E., *Manuel du français du Moyen Âge. 3. Systèmes morphologiques de l'ancien français. A. Le verbe,* Bière, SOBODI, Bordeaux, 1983.

— *Ancien français. Exercices de morphologie,* PUF, Paris, 1993.

ANDRIEUX-REIX N., X, Y, Z et quelques autres. Étude de lettres dans le Testament de Villon. *L'information grammaticale* n° 57, mars 1993.

— Séquence binominales non prépositionnelles et relation dite « d'appartenance » en ancien français, *Faits de langues,* n° 7, 1996, « La relation d'appartenance ».

ARNAVIELLE T., « Syntaxe des formes en *-ant* dans *L'Heptameron* de Marguerite de Navarre », *L'Information grammaticale,* n° 53, mars 1992.

ARRIVÉ M., GADET F., GALMICHE M., *La Grammaire d'aujourd'hui,* Flammarion, Paris, 1986.

BONNARD H., *Code du français courant,* Magnard, Paris, 1987.

BONNARD H., RÉGNIER C., *Petite Grammaire de l'ancien français,* Magnard, Paris, 1989.

CERQUIGLINI B., *La Parole médiévale,* Paris, éditions de Minuit, Paris, 1981.

CHAURAND J., *Introduction à la dialectologie française,* Bordas, Paris, 1972.

CHAUSSÉE F. (de la), *Initiation à la phonétique historique de l'ancien français,* Klincksieck, Paris, 1974.

— *Initiation à la morphologie historique de l'ancien français,* Klincksieck, Paris, 1977.

DAMOURETTE J. et PICHON E., *Des mots à la pensée. Essai de grammaire de la langue française*, d'Artrey, Paris, 7 vol. + table analytique, 1911-1952.

DEES A., *Étude sur l'évolution des démonstratifs en ancien et moyen français,* Groningen, Wolters-Nordhoff Publishing, 1969.

DENIS D., SANCIER-CHATEAU A., *Grammaire du français,* Le Livre de Poche, Paris, 1994.

DUYÉ A., « Si m'aït Diex/Se Diex m'aït, une formule de serment de l'ancien français -ou "la preuve par Die" », *Acta Universitatis Wratislaviensis,* n° 1064, 1989.

FOUCHÉ P., *Le Verbe français, Étude morphologique,* Klincksieck, Paris, 1967.

FOULET L., *Petite Syntaxe de l'ancien français,* CFMA, Champion, Paris, 1972.

GOSSEN C.-T., *Grammaire de l'ancien picard,* Klincksieck, Paris, 1976.

GOUGENHEIM G., *Grammaire de la langue française du XVIe siècle,* IAC Lyon, 1951.

GUILLAUME G., *Le Problème de l'article et sa solution dans la langue française,* Nizet, Paris, 1975.

— *Temps et verbe. Théorie des aspects, des modes et des temps,* Champion, Paris, 1970.

GUIRAUD P., « L'assiette du nom dans *La Chanson de Rolland*», *Romania,* LXXXVIII, p. 59-93.

HAASE A., *Syntaxe française du XVIIe siècle,* Delagrave, Paris, 7e édition, 1969 (traduit par M. Obert).

HASENOHR G., *Introduction à l'ancien français,* SEDES, Paris, 1990.

IMBS P., *Les Propositions temporelles en ancien français. La détermination du moment,* Paris, Les Belles-Lettres, 1956.

JAKOBSON R., *Essais de linguistique générale,* éd. de Minuit, I et II, Paris, 1963 et 1973.

JOLY G., *Précis de phonétique historique du français,* Armand Colin, Paris, 1995.

KLEIBER G., « Les démonstratifs démontrent-ils? Sur le sens référentiel des adjectifs et pronoms démonstratifs », *Le Français moderne,* 51, 2, p. 99-117, 1983.

— « L'opposition *cist-cil* en ancien français ou comment analyser les démonstratifs? » in *Romanistique-Germanistique. Une confrontation* (Actes du Colloque tenu à l'Université de Strasbourg les 23 et 24 mars 1984), 1987.

MARCHELLO-NIZIA C., *La Langue française aux XIVe et XVe siècle,* Nathan, Paris, 1997.

— *L'Évolution du français,* Armand Colin, Paris, 1995.

— *Dire le vrai : l'adverbe « si » en français médiéval. Essai de linguistique historique,* Droz, Genève, 1985.

MARTIN R., *Pour une logique du sens,* PUF, Paris, 1983.

— *Langage et croyance. Les « univers de croyance » dans la théorie sémantique,* éd. Pierre Mardaga, Bruxelles, 1987.

MARTIN R. et WILMET M., *Manuel du français du Moyen Âge, 2. Syntaxe du moyen français,* SOBODI, Bordeaux, 1980.

MÉNARD P., *Manuel du français du Moyen Âge. 1. Syntaxe de l'ancien français,* Bière SOBODI, Bordeaux, 1973.

MOIGNET G., *Grammaire de l'ancien français,* Klincksieck, Paris, 1973.

— *Systématique de la langue française,* Klincksieck, Paris, 1981.

— *Essai sur le mode subjonctif en latin postclassique et en ancien français,* Publ. Fac. Lettres d'Alger, PUF, Paris, 1959.

— *Les signes de l'exception dans l'histoire du français,* Droz, Genève, 1973.

— Le pronom personnel avec l'infinitif dans « La Mort le roi Artu », dans *Mélanges Jean Frappier,* p. 831-844, Droz, Genève, 1970.

— L'ordre Verbe-Sujet dans « La Chanson de Roland » dans *Mélanges Jean Boutière,* p. 397-421, éd. Soledi, Liège, 1971.

— *Le pronom personnel français. Essai de psychosystématique historique,* Klincksieck, Paris, 1965.

© ARMAND COLIN. La photocopie non autorisée est un délit.

PICOCHE J., MARCHELLO-NIZIA C., *Histoire de la langue française,* Nathan, Paris, 1994.

PINCHON J., *Morphosyntaxe du français. Étude de cas,* Hachette université, Paris, 1986.

POPE M.-K., *From Latin to Modern French with especial consideration of Anglo-Normand,* Manchester University Press, 1973.

QUEFFELEC A., L'infinitif en ancien français : position-seuil et continuum nomino-verbal, *L'Information grammaticale* n° 69, mars 1996.

QUEFFELEC A., BELLON R., *Linguistique médiévale,* Armand Colin, Paris, 1995.

QUEREUIL M., « Subordination et parataxe dans "les Lais" de Marie de France », *L'Information grammaticale* n° 68, janvier 1996.

— « Syntaxe de l'infinitif dans « le Bel Inconnu » (vers 1237-3252) », *L'Information grammaticale* n° 72, janvier 1997.

RIEGEL M., PELLAT J.-C., RIOUL R., *Grammaire méthodique du français,* PUF, Paris, 1994.

SKÅRUP P., *Les Premières Zones de la proposition en ancien français. Essai de syntaxe de position,* Copenhague, Études romanes de l'Université de Copenhague, 1975.

SOUTET O., *Études d'ancien et de moyen français,* PUF, Paris, 1992.

— *La concession dans le phrase complexe en français, des origines au XVIe siècle,* Droz, Genève, 1992.

— *La syntaxe du français,* Que sais-je?, PUF, Paris, 1993.

TESNIÈRE L., *Éléments de syntaxe structurale,* Klincksieck, Paris, 1988.

THOMASSET C., VELTSCHI K., *Pour lire l'ancien français,* Paris, Nathan 128, Paris, 1993.

VÄÄNÄNEN V., *Introduction au latin vulgaire,* Klincksieck, Paris, 1981.

WAGNER R.-L., *L'Ancien Français,* Larousse, Paris, 1974.

— *Les phrases hypothétiques commençant par « si » dans la langue française des origines à la fin du XVIe siècle,* Droz, Genève, 1939.

WAGNER R.-L., PINCHON J., *Grammaire du français classique et moderne,* Hachette, Paris, 1991.

WILMET M., *Grammaire critique du français,* Hachette, Duculot, Louvain, 1997.

— *La Dénomination nominale,* PUF, Paris, 1986.

WOLEDGE B., *Commentaire sur Yvain (Le Chevalier au lion) de Chrétien de Troyes,* Droz, Genève, 1986.

— *La Syntaxe des substantifs chez Chrétien de Troyes,* Droz, Genève, 1979.

YVON H., « *Cil* et *cist* articles démonstratifs », *Romania,* LXXII, 1951, p. 145-181.

— « *Cil* et *cist,* pronoms démonstratifs », *Romania,* LXXIII, 1951, p. 433-461.

ZINK G., *Morphologie du français médiéval,*PUF, Paris, 1989.

— *Phonétique historique du français,* PUF, Paris, 1986.

INDEX

© ARMAND COLIN. La photocopie non autorisée est un délit.

© ARMAND COLIN. La photocopie non autorisée est un délit.

© ARMAND COLIN. La photocopie non autorisée est un délit.

© ARMAND COLIN. La photocopie non autorisée est un délit.

© ARMAND COLIN. La photocopie non autorisée est un délit.

TABLE DES MATIÈRES

Première partie
Morphologie nominale

© ARMAND COLIN. La photocopie non autorisée est un délit.

© ARMAND COLIN. La photocopie non autorisée est un délit.

Deuxième partie
Morphologie verbale

© ARMAND COLIN. La photocopie non autorisée est un délit.

Troisième partie
Syntaxe

© ARMAND COLIN. La photocopie non autorisée est un délit.